DAS BUCH DER RECHTSGESCHICHTE

BIG IDEAS

- DAS ASTRONOMIE-BUCH
- DAS BIBEL-BUCH
- DAS BUCH DER RECHTSGESCHICHTE
- DAS FEMINISMUS-BUCH
- DAS FILM-BUCH
- DAS GESCHICHTS-BUCH
- DAS KLASSISCHE-MUSIK-BUCH
- DAS KUNST-BUCH
- DAS LITERATUR-BUCH
- DAS MANAGEMENT-BUCH
- DAS MARVEL BUCH
- DAS MATHEMATIK-BUCH
- DAS MYTHOLOGIE-BUCH
- DAS ÖKOLOGIE-BUCH
- DAS PHILOSOPHIE-BUCH
- DAS PHYSIK-BUCH
- DAS POLITIK-BUCH
- DAS PSYCHOLOGIE-BUCH
- DAS RELIGIONEN-BUCH
- DAS SOZIOLOGIE-BUCH
- DAS *STAR WARS* BUCH
- DAS WIRTSCHAFTS-BUCH
- DAS WISSENSCHAFTS-BUCH

EINFACH ERKLÄRT

DAS BUCH DER RECHTSGESCHICHTE

DK

DK London / Delhi

Lektorat
Jonathan Metcalf, Liz Wheeler, Ankita Gupta, John Andrews, Alethea Doran, Annelise Evans, Richard Gilbert, Lydia Halliday, Tim Harris, Victoria Pyke, Jess Unwin, Rachel Warren Chadd, Rishi Bryan, Nandini D. Tripathy, Camilla Hallinan, Laura Sandford, Arani Sinha, Gareth Jones, Soma B. Chowdhury

Gestaltung und Bildredaktion
Karen Self, Philip Ormerod, Arunesh Talapatra, Lee Griffiths, Gillian Andrews, Chhaya Sajwan, Anukriti Arora, Ankita Das, Adhithi Priya, Ashok Kumar, Manish Upreti, Anita Yadav, Aditya Katyal, Taiyaba Khatoon

Umschlaggestaltung
Suhita Dharamjit, Sophia MTT

Herstellung
Gillian Reid, Balwant Singh, Sunil Sharma, Rachel Ng, Pankaj Sharma

Illustrationen
James Graham

Originalgestaltung
Studio 8

Sands Publishing Solutions
Lektorat David and Silvia Tombesi-Walton
Gestaltung Simon Murrell

Für die deutsche Ausgabe:
Programmleitung Monika Schlitzer
Redaktionsleitung Dr. Kerstin Schlieker
Projektbetreuung Carola Wiese
Herstellungsleitung Dorothee Whittaker
Herstellungskoordination Claudia Rode
Herstellung Claudia Bürgers

Titel der englischen Originalausgabe:
The Law Book

Übersetzung Brigitte Rüßmann, Wolfgang Beuchelt (Scriptorium - Köln)
Lektorat www.lektorat-hamburg.com, Ha Mi Le

ISBN 978-3-8310-4244-9

Druck und Bindung
Livonia, Lettland

FSC MIX
Papier aus verantwortungsvollen Quellen
FSC® C018179
www.fsc.org

www.dk-verlag.de

Hinweis
Die Informationen und Ratschläge in diesem Buch sind von den Autoren und vom Verlag sorgfältig erwogen und geprüft, dennoch kann eine Garantie nicht übernommen werden. Eine Haftung der Autoren bzw. des Verlags und seiner Beauftragten für Personen-, Sach- und Vermögensschäden ist ausgeschlossen.

DIE AUTOREN

PAUL MITCHELL, FACHBERATER

Paul Mitchell ist Professor für Recht am University College London und spezialisiert auf Rechtsgeschichte, römisches Recht und Schuldrecht. Er ist Autor von *The Making of the Modern Law of Defamation* und *A History of Tort Law 1900–1950* und Herausgeber von *Chitty on Contracts and Goff and Jones on Unjust Enrichment*.

PETER CHRISP

Peter Chrisp ist Autor und interessiert sich besonders für Alte Geschichte. Von seinen über 90 Büchern sind 25 bei DK erschienen, darunter *Altes Griechenland, Altes Rom, Frühe Kulturen, Crime and Punishment* und *Chrisp's Crime Miscellany* (Letztere nur in englischer Sprache).

CLAIRE COCK-STARKEY

Claire Cock-Starkey ist Autorin und Redakteurin mit einem besonderen Interesse an viktorianischer Geschichte und Zeitgeschehen. Zu ihren Büchern zählen *The Book Lovers' Miscellany, The Real McCoy and 149 Other Eponyms* und *Das große Ganze: Infografiken erklären die Welt*.

FREDERICK COWELL

Frederick Cowell lehrt Deliktsrecht und Menschenrechte am BBK, University of London. Zu seinen Forschungsschwerpunkten zählen die rechtlichen Pflichten internationaler Menschenrechtsorganisationen, die Geschichte der Europäischen Menschenrechtskonvention und die Politik des Internationalen Strafgerichtshofs. Er ist als Rechtsberater mit Schwerpunkt Internationale Menschenrechte für Nichtregierungsorganisationen tätig.

THOMAS CUSSANS

Der Historiker Thomas Cussans verfasst Beiträge zu verschiedenen historischen Werken, von denen u.a. *Timelines of World History, History Year by Year* und *History: The Ultimate Visual Guide* bei DK erschienen sind. Er war Herausgeber von *The Times History of the World* und *The Times Atlas of European History*. Zu seinen weiteren Werken zählen *The Times Kings and Queens of the British Isles* und *The Holocaust*.

JOHN FARNDON

John Farndon hat unzählige Bücher zu Geschichte, Wissenschaft, Ideengeschichte und Zeitgeschehen verfasst. Zudem veröffentlicht er im Bereich Wissenschaft und Naturschutz und war schon fünf Mal in der engeren Wahl für den Young People's Science Book Prize der britischen Royal Society.

PHILIP PARKER

Philip Parker ist als Historiker auf Altertum und Mittelalter spezialisiert. Er ist Autor von DK *Companion Guide to World History, The Empire Stops Here: A Journey Around the Frontiers of the Roman Empire* und *A History of Britain in Maps* und einer der Mitautoren von DKs *Das Geschichts-Buch*. Zuvor war er als Diplomat mit den Beziehungen Großbritanniens zu Griechenland und Zypern befasst. Sein Diplom in Internationalen Beziehungen legte er an der School of Advanced International Studies der Johns Hopkins University ab.

MARCUS WEEKS

Marcus Weeks studierte Philosophie und arbeitete als Lehrer, bevor er Autor wurde. Seine Beiträge über Kunst, Geisteswissenschaften und Populärwissenschaften finden sich in vielen Büchern.

INHALT

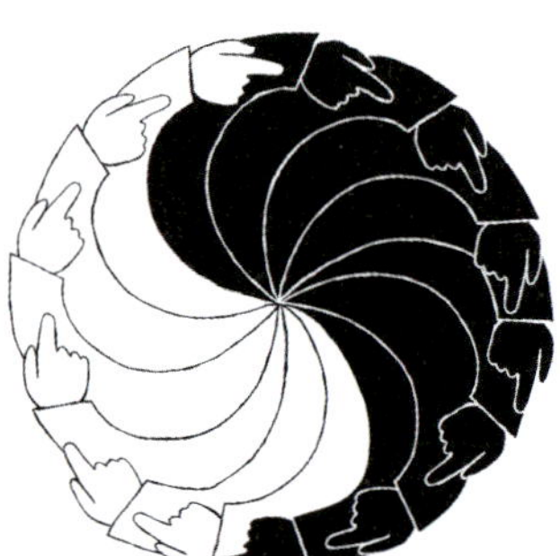

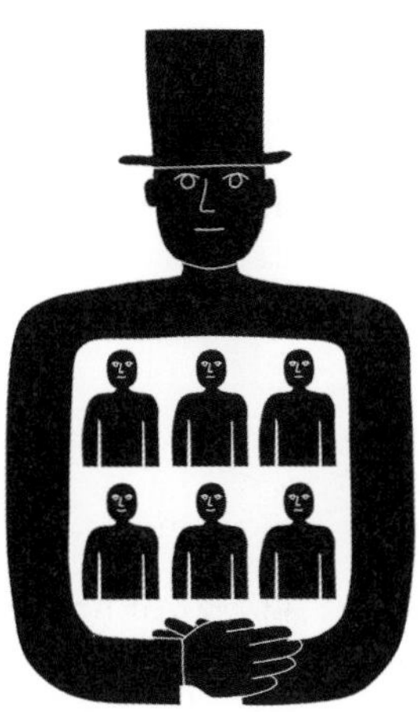

DER VORMARSCH DER RECHTSSTAATLICHKEIT 1800–1945

EINE NEUE WELTORDNUNG
1945–1980

RECHT IN DER HEUTIGEN ZEIT
1980–HEUTE

EINLEIT

UNG

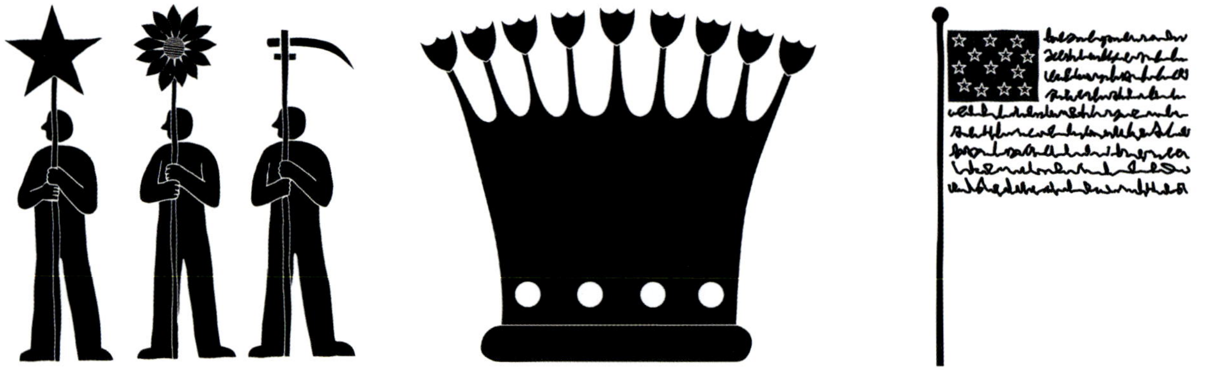

Recht ist mehr als ein Regelwerk für das Leben in einer Gesellschaft. Seine hohe Komplexität beruht auf seiner Geschichte, seiner Entstehung und Anwendung, seiner Funktionsweise und seinen Auswirkungen.

Als der Mensch vor rund 10 000 Jahren sesshaft wurde, brauchte er klare Gesetze, um Streit zu schlichten und in Frieden zu leben. Das älteste bekannte Gesetzbuch entstand etwa um 2100 v. Chr. unter König Ur-Nammu in der mesopotamischen Stadt Ur und führte Strafen für eine Reihe von Verbrechen auf, wobei die Strafe immer dem Verbrechen angemessen sein sollte.

Von jeher berufen sich Herrscher auf Götter, um ihren Gesetzen Autorität zu verleihen; so stehen die Gesetze der jüdischen Thora in der Tradition der Gebote, die Moses von Gott erhalten hat. Etwa 1046 v. Chr. beanspruchte auch der chinesische König Wu ein göttliches Mandat für seine Herrschaft. Im 4. Jahrhundert n. Chr. entwickelte sich das kanonische Recht der römisch-katholischen Kirche zu einem Rechtssystem, das die moderne Rechtsprechung bis heute beeinflusst, während die islamische Scharia sich auf das Wort Allahs im Koran beruft. Neue Zivilisationen schufen neue Rechtssysteme und Verfahren zu ihrer Durchsetzung. Philosophen diskutierten über das Wesen der Gerechtigkeit und prägten politische Vorstellungen. Im antiken Athen, der Heimat der ersten Demokratie, prägten Vernunft und die Vorstellung von Gerechtigkeit als Tugend die Gerechtigkeitstheorien von Platon und Aristoteles. Die Zwölf Tafeln der frühen römischen Republik erklärten die Gesetze und erläuterten die Rechte der Bürger. In China erdachten Gelehrte zwischen 476 und 221 v. Chr. radikale neue Systeme, die von *laissez-faire* bis streng autoritär reichten. Ein Großteil der Gesetze besteht zum Schutz der Mitglieder der Gesellschaft und ihres Besitzes, und ihre Durchsetzung dient der Abschreckung und der Sicherstellung von Gerechtigkeit. Mit dem sich entwickelnden Handel wurden auch Gesetze geschaffen, die das Geschäftsgebaren regelten. Um den Handel zwischen Ländern zu erleichtern, entstand in der klassischen Periode des antiken Griechenlands (500–300 v. Chr.) das älteste bekannte Seerecht, die *Lex Rhodia*.

> »Das Ziel des Rechts ist nicht, zu verbieten oder einzuschränken, sondern die Freiheit zu erhalten und zu fördern.«
>
> **John Locke**
> Englischer Philosoph
> (1632–1704)

Strafen und Rechte

Lange nach dem Untergang Griechenlands und Roms existierten im Europa des Mittelalters primitive Rechtsformen. Ohne Beweiserhebung oder glaubwürdige Zeugen wurden mutmaßliche Täter, zumeist Arme, durch Gottesurteil geprüft. Ihre Unschuld wurde daran gemessen, ob sie körperliche Qualen überlebten. Manche Streitigkeiten wurden auch durch Duelle beigelegt.

Das Gottesurteil wurde im 13. Jahrhundert per päpstlichem Dekret verboten, der gerichtliche Zweikampf hielt sich viel länger. Mit zunehmendem Wohlstand und Bildung jenseits der herrschenden Klasse wandelten sich die Rechtssysteme, und auch einfache Bürger erhielten mehr Rechte. So legte Artikel 39 der 1215 in England besiegelten Magna Charta das Recht jedes freien Bürgers auf einen Prozess fest.

In England und Wales wurde mit den Armengesetzen von 1601 auch erstmals ein einfaches Sicherheitsnetz für die Menschen am unteren Ende der Gesellschaft geschaffen.

Während Straf-, Eigentums- und Handelsgesetze schon in der Antike existierten, mussten Bürger- und Menschenrechte hart erkämpft werden und gelten bis heute noch längst nicht überall. Infolge des Englischen Bürgerkrieges, der Hinrichtung Karls I. und der absolutistischen Herrschaft Karls II. und Jakobs II. von England entstand die Bill of Rights (1688/89), die die Macht eines gewählten Parlaments sicherte. Der französische Code Napoléon von 1804 gründete auf der Erklärung der Menschen- und Bürgerrechte, die zu Beginn der Französischen Revolution entstand. Es bedurfte über ein Jahrhundert des Kampfes, bis die Sklaverei weitgehend abgeschafft war, und blutiger Proteste, um Frauen das Wahlrecht zu sichern.

Im Zuge der industriellen Revolution im 18. und 19. Jahrhundert erkannten die Arbeiter, welche Macht sie gemeinsam hatten. Der britische Trade Union Act von 1871 gab den Arbeitern eine politische Stimme, Gewerkschaften rund um den Globus wurden stärker und sorgten für bessere und sicherere Arbeitsbedingungen. In Deutschland verpflichtete ein neues Krankenversicherungsgesetz 1883 und 1884 Arbeitgeber dazu, Arbeitern eine Kranken- und Invalidenversicherung zu bieten.

Um die Notwendigkeit neuer Gesetze zu akzeptieren, müssen Regierungen offen für Wandel sein. In mehr als der Hälfte aller Länder mit mehr als 500 000 Einwohnern gibt es heute eine Form demokratischer Regierung, die mit Legislative, Exekutive und Judikative getrennte Gewalten besitzt, die sich um die Verabschiedung von Gesetzen, ihre Durchsetzung und die Rechtsprechung kümmern. Diese Gewaltenteilung dient als Schutz vor Machtmissbrauch und erlaubt den einzelnen Institutionen, sich gegenseitig zu kontrollieren.

Internationale Gesetze

Der globale Handel hat im letzten Jahrhundert stark zugenommen und eine internationale Rechtsprechung notwendig gemacht. Zudem müssen die Nationen im Kampf gegen die stete Zunahme internationaler Kriminalität zusammenarbeiten. Organisationen wie die nach dem Zweiten Weltkrieg gegründeten Vereinten Nationen und Handelsblöcke wie die EU haben ihre Aufgabenbereiche erweitert und Institutionen gegründet, die verbindliche Regelungen für Handel, Menschenrechte und internationale Kriminalität erlassen können. INTERPOL arbeitet mit den Polizeibehörden von über 190 Ländern gegen organisierte Verbrechen, Terrorismus und Cyberkriminalität. Neuerdings kommt auch noch die Durchsetzung von Maßnahmen zum Umweltschutz hinzu.

Dieses Buch stellt in grob chronologischer Reihenfolge einige der großen Ideen vor, die unsere moderne Rechtsprechung beeinflusst haben, das soziale und politische Klima, in dem sie entstanden, die Menschen, die für sie eingetreten sind, und wie sie die Gesellschaft geprägt haben. ■

» Gesetze müssen durch mehr als nur den Mehrheitswillen gerechtfertigt sein. Sie müssen auf dem ewigen Fundament der Rechtschaffenheit fußen. «

Calvin Coolidge
30. US-Präsident
(1923–1929)

DIE URSPR
RECHTS
2100 V. CHR. – 500 N. CHR.

ÜNGE DES

UM 2100 V. CHR.

Ur-Nammu, **König von Ur,** formuliert das **früheste** bekannte **geschriebene Gesetz.**

UM 1750 V. CHR.

König Hammurabi I. lässt **im Zentrum Babylons** eine **Stele mit 282 Rechtssprüchen** aufstellen.

UM 1300 V. CHR.

Laut **jüdischer Überlieferung** erhält Moses die Thora, die **Grundlage des jüdischen Rechts,** auf dem Berg Sinai von Gott.

UM 1046 V. CHR.

King Wu begründet in **China** die Zhou-Dynastie, indem er ein **»göttliches Mandat«** für seine Herrschaft beansprucht.

500–300 V. CHR.

Griechische Händler aus Rhodos treiben weltweit Handel und entwickeln ein **internationales Seehandelsrecht,** das im gesamten **Mittelmeerraum** gilt.

476–221 V. CHR.

Zur Zeit der Streitenden Reiche in **China** entstehen Rechtssysteme auf Basis von **Konfuzianismus, Daoismus** und **Legalismus.**

UM 450 V. CHR.

Das erste Gesetzbuch der neu gegründeten **römischen Republik** wird auf **zwölf Bronzetafeln** auf dem Forum präsentiert.

Menschen lieben Gesellschaft. In prähistorischen Zeiten lebten sie in Familienverbänden und Stämmen unter Führung der Ältesten. Über die Jahrtausende entstanden unterschiedliche Regierungssysteme, und man formalisierte Verhaltensregeln, anfangs auf Basis von Gebräuchen und religiösen Überzeugungen, später in kodifizierter Form als Gesetze. In Mesopotamien (heute Irak) verfasste Ur-Nammu, König von Ur, vor 4000 Jahren das erste bekannte Gesetzbuch.

Religion spielte in den frühen Zivilisationen eine gewichtige Rolle und bestimmte die Gesetzgebung. Gesetzen – vor allem solchen zu Moral und Religionsausübung – wurde oft göttliche Autorität beigemessen. Nach jüdischer Überlieferung gab Gott Moses die Thora, das erste der fünf Bücher der jüdischen Bibel, das auch die Zehn Gebote enthält. Diese sind die Grundlage des mosaischen Gesetzes. Thora und (später) Talmud sind die zentralen Quellen jüdischen Rechts.

Auch in China beanspruchten Herrscher göttlichen Segen für sich. Als Wu, der erste Zhou-König, um 1046 v. Chr. die herrschende Shang-Dynastie stürzte, erklärte er, mit dem »Mandat des Himmels« zu handeln, das verfiele, sollte er eines Tages ungerecht herrschen.

Komplexe Gesellschaften

Die Zivilisationen der Antike, wie Mesopotamien, Ägypten, Indien, China, Griechenland und Rom, errichteten Rechtssysteme, um ihre zunehmend komplexen und wachsenden Gesellschaften zu regulieren. Nationen brauchten einheitliche Regeln für den Handel über Landesgrenzen hinweg. Die große Handelsmacht im Mittelmeer Rhodos zum Beispiel lieh ihren Namen der *Lex Rhodia,* die sich ab 500 v. Chr. zum ersten umfassend akzeptierten Seerecht entwickelte.

Während sich die Nationen entwickelten, dachten ihre Denker darüber nach, wie sich die Gesellschaft besser organisieren lasse. In China entstanden so ab dem 5. Jahrhundert v. Chr. drei radikal unterschiedliche Regierungsphilosophien. Der Konfuzianismus forderte eine Rückkehr zu traditionellen Tugenden, Respekt und Führung durch Vorbild, der Daoismus forderte Gesetze in Harmonie mit der Natur, und der Legalismus setzte auf autoritäre Führung mit harschen Strafen für Rechtsbrüche. Nach mehr als 250 Jahren

UM 340 V. CHR.

Aristoteles formuliert seine **Gerechtigkeitstheorie,** die darauf basiert, dass Gesetze auf dem **universellen und unwandelbaren Naturrecht** beruhen sollen.

2. JH. V. CHR.

Das indische **Gewohnheitsrecht** wird in den beiden Schriften ***Arthashastra*** und ***Manusmriti*** schriftlich niedergelegt.

212–222 N. CHR.

Der **Jurist Domitius Ulpianus (Ulpian)** verfasst mehr als 200 einflussreiche **Kommentare** und **Abhandlungen** zum **römischen Recht.**

348 V. CHR.

In *Die Gesetze* schlägt **Plato** für Stadtstaaten die anfängliche **Diktatur** eines **klugen Gesetzgebers** vor, bevor **gewählte Beamte** die Regierung übernehmen.

286 V. CHR.

Der römische Volkstribun Aquilius legt die ***Lex Aquilia*** zur Regulierung finanzieller **Wiedergutmachung für Sachbeschädigung** vor.

70 N. CHR.

Nach der **Zerstörung** des **herodianischen Tempels** wenden sich die Juden stärker den **Vorschriften der Thora** zu.

UM 313 N. CHR.

Die **Mailänder Vereinbarung** legalisiert das **Christentum** im Römischen Reich und ebnet den Weg zur ersten **systematischen Sammlung** des **Kirchenrechts.**

der Kämpfe während der Zeit der Streitenden Reiche etablierte eine legalistische Dynastie schließlich im 2. Jahrhundert v. Chr. eine gewisse Ordnung, die aber in ihrer Härte wenig Akzeptanz fand. So gewann der Konfuzianismus die Oberhand, wenn auch begleitet von einem strikten Gesetzeswerk.

Ab dem 5. Jahrhundert v. Chr. herrschte in Athen eine direkte Demokratie, an der alle erwachsenen Bürger teilhaben konnten. Der Philosoph Platon hingegen plädierte in seinen Werken zu Republik und Gesetzen für eine Herrschaft der Wenigen – einer Klasse von »Philosophen-Königen« in einem idealen Staat oder einem anfänglichen Diktator, angeleitet von einem weisen Gesetzgeber. Platon zufolge waren nur bewanderte Philosophen fähig, die Konzepte von Regierung und Justiz zu erfassen. Sein Schüler Aristoteles forderte eine konstitutionelle Regierung durch das Volk und eine in Harmonie mit dem Naturrecht stehende Gesetzgebung.

Im Gegensatz dazu war die indische Gesellschaft streng hierarchisch in Kasten unterteilt, wie in *Arthashastra* und *Manusmriti* aus dem 2. Jahrhundert v. Chr. gefordert.

Rom und die Kirche

Um 509 v. Chr. stürzten die Römer den Tyrannen Lucius Tarquinius Superbus und gründeten die römische Republik mit einer konstitutionellen Regierung durch zwei gewählte Konsuln. Um 450 v. Chr. veröffentlichte die neue Republik ihr erstes Gesetzbuch, das auf zwölf Bronzetafeln gravierte Zwölftafelgesetz, das die Rechte und Pflichten der Bürger Roms festlegte. Als das Römerreich wuchs, wurden diese Gesetze von Juristen wie Ulpian aktualisiert, bildeten aber über tausend Jahre die Grundlage römischen Rechts.

Um 313 n. Chr. erließ der zum Christentum konvertierte Kaiser Konstantin die Mailänder Verein-barung, die im Römerreich Religionsfreiheit einführte, und beendete damit die Christenverfolgung. 380 n. Chr. wurde das Christentum römische Staatsreligion, und christliche Theologen formulierten Gesetze auf Grundlage der christlichen Lehre.

Die frühen Kanons bildeten das Fundament des römisch-katholischen Kirchenrechts, das die Gestalt von Kirche und christlichem Glauben bestimmt. Es war entscheidend für die Entwicklung des bürgerlichen Rechts im Europa des Mittelalters. ■

ACHTET DIE WORTE DER GERECHTIGKEIT

FRÜHES RECHT (2100 v. Chr. – 1750 v. Chr.)

IM KONTEXT

SCHWERPUNKT
Die ersten verschriftlichten Gesetze

FRÜHER
um 4000 v. Chr. In Sumer, Mesopotamien, entsteht Uruk, die erste Stadt der Welt.

um 3300 v. Chr. Die Keilschrift, die älteste bekannte Schrift, wird in Uruk erfunden.

um 2334 v. Chr. Sargon von Akkad (ein Stadtstaat in Mesopotamien) erobert Sumer und errichtet das erste Imperium der Welt.

SPÄTER
um 600 v. Chr. Das Buch Exodus zitiert mit dem Rechtsgrundsatz »Auge um Auge« babylonisches Recht.

um 450 v. Chr. Im römischen Zwölftafelgesetz wird die Rechtsgrundlage für Vergeltung gelegt: die *Lex talionis*.

Vor rund 6000 Jahren begannen die Sumerer, in Mesopotamien Städte wie Uruk und Ur zu errichten, die von einem *ensi* (König) regiert wurden. In den dörflichen Gemeinden wurden Konflikte innerhalb der Familien geregelt, in den Städten mussten die vielen größtenteils nicht miteinander verwandten Menschen andere Wege des Zusammenlebens und der Konfliktlösung finden. Deshalb gaben sie sich Gesetze für ein friedfertiges Leben und Arbeiten in der Gemeinschaft. Als die Stadtstaaten an Macht gewannen und erste Reiche gründeten, erließen sie Gesetze, die für ihre gesamte Machtsphäre galten.

In Schriftform

Ursprünglich wurden Gesetze ausschließlich mündlich überliefert, dann entwickelten die Sumerer um 3300 v. Chr. die aus einzelnen Symbolen bestehende Keilschrift, um Informationen dauerhaft auf Tontafeln festzuhalten. Die frühesten erhaltenen Gesetzestexte in Keilschrift wurden um 2100 v. Chr. von Ur-Nammu, dem König von Ur, verfasst. Jedes Gesetz beschrieb ein spezifisches Verbrechen und die dafür vorgesehene Strafe, wie z. B.: »Begeht ein Mann einen Mord, soll er getötet werden.«

Zu Beginn des 20. Jahrhunderts entdeckte man einen umfassenderen, von König Hamurabi zwischen 1792 und 1750 v. Chr. zusammengestellten Gesetzestext. Er ist in Keilschrift in eine 2,25 m hohe Basaltstele gehauen und eröffnet mit einem Prolog, in dem der König

Das Relief an der Spitze der Basaltsäule mit Hammurabis Rechtssprüchen zeigt den König vor Shamash, dem mesopotamischen Gott der Gerechtigkeit, stehend.

Siehe auch: Die Zehn Gebote und mosaisches Recht 20–23 ▪ Die Zwölf Tafeln 30 ▪ *Arthashastra* und *Manusmriti* 35 ▪ Gottesurteil und Gerichtskampf 52–53

Die Zikkurat, eine Stufenpyramide mit einem Schrein, war das religiöse Zentrum der mesopotamischen Städte.

erklärt, er sei von den Göttern beauftragt, »die Herrschaft des Rechts über das Land zu bringen, die Bösen und Übeltäter zu strafen, damit die Starken nicht die Schwachen unterdrücken«. Man stellte in allen babylonischen Städten Gesetzessäulen auf, damit die Menschen die Gesetze kannten und beachteten.

Auge um Auge

Hammurabis 282 Rechtssprüche nannten Einzelfälle. Nummer 196 lautet z. B.: »Gesetzt, ein Mann hat das Auge eines Freigeborenen zerstört, so wird man sein Auge zerstören.« Dieses Prinzip findet sich auch in den Büchern Exodus und Levitikus der Thora und im römischen Recht als *lex talionis* (Recht auf Vergeltung). Hier ging es aber nicht um Vergeltung, sondern darum, die Strafe der Schwere der Tat anzupassen.

Ur-Nammus Gesetz war nicht ganz so drakonisch: Jedem Körperteil wurde ein Wert in Silber zugemessen. Schnitt z. B. jemand einem anderen den Fuß ab, betrug die Strafe »zehn Schekel«. Hier wurde also eher eine Geldstrafe erhoben, statt körperliche Vergeltung zu üben, was den heutigen Vorstellungen von Strafe mehr entspricht. ▪

» Der König, der im Lande sein wird, möge die Worte der Gesetzgebung, die ich auf meine Tafel geschrieben habe, behüten. «

Der Kodex Hammurabi

Gerichtsverfahren

Auf antiken Tontafeln dokumentierte Gerichtsprotokolle zeigen, wie in Mesopotamien Recht gesprochen wurde. Es gab keine formalen Gerichte oder Anwälte. Stattdessen traten Kläger und Beklagter mit ihren jeweiligen Zeugen vor eine Versammlung der Bürger oder Ältesten – in schweren Fällen auch vor ein Gremium aus drei bis sechs Richtern – und trugen ihren Fall mündlich oder schriftlich vor. Sie mussten dafür schwören, die Wahrheit zu sagen. Das konnte öffentlich, im Königspalast oder im Tempel vor einem Götterstandbild erfolgen. In manchen Fällen gestanden Menschen schon aus purer Angst davor, den Gott mit einer Falschaussage zu verärgern.

Konnte ein Fall nicht gelöst werden, mussten die Götter entscheiden. Hammurabis Gesetz sah in diesem Fall ein Gottesurteil vor, für das der Angeklagte in den Euphrat springen musste. Ging er unter, konnte der Ankläger sein Haus in Besitz nehmen. Bewies der Fluss aber, dass der Beklagte unschuldig war, und er entstieg dem Wasser unversehrt, so sollte der Ankläger getötet werden.

Der oberste Gott Babylons, Marduk (Mitte), Verfechter der Ordnung, besiegt die schlangenartige Meergöttin Tiamat, die für das Böse und das Chaos steht.

DIES SEI EUCH EINE FÜR ALLE ZEITEN GELTENDE VORSCHRIFT

DIE ZEHN GEBOTE UND MOSAISCHES RECHT (UM 1300 v. Chr. – 6. JH. v. Chr.)

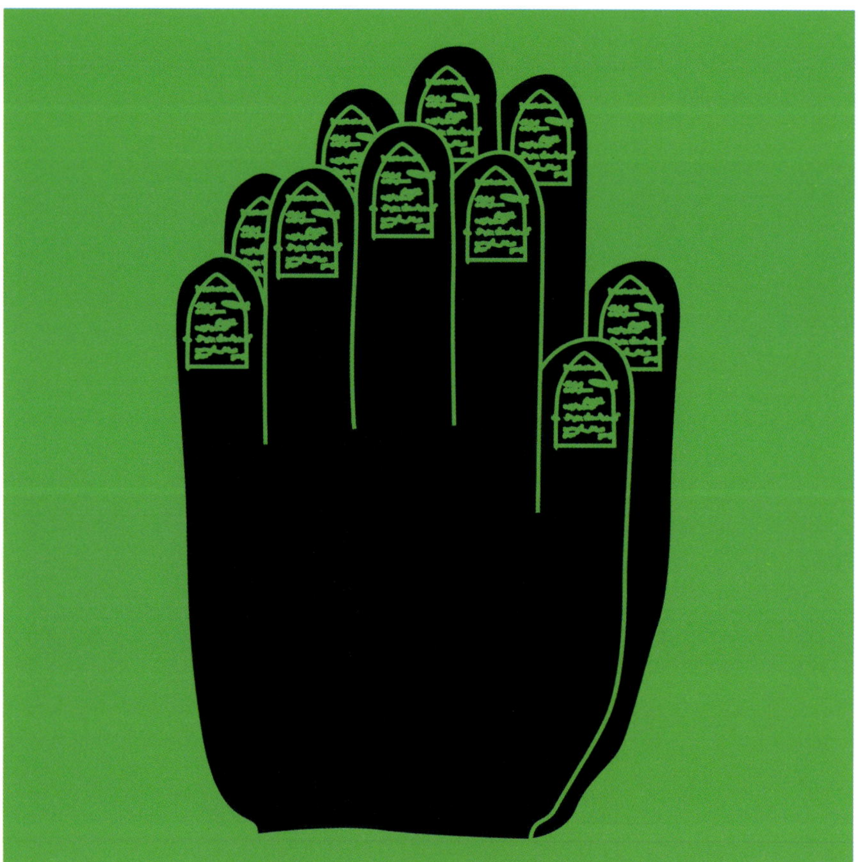

IM KONTEXT

SCHWERPUNKT
Göttliches Recht

FRÜHER
um 1750 v. Chr. Hammurabi schreibt einen Gesetzeskodex.

SPÄTER
um 1207 v. Chr. Eine Inschrift des ägyptischen Pharaos Merenptah erwähnt erstmals die Israeliten von Kanaan. Sie prahlt: »Israel ist vernichtet.«

3. Jh. v. Chr. Die Thora wird als *Pentateuch* (»fünf Bücher«) ins Griechische übersetzt.

um 200 n. Chr. In Palästina fertigen Rabbiner mit der Mischna erstmals eine Niederschrift der mündlich überlieferten Auslegung der Gesetze der Thora an.

um 350–550 n. Chr. Gelehrte veröffentlichen die Gemara, eine Erläuterung und Ergänzung der Mischna.

Das mosaische Recht ist ein altes Rechtssystem, dargelegt in der Thora, die auch die Fünf Bücher des Tanach genannt wird. Diese jüdische Bibel ist den Christen als Altes Testament bekannt. Die Thora (»Unterweisung«) enthält viele Gesetze, die der Gründer des jüdischen Volks, Moses, direkt von Gott erhalten haben soll. In der Erzählung des Auszugs aus Ägypten erhielt Moses um 1300 v. Chr. von Gott den Auftrag, die Israeliten aus der ägyptischen Sklaverei ins Gelobte Land Kanaan zu führen. Auf dem Weg erhielt er am Berg Sinai von Gott die Zehn Gebote sowie weitere Weisungen zu moralischem Ver-

Siehe auch: Frühe Gesetze 18–19 ▪ *Arthashastra* und *Manusmriti* 35 ▪ Die Mischna und der Talmud 38–41 ▪ Die Anfänge des Kirchenrechts 42–47 ▪ Der Koran 54–57

Dieses Gemälde des französischen Malers Philippe de Champaigne aus dem 17. Jh. mit dem Titel »Moses hält die zehn Gebote« zeigt zwei Steintafeln mit den Inschriften.

halten, Gottesverehrung und allen Bereichen des täglichen Lebens. Das wichtigste Gebot war: »Du sollst neben mir keine anderen Götter haben.« Die Israeliten verbrachten 40 Jahre in der Wüste, bevor sie Kanaan erreichten, und Moses starb in Sichtweite des Gelobten Landes. Das mosaische Recht galt als formales Bündnis zwischen Gott und den Israeliten. Gott versprach, sie zu beschützen und ihnen das Land Kanaan zu geben, wenn sie seine Gesetze befolgten. Laut dem Buch Exodus (19,5) sagt er: »Wenn ihr nun auf mein Wort hört und meinen Bund haltet, dann werdet ihr unter allen Völkern mein besonderes Eigentum sein, denn mir gehört die ganze Erde.«

Die Autoren der Thora

Die auf Hebräisch verfassten Bücher der Thora galten ursprünglich als von Moses selbst verfasst. Ab dem 18. Jahrhundert aber zeigten Gelehrte, dass die Geschichten über die Zeit von vielen Autoren mit unterschiedlichen Stilen und Ausdrucksweisen geprägt wurden. Die Texte enthalten später eingefügte Fußnoten.

Im 19. Jahrhundert identifizierten deutsche Gelehrte vier Quellenschriften der Thora, die sie Jawist, Elohist, Priesterschrift und Deuteronomium (J, E, P und D) nannten. Jawist und Elohist gelten (mit dem Großteil der Genesis, des Exodus und einigen Elementen der Numeri) als die frühesten Schriften. Die Elohist zugeordneten Quellen beschreiben die Traditionen der nördlichen Stämme und verwenden für Gott die Bezeichnung »Elohim«.

Die den J-Quelltexten zugeordneten Teile betreffen den südlichen Stamm Juda und nutzen die Bezeichnung JHWH für Gott, für die man die Aussprache »Jahwe« annimmt. Das Deuteronomium, das fünfte Buch der Thora, wird der Quelle D zugeordnet. Es wird »

Die fünf Bücher der Thora

Genesis
Schöpfung und die Abstammung der Israeliten von Adam und Eva

Exodus
Flucht aus Ägypten und Offenbarung der Weisungen mit den Zehn Geboten

Levitikus
Gesetze zu Opfern, Priestertum und Reinheitsritualen

Numeri
Die 40-jährige Wanderung durch die Wüste und eine Volkszählung der Stämme

Deuteronomium
Gesetze zu Gottesverehrung, Verbrechen und Strafen, die Moses vor seinem Tod ausgibt

Die Zehn Gebote (Exodus 20)

1. Du sollst keine anderen Götter haben neben mir.
2. Du sollst dir kein Gottesbildnis machen und es anbeten.
3. Du sollst den Namen des Herrn, deines Gottes, nicht missbrauchen.
4. Gedenke des Sabbattages, dass du ihn heiligst.
5. Du sollst deinen Vater und deine Mutter ehren.
6. Du sollst nicht töten.
7. Du sollst nicht ehebrechen.
8. Du sollst nicht stehlen.
9. Du sollst nicht falsch Zeugnis reden wider deinen Nächsten.
10. Du sollst nicht begehren, was dein Nächster hat.

auf die Kultreform König Joshijas zurückgeführt, der im 7. Jahrhundert v. Chr. das Königreich Juda regierte, das um 930 v. Chr. nach der Teilung der nördlichen und südlichen Stämme entstand. Joshija stärkte die Macht Jerusalems und forderte die Konzentration auf JHWH als einzigen Gott. Das nördliche Königreich Israel war 722 v. Chr. von den Assyrern erobert worden, und so wird die Geschichte Israels im Deuteronomium aus judaischer Sicht neu geschrieben.

Die spätesten Texte der Priesterschrift entstanden, nachdem Jerusalem und der Tempel 586 v. Chr. durch den babylonischen König Nebukadnezar zerstört wurden. Er verschleppte die jüdischen Priester ins babylonische Exil, wo sie die Bücher Genesis und Exodus überarbeiteten und Levitikus und Numeri verfassten. In der Priesterschrift ist Jahwe nicht an einen Ort gebunden, sondern kann die Juden überallhin begleiten: »Ich will meine Wohnung in euerer Mitte aufschlagen und … in euerer Mitte gehen und euer Gott sein, und ihr sollt mein Volk sein.« (Levitikus 26,11–12) Das mosaische Recht entwickelte sich mit der Zeit und wurde laufend aktualisiert. Dennoch galt weiterhin die Vorstellung, Mose habe die Gesetze auf dem Sinai von Gott erhalten.

Ein transzendenter Gott

Die frühen Israeliten verehrten neben Jahwe noch weitere Götter. In der Thora finden sich viele Geschichten über Baal, Gott des Regens und der Fruchtbarkeit, und Aschera, eine Muttergottheit. Jahwe und anderen Gottheiten huldigte man in Heiligtümern, die oft auf Bergen lagen.

Das erste Gebot »Du sollst neben mir keine anderen Götter haben« konnte so ausgelegt werden, dass andere Gottheiten verehrt werden konnten, solange Jahwe den obersten Rang einnahm. In den Erzählungen der Quellen E und J erschien Jahwe in Menschengestalt, wie er sich »beim Tagwind im Garten erging« (Genesis 3,8) oder Abraham vor seinem Zelt aufsucht (Genesis 18). Als aber das Deuteronomium verfasst wurde, war Gott transzendent, existierte jenseits der geschaffenen Welt, und das Judentum war eine monotheistische Religion. Während seiner Kultreform ließ König Joshija alle Aschera-Statuen aus dem Tempel in Jerusalem und alle Schreine zerstören.

Nachdem das Judentum monotheistisch geworden war, wurden alle früheren Erzählungen der Verehrung Ascheras und Baals als Abfall von den Gesetzen Mose interpretiert, und das babylonische Exil galt als Strafe dafür.

Eine Nation von Priestern

Während des Exils beteuerten die jüdischen Priester, Gott habe die Israeliten zum heiligen Volk bestimmt, eine Nation von Priestern, damit er unter ihnen leben könne. Mit strikten Regeln für Ernährung und Reinlichkeit wies man sie an, sich von ihren babylonischen Nachbarn fernzuhalten. In der Antike mussten Priester häufig Reinheitsregeln befolgen: So badeten ägyptische Priester etwa vier Mal täglich in kaltem Wasser, ihre Sandalen waren aus Papyrus statt Leder, und ihre Kleidung war aus Leinen statt aus Wolle.

Die jüdischen Regeln sind detailliert. Levitikus 11,47 weist die Menschen an, zu unterscheiden »zwischen dem, was unrein und was rein ist, und zwischen Tieren, die man essen darf, und solchen, die nicht gegessen werden dürfen«. Schweinefleisch, Schalentiere und andere Lebensmittel waren verboten. Bei der rituellen Schlachtung erlaubter Tiere musste das Blut durch Schächten entfernt werden. Levitikus 11,39 sagt: »Wenn eines von den Tieren, die euch zur Nahrung dienen, verendet, dann wird jeder, der das Aas berührt, unrein bis zum Abend.«

Levitikus 14,48–53 beschreibt die Reinigung eines von Schimmel befallenen Hauses: Der Priester soll Zedernholz, Karmesin, Ysop und einen lebenden Vogel nehmen, sie in das Blut eines geopferten Vogels und Quellwasser tauchen und das Haus siebenmal besprengen. Dann soll er »den lebenden Vogel aus der Stadt ins freie Feld fliegen« lassen. So wird das Haus entsühnt und wieder rein.

> »Rede zur ganzen Gemeinde der Israeliten und sag zu ihnen: Ihr müsst heilig sein, weil ich, der Herr, euer Gott, heilig bin.«
>
> ***Die Bibel,***
> Buch des Levitikus 19,2

Absolute Wahrheit

Frühere Gesetze beschrieben das Vorgehen in Einzelfällen. Die Zehn Gebote aber trafen absolute Aussagen über richtig und falsch, wie: »Du sollst nicht töten.« Trotzdem ähnelten viele Gesetze des mosaischen Rechts mesopotamischen und babylonischen Gesetzen. So besagt das Gesetz 251 des Kodex Hammurabi: »Das Rind eines Mannes ist stößig und hat […] ihm seinen Fehler gezeigt, er aber hat seine Hörner nicht gestutzt, sein Rind nicht angebunden, selbiges Rind hat einen Freigeborenen gestoßen und getötet, so wird er eine halbe Mine Silber geben.« Exodus 21,29–30: »Hat das Rind aber schon früher gestoßen und hat der Eigentümer […] auf das Tier nicht aufgepasst, sodass es einen Mann oder eine Frau getötet hat, dann soll man das Rind steinigen, und auch sein Eigentümer muss sterben. Will man ihm stattdessen eine Sühneleistung auferlegen, soll er als Lösegeld für sein Leben so viel geben, wie man von ihm fordert.«

Auch die Könige Mesopotamiens beanspruchten, im Namen ihrer Götter zu regieren, aber nie, dass diese auch die Gesetze verfasst hätten. Ein Gesetzesbruch war damit ein Vergehen gegen die Mitmenschen, die dem Täter vergeben konnten. Ein Gesetzesbruch in der Thora aber war nicht nur ein Vergehen gegen die Mitmenschen, sondern eine Sünde gegen Gott. ■

Die Lesung aus der Thora ist Teil der jüdischen Gebetspraxis. Sie findet an bestimmten Tagen statt, wie etwa am Sabbat und an Festtagen.

Die Thorarolle

Die Schriftrolle mit den Texten der Thora mitsamt den Gesetzen, die Moses von Gott erhalten hat, ist der heiligste Gegenstand in jeder Synagoge. Jede Schriftrolle, oder *Sefer Thora* (*sefer* bedeutet »Buch« oder »geschriebenes Dokument«), mit ihren 304 805 hebräischen Buchstaben wird von Hand mit Feder oder Schreibrohr auf Pergament geschrieben. Diese Aufgabe übernimmt ein speziell ausgebildeten Schreiber, der *Sofer.* Ein einziger Fehler würde die gesamte Rolle ruinieren.

Die Schriftrolle wird in einem reich verzierten Schrein aufbewahrt. Dieser heiligste Teil einer jeden Synagoge, in dessen Richtung gebetet wird, steht immer an der Ostwand, gen Jerusalem.

Meist werden mehrmals pro Woche verschiedene Passagen der Thora vorgelesen. Ausgesuchte Passagen werden an jedem Sabbat gelesen, sodass über das Jahr die gesamte Thora vorgelesen wird. Den Abschluss dieses jährlichen Zyklus bildet der Festtag *Simchat Tora.*

DAS MANDAT DES HIMMELS

DIE ZHOU-DYNASTIE IN CHINA (um 1046 v. Chr. – 256 v. Chr.)

IM KONTEXT

SCHWERPUNKT
Das Recht zu herrschen

FRÜHER
um 1600–1046 v. Chr. Die Shang, die erste chinesische Dynastie, beherrschen fast ganz China. Shang-Könige schreiben die ersten Gesetze des Landes. Verbrechen werden mit Tod, Verstümmelung oder Zwangsarbeit bestraft.

SPÄTER
770–476 v. Chr. Die Macht der Zhou-Dynastie schwindet, als lokale Herrscher rebellieren.

476–221 v. Chr. Das Zhou-Reich zerbricht in sieben verfeindete Staaten, aber die Zhou-Könige behalten eine rituelle Rolle, bis der letzte König Nan 256 v. Chr. stürzt.

221 v. Chr. Der Qin-Staat siegt, und Qin Shi Huang Di, der erste Kaiser der Qin-Dynastie, vereint das Land.

Um 1046 v. Chr. stürzte Wu, der König des Staats Zhou, den letzten König der Shang-Dynastie, die China über fünf Jahrhunderte regiert hatte. Zur Rechtfertigung seiner Rebellion diente dem Begründer der Wu-Dynastie ein Konzept namens *tianming* (»Mandat des Himmels«), dem zufolge laut Wu ein König nur mit dem Segen des Himmels regieren dürfe. Die Shang-Könige hätten ihre heiligen Pflichten verletzt und seien korrupt, sodass der Himmel sein Mandat einer anderen Dynastie verliehen habe.

Die Shang-Könige legitimierten ihren Herrschaftsanspruch mit ihrer Fähigkeit, durch Wahrsagung und mithilfe von Rissen in Knochen und Schildkrötenpanzern mit ihren Vorfahren kommunizieren zu können. König Wu und seine Nachfolger, auch aus späteren Dynastien, rechtfertigten ihre Herrschaft nun mit dem Mandat des Himmels.

Die Pflicht der Könige

Die Zhou-Könige sahen sich in der Pflicht, gerecht zu regieren oder das Mandat des Himmels zu verlieren. Diese Pflicht wurde bereits in den ersten Zhou-Dokumenten niedergelegt. In *Kang gao* (Die Ernennung des Prinzen von Kang), das König Wu verfasst haben soll, gibt er seinem jüngeren Bruder Feng, der zum Gouverneur einer Region ernannt worden war, einen Rat. Er warnt ihn, Strafen »nicht nach seinen eigenen Neigungen zu verhängen«, sondern das Recht zu ehren. ■

» Das Mandat ist nicht leicht zu wahren, auf dass es nicht in eurer Person endet. Zeigt und unterstreicht euren guten Ruf … «

Loblied an König Wen
König Wen (1152–1056 v. Chr.) war König Wus Vater.

Siehe auch: Frühe Gesetze 18–19 ▪ Konfuzianismus, Daoismus und Legalismus 26–29 ▪ Die Magna Charta 66–71 ▪ Der Prozess Karls I. 96–97

DAS RECHT AUF HOHER SEE

DIE *LEX RHODIA* (500 N. CHR. – 300 N. CHR.)

IM KONTEXT

SCHWERPUNKT
Seerecht

FRÜHER
900–500 v. Chr. Die griechische Insel Rhodos knüpft weitreichende Handelsbeziehungen im Mittelmeerraum und gründet auf Sizilien und in Lykien (Kleinasien) Kolonien.

SPÄTER
um 408 v. Chr. Die drei Stadtstaaten von Rhodos Lindos, Ialyssos und Camirus schließen sich zusammen.

146 n. Chr. – 44 n. Chr. Die Römer erobern den Mittelmeerraum und schaffen ein Reich, in dem übergreifend römisches Recht herrscht.

533 n. Chr. Justinians *Digesten,* eine Zusammenfassung römischen Rechts, erscheinen.

um 700 n. Chr. Das *Nomos Rhodion Nautikos* (Rhodisches Seerecht) wird erlassen und gilt bis ins 12. oder 13 Jahrhundert.

Die *Lex Rhodia* (das Rhodische Recht) entstand in der griechischen Antike (500–300 v. Chr.) und ist das älteste bekannte Seerecht. Die Bewohner der Insel Rhodos waren eine der reichsten Seefahrernationen im östlichen Mittelmeer, und ihr Seerecht war so umfassend formuliert, dass andere griechische Staaten und Kolonien von Spanien bis zum Schwarzen Meer es übernahmen. Es beeinflusste auch das römische Recht und bot eine allgemein anerkannte Lösung für Rechtsstreitigkeiten im Mittelmeerraum.

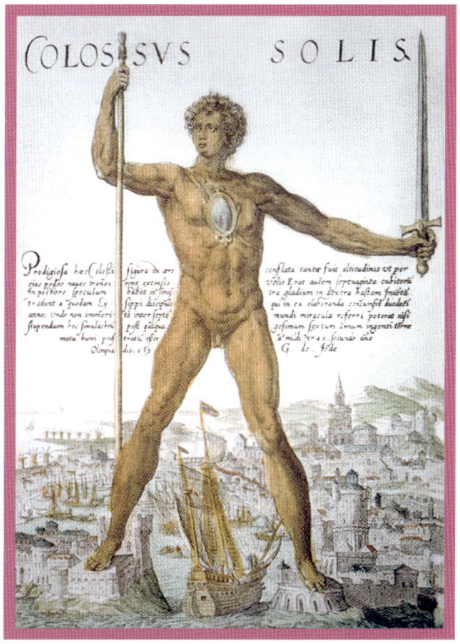

Regelung zum Seewurf

Ein erhaltener Teil des Gesetzes aus Justinians *Digesten* (533 n. Chr.) befasst sich mit dem Überbordwerfen von Schiffsladung in Seenot: »[…] wurde die Fracht über Bord geworfen, um das Schiff zu retten, muss das Opfer zugunsten des Gemeinwohls durch gemeinschaftlichen Beitrag gutgemacht werden.« Das ist das Prinzip der »gemeinschaftlichen Havarie«, das bis heute im Seerecht gilt. Die *Lex Rhodia* war so einflussreich, dass das Byzantinische Reich sein neues Seerecht um 700 n. Chr. *Nomos Rhodion Nautikos* (Rhodisches Seerecht) nannte. ■

Der Koloss von Rhodos war eines der sieben Weltwunder der Antike. Die 280 v. Chr. errichtete Statue des Sonnengotts Helios begrüßte die Schiffe bei der Einfahrt in den Hafen von Rhodos.

Siehe auch: Die *Lex Aquilia* 34 ▪ Ulpian 36–37 ▪ Die *Lex Mercatoria* 74–77 ▪ Die Welthandelsorganisation 278–283

DIE KUNST GERECHTEN REGIERENS

KONFUZIANISMUS, DAOISMUS UND LEGALISMUS (476 v. Chr. – 221 v. Chr.)

IM KONTEXT

SCHWERPUNKT
Recht und Philosophie

FRÜHER
um 1046–771 v. Chr. Die Könige der westlichen Zhou-Dynastie regieren einen Feudalstaat mithilfe lokaler Herrscher.

771–476 v. Chr. In der Zeit der Frühlings- und Herbstannalen bekämpfen sich die Territorialherrscher gegenseitig. Größere Staaten erobern kleinere, bis nur noch sieben übrig sind: Chu, Han, Qi, Qin, Wei, Yan und Zhao.

SPÄTER
221 v. Chr. Die Qin-Dynastie (221–206 v. Chr.) vereint China und führt den Legalismus ein.

141 v. Chr. Die Han-Dynastie (206 v. Chr.–220 n. Chr.) macht den Konfuzianismus zur Staatsphilosophie und lehnt den Legalismus ab.

Zur Zeit der Streitenden Reiche (476–221 v. Chr.) bestand China aus sieben sich bekriegenden Staaten.

Die chinesischen Philosophen entwickelten als Reaktion drei sich widersprechende Glaubenssysteme: Konfuzianismus, Daoismus und Legalismus, die die Rolle von Regierung und Gesetzen ganz unterschiedlich sahen und die chinesische Geschichte nachhaltig prägen sollten.

Konfuzianismus

Für den Philosophen Kong Fuzi (551–479 v. Chr.), genannt Konfuzius, sollten Traditionen für gesellschaftliche Stabilität sorgen. Er

Siehe auch: Frühes Recht 18–19 ▪ Die Zhou-Dynastie in China 24 ▪ Platons *Gesetze* 31 ▪ *Arthashastra* und *Manusmriti* 35

Die drei konkurrierenden Philosophien in China zur Zeit der Streitenden Reiche

Konfuzianismus: Menschen können **erzogen werden.** Herrscher sollen durch **Tugend** und **Tradition** regieren.

Daoismus: Menschen sollten in **Harmonie** mit der Natur und dem Universum leben. Herrscher sollen **nicht in ihr Leben eingreifen.**

Legalismus: Menschen sind **egoistisch.** Herrscher sollen **Verbrecher abschrecken** und durch Strafen für **Gefolgsamkeit** sorgen.

betonte die Bedeutung alter Riten (*li*) zu Ehren der Vorfahren und Götter, Mitmenschlichkeit (*ren*) und kindlicher Pietät (*xiao*), des Respekts der Kinder vor ihren Eltern. Letztere sollte auf die gesamte Gesellschaft ausgeweitet werden. Es gibt fünf grundlegende soziale Beziehungen, in denen jedes Individuum seinen festen Platz hat: Herrscher zu Untertan, Vater zu Sohn, Ehemann zu Ehefrau, älterer zu jüngerem Bruder sowie Freund zu Freund. In jeder dieser Beziehungen soll der übergeordnete Partner wie ein fürsorglicher Vater handeln, während der untergeordnete respektvoll und gehorsam zu sein hat.

Für Konfuzius war Recht und Strafe nur in einer primitiven Gesellschaft notwendig: »Regiert eine Regierung ausschließlich durch das Recht und will durch Strafe Ordnung schaffen, werden die Menschen eine Bestrafung vermeiden wollen, aber kein Gefühl der Scham kennen. Regiert man mit Tugend und schafft Ordnung durch Riten, ruft man nicht nur einen Sinn der Scham hervor, sondern sie werden auch edel.«

Daoismus

Das zentrale Werk des Daoismus ist das Daodejin, das Laozi (»Alter Meister«), einem möglicherweise mythischen Lehrer des 6. Jahrhunderts v. Chr, zugeschrieben wird. Es gab wohl mehr als einen Autor, aber die zentrale Aussage ist, dass Menschen in Harmonie mit der natürlichen Ordnung des Universums leben sollen, dem *Dao* (»Weg«). Das *Daodejing* nennt als Beispiel das Wasser: »Das Wasser ist fließend, weich und nachgiebig. Dennoch trägt es den Fels ab, der starr und unnachgiebig ist. Daraus folgt: Das Fließende, Weiche und Nachgiebige wird alles Starre und Harte überwinden.«

Die Daoisten glaubten, dass sich alle gesellschaftlichen Probleme lösen ließen, wenn Menschen ein Leben ohne Ehrgeiz und Gier führten. Wie Konfuzius misstrauten »

Konfuzius

Der Philosoph Kong Qui wurde 551 v. Chr. in eine unbedeutende Adelsfamilie im kleinen östlichen Staat Lu hineingeboren. Seine Anhänger nannten ihn später Kong Fuzi (»Meister Kong«), der Ursprung seines westlichen Namens Konfuzius. Nach einigen erfolglosen Jahren am Hof von Lu reiste er in der Hoffnung auf eine Anstellung als Minister von einem Staat zum nächsten. Da seine Ideen den Herrschern aber zu idealistisch und altmodisch klangen, erhielt er nie ein Amt. Dessen ungeachtet konnte er seine Philosophie immer weiter verbreiten. Sein Ruf der Gelehrsamkeit zog viele Schüler an, die bei ihm die alten Texte wie das *Buch der Riten* und das *Buch der Lieder* studierten.

Konfuzius selbst schrieb keine Bücher, aber nach seinem Tod 479 v. Chr. schrieben seine Schüler seine Lehren im Buch *Lunyu* (»Gespräche«) nieder, das heute im Westen als *Analekten des Konfuzius* bekannt ist.

Hauptwerk

um **500 v. Chr.** *Analekten*

sie dem Recht. Im Gegensatz zu den Konfuzianern, für die der Staat gut für die Gesellschaft war, verteidigten sie das private Leben, unbeeinflusst von Herrschern. Für sie war die ideale Haltung das *Wuwei* (»Nichthandeln«) und der perfekte Herrscher erließ keine Gesetze, schränkte die Untertanen nicht ein und blieb unbemerkt.

Als Philosophie der Individualität und des Nichthandelns war der Daoismus als Herrschaftsideal kaum geeignet, beeinflusste aber spätere Philosophien und Religionen, vor allem den chinesischen Buddhismus.

Legalismus

Den größten Erfolg hatte die im Westen als Legalismus bekannte Philosophie des *fa jia* (»Gesetzesschule«). Für die Legalisten waren Menschen vor allem selbstsüchtig, faul und dumm. Für öffentliche Ordnung und einen starken Staat brauchte es strenge Gesetze und Strafen. Selbst kleine Verstöße sollten hart bestraft werden.

> »Schätze keine schwer zu erlangenden Güter, und die Menschen werden nicht stehlen.«
>
> **Laozi**
> *Daodejing*, 4. Jh. v. Chr.

Im 4. Jahrhundert v. Chr. führte Shang Yang, oberster Minister des Staates Qin, den Legalismus ein. Die *Schriften des Fürsten von Shang,* eine Sammlung von Texten Shangs und seiner Anhänger, griffen den Konfuzianismus an und kritisierten, dass eine Verehrung der Traditionen zur Kritik an den Herrschern verleite. Selbst Menschlichkeit und Tugend beeinträchtigten das Recht. Den Schriften zufolge sollten böswillige Menschen aus zwei Gründen Machtpositionen einnehmen: Die Menschen sollten nur gegenüber dem Recht und nicht den Gesetzesvertretern loyal sein, und böswillige Menschen würden Gesetzesverstöße eher melden, weil sie gerne andere Menschen bespitzelten.

Die von Shang Yang eingeführten Strafen waren erniedrigend und schmerzhaft: Gesichtstätowierungen, Verstümmelungen und öffentliche Hinrichtungen durch Kochen, Vierteilen und lebendiges Begraben. Diese Strafen trafen auch oft die ganze Familie des Täters. Ein Verbrechen nicht zu melden wurde genauso hart bestraft wie das Verbrechen selbst.

Shang Yang schuf mithilfe des Legalismus einen autoritären Staat und eine mächtige Armee. Er zerschlug die feudalen Strukturen des Adels, der nun denselben Gesetzen unterworfen war wie Gemeine.

Das China der Qin-Dynastie folgte strikt den Vorgaben des Legalismus mit einem gesetzgebenden Kaiser an der Spitze der Gesellschaftspyramide und Sklaven auf der untersten Ebene.

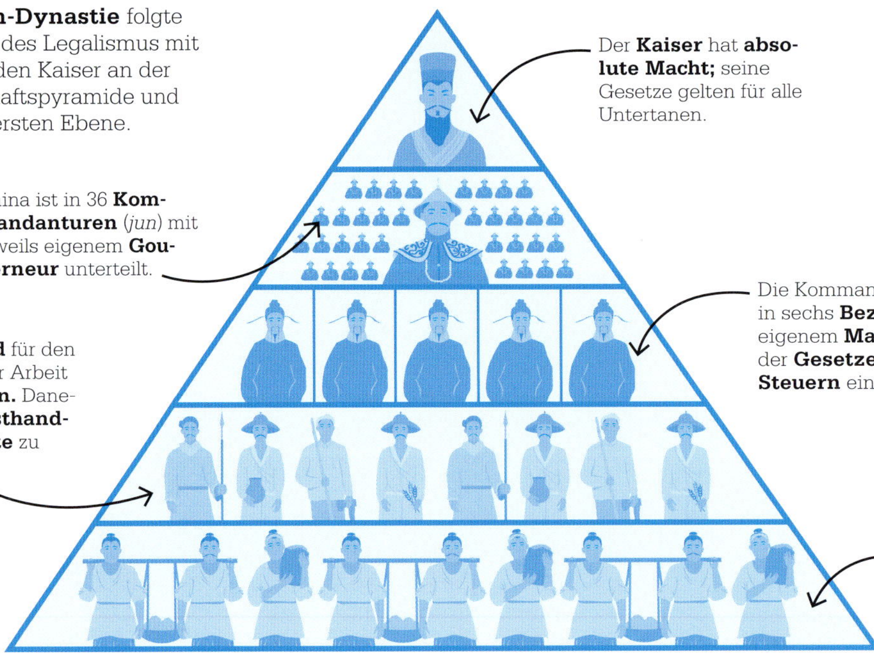

Shang Yang selbst fiel in Ungnade, als ein neuer Herrscher an die Macht kam, den er einst gedemütigt hatte, und wurde 338 v. Chr. von Streitwagen gevierteilt und seine gesamte Familie ermordet.

Der Historiker Sima Qian (um 145–86 v. Chr.) schrieb, Shang Yang habe sein Schicksal verdient, auch wenn seine Politik Wirkung gezeigt habe: »Nach zehn Jahren waren die Menschen in Qin ruhig. Auf der Straße verlorene Dinge wurden nicht gestohlen, in den Hügeln gab es keine Räuber mehr, jeder Haushalt gedieh, und Männer kämpften tapfer auf dem Schlachtfeld, vermieden aber zu Hause jeden Streit.«

Der bedeutendste Philosoph des Legalismus, Han Feizi (um 260–233 v. Chr.), sagte, dass jeder von umfassend geltendem Recht profitiere, weil es Ordnung und Berechenbarkeit brächte. Der Legalismus brächte Menschen dazu, Dinge zu tun, die sie sonst gemieden hätten, wie harte Arbeit und Kriegsführung. Menschen lehnten Recht nur ab, weil sie wie Kleinkinder nicht wüssten, was gut für sie sei.

Totalitarismus in Qin

Qin besiegte nach und nach alle anderen Streitenden Reiche, bis König Zheng von Qin 221 v. Chr. das letzte unabhängige Königreich Qi unterwarf und sich selbst zum *Qin Shihuangdi* (»Erhabener Gottkaiser von Qin«) ausrief. Er führte in ganz Qin den Legalismus und standardisierte Währung, Gewichte und Maße und eine neue einheitliche Schrift ein. Er ließ die erste Große Mauer an der Nordgrenze, ein Straßennetz und ein gigantisches Grabmal bauen, in dem er später mit einer Terrakotta-Armee als Leibgarde beerdigt wurde.

Qin war ein totalitärer Staat, der jeden Aspekt des Lebens kontrollierte. Der Kaiser befahl die massenhafte Verbrennung von Büchern und ließ Sima Qian zufolge 460 konfuzianische Gelehrte lebendig begraben. Seine Herrschaft war so brutal, dass die Qin-Dynastie sich nach seinem Tod 210 v. Chr. nur noch vier weitere Jahre hielt.

> »Dumme Menschen sind leicht zu regieren.«
>
> **Shang Yang**
> *Schriften des Fürsten von Shang*

Reformen unter den Han

206 v. Chr. ergriff der Rebellenführer Liu Bang die Macht und gründete die Han-Dynastie, die Chinas erstes Goldenes Zeitalter begründete. Der Legalismus hatte zwar in Zeiten ständiger Kriege seinen Nutzen gehabt, aber nun schien der auf sozialen Zusammenhalt und Loyalität dem Herrschenden gegenüber ausgerichtete Konfuzianismus für ein vereintes und friedliches China geeigneter. Unter den Han verlor der Legalismus an Bedeutung, und die brutalsten Strafen wurden abgeschafft. 141 v. Chr. erhob der siebte Han-Kaiser Wudi den Konfuzianismus zur Staatsphilosophie. Die *Analekten* des Konfuzius wurden zum heiligen Buch.

Nichtsdestotrotz blieb China eine Autokratie, die den Konfuzianismus mit strikten Gesetzen untermauerte. Konfuzius' ideale Gesellschaft, in der Gesetze und Strafen überflüssig sind, wurde unterdessen nie realisiert. ■

Die Terrakotta-Armee, die das Grab des Kaisers Qin Shihuangdi bewacht, soll im Jenseits seine Leibgarde sein. Neben 8000 Soldaten umfasst sie auch Streitwagen und Pferde.

DIES SOLL BINDENDES RECHT SEIN

DAS ZWÖLFTAFELGESETZ (um 450 v. Chr.)

IM KONTEXT

SCHWERPUNKT
Kodifizierung des römischen Rechts

FRÜHER
510/509 v. Chr. Die Römer stürzen ihren letzten König und rufen die Republik unter Führung der Patrizier aus.

494 v. Chr. Als die Plebejer drohen, Rom zu verlassen, erhalten sie das Recht, ihre eigenen Beamten, die Tribune, zu wählen, die ihre Interessen vertreten und Gesetze vorschlagen.

SPÄTER
390 v. Chr. Die ursprünglichen Zwölf Tafeln werden von gallischen Eroberern zerstört. Kopien bleiben erhalten, und Generationen römischer Schüler müssen die Texte auswendig lernen.

367 v. Chr. Plebejer dürfen schließlich als Konsul (einer von zwei jährlich gewählten Staatsoberhäuptern) dienen.

Um 450 v. Chr. veröffentlichte die römische Republik ihr erstes schriftlich fixiertes Gesetz auf zwölf Bronzetafeln, die auf dem Forum ausgestellt wurden. Zu dieser Zeit lagen die Plebejer (die Gemeinen) im ständigen Kampf mit der kleinen Klasse der Patrizier (Adligen), die hohe Ämter bekleideten, und den Priestern, die als Magistrate handelten und die tradierten Gesetze nach Gutdünken interpretierten. Die Plebejer konnten für Verstöße gegen Gesetze bestraft werden, die sie überhaupt nicht kannten. Als Zugeständnis beauftragte man zehn Magistrate, die *decemviri,* damit, die römischen Gewohnheitsrechte aufzuzeichnen. Dank ihrer Zwölf Tafeln kannten die Römer jetzt einige ihrer wichtigsten Rechte und konnten gegen die Entscheidungen der Magistrate Einspruch einlegen.

Bürgerliches Recht

Die Zwölf Tafeln enthielten Privatrecht und nannten Rechte und Pflichten der Bürger. Dazu kamen wichtige Anweisungen zu rechtlichen Verfahren, wie Vorladungen vor Gericht, Prozesse, die Rolle von Zeugen und Pfändungen.

Rom war landwirtschaftlich geprägt, und viele der Gesetze betrafen Streitigkeiten zwischen Bauern. Ein Gesetz verbot die Ehe zwischen Plebejern und Patriziern, wurde aber bald zurückgezogen. Andere Gesetze wurden später aktualisiert. Für Römer aber waren die Zwölf Tafeln immer die Grundlage ihres gesamten Rechtssystems. ■

» Dieses einzelne kleine Buch der Zwölf Tafeln scheint mir sicherlich alle Bibliotheken der Philosophen zu übertreffen. «

Cicero
Römischer Politiker (106–43 v. Chr.)

Siehe auch: Frühes Recht 18–19 ▪ Die *Lex Aquilia* 34 ▪ Ulpian 36–37 ▪ Die Magna Charta 66–71

DAS GESETZ IST HERR ÜBER DIE HERRSCHENDEN

PLATONS *GESETZE* (348 v. Chr.)

IM KONTEXT

SCHWERPUNKT
Die Herrschaft des Rechts

FRÜHER
399 v. Chr. Der griechische Philosoph Sokrates wird in Athen zum Tod verurteilt; sein Schüler Platon bezeichnet die Demokratie als Pöbelherrschaft.

um 367–361 v. Chr. Platon ist Ratgeber des neuen Tyrannen von Syrakus, kann diesen aber nicht zu einem Philosophenkönig erziehen.

SPÄTER
um 330 v. Chr. Platons Schüler Aristoteles schreibt in *Politik,* dass ein Staat Demokratie und Oligarchie (Herrschaft Weniger) kombinieren sollte.

um 130 v. Chr. Der griechische Historiker Polybius lobt die römische Republik als erfolgreiche Mischverfassung.

1748 In *Vom Geist der Gesetze* plädiert Montesquieu für eine Mischverfassung.

Das um 350 v. Chr. vom athenischen Philosophen Platon verfasste *Gesetze* ist sein letztes und längstes Buch. Seine bekanntere *Republik* handelte vom idealen Staat mit einem Philosophenkönig, der keine Gesetze benötigt. *Gesetze* hingegen behandelt den »zweitbesten Staat«, in dem das Recht herrscht.

Das Buch ist ein fiktiver Dialog zwischen einem namenlosen Athener, dem Spartaner Megillos und dem Kreter Kleinias. Der Kreter steht im Begriff, die Stadt Magnesia zu gründen. Die drei diskutieren über die Verfassung, und der Athener schlägt ein Gesetzbuch vor, das jeden Lebensbereich regelt.

Platons theoretischer Stadtstaat verbindet ein autoritäres System mit demokratischen Elementen. Seine Gesetze werden von einem Diktator und einem weisen Gesetzgeber entworfen, die anschließend ihre Macht an gewählte Beamte abtreten. Jedes Gesetz hat eine erklärende Präambel. Gewaltenteilung soll Machtmonopole verhindern. Die städtischen Beamten werden von einer Prüfungskommission auf ihre Qualifikation überprüft und zur Rechenschaft gezogen. Platons Doktrin von der Herrschaft des Rechts und einer Mischverfassung hatte einen bleibenden Einfluss auf Philosophen bis hin zum französischen Richter Montesquieu im 18. Jahrhundert. ■

Ein Fresko im Vatikanmuseum zeigt Platon (links) mit seinem Schüler Aristoteles, der von den Ansichten seines Lehrers zu Recht und Regierung beeinflusst war.

Siehe auch: Aristoteles und das Naturrecht 32–33 ▪ Die Glorreiche Revolution und die englische Bill of Rights 102–103 ▪ Der US Supreme Court 124–129

WAHRES RECHT IST VERNUNFT

ARISTOTELES UND DAS NATURRECHT (um 340 v. Chr.)

IM KONTEXT

SCHWERPUNKT
Naturrecht

FRÜHER
um 441 v. Chr. In seiner Tragödie *Antigone* schreibt Sophokles, dass es ungeschriebene und unabänderliche göttliche Gesetze gibt.

um 375 v. Chr. In *De Re Publica* sagt Cicero, dass die ideale Gesellschaft »im Einklang mit der Natur« steht.

SPÄTER
um 1050 n. Chr. Für den persischen Gelehrten Al-Biruni ist Naturrecht das Überleben des Geeignetsten, das durch das göttliche Gesetz überwunden werden muss.

um 1140–1150 In seinem *Decretum* setzt Gratian Naturrecht mit Kirchenrecht gleich.

um 1265–1274 Thomas von Aquin führt in *Summa Theologica* Aristoteles' Philosophie und christliche Theologie zusammen.

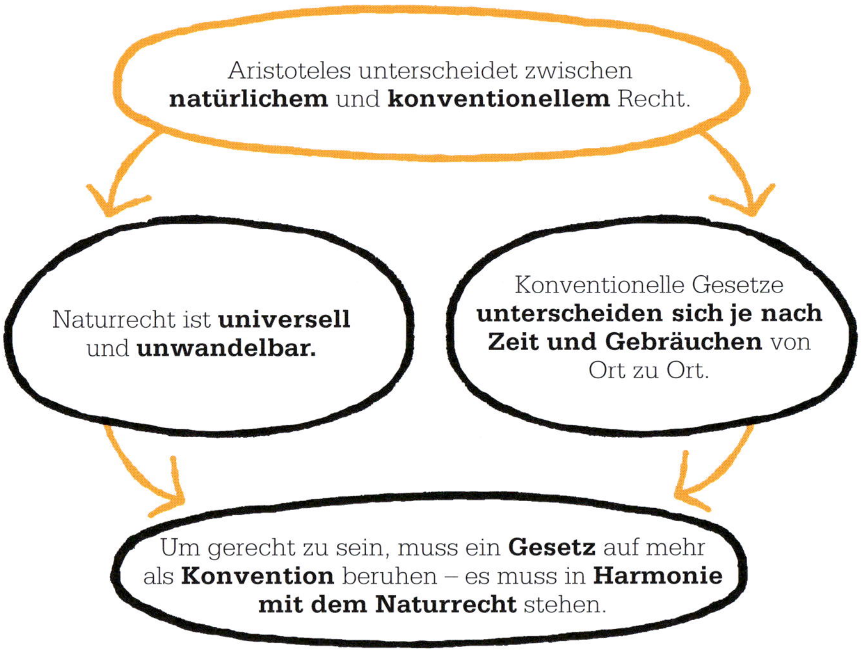

Im 4. Jahrhundert v. Chr. unterschied Aristoteles zwischen dem universellen Gesetz der Natur und den menschengemachten Gesetzen. Um gerecht zu sein, muss ein Gesetz mit dem Naturrecht im Einklang stehen.

Aristoteles zitierte in seiner *Rhetorik Antigone*, eine Tragödie des Dichters Sophokles aus dem 5. Jahrhundert, als Beispiel für zwei konkurrierende Gesetze. In dem Stück verstößt Antigone mit der Beerdigung ihres Bruders Polyneikes gegen das Edikt des Königs. Aristoteles schreibt, dass sie sich dem König gegenüber für den Bruch seines konventionellen Gesetzes mit einem Plädoyer für ein höheres natürliches Recht rechtfertigt, das »ewig lebt und von dem keiner weiß, wie es entstand«.

Siehe auch: Platons *Gesetze* 31 ▪ Ulpian 36–37 ▪ Die Anfänge des Kirchenrechts 42–47 ▪ Das *Decretum Gratiani* 60–63 ▪ Thomas von Aquin 72–73

» Es gibt ja etwas, wovon alle Menschen eine bestimmte Vorstellung haben, nämlich das von Natur aus für alle gemeinsam geltende Recht und Unrecht […] «

Aristoteles
Rhetorik (I.13), 4. Jh. v. Chr.

Er erklärte aber nicht, wie man Naturrecht von kulturellen Überzeugungen unterscheiden solle. Selbst sein Beispiel, das Recht auf eine Beerdigung, ist kein universeller Brauch. So mussten zukünftige Denker eine rationale Grundlage für das Naturrecht suchen.

Natürliche Harmonie

Um 300 v. Chr. setzte der griechische Philosoph Zenon, der Begründer der Stoa, Naturrecht mit göttlicher Vernunft, der sinngerichteten Ordnung im Kosmos, gleich. Die Menschen tragen als Teil des Kosmos die göttliche Vernunft in sich. Indem sie der Vernunft statt dem Gefühl folgen, können sie in Harmonie mit dem Naturrecht leben.

Die Stoiker glaubten, dass alle Menschen sowohl göttliche Vernunft als auch Naturrecht besäßen; deshalb war die Menschheit für sie eine Gemeinschaft von Gleichen. Für sie war die ideale Gesellschaft ein Weltstaat, in dem alle in Harmonie zusammenlebten und der göttlichen Vernunft folgten.

Später folgten römische Juristen wie Ulpian Anfang des 3. Jahrhunderts n. Chr. der stoizistischen Vorstellung, dass die Menschen vor dem Naturrecht gleich seien und Sklaverei daher wider die Natur sei. Sie gingen aber nie so weit, diesen Gedanken auch konkret in Recht umsetzen zu wollen.

Göttliche Vernunft

Der römische Politiker Cicero war stark von den Stoikern beeinflusst. In *De re publica* (um 51 v. Chr.) schrieb er: »Wahres Recht ist richtige Vernunft in Einstimmung mit der Natur […] mit einem ewigen und unabänderlichen Gesetz […] für alle Nationen und Zeiten […] und einem Meister und Herrscher, der unser aller Gott ist, denn er ist der Verfasser dieses Gesetzes, sein Verkünder und Richter.« Cicero verstand den »Gott« der Stoiker als göttliche Vernunft, aber die christlichen Denker, wie der italienische Mönch Gratian und Thomas von Aquin, lasen aus Ciceros Beschreibung eines universellen Gesetzgebers und Richters eher den christlichen Gott heraus. ▪

» Soweit es das Privatrecht angeht, sind Sklaven keine Personen, dies gilt aber nicht nach Naturrecht, weil das Naturrecht alle Menschen als gleich geschaffen ansieht. «

Domitius Ulpianus
Ad Sabinum (XLIII), um 212 n. Chr.

Aristoteles

Die Werke des Philosophen und Universalgelehrten Aristoteles bestimmten die Entwicklung der Philosophie in Antike und Mittelalter. 384 v. Chr. in Stageira in Thrakien geboren, ging er mit 17 Jahren nach Athen, um an Platons Akademie zu studieren und zu lehren. Nach Platons Tod um 347 v. Chr. reiste er nach Kleinasien. Um 344 v. Chr. besuchte er die Ägäisinsel Lesbos, um dort die Meeresfauna zu studieren.

Aristoteles war kurzfristig Lehrer Alexanders des Großen, bevor er 335 v. Chr. nach Athen zurückkehrte und das Lyzeum, seine eigene Schule, gründete. Er schrieb rund 200 Bücher über nahezu jedes damals bekannte Feld der Wissenschaft und Philosophie. 323 v. Chr. zog er nach Chalkis, wo er im Jahr darauf starb.

Aristoteles' Werk überdauerte nach dem Fall Roms in der islamischen Welt und wurde im Westen von Thomas von Aquin wiederbelebt.

Hauptwerke

Nikomachische Ethik
Rhetorik
Politik

EIN MENSCH IST FÜR VON IHM BEGANGENEN SCHADEN HAFTBAR

DIE *LEX AQUILIA* (286 v. Chr.)

IM KONTEXT

SCHWERPUNKT
Bürgerliches Recht und Privatbesitz

FRÜHER

494 v. Chr. Die von öffentlichen Ämtern ausgeschlossenen Plebejer schaffen ihre eigene Volksversammlung.

um 450 v. Chr. Das Zwölftafelgesetz ist Roms frühestes Gesetzbuch.

287 v. Chr. Die *Lex Hortensia* gibt der Volksversammlung die Macht, ohne Zustimmung des Senats Gesetze zu schaffen.

SPÄTER

426 n. Chr. Die *Lex Citationum* Kaiser Valentinians III. nennt fünf Juristen (Ulpian, Gaius, Papinian, Paulus und Modestinus), deren Rechtsmeinung Richter folgen sollten.

529–533 n. Chr. Kaiser Justinian veröffentlicht mit *Kodex, Digesten* und *Institutionen* eine Neukodifikation des römischen Rechts.

Die *Lex Aquilia* war ein römisches Gesetz, das bei Sachbeschädigung finanziellen Ausgleich bot. Nach Aquilius, einem Volkstribun (gewählter Vertreter des einfachen Volks), benannt, der es formuliert hat, zählt es zu den ersten Gesetzen, die entstanden, nachdem die Volksversammlung auch ohne Zustimmung des Senats Gesetze verabschieden durfte. Plebejer konnten nun Schadensersatz von den Patriziern, der den Senat dominierenden, herrschenden Elite, fordern.

Die *Lex Aquilia* beschrieb die Kompensationen für verschiedene Szenarien: So war dem Eigentümer bei unrechtmäßiger Tötung von Sklaven oder Vieh der höchste Wert des Vorjahres zu zahlen. Eine weitere Klausel befasste sich mit allen möglichen Eigentumsbeeinträchtigungen. Solche Schäden mussten binnen 30 Tagen beglichen werden.

Spätere Definitionen

Die *Lex Aquilia* setzte alle früheren Gesetze zum Schadensersatz außer Kraft. Sie bestimmt bis heute das moderne Rechtskonzept des »Delikts« als vorsätzlicher oder fahrlässiger unerlaubter Handlung.

Römische Gesetze waren Auslegungssache, aber der Jurist Ulpian (um 710–233 n. Chr.) bekräftigte später, dass ein rechtswidriger Schaden »in schuldhafter Weise« herbeigeführt war, schloss also Fahrlässigkeit mit ein, nicht aber Unfälle. Kaiser Justinian zitierte Ulpian in seinen *Digesten* 533 n. Chr. und sicherte so das Vermächtnis der *Lex Aquilia* für viele Jahre. ■

» Fällt ein Stein von einem Karren und […] richtet Schaden an, ist der Fuhrmann nach der *Lex Aquilia* haftbar, sofern er die Steine schlecht geladen hat. «

Ulpian
Justinians *Digesten*, um 533

Siehe auch: Das Zwölftafelgesetz 30 ▪ Ulpian 36–37 ▪ Das *Decretum Gratiani* 60–63 ▪ *Donoghue v. Stevenson* 194–195

DIE HEILIGEN GESETZE DER KASTEN

DAS *ARTHASHASTRA* UND DIE *MANUSMRITI* (2. JH. V. CHR.)

IM KONTEXT

SCHWERPUNKT
Kastensystem und hinduistisches Recht

FRÜHER
1500–1200 v. Chr. Der *Rigveda,* der älteste Sanskrittext, entsteht in Indiens Gesellschaft.

1100–500 v. Chr. In Nordindien kommen Erbmonarchien und ein Kastensystem auf.

SPÄTER
1794 Die *Manusmriti* wird ins Englische übersetzt und von den britischen Kolonialherren als Gesetzbuch für Hindus genutzt.

1905 Ein Manuskript des *Arthashastra,* das seit dem 12. Jh. verloren war, wird wiederentdeckt.

1949 Die Verfassung des gerade unabhängig gewordenen Indiens verbietet Diskriminierung durch das Kastensystem, das Problem hält aber bis ins 21. Jh. an.

Arthashastra und *Manusmriti* sind zwei alte Sanskrittexte, deren Ursprünge auf 200 v. Chr. geschätzt werden. Das *Arthashastra* (Lehrbuch der Politik) ist ein praktischer Leitfaden für Könige. Die *Manusmriti* (Gesetzbuch des Manu) ist eine Sammlung von Regeln oder Verordnungen, die Manu, der Ahnherr der Menschheit, verfasst haben soll. Sie befasst sich mehr mit moralischem und sozialem Verhalten und Pflichten.

Die Bücher teilten die Gesellschaft nach der rituellen Reinheit in vier *Varnas* (Kasten). Die Reinsten waren die *Brahmanen* (Priester), ihnen folgten die *Kshatriyas* (Fürsten und Krieger), die *Vaishyas* (Händler und Bauern) und die *Shudras* (Handwerker, Tagelöhner). Die Geburt in eine Kaste ist Belohnung oder Bestrafung für Handlungen in einem früheren Leben. Beide Bücher verbieten ein Vermischen der Kasten. Historisch dienten sie zwar nicht als Gesetzbücher, aber beide enthalten strenge Regeln und Strafen für alle Lebensbereiche.

Die *Manusmriti* erhielt im 18. Jahrhundert neue Bedeutung, als die britischen Kolonialherren Indiens sie parallel zur Scharia als Gesetzbuch für Muslime als Gesetzbuch für Hindus interpretierten. Sie wurde unter dem Titel *Institutes of Hindu Law* ins Englische übersetzt und diente als Grundlage für Gesetze für Hindus. ■

Dr. Bhimrao Ambedkar, hier auf einer Briefmarke von 1960, war der erste Justizminister Indiens und prominenter Kämpfer gegen das Kastensystem.

Siehe auch: Frühes Recht 18–19 ▪ Konfuzianismus, Taoismus und Legalismus 26–29 ▪ Die *Mischna* und der *Talmud* 38–41 ▪ Der Koran 54–57

WIR PFLEGEN DIE TUGEND DER GERECHTIGKEIT

ULPIAN (um 170–223 n. Chr.)

IM KONTEXT

SCHWERPUNKT
Moral und Rechtstheorie

FRÜHER
um 450 v. Chr. Das Zwölftafelgesetz begründet tausend Jahre kodifizierten römischen Rechts.

27 v. Chr. – 14 n. Chr. Kaiser Augustus ernennt Juristen, die in seinem Namen Rechtsansichten äußern sollen.

1. Jh. n. Chr. In Rom florieren zwei Rechtsschulen: Die Sabinier setzen auf Tradition und Orthodoxie, die Prokulianer auf Argumentation und Konsistenz.

SPÄTER
533 n. Chr. Justinian I. veröffentlicht seine *Digesten,* eine Werksammlung römischer Juristen.

um 1070 Manuskripte der Schriften Justinians werden in Norditalien entdeckt und wecken neues Interesse an römischem Recht und Ulpian.

Domitius Ulpianus war der einflussreichste Jurist des alten Roms, der in etwas mehr als zehn Jahren über 200 Bücher über das Recht verfasste. Viele Jahrhunderte später gelangte er im Mittelalter zu neuem Ruhm, als der Name »Ulpian« ein Synonym für römisches Recht wurde.

Bemerkenswerte Karriere

Ulpian wurde im ausgehenden 2. Jahrhundert im phönizischen Tyros geboren. Im nahen Berytus (Beirut) befand sich die berühmteste Rechtsschule des Römischen Reichs, und Ulpian studierte oder lehrte möglicherweise dort.

In Rom stieg Ulpian bald auf. So war er Anfang des 3. Jahrhunderts unter Kaiser Caracalla für die Bearbeitung von Bittschriften zuständig. Als Caracalla nach 212 n. Chr. die Staatsgürgerschaft auf alle freien Einwohner des Reichs ausweitete, begann Ulpian, seine eigenen Schriften zum Recht zu verfassen. 222 n. Chr. ernannte der neue Kaiser Severus Alexander Ulpian zum Prätorianerpräfekt, mit Befehlsgewalt über die Prätorianer-

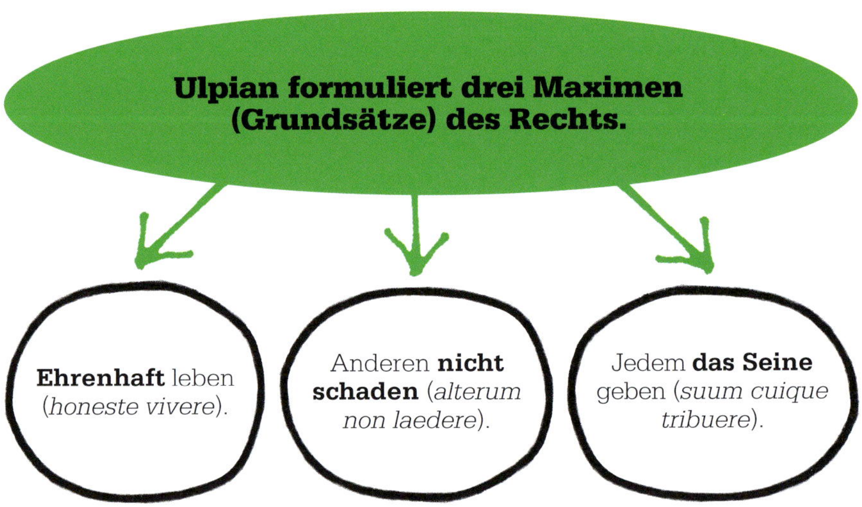

Siehe auch: Das Zwölftafelgesetz 30 ▪ Aristoteles und das Naturrecht 32–33 ▪ Die *Lex Aquilia* 34 ▪ Die Anfänge des Kirchenrechts 42–47 ▪ Das *Decretum Gratiani* 60–63 ▪ Thomas von Aquin 72–73

Ulpian galt neben Gaius, Papinian, Paulus und Modestinus als einer der fünf meistverehrten Juristen Roms. Hier ist er in einem französischen Bild von 1584 zu sehen.

garde. Ulpian geriet aber mit den Soldaten in Konflikt, die 223 n. Chr. meuterten und ihn töteten.

Priester des Rechts

Für Ulpian war das römische Recht universell, rational, und es beruhte auf dem aristotelischen »Naturrecht« . Er verstand das Recht als »Kunst der Güte und Gerechtigkeit, als dessen Priester wir Juristen zu Recht gelten. Denn wir pflegen die Tugend der Gerechtigkeit und sind des Guten und Gerechten bewusst.«

Die obigen Zeilen entstammen sinngemäß Ulpians Definition des Rechts, die die *Digesten* eröffnet, einer von Kaiser Justinian I. im 6. Jahrhundert in Auftrag gegebenen Sammlung von Interpretationen renommierter Juristen. Um das römische Recht zu überarbeiten, ließ Justinian seine Rechtsexperten die teilweise widersprüchlichen Gesetze auswerten und eine definitive Fassung erstellen. Das Ergebnis war der *Codex,* eine umfassende Sammlung imperialer Gesetze, die 529 n. Chr. erschien. Darauf folgten die *Digesten* und die *Institutionen,* ein Lehrbuch für Jurastudenten, die beide 533 n. Chr. erschienen.

Viele Schriften Ulpians überlebten in Auszügen in den *Digesten.* Bei der Vorbereitung auf ihre Arbeit verwendeten die Bearbeiter Ulpian oft als Autorität, nicht nur, weil er einer der letzten großen Rechtsgelehrten war und seine Vorgänger studiert hatte, sondern auch wegen der Klarheit und Eleganz seiner Schriften, die ein Drittel des Gesamttexts ausmachen.

Das kodifizierte System von Rechtsgrundsätzen in Justinians Werken ist eines der prägenden Merkmale des römischen Rechts, das die Basis unseres heutigen Privatrechts bildet.

> »Jura ist die Wissenschaft von Recht und Unrecht.«
>
> **Domitius Ulpianus**

Wiederentdeckung

Trotz seiner Prominenz in den *Digesten* war Ulpian bis etwa 1070 n. Chr. nahezu vergessen, als man in Italien alte Manuskripte entdeckte. Später druckte man die *Digesten,* den *Codex* und die *Institutionen* unter dem Titel *Corpus iuris civilis* (»Bestand des bürgerlichen Rechts«), das zum Grundlehrwerk der Juristenausbildung in Westeuropa wurde. ■

Ulpian wurde im Kaiserpalast von der Prätorianergarde ermordet. Sie schlugen in Gegenwart Kaiser Severus Alexanders und seiner Mutter und engen Beraterin Julia Mamaea zu.

GERECHTIGKEIT, WAHRHEIT UND FRIEDEN

DIE MISCHNA UND DER TALMUD (um 200–500 n. Chr.)

IM KONTEXT

SCHWERPUNKT
Göttliches Recht

FRÜHER
516 v. Chr. Kyros von Persien erlaubt den Juden in Babylon die Rückkehr nach Jerusalem und den Bau ihres Tempels.

70 n. Chr. Nach einem Aufstand zerstören die Römer den Tempel in Jerusalem.

SPÄTER
um 1070–1105 In Frankreich schreibt Rabbiner Schlomo Jizchaki (Raschi) einen Kommentar zum Talmud.

1240 Der Talmud wird in Paris wegen Blasphemie vor Gericht gestellt und verurteilt. Alle Kopien in Frankreich werden verbrannt.

1519–1523 In Venedig veröffentlicht Daniel Bomberg die erste gedruckte Ausgabe des Babylonischen Talmud.

Der Talmud (»Studium«) ist eine Niederschrift mündlich überlieferter Gesetze zum jüdischen Leben. Er besteht aus Mischna und Gemara und ist der zentrale Text des Rabbinischen Judentums, das aufkam, nachdem die Römer 70 n. Chr. den Tempel in Jerusalem zerstört hatten, und das heute die Hauptströmung des Judentums darstellt.

Die Römer herrschten seit dem 1. Jahrhundert v. Chr. in Jerusalem und der Provinz Judäa, zunächst durch Vasallenkönige und dann durch Statthalter. Zu dieser Zeit war das Judentum in rivalisierende Strömungen mit ganz unterschiedlichen Rechtsauffassungen zerfasert.

Siehe auch: Die Zehn Gebote und mosaisches Recht 20–23 ▪ Das *Arthashastra* und die *Manusmriti* 35 ▪ Die Anfänge des Kirchenrechts 42–47 ▪ Der Koran 54–57

Die sechs Sedarim (Ordnungen) der Mischna

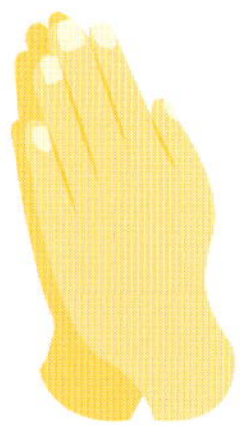

Sera'im (Saaten)
Gebete, Segen und Gesetze zur Landwirtschaft
11 Traktate

Mo'ed (Festzeiten)
Sabbat, Pessach und andere Feiertage
12 Traktate

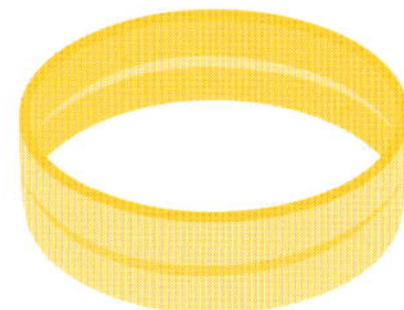

Naschim (Frauen)
Regeln zu Ehe, Scheidung und Schwüren
7 Traktate

Nesiqin (Schädigungen)
Gerichte, Privat- und Strafrecht und Sprüche der Väter
10 Traktate

Qodashim (Heilige Dinge)
Gottesdienst, Opferriten und Ernährungsregeln
11 Traktate

Teharot (Reinigungen)
Rituelle Reinheit
12 Traktate

Gottesdienste oblagen den Sadduzäern, adligen Priestern, für die nur die Worte der Thora galten. Die Pharisäer glaubten im Gegensatz dazu an eine strengere Auslegung jüdischen Rechts als die Sadduzäer. Für sie galten Reinheitsgesetze nicht nur für Priester, sondern für den gesamten Alltag aller Juden.

Die Pharisäer bezogen sich dabei auf die über Jahrhunderte gewachsene mündliche Überlieferung. Der römisch-jüdische Historiker Flavius Josephus schreibt: »Die Pharisäer überlieferten den Menschen viele von den Vorvätern tradierte Glaubensregeln, die sich nicht in Moses' Gesetz finden. Aus diesem Grund lehnen die Sadduzäer sie auch ab.« Eine der pharisäischen Neuerungen war der Glaube, dass Gott am Ende der Zeit die Toten erwecken, die Bösen bestrafen und die Gerechten belohnen würde. Die Sadduzäer lehnten diese Vorstellung eines Jenseits ab.

Nach einem jüdischen Aufstand belagerten und eroberten die Römer 70 n. Chr. Jerusalem, schleiften den Tempel, und die Sadduzäer verschwanden mit ihm. Der Verlust des Tempels war eine Katastrophe für die Juden, denn in der antiken Welt war eine Religion ohne Tempel unvorstellbar, und der Jerusalemer Tempel war der einzige Ort auf der Welt, an dem Juden opfern und ihre Sünden sühnen konnten.

Erhalt des Judentums

Es ist vor allem dem jüdischen Gelehrten Rabbi Jochanan ben Sakkai zu danken, dass das Judentum auch ohne Tempel überleben konnte. Er überredete die Römer, den Sanhedrin, den Hohen Rat der Juden, in Javne neu installieren zu dürfen. Indem er Hosea 6,6 zitierte (»Liebe will ich, nicht Schlachtopfer«), überzeugte Sakkai den Hohen Rat, dass man Tieropfer, die dem Tempel vorbehalten waren, durch Gebete, Studium der Gesetze und Wohltätigkeit ersetzen konnte. Dies wurde auch durch den Talmud bestätigt, in dem Gott zu König David sagt: »Ein einziger Tag, an dem du dich mit der Thora befasst, ist mir wichtiger als tausend Brandopfer, die dein Sohn Salomon mir auf dem Altar darbringt.«

Nach einem zweiten jüdischen Aufstand 132–136 n. Chr. verbannte Kaiser Hadrian alle Juden aus Jerusalem, das zur römischen Stadt umgebaut wurde. Um das Judentum zu retten, sammelten Rabbiner ein » auf Hebräisch verfasstes Gesetzbuch, die Mischna (»Wiederholung«). Das um 200 n. Chr. von Rabbi Jehuda ha-Nasi vollendete Buch ist der älteste Teil des Talmud. Die Mischna beruht auf mündlichen Überlieferungen der Pharisäer und ist in sechs Sedarim (»Ordnungen«) unterteilt, die ihrerseits aus sieben bis zwölf Traktaten zu jedem Aspekt jüdischen Lebens bestehen. Eines dieser Traktate, Pirqe Avot (»Sprüche der Väter«), verfolgt die mündliche Überlieferung bis zu Moses auf dem Sinai zurück.

Ein virtueller Tempel

Die fünfte Ordnung der Mischna, Qodashim, befasst sich mit dem Jerusalemer Tempel und beschreibt liebevoll jedes Detail des Baus und der Rituale. Damit sollte der Gottesdienst im Tempel weiter im Mittelpunkt jüdischen Lebens stehen. Dem Talmud zufolge ist jemand, der die Regeln der Opferung studiert, dem gleichzusetzen, der ein Opfer darbringt. Seit 70 n. Chr. hatten Juden täglich gebetet, dass Gott den Tempel wiedererrichte und sie dort beten könnten; damit war ein Studium des Tempels auch eine Vorbereitung auf die Zukunft. Neben der Mischna

Diese Talmud-Seite zeigt Mischna und Gemara in der Mitte, mittelalterliche Anmerkungen, die man Tosafot (»Ergänzungen«) nennt, auf der linken und Raschis Kommentar samt Anmerkungen späterer Gelehrter auf der rechten Seite

enthält der Talmud auch die Gemara (»Vollendung«), einen sehr viel längeren Kommentar späterer Rabbiner. Es entstanden zwei Gemaras: eine palästinische Version, die zwischen 350 und 400 n. Chr. entstand, und eine babylonische Fassung, die zwischen 350 und 550 n. Chr. zusammengetragen wurde. Letztere ist wesentlich kürzer und gilt als maßgeblicher.

Die Gemara ist eine riesige Themensammlung, die sich mit der Auslegung der Gesetze der Mischna und ihrer Anwendung im Alltag befasst. Im Gegensatz zu anderen Gesetzbüchern enthält sie oft widersprüchliche Auslegungen ohne eine Entscheidung für die eine oder andere. Die Gemara novellierte das jüdische Recht nicht, sondern erlaubte das Studium und die Diskussion über das Gesetz und wird gelegentlich als der erste interaktive Text bezeichnet.

Der Babylonische Talmud (aus Mischna und babylonischer Gemara) verbreitete sich in der islamischen Welt, wo Juden Schutz genossen. Nach der muslimischen Eroberung Spaniens im 8. Jahrhundert wurde Córdoba zum Zentrum jüdischer Gelehrsamkeit. Die Halacha (das aus dem Talmud hergeleitete jüdische Recht) hatte Einfluss auf die Entstehung der Scharia, des islamischen Rechts. Anders als im Christentum, dessen Gesetze von Konzilen und Synoden erlassen wurden, entstehen jüdische und muslimische Gesetze aus Gelehrsamkeit heraus. Beide Systeme regulieren jeden Aspekt des Lebens, und beide kombinieren göttlich inspirierte Bücher (Thora bzw. Koran) mit mündlicher Überlieferung.

Der Talmud vor Gericht

Von Spanien aus verbreitete der Talmud sich über das christliche Europa, wo in großen Städten Schulen entstanden. Die Herrscher, die nichts über den Talmud wussten, nahmen an, die Juden studierten nur die Thora Moses'.

1238 klagte der Franziskanermönch Nichochals Donin, ein zum Christentum konvertierter franzö-

» Moses empfing das Gesetz vom Sinai und überlieferte es Josue […] den Ältesten und diese den Propheten und diese den Männern der großen Synagoge. «

Pirqe Avot

» Oh schrecklicher, furchtbarer Tag […] Sonne und Mond verdunkelten sich, der Himmel zerriss, und die Sterne flohen […] das Universum weint. «

Jüdischer Bericht vom Prozess gegen den Talmud

sischer Jude, den Talmud an. Er machte Papst Gregor IX. weis, dass der Talmud blasphemisch sei und dass die Juden ohne ihn längst zum Christentum konvertiert wären.

Am 3. März 1240 ließ der französische König Ludwig IX. alle Talmud-Ausgaben des Landes konfiszieren und nach Paris bringen, wo das Buch wegen Blasphemie angeklagt wurde. Donin vertrat die Anklage und vier hochrangige Rabbiner die Verteidigung. Donin hatte Passagen gefunden, die sich auf einen *Jeschu,* einen falschen Propheten und Sohn einer Prostituierten, bezogen, der zu Recht hingerichtet wurde. Die Rabbiner antworteten, dass damit nicht Jesus Christus gemeint sei, schließlich sei ja auch »nicht jeder in Frankreich geborene Ludwig ein König«.

Der Talmud wurde zur Verbrennung verurteilt, und die Manuskripte wurden auf 24 Wagen durch die Straßen von Paris zu einem Scheiterhaufen gefahren. Das und diverse weitere Verbrennungen im christlichen Europa führten dazu, dass nur wenige vollständige Exemplare des Talmud erhalten sind.

Jemenitische Juden lesen und diskutieren in Jerusalem den Talmud. Früher studierten nur Männer den Talmud, sobald sie als Jungen einen Kurs in Thorastudien abgeschlossen hatten.

Talmud-Studien

Traditionell wird der Talmud von Männern studiert. Die Studenten lesen eine Seite und diskutieren ihre Bedeutung. Die Gemara erläutert: »Wenn Thora-Gelehrte zusammen studieren, schärfen sie einander.« Heute studieren auch Frauen den Text in Jeschiwas, jüdischen Schulen, die dem Studium von Talmud, Thora und anderen religiösen Texten gewidmet sind. Gläubige lesen den Talmud heute auch online und nutzen Live-Streams, Videokonferenzen und Websites, die beim Finden eines Chavruta (»Lernpartner«) helfen.

1923 schlug der polnische Rabbi Meir Shapira vor, die Juden in aller Welt sollten gemeinsam eine Seite des Talmud pro Tag studieren, und so begannen Zehntausende Juden, das Buch kollektiv zu studieren. Sie brauchten siebeneinhalb Jahre, es zu lesen, und der Zyklus endete im Februar 1931. Der 13. Zyklus endete 2020, und heute nehmen 350 000 Juden in aller Welt an der Lesung teil. ■

Raschi

Der 1040 in Troyes im Norden Frankreichs geborene Rabbi Schlomo Jitzchaki, genannt Raschi, war der einflussreichste Talmud-Kommentator aller Zeiten. In seiner Jugend studierte er an der Jeschiwa im deutschen Worms. Mit Ende 25 kehrte er nach Troyes zurück und wurde Rabbiner, arbeitete aber auch als Winzer. Fünf Jahre später eröffnete er seine eigene Jeschiwa.

Raschi schrieb umfassende Kommentare sowohl zur Thora als auch zum Babylonischen Talmud, die er in klaren, präzisen Worten Satz für Satz analysierte. Er schrieb zwar auf Hebräisch, erläuterte aber die Bedeutung obskurer Begriffe auf Französisch. Er starb 1105 in Troyes.

Seit der erste Babylonische Talmud in den 1520er-Jahren gedruckt wurde, enthält jedes Exemplar Raschis Kommentare am Innenrand jeder Seite.

Hauptwerke

um **1070–1105** *Kommentar zur Thora*
um **1070–1105** *Kommentar zum Talmud*

GEHE AUF DEM WEG DER GERECHTIGKEIT

DIE ANFÄNGE DES KIRCHENRECHTS (um 313–380 n. Chr.)

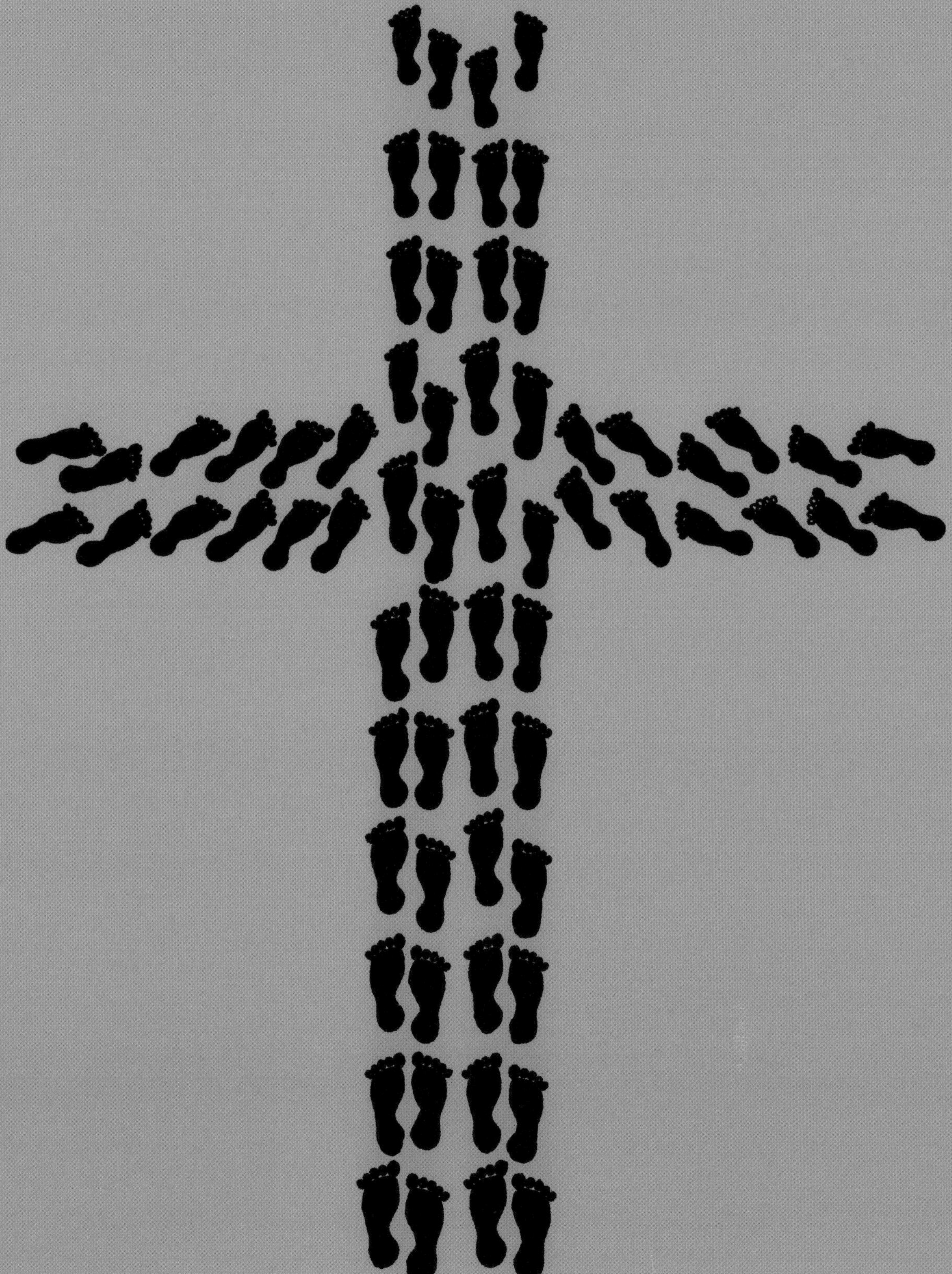

IM KONTEXT

SCHWERPUNKT
Kirchenrecht

FRÜHER
um 30 n. Chr. Jesus Christus wird gekreuzigt.

um 48 n. Chr. Nach dem Konzil in Jerusalem müssen Heiden nicht mosaischem Recht folgen, um Christen zu sein.

SPÄTER
406–476 Die Germanen erobern das Weströmische Reich, aber die Kirche hält an römischen Bräuchen und am Kirchenrecht fest.

1054 Das Große Schisma spaltet die Kirche in die Orthodoxie und römisch-katholische Kirche.

um 1140–1150 Das *Decretum Gratiani* begründet Kanonistik als eigenständige Wissenschaft.

Das kanonische Recht, das Kirchenrecht der römisch-katholischen Kirche, ist das älteste heute gültige Rechtssystem. Es geht auf die Ursprünge des Christentums zurück, hat sich aber über die Jahrtausende dem politischen, ökonomischen, sozialen, kulturellen und religiösen Wandel angepasst. Das Wort »Kanon« stammt aus dem Altgriechischen und bedeutet Rohr oder Messstab. Frühe Kanones befassten sich vor allem mit theologischen Fragen und entstanden aus Glaubensdebatten.

Die ersten Anhänger Jesu Christi waren Juden, die mosaisches Recht befolgten. Nach ihrem Glauben war der Heilige Geist, die dritte Person der göttlichen Trinität, auf die zwölf Apostеln (»Gesandten«) gekommen. Saulus von Tarsus (um 5–67 n. Chr.), später Paulus genannt, verstand sich selbst als Apostel, da ihm Jesus erschienen sei. Um 48 n. Chr. wurde einer der ersten Dispute der christlichen Kirche durch das Apostelkonzil in Jerusalem beigelegt. Gestützt durch den Apostel Petrus argumentierte Paulus, dass Nichtjuden, die an Jesus glaubten, Christen sein könnten, ohne zunächst Juden werden oder mosaisches Recht befolgen zu müssen. Dazu verfasste das Konzil einen Kanon.

Führung und Glaube

Die von Paulus und seinen Begleitern gegründeten christlichen Gemeinden wurden von einem *episkopos* (»Aufseher«) oder Bischof geleitet, der von Diakonen (»Diener/Helfer«) unterstützt wurden. Sie leiteten Rituale, wie die Kommunion (die heiligen Gaben von Brot und Wein im Andenken an den Tod Christi), und tauften Bekehrte. In den frühen Jahren der Kirche wurden Bischöfe und Diakone von der Gemeinde direkt gewählt.

Mit der Ausbreitung des Christentums wuchs auch die Autorität der Bischöfe, und sie beriefen Presbyter (»Älteste«) bzw. Priester, um die Rituale an ihrer Stelle zu leiten. Bischof Clemens von Rom sah sich als direkter Nachfolger des hl. Petrus. Seiner Meinung nach hatten die Bischöfe der von Aposteln gegründeten Gemeinden, so wie seine eigene, apostolische Autorität für ihre Kanones. Um 100 n. Chr. schrieb Bischof Ignatius von Antiochien, ebenfalls ein apostolischer Vater, man solle »den Bischof ansehen wie den Herrn selbst«.

Mit Kanones regelten die Bischöfe ihre Kirche, den Gottesdienst und das Verhalten ihrer Anhänger, aber vor allem bestimmten sie, was diese glauben sollten. In früheren Religionen waren Doktrinen eher unwichtig, aber das Christentum versprach den Gläubigen Erlösung und all jenen Verdammnis, die falschem Glauben anhingen. Schwere Vergehen wie Häresie (von den Kirchenführern abweichende Meinungen) und Blasphemie (Gotteslästerung) wurden mit »Anathema« bestraft, wodurch der Schuldige exkommuniziert, also aus der christlichen Gemeinde ausgeschlossen wurde. Bei weniger schweren Vergehen war die Strafe ein Ausschluss von der Kommunion.

Aber auch durch Schriften ließ sich der Glaube kontrollieren. Im 2. Jahrhundert stellten die Bischöfe neben dem mosaischen Alten Testament eine feste Sammlung heiliger Bücher zusammen. Dieses Neue Testament umfasste nur Bücher und Briefe, die den Aposteln oder ihren Begleitern zugeschrieben wurden. Als verschiedene gnostische und

Die Bekehrung des Paulus auf der Straße nach Damaskus machte aus dem Christenverfolger einen der einflussreichsten christlichen Missionare.

Siehe auch: Die Zehn Gebote und mosaisches Recht 20–23 ▪ Aristoteles und das Naturrecht 32–33 ▪ Der Koran 54–57 ▪ Das *Decretum Gratiani* 60–63 ▪ Thomas von Aquin 72–73

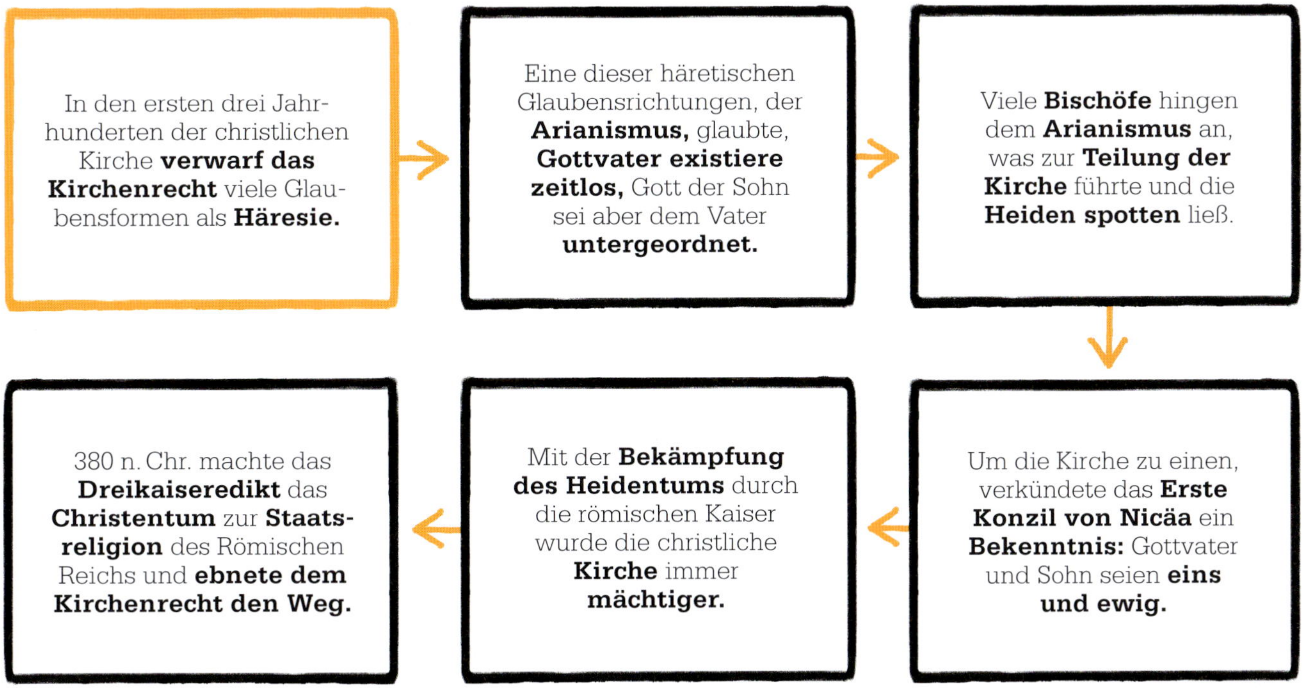

anderen Sekten seine apostolische Autorität anzweifelten, verurteilte die Kirche ihre Schriften als Häresie.

Christenverfolgung

Die Christen weigerten sich, den römischen Göttern oder dem Kaiser Opfer zu bringen. Die meisten Römer betrachteten sie daher anfangs mit Misstrauen oder Abscheu. Unter Kaiser Nero kam es ab 64 n. Chr. zu sporadischen Christenverfolgungen. Dennoch wuchsen die Christen im ganzen Reich bis zum 3. Jahrhundert zu einer sichtbaren Minderheit heran, und die Verfolgung nahm drastisch zu.

250 befahl Kaiser Decius unter Androhung der Todesstrafe allen mit Ausnahme der Juden, den römischen Göttern zu opfern. Christen, die sich dem beugten, wurden *lapsi* (»Gefallene«) genannt. Nach dem Ende der Verfolgung musste die Kirche entscheiden, ob sie die Gefallenen wieder aufnahm. 251 führte Bischof Cyprian von Karthago eine Bischofssynode (Konzil), die entschied, die Gefallenen nach ihrer individuellen Schuld zu beurteilen. Eine zweite Synode in Rom bestätigte dies im selben Jahr. Die Kirche beschloss ihre Gesetze nun durch Mehrheitsentscheid in Bischofssynoden. Zur schwersten Verfolgung kam es 303–305 unter Kaiser Diokletian. In geringerem Ausmaß setzte sie sich unter seinem Nachfolger Galerius im Oströmischen Reich fort (das sich 285 vom Weströmischen Reich abtrennte).

In den frühen 300er-Jahren erließen 19 iberische Bischöfe auf einer Synode in Elvira (heute Granada) neue Kanones zum Verhalten der Gläubigen. Ein Kanon verbot getauften Frauen die Heirat mit Juden, Heiden oder Häretikern. Allen, die in einem heidnischen Tempel geopfert hatten, sowie ehebrüchigen Frauen wurde die Kommunion verweigert, selbst auf dem Sterbebett. Bischöfe, Priester und Diakone mussten zwingend zölibatär leben. Die Kanones von Elvira waren nur für die Kirchen bindend, die an der Synode teilnahmen. Die zölibatäre Praxis des Klerus weitete sich auf andere Kirchen des Weströmischen Reichs aus. Im Oströmischen Reich wurde sie hingegen lockerer interpretiert, und Priester durften weiter heiraten.

Mailänder Vereinbarung

312 wurde Konstantin I., der gerade zum Christentum konvertiert war, Kaiser des Weströmischen Reichs. Im Jahr darauf traf er mit dem oströmischen Kaiser Licinius die Mailänder Vereinbarung, die den Christen erstmals Kultfreiheit zusicherte. Ebenso ordnete sie an, den ››

Christen das während der Verfolgung durch Diokletian konfiszierte Eigentum zurückzugeben.

324 wurde Konstantin Alleinherrscher des Römischen Reichs. Obwohl das Christentum noch keine Staatsreligion war, erhielten die Bischöfe unter Konstantin Rang, Ornat und Pflichten staatlicher Würdenträger. Der Kaiser, der ständig von Bischöfen begleitet wurde, gab den Bischöfen einen Kaiserpalast, später Lateranpalast genannt, den Vorläufer des heutigen Vatikans. Er erließ zudem mehrere Edikte, die der Kirche die Macht gaben, ihre Kanones durchzusetzen.

Konstantin verfügte, dass jeder Christ im Gerichtsstreit mit einem anderen Christen den Fall dem Gericht entziehen und einem Bischof zur Schlichtung vorlegen konnte. Nach dem Geschichtsschreiber Eusebius setzte Konstantin sein Siegel auf die Bischofsbeschlüsse der Synoden, sodass es den Herrschenden der Provinzen nicht erlaubt war, deren Dekrete aufzuheben, da »die Priester des Herrn über den Magistraten« stünden. Ein weiteres kaiserliches Dekret verbot religiöse Versammlungen der Häretiker und übereignete ihr Eigentum der Kirche. Konstantins Sieg über Licinius kam zu einer Zeit, als es in der Kirche großen Streit über die Natur Jesu Christi gab. Alles begann damit, dass der Presbyter Arius von Alexandria argumentierte, Gottvater habe schon für alle Zeit existiert, sein Sohn aber sei später gekommen, habe einen zeitlichen Anfang und stünde demnach unter dem Vater. Bischof Alexander von Alexandria warf Arius Häresie vor, aber viele Bischöfe und Kirchenführer teilten Arius' Meinung, und so weitete sich der Streit auf das gesamte Reich aus.

> »Lass uns unser Leben mit der Hilfe und Gnade Gottes von Fehlern befreien, lass es uns auf den richtigen Weg lenken.«
>
> **Konstantin I.**
> Brief an die numidischen Bischöfe, 330 n. Chr.

Das Konzil von Nicäa

Konstantin, der kein Interesse an Theologie hatte, war über die Entzweiung in der Kirche und den Spott der Heiden entsetzt. Um die Kirche zu einen, berief er die erste Einheitssynode ein, die 325 in Nicäa in der heutigen Türkei zusammentrat. Sie gilt als erstes ökumenisches Konzil (von griechisch *oikumene,* »ganze bewohnte Erde«), da über 250 Bischöfe aus »der ganzen Welt« zu diesem Ersten Konzil von Nicäa unter Leitung Konstantins I. zusammenkamen.

Das Konzil verwarf den Arianismus (die von Arius vertretenen Ansichten) und verkündete das Bekenntnis von Nicäa über die Wesenseinheit von Vater und Sohn, denn der Sohn sei »aus dem Vater geboren vor aller Zeit«. Mit Arius wurden auch zwei Bischöfe verbannt und ihre Schriften verbrannt. Das Konzil einigte sich in den Kanons beispielsweise auch über den Ostertermin und die Organisation der kirchlichen Hierarchie. Die Bischöfe der Provinzhauptstädte (die Metropoliten) waren Ober-

Konstantin der Große

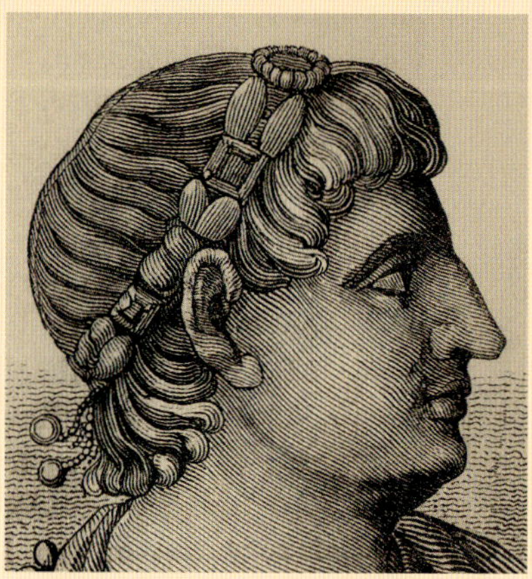

Kaiser Konstantin I., der erste christliche Kaiser, wurde um 272 n. Chr. geboren. 324 wurde er nach einem Bürgerkrieg gegen seinen Vorgänger Maxentius (um 276–312 n. Chr.) zum Kaiser des Weströmischen Reichs. Vor der entscheidenden Schlacht an der Milvischen Brücke hatte Konstantin angeblich einen Traum, der ihm beschied, Christusmonogramme (auch Chi-Rho genannt) an den Schilden der Soldaten anzubringen. Seinen Sieg schrieb Konstantin dann dem christlichen Gott zu und tat alles, um den Glauben zu verbreiten.

Konstantin wurde 324 Alleinherrscher des Römischen Reichs. 330 verlegte er die Hauptstadt des Reichs von Rom nach Byzanz und gründete Konstantinopel (heute Istanbul) als neue christliche Stadt. Zuvor hatte Konstantin Sol Invictus (»unbesiegter Sonnengott«) verehrt, den Sonnengott des Römischen Reichs und Schutzpatron der Armee. Noch einige Jahre nach seinem Glaubenswechsel zeigten Konstantins Münzen Sol Invictus, und erst 337 ließ er sich auf dem Sterbebett zum Christen taufen.

Am Ersten Konzil von Nicäa nahmen Bischöfe aus allen Teilen des Römischen Reichs teil, darunter auch Britannien und Persien. Die östlichen Bischöfe stellten die Mehrheit.

bischöfe über die anderen Bischöfe einer Provinz. Den Bischöfen von Rom, Antiochia und Alexandria kam jedoch eine übergeordnete Rolle zu. Die Kanones des Ersten Konzils von Nicäa waren für alle Kirchen bindend, galten aber noch lange nicht für alle Untertanen des Kaisers, denn die Christen waren im Römischen Reich weiterhin eine Minderheit.

Spätere römische Kaiser bekämpften das Heidentum, und die christliche Kirche wurde immer mächtiger. 380 wurde das Christentum schließlich mit dem Dreikaiseredikt Theodosius' I. zur Staatsreligion, das allen Untertanen im Reich befahl, zum Christentum zu konvertieren. Wer sich weigerte, wurde für »toll und wahnsinnig« erklärt. Nun konnte die Kirche fast alle häretischen Schriften verbrennen. Das Dreikaiseredikt war von solcher Bedeutung, dass es 529 im *Codex Justinianus,* der ersten umfassenden Gesetzessammlung Justinians I., an erster Stelle genannt wird.

Durchsetzung des Kirchenrechts

Theodosius I. berief 381 in Konstantinopel das zweite ökumenische Konzil ein. Es bestätigte das Bekenntnis von Nicäa als einzig wahres christliches Glaubensbekenntnis. Das Konzil formulierte einen Zusatz zum Bekenntnis, der besagt, dass der Heilige Geist »aus dem Vater hervorgeht«. Nun mussten mit Ausnahme der Juden alle im Reich kanonisches Recht befolgen: Sie mussten zur Kirche gehen, fasten und an das Bekenntnis von Nicäa glauben. Das Kirchenrecht entwickelte sich als zweites Rechtssystem neben dem Zivilrecht und verfügte schließlich eigene Gerichte, Richter und Strafen.

Fast 700 Jahre lang gab es eine einzige christliche Kirche, bis Papst Benedikt VIII. dem Bekenntnis von Nicäa das Wort *filioque* (»und dem Sohn«) zufügte, was besagt, dass der Heilige Geist aus dem Sohn ebenso wie aus dem Vater hervorgeht. Dies führte schließlich 1054 zum Großen Schisma zwischen römisch-katholischer Kirche und den orthodoxen Kirchen, als Letztere unter anderem die neue Formulierung ablehnten. Die orthodoxen Kirchen besitzen zwar eine Sammlung der frühen Kanone (das Pedalion oder »Ruder«), teilen aber nicht den vollständigen Kodex der katholischen Kirche.

Mit dem Anwachsen der katholischen Kanones wurden verschiedene Versuche unternommen, sie zu ordnen, was in den Schriften Gratians den Höhepunkt fand. In seinem Werk *Concordia Discordantium Canonum* (später *Decretum Gratiani* genannt) analysierte und ordnete der Mönch des 12. Jahrhunderts 3800 Texte zur kirchlichen Ordnung ein. Durch seine Arbeit wurde das kanonische Recht eine von der Theologie unabhängige Rechtswissenschaft, die fortan separat gelehrt und studiert wurde. ■

» Kanonisches Recht ist ein einzigartiges Phänomen […] aufgrund des einzigartigen Wesens der Kirche: eine Gesellschaft göttlicher Herkunft in ihren Institutionen und doch menschlich in ihren Würdenträgern. «

Stephan Kuttner
Deutsch-amerikanischer Kirchenrechtler (1907–1996)

RECHT MITTEL 500–1470

IM
ALTER

529–533
Der oströmische (byzantinische) Kaiser **Justinian** veröffentlicht das **Corpus iuris civilis** (»Bestand des zivilen Rechts«), eine Reihe von **Schriften zum römischen Recht.**

632
Der **Koran,** die **Offenbarung** Gottes an den **Propheten Mohammed,** wird zur **Grundlage des islamischen Rechts.**

8. JH.
Imam Abu Hanifa gründet die erste der großen **islamischen Rechtsschulen.**

UM 840
Die ***Hadithe*** des **Imam al-Buchari** bieten zusammen mit anderen Werken **Anleitung** für islamische **Kadis** (Richter) und **Muftis** (Rechtsgelehrte).

1066
Wilhelm der Eroberer führt in England den **Gerichtskampf** zur Beilegung von **Eigentumsstreitigkeiten** ein.

1086
Das **Domesday Book** hilft der Monarchie als umfassendes **Grundbuch Englands** bei der **Zentralisierung** der Macht.

UM 1088
Im italienischen **Bologna** entsteht die erste **Universität Europas.** Anfangs werden nur **Kirchen- und Privatrecht** gelehrt.

UM 1140–1150
Das ***Decretum Gratiani*** wird zur absoluten **Referenz für Kirchenrecht** in der römisch-katholischen Kirche.

Auch nach dem Zusammenbruch des Weströmischen Reichs blieb die römisch-katholische Kirche ein Machtfaktor im Europa des Mittelalters. Sie besaß bis zur Entwicklung des Buchdrucks das Monopol über das Wissen und übte eine beträchtliche Macht aus. Es gab allerdings auch Kämpfe um die Kontrolle über das Recht.

Währenddessen gründete der Prophet Mohammed im 7. Jahrhundert in Arabien die islamische Religion. Er sprach von einer Offenbarung der Worte Gottes und predigte in Mekka von 610 bis zu seinem Tod 632. Seine Anhänger sammelten seine Offenbarungen im Koran. Der Prophet war auch ein geschickter militärischer und politischer Führer, der verfeindete Stämme unter einer gemeinsamen Verfassung vereinte. Innerhalb eines Jahrhunderts nach seinem Tod hatte sich der Islam von der Arabischen Halbinsel bis nach Südasien und Nordafrika ausgebreitet.

Kodifiziertes Religionsgesetz

Das islamische Reich schuf ein hoch entwickeltes Rechtssystem, das von Mohammeds Vorbild inspiriert war und auf dem Koran fußte. Mohammeds Anhänger hatten auch zahlreiche *Hadithe* aufgezeichnet, Aussprüche und Handlungen, die dem Propheten und seinem Umfeld zugeschrieben werden. Sobald diese *Hadithe* von islamischen Richtern und Rechtsgelehrten bestätigt waren, dienten sie als Kommentare und Interpretationen des Korans und wurden zusammen mit diesem zur Grundlage der Scharia, des islamischen Rechts.

Auch die römisch-katholische Kirche formulierte ihre Gesetze in Form der Kanones, die zunächst von Überzeugungen und Verhalten des Klerus, später dann auch der Glaubensgemeinde geprägt waren. Der italienische Rechtsgelehrte Gratian stellte als Erster die Kanones zu einer umfassenden Sammlung, dem *Decretum Gratiani,* zusammen. Es war der erste von sechs Texten, die den *Corpus iuris canonici* bildeten, der bis zum 14. Jahrhundert vervollständigt und zur Referenz des Kirchenrechts wurde.

Islamische und christliche Gelehrte bedienten sich auch bei Ideen der klassischen griechischen Philosophen, wie dem Konzept des Naturrechts. In seinem *Decretum* schreibt Gratian, dass Naturrecht »das allen Nationen gemeinsame

1166

Der **Assize of Clarendon** erweitert die Macht der englischen Krone mit **Schwurgerichten** und nutzt **Gottesurteile** und **Geschworene.**

1187–1189

Der Justiciar Englands, **Ranulf de Glanville,** definiert im Auftrag seines Königs Heinrich II. in einem Traktat das **englische Common Law.**

1215

König **Johann Ohneland** unterzeichnet die **Magna Charta,** die festschreibt, dass der englische Monarch nicht über dem Gesetz steht.

1219

Heinrich III. schafft in England die **Gottesurteile** ab.

1225

Heinrich III. erkennt die **Magna Charta** an, die den König verpflichtet, **das Gesetz zu achten,** und alle Menschen vor königlichem Machtmissbrauch schützt.

1265–1274

In seiner **Summa Theologica** (»Hauptinhalt der Theologie«) schreibt **Thomas von Aquin,** dass Menschenrecht **Unrecht** sein kann, wenn es **ewigem, göttlichem oder natürlichem Recht** widerspricht.

13.–15. JH.

Die auf **Gewohnheitsrecht** zwischen Kaufleuten beruhende **Lex Mercatoria** wird zu einer Art **Selbstregulierung** im **internationalen Handel.**

Recht« sei. Der von Aristoteles beeinflusste italienische Theologe Thomas von Aquin untersuchte das Konzept des Rechts allgemein, vor allem die Differenzen zwischen kanonischem und Privatrecht, das nicht von Kirchenangelegenheiten betroffen war. Er identifizierte unterschiedliche Rechtsarten, von gottgegebenen göttlichen und ewigen Rechten über das universell gültige Naturrecht bis hin zum von Menschen gemachten Recht. Seine Überzeugung, dass alle Rechte mit dem Naturrecht übereinstimmen sollten, beeinflusste die Rechtstheorie für Jahrhunderte.

Gesetz und Staat

Englands Rechtssystem kann als gutes Beispiel für die bedeutenden Entwicklungen im Mittelalter herhalten. Bis zur Invasion der Normannen 1066 setzten die sächsischen Herrscher auf eine Mischung aus Wikinger- und christlichem Recht mit Standrecht und brutalen Strafen. Wilhelm der Eroberer kontrollierte den Landbesitz in einem neuen Feudalsystem. Zu diesem Zweck ließ er mit dem *Domesday Book* ein reichsweites Grundbuch erstellen, das Präzedenzien für Eigentumsstreitigkeiten lieferte.

Eine bedeutende Innovation im England des 12. Jahrhunderts war die Einführung von Schwurgerichten, die in Städten periodisch unter Vorsitz reisender Richter zusammentraten. Sie nahmen der Kirche das Recht aus der Hand und stärkten das Institut des Privatrechts. Lokale Juroren mussten Zeugenaussagen machen und nach dem Wegfall der Gottesurteile über Schuld oder Unschuld entscheiden.

Ein weiterer Meilenstein des englischen Rechts war 1215 ein Vertrag, den die Barone König Johann Ohneland abrangen und der später als *Magna Charta* bekannt wurde. Der König stimmte zu, sich künftig dem Gesetz zu unterwerfen, außerdem sollte jeder »freie Mann« Zugang zum Recht erhalten und durfte nicht ohne Prozess verhaftet oder bestraft werden.

Während Europa im Mittelalter größtenteils unter dem dualen System aus Privat- und Kirchenrecht operierte, gewannen die Kaufleute ab dem 13. Jahrhundert einen größeren Einfluss auf die Gesellschaft, indem sie neue Handelsgesetze und sogar internationale Vereinbarungen einführten. Diese waren entscheidend für die Entwicklung des Welthandels und besitzen bis heute große Bedeutung. ■

RICHTET GOTT GERECHT?

GOTTESURTEIL UND GERICHTSKAMPF (6.–12. JH.)

IM KONTEXT

SCHWERPUNKT
Feststellung der Schuld

FRÜHER
um 1750 v. Chr. Der *Kodex Hammurabi,* der älteste Gesetzestext der Welt, erwähnt auch Gottesurteile.

SPÄTER
1215 Papst Innozenz III. untersagt die Beteiligung der Kirche an Feuer- und Wasserproben.

1219 Heinrich III. verbietet Gottesurteile in England.

1396 Im schottischen Perth kommt es zum größten Gerichtskampf, der Schlacht der Clans.

16.–17. Jh. In Europa und den nordamerikanischen Kolonien werfen Hexenjäger Verdächtige ins Wasser – wenn sie versinken, sind sie unschuldig.

1819 Großbritannien schafft den Gerichtskampf ab.

Die Entscheidung von Gerichtsverfahren durch Gottesurteil oder Ordal geht auf die Gesetze der germanischen Stämme zurück, die im 6. Jahrhundert nach dem Fall Roms entstanden. Sie dienten der Urteilsfindung, wenn Prozessparteien nicht genügend Beweise oder Zeugen für ihre Behauptungen beibringen konnten. Konnte ein Angeklagter keine Zeugen vorweisen oder galt als nicht vertrauenswürdig, wurde ein Ordal angeordnet.

Feuer und Wasser

In England und auf dem europäischen Festland bürgerten sich verschiedene Formen von Ordalien an. So wird die Kesselprobe erstmals im salischen Recht der Franken (um 507–511) erwähnt, bei der der Angeklagte mit bloßer Hand einen Stein aus siedendem Wasser heben musste (die Tiefe des Wassers hing von der Schwere des Verbrechens ab). Die Hand wurde drei Tage später begutachtet. War sie geheilt, galt der Angeklagte als unschuldig. Bei der Feuerprobe musste der Angeklagte über glühende Kohle oder Pflugscharen laufen, und die Wunden wurden untersucht, ob sie heilten oder eiterten. Beim Kreuzordal standen Kläger und Angeklagter mit seitlich ausgestreckten Armen vor einem Kreuz. Wer zuerst einen Arm absenkte, verlor den Prozess.

Schuldige zahlten oft eine Strafe oder flohen, statt sich dem Ordal zu stellen. Unschuldige hingegen stellten sich häufig dem Gottesurteil. Die beteiligten Priester wussten das und wollten keinen Unschuldigen leiden lassen, deshalb war beispielsweise das »siedende« Wasser oft einfach nur warm.

Gerichtskampf

Die Gottesurteile waren meistens den unteren Schichten zugedacht, während die Oberschicht eher auf den Gerichtskampf, also Duelle,

» Wenn er dann nicht schwört, soll er ins dreifache Ordal gehen. «

Woodstock Code
König Æthelreds, 997

Siehe auch: Frühes Recht 18–19 ▪ Das Domesday Book 58–59 ▪ Der Assize von Clarendon 64–65 ▪ Die Magna Charta 66–71 ▪ Der Prozess Karls I. 96–97 ▪ Die Hexenprozesse von Salem 104–105

als Wahrheitsbeweis setzte. Das hatte auch damit zu tun, dass sie manchmal einen Champion für sich kämpfen lassen konnten und der Gerichtskampf zumindest nach englischem Recht mit Landbesitz verknüpft war, den nur die Reichen hatten. Diese spätestens seit dem 9. Jahrhundert in Europa übliche Praxis kam 1066 mit den normannischen Eroberern nach England.

Jedes Land hatte seine eigenen Regeln für den Gerichtskampf. In England stimmten beide Parteien den Regeln unter Aufsicht des Richters zu, der entschied, ob der Fall auf diese Weise zu lösen sei, und tauschten dann Fehdehandschuhe aus, um die Herausforderung anzunehmen. Es wurde gekämpft, bis ein Kontrahent getötet oder tödlich verwundet wurde oder »craven« (»Feigling«) rief. Verlor der Angeklagte, erhielt er die ursprünglich für das Verbrechen vorgesehene Strafe und verlor gelegentlich auch Besitz. Verlor der Kläger, musste er die Klage aufgeben und eine Strafe zahlen.

Abschaffung

1215 verbot Papst Innozenz III. dem Klerus die Anwendung von Feuer- und Wasserproben. Vier Jahre später verbot König Heinrich III. Ordalien in England. Der Gerichtskampf kam nach und nach aus der Mode und wich zunehmend Schwurgerichtsverfahren. Als der Gerichtskampf 1819 aus den britischen Gesetzen getilgt wurde, war er längst zur antiquierten Kuriosität geworden. ■

Ein Gemeiner wird wegen **Vergewaltigung, Mord** oder **Diebstahl** angeklagt, es gibt aber **keine Zeugen.**

Ein **reicher Landbesitzer** fordert Land von einem anderen.

Der Gemeine muss ein **Ordal** durchlaufen (meist schmerzhaft und gefährlich). Die reichen Parteien (oder ihre Champione) regeln ihre Auseinandersetzung per **Gerichtskampf.**

Der Angeklagte bleibt **unverletzt** oder **siegt** im Kampf.

Der Angeklagte wird **verletzt** oder **unterliegt** im Kampf.

Der Angeklagte wird für **nicht schuldig** befunden und der Kläger **bestraft.**

Der Beklagte **verliert sein Land.**

Zwei Bischöfe (mit Mitren) richten über ein Duell zweier Ritter im mittelalterlichen Frankreich, wo die letzten Duelle 1386 ausgefochten wurden.

EINE NORM UND EINE HEERSTRASSE

DER KORAN (632)

IM KONTEXT

SCHWERPUNKT
Göttliches Recht

FRÜHER
610–632 Der Prophet Mohammed empfängt die göttliche Offenbarung des Koran.

SPÄTER
um 660 Die ersten Kadis (Richter) werden ernannt.

8. Jh. Abu Hanifa gründet eine der ersten islamischen Rechtsschulen.

um 840 Muhammad al-Buchari erstellt eine definitive Sammlung der *Hadithen*.

um 900 Islamische Rechtsgelehrte erklären die »Türen der *idschtihad*« für geschlossen und beenden die Praxis der eigenständigen Urteilsbemühung.

Das islamische Recht wurde in einer Revolution geboren. Die göttlichen Offenbarungen, die der Prophet Mohammed im frühen 7. Jahrhundert empfing, sprachen von der Einzigkeit Gottes. Sie vereinten zudem die Arabische Halbinsel, die sowohl religiös als auch politisch zwischen den Nomadenstämmen und den Küstenstädten zerrissen war.

Die vorislamische Zeit wurde zwar später als *Dschahiliya,* Zeitalter der Ignoranz, bezeichnet, war aber nicht völlig gesetzlos. So regelte das Gewohnheitsrecht den Handel zwischen Kaufleuten der Küstenstädte und der Oasen, zu denen auch die Familie Mohammeds in Mekka zählte. Im sonnendurchglühten Landesinneren regelte man Blutfehden zwischen verfeindeten Parteien

Siehe auch: Die Zehn Gebote und mosaisches Recht 20–23 ▪ Das *Arthashastra* und die *Manusmriti* 35 ▪ Die Mishnah und der Talmud 38–41 ▪ Die Anfänge des Kirchenrechts 42–47 ▪ Das *Decretum Gratiani* 60–63 ▪ Thomas von Aquin 72–73

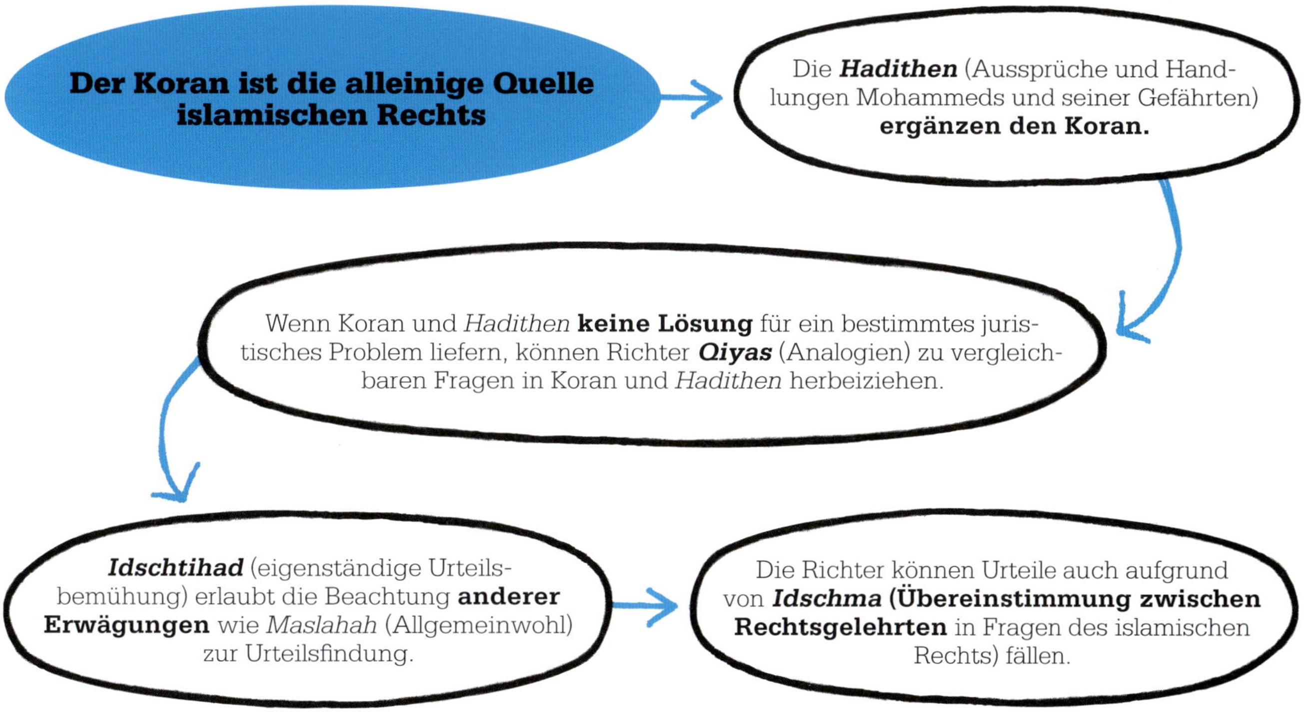

mithilfe von ausgehandelten Schadensersatzzahlungen.

Anfangs mussten die Anhänger des Islams, der neuen Religion Mohammeds, aus Mekka fliehen und fanden 622 Zuflucht in Yathrib (dem heutigen Medina), wo sie schnell zu einer Gemeinschaft *(Ummah)* von mehreren Tausend Menschen heranwuchsen, die eigene Gesetze benötigte. Diese bot der Koran *(Qur'an),* das heilige Buch der Offenbarungen Mohammeds, das 632 erstmals zusammengetragen wurde und buchstäblich das Wort Gottes enthielt. Es galt als unveränderlich und heilig, und seine Ratschläge und Vorschriften, wie die Pflicht, fünfmal am Tag zu beten und die Armen zu unterstützen, bilden die *Scharia* (»den Weg weisen«), das Fundament der islamischen Rechtsprinzipien.

Quellen islamischen Rechts

Der Koran ist kein Gesetzestext. Er enthält zwar Prinzipien, die auf nicht explizit im Text erwähnte Situationen angewendet werden können, bietet aber keine Anleitung zu seiner Interpretation. Der Islam hatte sich innerhalb eines Jahrhunderts nach Mohammeds Tod 632 von der Arabischen Halbinsel über große Teile der Welt ausgebreitet. Die riesige und stetig wachsende Anzahl seiner Anhänger machte die Entwicklung eines konsistenten islamischen Rechtssystems notwendig. So entstand die *Fiqh,* die islamische Rechtswissenschaft, die ab 660 unter den Umayyaden durch die Berufung von *Kadis* (Richtern) vorangetrieben wurde. Ihnen zur Seite standen dabei *Muftis* (Rechtsgelehrte), die *Fatwas,* also Gutachten zu religiösen Rechtsfragen, erstellen konnten. Unter den »

Das Mausoleum al-Bucharis (s. S. 56) in Usbekistan, eine wichtige islamische Pilgerstätte. Al-Buchari hat eine der bedeutendsten Sammlungen von *Hadithen* zusammengetragen.

Ein kufisches Manuskript eines Koranabschnitts aus dem 9. Jh. Die kufische Kalligrafie ist die älteste arabische Schrift und wurde auch für die ersten Kopien des Korans verwendet.

ersten Fragen, die zu klären waren, war der genaue Status der *Sunna,* der gesellschaftlichen und rechtlichen Gebräuche, die das muslimische Leben regelten. Das islamische Recht beruhte oft auf *Hadithen,* den Aussprüchen und Handlungen des Propheten, seiner Familie und seiner Gefährten, die aber nicht den gleichen Stellenwert wie das göttliche Wort des Korans selbst hatten.

Anleitung für Richter

Rechtsgelehrte verfolgten den Weg der Überlieferung dieser Hadithen zurück und verwarfen solche mit zweifelhafter Urheberschaft. Eine populäre Sammlung von Hadithen des Gelehrten al-Buchari aus der Mitte des 9. Jahrhunderts soll ihre Anzahl auf diese Weise auf eine Kerngruppe von 2762 Aussprüchen zusammengestrichen haben.

Der ägyptische Jurist asch-Schafi'i († 820) entwarf einen Prozess, der Kadis dabei half, sich auf diesem schwierigen Terrain zurechtzufinden. Sie sollten zuerst den Koran konsultieren und sich dann den Hadithen zuwenden, wenn sie dort keine Antwort fanden. Halfen diese auch nicht weiter oder erwiesen sich als widersprüchlich, durfte der Kadi Rückgriff auf *Qiyas* (Analogieschlüsse) nehmen, um einen ähnlichen Umstand zu finden, der im Koran oder einem Hadith behandelt wurde. Wenn selbst das nicht ausreichte, durfte er sich um *Idschma,* den Konsens der islamischen Rechtsgelehrten, bemühen. Dieser Abwägungsprozess wurde *Idschtihad* (»Anstrengung«) genannt und ermöglichte die Findung neuer Normen. Entscheidende Faktoren sind dabei *Istishab* (»Kontinuität«), was bedeutet, dass wenn eine Sache schon immer als zulässig (oder verboten) gegolten hat, diese Betrachtung Bestand hat, sowie *Maslaha* (»Allgemeinwohl«), durch das das Wohl der gesamten islamischen Gemeinschaft in eine juristische Entscheidung einfließen konnte.

Ab dem 10. Jahrhundert galten alle großen Fragen als geklärt, und man wollte höchstens noch die Analogie bemühen, um neue Fragen im Licht alter Entscheidungen zu beantworten. Rechtsgelehrte wie Abu Hanifa, Malik ibn Anas, asch-Schafii und ibn Hanbal gegründeten eigene Rechtsschulen unterschiedlicher Ausrichtung. Die islamische Gesellschaft spaltete sich im 7. und 8. Jahrhundert an der Frage der Nachfolge Mohammeds. Die größere Gruppe der Sunniten hielt an den fünf Kalifen, den Führern islamischer Gemeinden, fest, die erst dem Propheten und dann den Abbasiden und Umayyaden gefolgt waren. Für die Minderheit der Schiiten hätte die Führerschaft über die Linie Alis, Mohammeds Schwiegersohn, vererbt werden müssen. Neben kleineren rituellen Unterschieden haben die Schiiten ihre eigenen Rechtsschulen, wie die Zaiditen und die Dschaferiten, die den Urteilsfindungen ihrer religiösen Hierarchie (wie den Ayatollahs) mehr Gewicht verleihen als die *Taglidh* (»Nachahmung«) vorhergegangener Entscheidungen, wie sie in den sunnitischen Schulen vorherrscht.

Recht und Verbrechen

Das islamische Recht unterscheidet zwischen Dingen, die *fard* (obligatorisch), *mandub* (empfohlen), *mubah* (erlaubt), *makruh* (verpönt)

» Wer den Pfad der Wissenssuche beschreitet, dem wird Allah den Weg ins Paradies bereiten. «

Ibn Madscha
Iranischer Sammler von *Hadithen* des 9. Jh. (824–etwa 887)

Suleiman der Prächtige war von 1520 bis 1566 Sultan des Osmanischen Reichs zu dessen Hochzeit. Er war der mächtigste Herrscher der islamischen Welt des 16. Jahrhunderts.

oder *haram* (verboten) sind. Für die letzten beiden Kategorien sind Strafen vorgesehen. Für manche schwere Verbrechen, wie Mord oder Sexualstraftaten, die man *hudud* nennt, sind im Koran und den Hadithen harte Strafen vorgesehen (Dieben wird beispielsweise die Hand abgehackt, Ehebrecher werden gesteinigt). Allerdings waren hier die prozessualen Anforderungen auch höher. Für die meisten Verbrechen brauchte man zwei männliche Zeugen (oder einen Mann und zwei Frauen), aber für Ehebruch bedurfte es gleich vier männlicher Zeugen.

Nicht zuletzt aufgrund der Schwierigkeit, genügend Zeugen zu finden, wurden viele Kriminalfälle im 9. Jahrhundert unter den Abbasiden an staatliche Gerichte übertragen. Familien- und Eigentumsrecht blieben zwar die Domäne der religiösen Richter, aber es entstand auch eine nachhaltige Spannung zwischen dem säkularen und dem religiösen Recht in den islamischen Gemeinden. Wo einst die religiöse Hierarchie die Gesetze machte oder zumindest auf dieser Basis entschied, bestimmten nun die weltlichen Herrscher. Dazu zählten auch die osmanischen Sultane wie Suleiman der Prächtige im 16. Jahrhundert, der ein ganz eigenes Verwaltungsrecht oder *Kanuni* schuf.

Die Scharia heute

In einer idealisierten Version des islamischen Staats regiert das islamische Recht, das auf Koran, Hadithen und der Zusammenarbeit von Kalif, Klerus und Kadis beruht. Dort, wo Muslime in der Minderheit sind, ist dieses Gleichgewicht natürlich nicht möglich, aber es gibt immer wieder Rufe nach der Anerkennung von Schariagerichten zumindest für religiöse Fragen. Das ist nicht unumstritten, da viele darin eine Unterordnung nationalen Rechts unter das islamische Recht sehen.

In muslimischen Ländern wie Pakistan wächst der Druck, der Scharia eine Rolle innerhalb des säkularen Rechtssystems des Landes zu verschaffen. In Extremfällen, wie dem Talibanregime in Afghanistan, hat das dazu geführt, dass die Scharia heute die einzige Rechtsquelle ist. Auf der anderen Seite wird das religiöse Recht als ungerecht gegenüber Teilen der Gesellschaft, wie z. B. den Frauen, angesehen, und es gibt Reformbemühungen. So hat man in Saudi-Arabien anerkannt, dass das Autofahrverbot für Frauen eher auf tradierten Gewohnheiten beruht als auf islamischem Recht. Der Kampf um die Definition und Interpretation der Gesetze geht weiter. ■

» O ihr, die ihr glaubt, bleibt fest in der Gerechtigkeit, so ihr Zeugnis ablegt zu Gott. «

Koran 4:135

Abu Hamid al-Ghazali

Der 1058 in Tabaran im Iran geborene al-Ghazali wurde 1091 zum Leiter der schafiitischen Medrese (Rechtsschule) in Bagdad berufen, wo er fünf Jahre lang lehrte. Er verfasste mehr als 70 Schriften und galt später als *Mudschaddid,* als Erneuerer des Rechts, dessen Interpretationen hoch respektiert waren.

Al-Ghazali verurteilte Loyalität zu Führern, die behaupteten, eine eigene Offenbarung der Scharia erfahren zu haben, als Häresie. Diese Anklage richtete sich vor allem gegen die Assassine, eine islamische Sekte, die ihre Gegner häufig ermordete. Er lehrte bis mindestens 1110 und starb im Jahr darauf.

Hauptwerke

spätes 11. Jh. *Die Wiederbelebung der Wissenschaften von der (islamischen) Religion*
um 1105 *Das Elixier der Glückseligkeit*

JEDER FLECKEN LAND

DAS DOMESDAY BOOK (1086)

IM KONTEXT

SCHWERPUNKT
Landbesitz

FRÜHER
1066 Wilhelm der Bastard erobert England.

1069–1070 Während der »Plünderung des Nordens« schlägt Wilhelm einen Aufstand nieder und lässt Land konfiszieren.

SPÄTER
1166 Heinrich II. befiehlt die Erstellung der *Cartae Baronum,* einer neuen Liste des Landbesitzes seiner Kronvasallen und deren Unterpächter.

1334 Die Kronvasallen in den Welsh Marches erklären die Marken für außerhalb englischer Besteuerung, weil sie laut Domesday Book »in Wales« liegen.

1977 Gerichte, die auf Grundlage königlichen Landbesitzes im Domesday Book operierten, werden zu zeremoniellen Gerichten umgewandelt.

Nach der Invasion Englands 1066 reiste Wilhelm der Eroberer, jetzt Wilhelm I., regelmäßig in die heimatliche Normandie und hinterließ Erlasse für die Zeit seiner Abwesenheit. Allerdings waren die umfassenden Veränderungen im Landbesitz infolge der Eroberung nicht gut dokumentiert, sodass rechtliches und administratives Chaos drohte. Wilhelm wollte eine exakte Aufstellung des königlichen Landbesitzes in England und, da er dringend Geld benötigte, auch der Einkünfte aus der Verpachtung des Landes.

Das Domesday Book

Im Dezember 1085 ließ der König erfassen, wer jedes Stück Land besaß und welche Erträge es brachte – bis hin zur Anzahl der Enten. In jeder Region musste eine eingeschworene Gruppe von Landeignern und Dorfbewohnern den Beamten Rede und Antwort stehen – die so erhobenen Daten wurden gesammelt und nach London gesandt. 1086 wurden sie zu einem ersten Exemplar gebunden, das wir heute als Domesday Book kennen (es sollte bis zum Tag des Jüngsten Gerichts – engl. »Doomsday« – Gültigkeit haben).

Wilhelm starb 1087, bevor er seine Volkszählung nutzen konnte; mittlerweile aber war praktisch ganz England administrativ erfasst, und Grundherrschaft und Grundbesitz waren untrennbar miteinander verbunden, was auch die neue politische Lage widerspiegelte.

Das Land des Königs

Vor der Invasion der Normannen ging das englische Recht davon aus, dass das Land keinen einzelnen Eigentümer wie den König

» Der allmächtige König entsandte seine Richter in alle Grafschaften Englands und ließ amtlich untersuchen, über wie viele Hufe und wie viel Stück Vieh jedes Dorf verfügte. «

Henry of Huntingdon
Englischer Historiker
(um 1088–1157)

Siehe auch: Die *Lex Aquilia* 34 ▪ Das *Decretum Gratiani* 60–63 ▪ Die Magna Charta 66–71 ▪ Das Venezianische Patentgesetz 82–85 ▪ Der Vertrag von Tordesillas 86–87 ▪ Das Statute of Anne 106–107

Wilhelm der Bastard **erobert England** und **konfisziert das Land** der angelsächsischen Aristokratie.

Er behält **ein Sechstel** des Landes für sich und **verteilt** den Rest an **adlige Kronvasallen** als **Belohnung für geleistete Dienste.**

Die **Beamten des Domesday Book** wurden ausgesandt, um die **Ländereien und ihren Wert** zu erfassen.

Das Resultat dieses Zensus liefert die **Rechtsgrundlage für den Landbesitz im gesamten Land.**

habe. Jeder konnte somit ein Stück Land eignen, und jeder konnte Landbesitz erlangen, indem er einfach eine Parzelle ohne dokumentierten Eigner besetzte. Wilhelms neue Form des Landbesitzes setzte diese Tradition außer Kraft.

Adlige Kronvasallen wurden jetzt unter bestimmten Voraussetzungen – meist Militärdienst oder Pacht – belehnt (sie erhielten ein Lehen, also Land samt den dazugehörigen Bauern und Erträgen). Dazu erhielten sie erstmals einen Rechtstitel auf ihr Land und verpachteten ihrerseits Land an Unterpächter.

Niemand außer dem König besaß jetzt eigenes Land, und aus ehemals freien Bauern wurden Pächter oder Leibeigene, die an das Land gebunden waren, das sie nicht verlassen durften.

Domesday und das Gesetz

Das Domesday Book fand mit seinen unvergleichlich detaillierten Angaben zum Landbesitz in Gerichtsprozessen Verwendung, ebnete den Weg für Präzedenzfälle und wurde zu einem Eckpfeiler des englischen Eigentumsrechts. Informationen wie die Anzahl an »Hufen« (das zum Unterhalt eines Haushalts benötigte Land) jedes Anwesens wurde bis 1193 genutzt. Der Wert seiner Informationen sank zwar mit der Zeit, es war jedoch über 900 Jahre lang ein fundamentaler Text des politischen und juristischen Systems Englands. ▪

Die Invasion Englands

Wilhelm wurde 1035 mit nur acht Jahren Herzog der Normandie. 1066 überquerte er den Ärmelkanal, um die englische Krone zu beanspruchen, die ihm der angelsächsische König Eduard der Bekenner angeblich versprochen hatte. Er schlug Eduards Nachfolger Harold in der Schlacht bei Hastings und erhielt den Beinamen »der Eroberer«.

Wilhelm führte eine Armee von rund 7000 Rittern und Bewaffneten an. Nach dem Sieg über Harold musste er eine Bevölkerung von mehr als zwei Millionen Menschen kontrollieren, eine Reihe von Aufständen niederschlagen und eine drohende Invasion der Dänen abwehren. Deshalb belohnte er seine normannische Gefolgschaft mit englischem Land, das er den angelsächsischen Adligen nahm. Das Domesday Book dokumentiert diese Umwälzung im Landbesitz.

König Harold soll wie hier auf dem Teppich von Bayeux dargestellt in der Schlacht durch einen Pfeil im Auge gefallen sein.

EINE ANKLAGE DARF NICHT WIEDERHOLT WERDEN

DAS *DECRETUM GRATIANI* (MITTE 12. JH.)

IM KONTEXT

SCHWERPUNKT
Kirchenrecht

FRÜHER
325 Kaiser Konstantin I. beruft das erste große Konzil der christlichen Kirche in Nicäa (heute Iznik, Türkei) ein.

380 Durch das Dreikaiseredikt wird das Christentum zur Staatsreligion im Römischen Reich.

529 Kaiser Justinian veröffentlicht seinen *Codex*, eine wichtige Quelle des Kirchenrechts.

1100 Alger von Lüttich veröffentlicht *Tractatus de misericordia et iustitia* (Über Barmherzigkeit und Gerechtigkeit), woraus Gratian Texte übernimmt.

SPÄTER
1234 Im Auftrag Papst Gregors IX. erscheint das *Liber Extra*.

1917 Der *Codex Iuris Canonici* (CIC) ersetzt das *Decretum Gratiani.*

Je stärker das Christentum sich vor allem nach Ende der Christenverfolgung unter Konstantin I. 313 ausbreitete, desto dringender benötigte die christliche Kirche eine gesetzliche Ordnung. Die relativ kleine Anzahl von Regeln, die aus dem Neuen Testament abgeleitet werden konnten, musste durch ein detaillierteres System ergänzt werden. Dies war nötig, um einerseits die hierarchische Struktur der Kirche selbst zu regeln, andererseits aber auch Bereiche wie Ehe- und Familienle-

Siehe auch: Die Zehn Gebote und mosaisches Recht 20–23 ▪ Aristoteles und das Naturrecht 32–33 ▪ Die *Lex Aquilia* 34 ▪ Ulpian 36–37 ▪ Die Anfänge des Kirchenrechts 42–47 ▪ Thomas von Aquin 72–73

Ein Porträt des Burchard von Worms in einem Fenster des Wormser Doms. Sein *Decretorum libri XX* war vor Gratians Dekret eine der wichtigsten Sammlungen des kanonischen Rechts.

ben, in denen die Kirche sich stärker in der Verantwortung sah als das Zivilrecht.

Das kanonische Recht (Kirchenrecht), das sich in den Jahrhunderten nach Konstantin entwickelte, war nur eine Sammlung von Bestimmungen. Mit der Zeit wurden die Entscheidungen diverser Konzile durch Dekretale (bindende Entscheidungen des Papstes zu Rechtsfragen) ergänzt. Die Konzile hatten sich häufig mit Regeln zum christlichen Leben befasst. So verbot etwa das Erste Konzil von Nicäa im Jahr 325 einem Priester das Zusammenleben mit einer Frau, wenn sie mit dieser nicht verwandt war.

Fehlende Konsistenz

Nur im Bereich des klösterlichen Lebens existierten feste Regularien, die alle Aspekte des religiösen Lebens regelten, wie etwa die *Regula Benedicti* des heiligen Benedikt von Nursia. Für die Regularien, die durch päpstlichen Erlass entstanden waren, gab es hingegen keine feste rechtliche Grundlage. Die Inkonsistenz des kanonischen Rechts spiegelte die des römischen Zivilrechts wider, zu dem es sich parallel entwickelte. Auch das Zivil- oder Privatrecht bestand aus einer Reihe kaiserlicher Erlasse und einer Masse juristischer Schriften, die ein ebenso unvollständiges wie widersprüchliches Rechtssystem ergaben.

Ordnung im Kirchenrecht

Schon früh wurden Versuche unternommen, Ordnung ins Chaos zu bringen. Es begann mit Dionysius Exiguus, einem Gelehrten, der für Papst Johannes I. arbeitete und im frühen 6. Jahrhundert die Apostolischen Kanones zusammentrug. Er stellte Kanones verschiedener Konzile zusammen, die sich mit Fragen wie etwa dem korrekten Osterdatum befassten.

Im 9. und 10. Jahrhundert gab es vermehrt Versuche, die immense Menge an kanonischen Regeln zu ordnen. In dieser Zeit des *ius antiquum* (»altes Recht«) entstanden Sammlungen, wie etwa 906 die *Libri duo de synodalibus causis et disciplinis ecclesiasticis* (Über das Sendgericht und über kirchliche Vorschriften, in zwei Büchern) des deutschen Abts Regino von Prüm und das *Decretorum libri XX* (Dekret) des deutschen Bischofs Burchard von Worms aus dem Jahr 1020. Besonders das *Decretorum libri XX* trug frühere Kirchenrechtsentscheide zur Buße zusammen, wie etwa, ob ein Mann für das Töten auf dem Schlachtfeld Buße tun müsse oder ob die Buße härter sein sollte, wenn er ohne Befehl eines rechtmäßigen Herrschers getötet habe.

Trotz der Entstehung solcher Sammlungen gab es zum Anfang des 12. Jahrhunderts keine systematische Abhandlung über den gesamten Korpus des Kirchenrechts, wie sie im römischen Zivilrecht mit Justinians *Corpus iuris civilis* (Bestand des zivilen Rechts) entstanden war (siehe Kasten Seite 62). Die *Concordia discordantium canonum* (Übereinstimmung entgegenstehender Regeln) des italienischen Rechtsgelehrten Gratian füllte diese Lücke. Sie bestand aus drei Teilen, die sich mit kirchlicher Hierarchie, Disziplin des Klerus, fiktiven Fallstudien und den Sakramenten befassten, und stützte sich auf so verschiedene Quellen wie Konzilskanones, päpstliche Dekretale und römische Reskripte (kaiserliche Antworten auf Rechtsfragen) zur Regelung von Rechtsfragen, übernommen aus Rechtssammlungen, sowie die Arbeiten des Enzyklopädisten Isidor von Sevillas aus dem 7. Jahrhundert.

Über Gratian selbst, den Autor der Sammlung, die später als »

> »Gerechtigkeit ist der stete und dauerhafte Wille, jedem sein Recht zu gewähren.«
>
> **Justinian I.**
> Römischer Kaiser
> (um 482–565)

Römisches Zivilrecht

Im 4. Jahrhundert bestand das römische Zivilrecht nur aus einer Sammlung von kaiserlichen Dekreten und Rechtsschriften. Es hatte schon einige Versuche gegeben, dieses Gewirr aus kaiserlichen Erlassen zu ordnen, allen voran der *Codex Theodosianus*.

Mehr Erfolg hatte Justinian I. mit seiner Reform. Er setzte eine Kommission ein, die alle wirksamen Gesetze finden und überarbeiten sowie fehlerhafte und widersprüchliche Bestimmungen tilgen sollte. 529 veröffentlichte er seinen *Codex* mit Gültigkeit für das gesamte Oströmische Reich. Vier Jahre später autorisierte er die Veröffentlichung der *Digesten* (Pandekten), einer zusammenfassenden Sammlung juristischer Texte vergangener Jahrhunderte. Die *Institutiones*, ein Grundlehrbuch für Studierende des Rechts (das ebenfalls 533 erschien), vervollständigte den *Corpus iuris civilis*, der später Gratian als wichtige Quelle dienen sollte.

Justinian I. war 257–565 Kaiser des Oströmischen Reichs. Er versuchte auch recht erfolgreich, die weströmischen Provinzen des Imperium Romanum zurückzuerobern.

Justinian will eine **systematische Ordnung** des römischen Zivilrechts.

↓

Angelehnt an **Justinians *Codex*** schlägt Gratian eine ähnliche systematische Ordnung des **kanonischen Rechts** mit den **folgenden Schlüsselprinzipien** vor:

↓

Sicheres Eigentum für neue Eigentümer.

Entscheidungsfreiheit bei der **Eheschließung.**

Keine **doppelte Anklage** in **derselben Sache.**

Decretum Gratiani (Gratians Dekret) bekannt werden sollte, weiß man wenig. Er war möglicherweise Benediktinermönch oder auch Bischof. Die einzige verlässliche Quelle über ihn ist ein Rechtsfall aus Venedig von 1143, in dem er vom päpstlichen Legaten (Botschafter des Heiligen Stuhls) als Autorität genannt wird. Sehr wahrscheinlich ist, dass Gratian an der berühmten Rechtsschule von Bologna lehrte. Aufgrund des weitreichenden Einflusses seines *Decretum* gilt Gratian bis heute als »Vater des Kirchenrechts«.

Das Dekret entstand in zwei Phasen, zunächst nach 1139 und dann um 1150 herum (manche Gelehrte gehen auch von zwei Versionen aus). Der erste Teil des Werks ist in 101 Unterabschnitte unterteilt, der zweite behandelt 36 fiktive Fallstudien, und der dritte dreht sich um die Sakramente.

Durch das gesamte Werk verfolgt Gratian einen systematischen Ansatz, nutzt frühere Quellen als Vorlagen und sucht logische Lösungen für Probleme. Der *Corpus iuris civilis* ist für ihn eine unschätzbare Quelle des römischen Rechts. Ab 1150 stützt er sich ganz besonders auf Justinians *Digesten* und nutzt sie beispielsweise, um die Auswirkungen der Adoption auf Heirats- und Scheidungsverbote innerhalb einer Familie zu verdeutlichen. Bei anderen Themen, wie etwa der Disziplin innerhalb des Klerus oder der Zehntabgaben, die im römischen Recht noch nicht vorkamen, stützt sich Gratian auf die Bibel, Konzile und päpstliche Dekrete.

Vorsatz, doppelte Strafverfolgung und Ehe

In einigen Bereichen fällte Gratian mit seiner Formulierung des Kirchenrechts Entscheidungen, die weitreichende Implikationen für die Kirche haben sollten. Im zweiten Teil des Dekrets widmet er beispielsweise ein Kapitel dem Thema Landbesitzrechte, das für die Kirche als bedeutende Landeignerin einen hohen Stellenwert hatte. Das Problem war, dass Kirchenland häufig »entfremdet«, also verpachtet oder

> »Es ist nicht immer schlecht, einen Befehl zu missachten, denn wenn ein Herrscher gegen Gottes Gebote befiehlt, darf man ihm nicht gehorchen.«
>
> **Gratian**
> *Decretum,* XI 3

einem neuen Eigentümer zur Nutzung überlassen wurde. Letzterer oder ein Dritter, dem das Land überlassen wurde, konnte auf illegale Weise in den Besitz gelangt sein oder einen anderweitig unberechtigten Besitzanspruch haben. Gratian übernahm hier das Urteil aus dem römischen Zivilrecht, dass das Besitzrecht des neuen Eigentümers nach Ablauf von 40 Jahren durch den alten Eigentümer (in diesem Fall die Kirche) nicht mehr anfechtbar sei, solange er das Land in gutem Glauben erworben habe, auch wenn der Erwerb technisch gesehen unrechtmäßig war. Dies verlängerte das Anfechtungsrecht eines privaten Landbesitzers gegenüber dem neuen Eigentümer um zehn Jahre.

Gratians Dekret half auch bei der Etablierung des Verbots der doppelten Strafverfolgung, nach dem eine Person nicht zweimal für dasselbe Verbrechen angeklagt werden darf. Aus einer Passage des Buchs Nahum im Alten Testament leitete er ab, dass »Gott in derselben Sache nicht zweimal urteile«. Aber trotz dieses Grundsatzes ließen Kirchengerichte in bestimmten Fällen zu, dass ein Zivilurteil einen Geistlichen seiner Position enthob und in derselben Sache ein Strafgericht entschied.

Gratians Kapitel zur Ehe festigten die Vorstellung, dass die Einwilligung zur Heirat freiwillig sein müsse und dass niemand zur Ehe gezwungen werden dürfe. Die Frage, ob ein Mönch nach Ablegen des Gelübdes seine Meinung ändern und heiraten darf, findet Gratian allerdings so schwierig, dass er sage und schreibe 40 frühere Quellen anführt und schließlich schlussfolgert, dass ein einfaches Gelübde der Keuschheit nicht gebrochen werden darf.

Korpus des Kirchenrechts

Gratians *Decretum* leitete eine als *ius novum* (»neues Recht«) bekannte Epoche des Kirchenrechts ein, in der das kanonische Recht geregelt und Gegenstand intensiver Erforschung wurde. Bereits um 1140 hatten Glossatoren (Verfasser von erklärenden Anmerkungen und Kommentaren) damit begonnen, Ergänzungen zum Dekret zu erstellen, was sich bis ins 16. Jahrhundert fortsetzte.

Das *Decretum* war neben dem *Liber Extra* des spanischen Kanonisten Raimund von Penyafort von 1234, dem *Liber Sextus* (1298) von Papst Bonifatius VIII. und den

> »Keine Ersitzung, ob im Zivilrecht oder im kanonischen Recht, sei gültig ohne guten Glauben.«
>
> **Dekret des Vierten Laterankonzils, 1215**

Das Kirchenrecht bestimmte auch über Familie, Ehe und Sexualmoral. In dieser Illustration aus dem *Decretum Gratiani* wird eine Frau zum Tragen eines Keuschheitsgürtels verurteilt.

Klementinen (1317) von Papst Clemens V. eine von sechs Arbeiten, aus denen sich der *Corpus iuris canonici* (Korpus des kanonischen Rechts) zusammensetzte. Bis zum Konzil von Trient im 16. Jahrhundert war es die wichtigste Quelle des Kirchenrechts. Aber auch danach behielt der *Corpus iuris canonici* im Kirchenrecht einen starken Einfluss, bis Papst Benedikt XV. 1917 die erste Kodifizierung des kanonischen Rechts promulgierte. 1959 setzte Johannes XXIII. eine Kommission zur Reformierung des Gesetzes ein, die 1983 in Kraft trat. Sie umfasst 1752 Kanones (Regeln und Grundsätze) und ist in sieben Bücher gegliedert.

Obwohl es von der Kirche nie formal anerkannt wurde, ist das *Decretum Gratiani* seit nunmehr fast 900 Jahren einer der grundlegenden akademischen Rechtstexte und damit eines der einflussreichsten juristischen Werke aller Zeiten. ■

SPRICH DIE WAHRHEIT

DER ASSIZE OF CLARENDON (1166)

IM KONTEXT

SCHWERPUNKT
Schwurgerichtsverfahren

FRÜHER
1154 Heinrich II. (1133–1189) wird König von England.

1164 Die Constitutions of Clarendon geben säkularen Gerichten Entscheidungsmacht über viele Aspekte des Kirchenrechts.

SPÄTER
1170 Der Inquest of Sheriffs ersetzt 21 Sheriffs durch königliche Beamte, um die Korruption an den Gerichten zu beenden.

1176 Im Assize of Northampton werden die Befugnisse von Schwurgerichten erweitert.

1215 Das Vierte Laterankonzil verbietet dem Klerus die Teilnahme an Ordalen.

1353 Ein Statut Eduards III. verbietet den Geschworenendienst bei Untersuchung und Prozess in derselben Sache.

Englands **reisende Richter** bereisen das Land.

↓

Lokale **Jurys** aus Freien (Männern, die nicht an einen Herrn oder ein Stück Land gebunden waren) **unterrichten die Richter** über mutmaßliche Mörder, Vergewaltiger und Diebe.

↓

Die Richter entscheiden, ob der **Angeklagte** sich der **Wasserprobe** unterziehen muss.

↓

Für schuldig Befundene verlieren ihr **Eigentum** und **einen Fuß.** Selbst **Unschuldige** mit schlechtem Leumund können **exiliert** werden.

Heinrich II. von England erbte ein Königreich, in dem Recht und Ordnung zusammengebrochen waren. Dazu kam, dass das Kirchenrecht zunehmend zu einem parallelen Rechtssystem wurde. 1163 erfuhr er, dass Kirchen- statt königlicher Gerichte seit 1154 mehr als 100 Mordprozesse gegen Angehörige des Klerus geführt hatten.

Die wachsende Selbstherrlichkeit des Papsttums bedrohte die Autorität des Königs und seiner Gerichte. Heinrich musste wieder Kontrolle über das Recht erlangen, und ein erster Schritt war die Rückerlangung der Gerichtsgewalt über

Siehe auch: Frühes Recht 18–19 ▪ Gottesurteil und Gerichtskampf 52–53 ▪ Das *Decretum Gratiani* 60–63 ▪ Die Magna Charta 66–71 ▪ Der Prozess Karls I. 96–97 ▪ Die Glorreiche Revolution und die Bill of Rights 102–103

Bei der hier im *Codex Lambacensis* aus dem 9. Jh. dargestellten Wasserprobe warf man den Angeklagten in einen Teich, See oder Fluss. Versank er im Wasser, galt er als unschuldig.

den Klerus. 1166 hielt er ein Konzil im Clarendon Palace in Wiltshire ab. Die daraus resultierenden Gesetze, der Assize of Clarendon, befahlen *justices in eyre* (reisende Richter), das königliche Recht ins Land hinauszutragen.

Schon unter Heinrich I. hatte es reisende Richter gegeben, aber der Brauch war längst eingeschlafen. Der Assize of Clarendon nannte eine neue Bedingung: Zwölf Freie aus jedem *hundred* (Landfläche, die 100 Haushalte ernähren kann) oder vier aus jedem *vill* (entspricht in etwa einem Dorf) sollten in einer *jury of presentment* (Anklagejury) sitzen.

Die Rolle der Geschworenen

In dieser Jury mussten die Geschworenen gegenüber Richtern unter Eid über Verdächtige in schweren Fällen wie Mord, Vergewaltigung oder Diebstahl aussagen. Sie hatten nicht über die Schuld zu befinden: Wurde jemand bei der Tatbegehung festgenommen, ging man von seiner oder ihrer Schuld aus.

Der Assize of Clarendon hatte auch die bisherige Praxis der Schuldlossprechung ersetzt, bei der ein Angeklagter seine Unschuld dadurch bewies, dass er genügend Fürsprecher aufbrachte. Nun führte man den Schuldnachweis mithilfe der Wasserprobe ein, die zuvor nur bei den unteren Schichten angewandt wurde. Wurde der Angeklagte durch das Ordal für schuldig befunden, musste er eine Strafe zahlen, verlor sein Land und einen Fuß. Selbst Unschuldige konnten exiliert werden, wenn sie einen schlechten Leumund hatten. Beschuldigte flohen in Scharen, statt sich dem Ordal zu stellen, und verloren so ihr Eigentum.

Der Assize von Northampton fügte noch Brandstiftung und Fälschung zu den durch die *justices in eyre* zu verhandelnden Verbrechen hinzu. Die Strafen wurden drakonischer, und man amputierte Verurteilten jetzt nicht mehr nur einen Fuß, sondern auch eine Hand.

Die Entwicklung der Jurys

Als das Vierte Laterankonzil 1215 dem Klerus die Teilnahme an Ordalen untersagte, kamen sie aus der Mode. Nun mussten Geschworenenjurys über Schuld oder Unschuld entscheiden. Diese neue Rolle führte zu einem Interessenkonflikt mit der einer *jury of presentment,* weshalb Eduard III. 1353 in einem Statut die gleichzeitige Teilnahme an beiden Jurys verbot.

Neben den im Assize of Clarendon eingerichteten großen Schwurgerichten gab es auch ebenfalls mit zwölf Geschworenen besetzte geringere Schwurgerichte, die beispielsweise Landstreitigkeiten verhandelten.

Der mit dem Assize von Clarendon begonnene Einsatz von Geschworenenjurys nahm nach und nach zu, bis das Schwurgerichtsverfahren sich als ein Markenzeichen der britischen Rechtstradition etabliert hatte. Heinrichs Reformen ebneten auch den Weg für ein bürgerliches Recht mit allgemeiner Geltung. ▪

» Der Lord König ordnet an, dass die vom Gesetz unschuldig Gesprochenen die Lande des Königs verlassen sollen, sofern sie schlecht beleumundet sind. «

Assize of Clarendon

NIEMANDEM WERDEN WIR RECHT ODER DIE GERECHTIGKEIT VERWEIGERN

DIE MAGNA CHARTA (1215)

IM KONTEXT

SCHWERPUNKT
Verfassungsgemäße Regierung

FRÜHER
1100 Die Charter of Liberties erkennt Rechte von Adel und Klerus an.

1166 Der Assize of Clarendon gibt der Krone mehr Macht über die Gerichte der Barone.

1214 Johann Ohneland verliert die Normandie.

SPÄTER
1216 Die Magna Charta wird mit der Krönung Heinrichs II. leicht revidiert.

1297 Eduard I. erkennt die Magna Charta an.

1969 Ein Gesetz setzt die Magna Charta bis auf vier Kapitel außer Kraft.

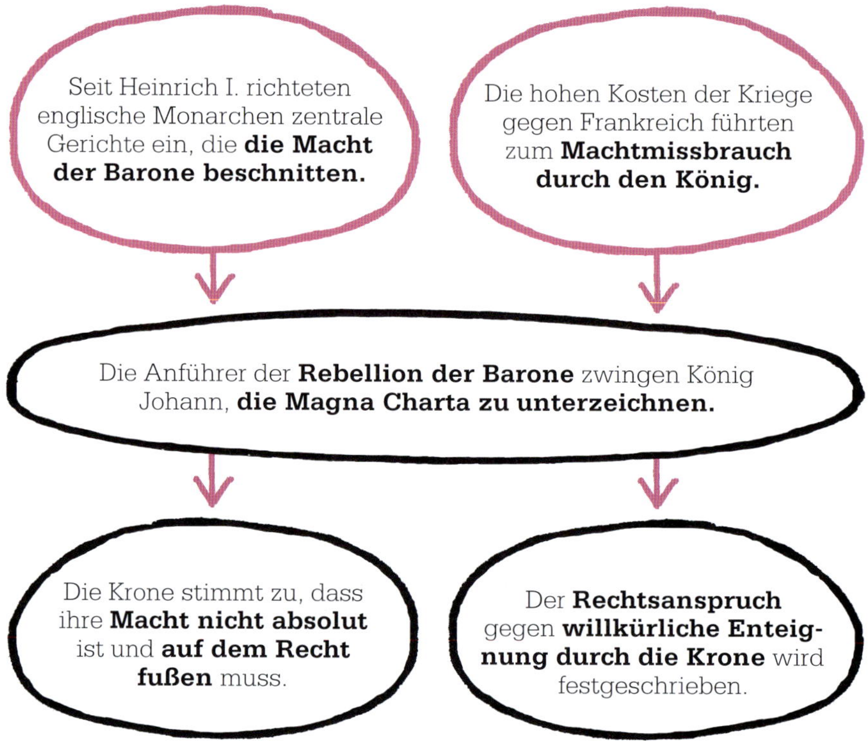

Das 1066 von Wilhelm I. eingeführte Feudalsystem zerfiel im Mittelalter. Unter diesem System waren die Barone die höchsten Vasallen, die der Krone Treue und Gefolgschaft schworen, Soldaten stellten und dem König Steuern im Gegenzug für Schutz und Land (sogenannte Lehen) zahlten. Sie selbst hatten ihrerseits Vasallen, die ihnen Gefolgschaft schworen und manchmal ihre Ländereien verwalteten. Darunter standen die Bauern, manche frei, die meisten aber eher Grundhörige, die an ihren Herrn gebunden waren. Am Fuß der sozialen Pyramide standen die Leibeigenen, die ebenso wie die Bauern rechtlos waren.

Ab den 1190er-Jahren reichten die Einnahmen, die ein König aus Steuern und eigenen Besitzungen generieren konnte, nicht mehr aus, um die Kriege in Frankreich zu finanzieren. Der König erpresste immer mehr Geld von seinen Baronen, was diese zunehmend verbitterte.

Rechtsbrüche unter Johann

Das englische Rechtssystem und die Rechtsverfahren, die frühere Könige genutzt hatten, reichten im 12. Jahrhundert nicht mehr aus. Die Reformen Heinrichs II. lieferten den Kern eines zentralisierten Gerichtswesens und Anfänge eines kodifizierten Rechts, beschränkten aber auch die Macht der Barone und boten Raum für Missbrauch und Willkürakte eines weniger aufgeklärten Königs – wie Johann, der 1199 den Thron bestieg.

Eine Reihe katastrophaler Militäraktionen in Frankreich endete 1024 mit dem Verlust der Normandie und mit Geldknappheit für König Johann. Zur Finanzierung einer neuen Armee zweckentfremdete er Steuereinnahmen. Das Schildgeld (eine Abgabe als Ersatz für Militärdienst) wurde erhöht, selbst als kein Wehrdienst anstand. Die königlichen Gerichte wurden immer mächtiger und verhängten Strafen aus fadenscheinigen Gründen. Die Erbsteuern auf Titel und Ländereien wuchsen enorm, und auch die Barone mussten immer höhere Summen bezahlen, um dem »Missvergnügen des Königs« zu entgehen. Die königlichen Einnahmen wuchsen 1211 auf 145 000 brit. Pfund, rund zehnmal mehr, als in den 1190ern üblich gewesen war.

Ein weiterer Krieg 1214/15 in Frankreich verschwendete das Geld und vernichtete den letzten guten Willen der Barone. Die englische Königsherrschaft hatte im Mittel-

Siehe auch: Das Domesday Book 58–59 ▪ Der Assize of Clarendon 64–65 ▪ Der Prozess Karls I. 96–97 ▪ Die Glorreiche Revolution und die englische Bill of Rights 102–103 ▪ Die Verfassung und die Bill of Rights der USA 110–117

» Daß die Kirche von England frei sein soll, und ihre vollen Rechte und Freiheiten unverletzlich genießen soll. «

Magna Charta, Artikel 1

alter auch ein vertragsähnliches Element: Die Autorität des Königs erwuchs aus einer Übereinkunft mit seinem Volk, und seine Vasallen konnten ihre Lehenstreue brechen, wenn der König seinen Teil der Vereinbarung brach.

Eine Auseinandersetzung mit Papst Innozenz III. verschärfte die Situation zusätzlich: Als Johann Stephen Langton, den päpstlichen Kandidaten für den Posten des Erzbischofs von Canterbury, ablehnte, verbot der Papst Gottesdienste in England und exkommunizierte Johann 1209 schließlich. Auch das Gottesdienstverbot untergrub die Loyalität der Barone zusätzlich.

Der Aufstand der Barone

Johann gab dem Papst nach, sah sich aber 1215 einem Aufstand seiner Barone gegenüber, die sich im Norden sammelten und nach London marschierten. Auf Druck des Erzbischofs Langton stimmte Johann schließlich Verhandlungen zu. Er traf die Barone am 15. Juni auf einem Feld am Ufer der Themse bei Runnymede. Sie legten Johann ihre Forderungen vor, mit denen sie weiteren Machtmissbrauch durch den König verhindern wollten. Johann gab nach und setzte sein Siegel unter das Dokument.

Die Große Urkunde

1218 erhielt das neue Dokument den Titel *Magna Charta* (»Große Urkunde«) und es gilt heute als Grundlage und Vorbild für moderne Demokratie und Rechtsstaatlichkeit. Zur Zeit seiner Entstehung aber war es ein konservativer Vertag, der vor allem die Rechte der Barone schützen sollte.

Die 63 Artikel eröffneten (auf Drängen Langtons) mit der Bestätigung, dass die englische Kirche frei von Einflussnahme durch den König bleibt und ihre Rechte unbeschnitten bleiben sollten. Danach ging es zum Großteil um die Beschwerden der Barone. Artikel 2 bestimmte, dass die Erben eines Grafen oder Barons der Krone nicht mehr als 100 brit. Pfund Erbschaftssteuer zahlen mussten. Nach Artikel 18 durfte eine Witwe nicht zur Wiederheirat gegen ihren Willen gezwungen werden. Artikel 12, der die Erhebung von Schildgeld ohne Zustimmung eines großen Rats untersagte, ärgerte den König, blieb aber vorerst wirkungslos, weil Johann die Besetzung des Rats bestimmte. Artikel 16 entsprang der größten Verärgerung der Barone und bestimmte, dass niemand zu weiterem Kriegsdienst verpflichtet werden kann, als rechtlich zulässig.

Andere Artikel hatten tiefgreifendere Folgen; so bestimmte Artikel 18, dass bestimmte Schwurgerichte mindestens viermal im Jahr von reisenden Gerichten aus zwei Richtern und vier Rittern abzuhalten seien, um schneller »

König Johann unterzeichnet am historisch bedeutenden Versammlungsort Runnymede die Magna Charta und erteilt mit seinem Großsiegel seine Zustimmung zu der Übereinkunft.

Gerechtigkeit walten zu lassen. Noch bedeutsamer war Artikel 39, da er Bedingungen enthielt, die später in den Habeas Corpus Act von 1679 einflossen: »Kein freier Mann soll verhaftet, gefangen gesetzt, seiner Güter beraubt, geächtet, verbannt oder sonst angegriffen werden; noch werden wir ihm anders etwas zufügen oder ihn ins Gefängnis werfen lassen als durch das gesetzliche Urteil von Seinesgleichen oder durch das Landesgesetz.« Der folgende Artikel verfügte, dass das Recht nicht gekauft, versagt oder verzögert werden durfte. Durch die Annahme dieser beiden Artikel schwor der König erstmals, sich an das Recht zu halten.

Erste Angriffe

Die Barone wussten, dass Johann versuchen würde, die Vereinbarung zu brechen, deshalb bestimmt Artikel 61 für diesen Fall, dass ein Komitee von 25 Baronen ihn zur Verantwortung ziehen sollte. Johann konnte einen solchen Angriff auf seine Autorität nicht hinnehmen und erwirkte im August eine päpstliche Bulle, die ihm den Rückzug aus dem Vertrag erlaubte. Das führte zum Ersten Krieg der Barone, in dem sich eine Gruppe der Barone mit französischer Unterstützung gegen den König erhob. Als Johann im Oktober 1216 starb, war sein Erbe Heinrich III. gerade neun Jahre alt und in keiner Position, sich den Baronen entgegenzustellen. Die meisten Rebellen kehrten stillschweigend an die Seite der Monarchie zurück, und die Rebellion brach 1217 in sich zusammen.

Die Charta wurde erstmals 1216 überarbeitet, als Heinrich III. abdankte, und erneut 1218, als sie den endgültigen Namen Magna Charta erhielt. Die Fassung von 1225 erweiterte ihren Schutz von »allen freien Männern« auf »alle Männer«.

Die Version von 1225 galt als endgültig und rechtskräftig. Sie bedeutete den Übergang vom durch frühere Entscheidungen geprägten Gewohnheitsrecht zum durch Gesetzgebung geschaffenen kodifizierten Recht. Eduard I. bestätigte dies mit seiner Fassung von 1297. Im 13. Jahrhundert wurde das Gewohnheitsrecht auch rechtlich konsolidiert. Nachdem Ranulf de Glanville (siehe Kasten unten) den Weg geebnet hatte, entwickelte das dem Kleriker und Juristen Henry de Bracton zugeschriebene Traktat *De legibus et consuetudinibus Angliae* (Über die Gesetze und Gebräuche in England) das Thema um 1235 weiter. Das Traktat führt auch das Konzept des *mens rea* (»schuldiger Geist«) ein und formuliert eine Theorie der Königsherrschaft auf Basis der Magna Charta, mit der Aussage, dass ein König nur rechtmäßig regiert, wenn er seine Macht auf legale Weise erwirbt und ausübt. Unter Eduard III. erweiterten die *Six Statutes* den Schutz der Magna Charta um das Recht auf Unversehrtheit des Eigentums (1331) und das Recht jedes Angeklagten auf ein ordentliches Gerichtsverfahren (1368).

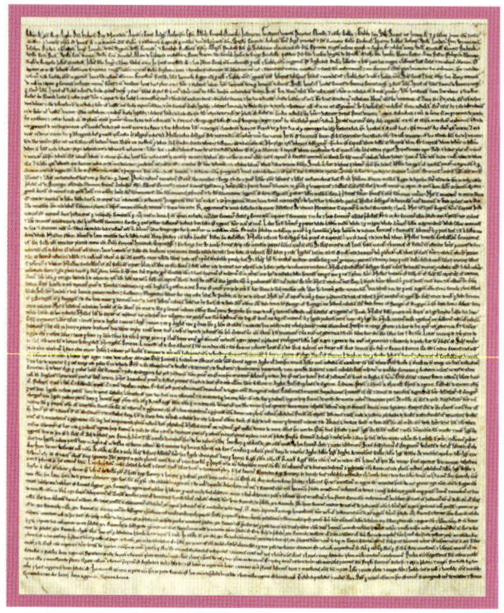

Die Magna Charta ist in Latein abgefasst. Es gibt 17 erhaltene Exemplare, die u. a. in den Kathedralen von Salisbury und Lincoln und in der Bodleian Library in Oxford aufbewahrt werden.

Bestätigung durch das Parlament

Im 13. Jahrhundert wurde die parlamentarische Demokratie geboren. Mit der Zeit wurde das Recht des Königs, den königlichen Rat nach Lust und Laune zu besetzen, ausgehöhlt. Ein weiterer Aufstand der

Ranulf de Glanville und das Gewohnheitsrecht

Eine der ersten maßgebenden Schriften zum Gewohnheitsrecht war der zwischen 1187 und 1189 entstandene und Ranulf de Glanville zugeschriebene *Tractatus de legibus et consuetudinibus regni Angliae* (Über die Gesetze und Gebräuche in England). Der 1112 geborene Glanville war von 1180 bis 1189 Justiciar von England und damit Vizekönig unter Heinrich II.

Zu der Zeit entstand ein unabhängiges Gerichtswesen, und ab 1178 sollten fünf Richter regelmäßig in Westminster Gericht halten – die Anfänge des Court of the King's Bench. Ihre Entscheidungen, die daraus resultierenden Präzedenzfälle und die Bezugnahme auf früheres Gewohnheitsrecht sind die Anfänge des englischen Common Law. Das Traktat Glanvilles definierte die Rechtsverfahren dieser Zeit.

Der 1189 von Richard I. entlassene und eingekerkerte Glanville starb 1190 auf einem Kreuzzug in Palästina.

> »Aus eigenem, freiem Willen anerkennen und gewähren wir unserem gesamten Königreich die unten aufgeführten Freiheiten.«
>
> **Heinrich III.**
> Neufassung der Magna Charta von 1225

Barone gegen Heinrich III. führte 1258 zu den Provisions of Oxford, die die Regierung in die Hände eines Staatsrats aus 15 Baronen und eines Parlaments legte, das dreimal im Jahr tagen sollte. Das System zerfiel bald, aber eine Revolte von 1264 unter Simon de Montfort (der Zweite Krieg der Barone) führte 1265 zur Aufstellung des ersten Parlaments, das nicht nur aus Vertretern der reichen Elite, sondern aller Bürger führte.

Im 14. Jahrhundert übte dieses Parlament seine Rechte nach Artikel 12 der Magna Charta aus, indem es ihn so interpretierte, dass der König keine Steuer ohne Zustimmung des Parlaments erheben konnte. Der Einfluss der Charta schwand im 15. Jahrhundert, als die Tudor-Monarchie an Stärke gewann, nur um dann im Englischen Bürgerkrieg im 17. Jahrhundert zu einem wirksamen Schild für parlamentarische Rechte gegen die Macht der Stuart-Könige zu werden, der in der Exekution Karls I., der Exilierung Karls II. und der Herrschaft Cromwells resultierte.

Nachhaltige Wirkung

Im späten 18. Jahrhundert sprach die Schutzwirkung der Magna Charta gegen königliche Tyrannei die nach Unabhängigkeit strebenden amerikanischen Kolonisten an. Die Formulierung der US-Verfassung und der Bill of Rights sind stark von der Eindämmung von Willkürherrschaft geprägt, die die Magna Charta 500 Jahre zuvor eingeführt hatte.

In Großbritannien hatte die Magna Charta ab dem 19. Jahrhundert weitgehend an Bedeutung verloren. Ab 1828 wurden die meisten ihrer Bestimmungen aus dem Gesetzbuch gestrichen. Nur vier Artikel haben heute noch Geltung: Artikel 1 über die Freiheiten der englischen Kirche, Artikel 13 über die Privilegien der City of London und Artikel 39 und 40 über das Recht auf ein ordentliches Verfahren und das Verbot willkürlicher Enteignung durch die Krone. In diesen beiden Punkten gilt die Magna Charta nach wie vor als Eckpfeiler der Rechtsansprüche und als Wendepunkt für verfassungsgemäße Regierung und Menschenrechte. ■

> »Das Streben nach Demokratie ist keine aktuelle Phase in der Menschheitsgeschichte; es steht schon in der Magna Charta.«
>
> **Franklin D. Roosevelt**
> 32. US-Präsident (1933–1945)

Die Zustimmung Johanns zur Magna Charta wurde 1957 durch dieses Denkmal auf von der American Bar Association gepachtetem Land in Runnymede verewigt. ABA-Präsident William Hubbard nannte die Charta »ein bleibendes Symbol der Freiheit und Rechtsstaatlichkeit«.

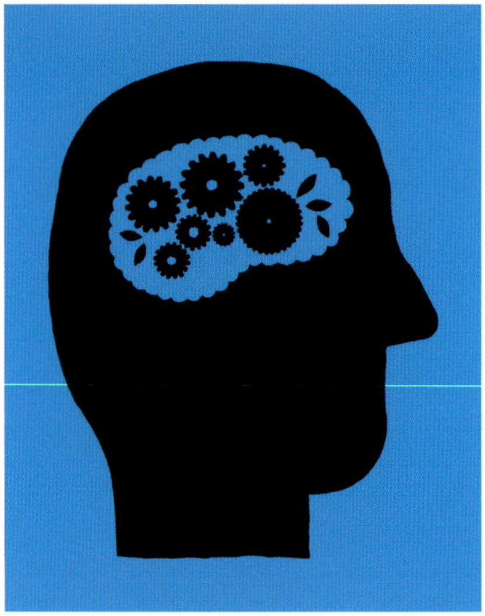

ZIEL STAATLICHEN RECHTS IST DAS GEMEINWOHL

THOMAS VON AQUIN (um 1225–1274)

IM KONTEXT

SCHWERPUNKT
Naturrecht

FRÜHER

54–51 v. Chr. Ciceros *Republik* befasst sich auch mit Naturgesetz und Naturrecht.

388–95 n. Chr. In *De libero arbitrio* versucht Augustinus, christliche Lehre und Naturrecht zu vereinen.

um 1140–1150 Das *Decretum Gratiani* beschreibt Naturrecht als »allen Nationen gemein«.

SPÄTER

1323 Papst Johannes XXII. spricht Thomas von Aquin heilig.

1689 In seinen *Two Treatises on Government* beschreibt John Locke Naturrecht als vor dem Aufkommen des Staats existierenden Naturzustand.

1948 Die Allgemeine Erklärung der Menschenrechte verkündet grundlegende Rechte für alle Nationen.

Menschen sind **vernunftbegabt** und streben nach einem **tugendhaften Leben.**

→ Der Mensch erfährt das **in der Natur verankerte** Naturgesetz durch **göttliche Gebote.**

↓ Das Naturgesetz steht über dem **menschlichen Recht,** das **wandelbar** ist und **ungerecht** sein kann.

← Das unveränderliche und allgemeingültige **Naturrecht** ermöglicht dem Menschen, **gut und moralisch** zu leben.

Mit der Entwicklung der Rechtstheorie entstand eine Reihe von philosophischen Fragen, die die Gelehrten beschäftigten. Im Zentrum standen drei Probleme: Was ist der Ursprung des Rechts, gibt es universell geltende Rechte, und gibt es moralische Gründe, Rechte zu missachten? Die Theorie des Naturrechts ging von einem allumfassenden Recht aus, dessen Prinzipien in der Natur selbst verankert und nach dem Philosophen und Theologen Thomas von Aquin durch den göttlichen Willen bestimmt sind. Dies bedeutete, dass vom Menschen geschaffene Gesetze, wie etwa die eines Staates, nur gerecht sein können, wenn sie die Prinzipien des Naturrechts beachten.

Vernunft und Tugend

Die Naturrechtslehre geht auf die griechischen Philosophen zurück. So beschreibt Aristoteles im 4. Jahrhundert v. Chr. in seiner *Politik* das Recht als Vernunft und damit Teil des menschlichen Bestrebens, die Gesellschaft zu ordnen. Im 1. Jahrhundert v. Chr. war für den römischen Staatsmann und Anwalt Cicero der beste Weg zum Glück ein Leben in Tugend, was

Siehe auch: Die Zehn Gebote und mosaisches Recht 20–23 ▪ Aristoteles und das Naturrecht 32–33 ▪ Die Anfänge des Kirchenrechts 42–47 ▪ Das *Decretum Gratiani* 60–63

» Es ist unmöglich, dass ein Mensch gut sei, außer er stehe im rechten Bezug zum gemeinen Wohl. «

Thomas von Aquin
Summa Theologica, 1265–1273

er durch ein im Einklang mit der Natur stehendes Naturrecht ermöglicht sah. Bis zum frühen Mittelalter hatten christliche Autoren wie Augustinus die Idee weiterentwickelt und schlossen, dass Rechte, die dem der natürlichen Ordnung zuwiderliefen, unrecht seien und nicht befolgt werden müssten.

Im 13. Jahrhundert nahm Thomas von Aquin diese Theorien auf und verfeinerte sie in seiner *Summa Theologica* (Summe der Theologie), die ein wichtiges Kapitel über Recht enthält. Er unterschied vier Arten von Recht. Das ewige Recht steht über allen und ist Gottes Plan und die göttliche Ordnung des Kosmos, während das göttliche Recht mit der Schöpfung und dem Weg der Erlösung befasst ist. Das Naturrecht bildet die Verbindung zwischen den Menschen und Gott, die durch die Vernunftbegabung des Menschen ermöglicht wird.

Am Ende dieser Hierarchie steht das menschliche Recht, das den Umständen entsprechend angepasst werden kann. Dennoch unterliegt es den Grundsätzen des Naturrechts. Wo es dies nicht tut, gilt es als ungerecht.

Natur und Gerechtigkeit

Laut Thomas von Aquin sind Natur- wie auch menschliches Recht auf das Gemeinwohl ausgerichtet, woraus er aus heutiger Sicht teils schwer nachvollziehbare Schlüsse zieht. So stand die Sklaverei für ihn im Einklang mit dem Naturrecht, da sie der von Gott gegebenen Gesellschaftsordnung entspreche.

Thomas' Naturrechtslehre blieb auch nach seinem Tod einflussreich, lieferte die Rechtfertigung zum Sturz von Tyrannen und bot die Grundlage zur Theorie vom »gerechten Krieg«. Im 20. Jahrhundert fanden seine Ideen Eingang in die Allgemeine Erklärung der Menschenrechte, und auch im 21. Jahrhundert beruft man sich auf die »natürliche Gerechtigkeit«, wenn es darum geht, gegen ungerechte Gesetze vorzugehen. ■

In der *Summa Theologica* zitiert Thomas von Aquin christliche, muslimische, hebräische und andere Quellen. Hier eine Handschrift der *Summa* aus dem 13. Jh.

Thomas von Aquin

Der einflussreichste Theologe der katholischen Kirche im Mittelalter wurde 1225 als Sohn einer Adelsfamilie auf Schloss Roccasecca bei Aquino zwischen Neapel und Rom geboren. Gegen den Willen seiner Familie trat er mit 20 Jahren dem Dominikanerorden bei. In Paris studierte er bei Albertus Magnus, machte sich schnell einen Namen und lehrte dort von 1256 bis 1259 als Magister der Theologie.

1265 wurde Thomas von Aquin als päpstlicher Theologe nach Rom berufen, leitete dort ein *Studium,* ein Studienhaus des Ordens, und begann, seine *Summa Theologica* als Handbuch für seine Studenten zu schreiben. 1269 wurde er erneut nach Paris berufen, kehrte aber 1272 nach Italien zurück und gründete in Neapel seine eigene Schule. Dort stellte er nach einer Vision das Schreiben ein und ließ die *Summa* bis zu seinem Tod 1274 unvollendet.

Hauptwerk

1265–1273 *Summa Theologica* (Summe der Theologie)

DER FREUND JEDES KAUFMANNS

DIE *LEX MERCATORIA* (13.–15. JH.)

IM KONTEXT

SCHWERPUNKT
Internationales Handelsrecht

FRÜHER
um 700 Das rhodische Seerecht vereinigt diverse existierende Gesetze und Gebräuche zu einem Seerecht.

um 1010 Die amalfitanischen Tafeln sind das erste nahezu im gesamten Mittelmeerraum anerkannte Seerecht.

SPÄTER
1622 Der englische Kaufmann und Verfechter des Freihandels Gerard de Malynes stellt in *Consuedo vel Lex Mercatoria* das Handelsrecht stringent dar.

1940 UNIDROIT wird als Schlichtungsplattform für private Handelsstreitigkeiten gegründet und läutet eine neue Ära für die *Lex Mercatoria* ein.

Die Frage, welches Gesetz den internationalen Handel zwischen Kaufleuten regeln soll, ist so alt wie der Handel selbst. Griechen, Phönizier und Römer entwickelten aus dem Zivilrecht heraus nicht staatlich kontrollierte eigene Regularien zur Beilegung von Streitigkeiten und Stärkung des im Handel notwendigen gegenseitigen Vertrauens.

Die Römer entwickelten ein eigenes Verfahren für den Handel zwischen römischen Bürgern und Kaufleuten, die keine Untertanen Roms waren. Das *ius gentium* (»Recht der Völker«) entstand im 3. Jahrhundert v. Chr. und verlor erst mit dem Zusammenbruch des

Siehe auch: Die *Lex Rhodia* 25 ▪ Blackstones *Kommentare* 109 ▪ Die Vereinten Nationen & der Internationale Gerichtshof 212–219 ▪ Die Welthandelsorganisation 278–283

Kaufleute aus verschiedenen Ländern **handeln miteinander.**

→ **Streitfälle** zwischen Kaufleuten können **schwierig zu lösen** sein, weil die Gesetze verschiedener Länder einander **widersprechen.**

→ Die Kaufleute unterwerfen sich **freiwillig** einem **gemeinsamen Handelsrecht.**

→ Ein Gericht der *Lex Mercatoria* verhandelt nach den von **allen Beteiligten vereinbarten Regeln.**

→ **Der Streit zwischen den Kaufleuten wird beigelegt.**

Reichs im 5. Jahrhundert n. Chr. seine Bedeutung, als Rom in barbarische Nachfolgestaaten mit eigenen Gesetzen zerfiel. Ab dem 9. Jahrhundert aber wuchsen Wirtschaft und Handel in Teilen Nordeuropas wieder. Handelszentren wie Dorestad in den Niederlanden blühten auf. Im Süden machten arabische Piraten das Mittelmeer zu einem gefährlichen Gewässer, aber nachdem ihre Häfen im 11. Jahrhundert zerstört waren, kurbelten Seerepubliken wie Amalfi, Pisa, Genua und Venedig in Italien den Handel erneut kräftig an.

Der zunehmende Handel brachte auch mehr Unstimmigkeiten mit sich, aber Kaufleute, die mit der Qualität der Waren ihrer ausländischen Handelspartner unzufrieden waren oder versuchten, Verluste durch unvorsichtige Transporteure wettzumachen, fanden vor lokalen Gerichten selten Gehör. Es gab zwar einige internationale Verträge über den Umgang mit Kaufleuten, die aber nicht sehr spezifisch formuliert waren. Gerichte, so sie denn existierten, waren meist langsam, bürokratisch und unflexibel. Die Lösung lag also in einer Form der Selbstregulierung, einem Gewohnheitsrecht zwischen Kaufleuten verschiedener Kulturen, das sich über Jahrhunderte hinweg entwickelte und ab dem 13. Jahrhundert als *Lex Mercatoria* (Handelsrecht oder Gesetz der Kaufleute) bekannt war.

Freiwillige Akzeptanz

Die Kaufleute unterwarfen sich der *Lex Mercatoria* freiwillig und ohne staatlichen Zwang, wobei auch einzelne Länder parallel eigene Handelsgesetze erließen. Ein Großteil des Handels mit hochwertigen Gütern lief in Europa über den Seeweg. Da überrascht es kaum, dass sich das Seerecht als Vorläufer kodifizierter Handelsgesetze entwickelte. Schon im 8. oder 9. Jahrhundert fassten Gesetze wie das rhodische Seerecht (das Byzanz im Mittelmeerraum eingeführt hatte) durch Gewohnheit eingebürgerte Regeln zusammen. Das Wachstum der italienischen Kaufmannsstädte beschleunigte die Entwicklung zusätzlich. Einige Gesetze wurden weiträumig befolgt, wie die amalfitanischen Tafeln, deren 66 Artikel im westlichen Mittelmeerraum Geltung hatten. Italienische Stadtstaaten wie Genua und Venedig führten 1186 bzw. 1258 ihre eigenen Seehandelsgesetze ein. Das erste Gesetz dieser Art in Nordeuropa waren die *Rôles d'Oléron,* »

Die 1356 gegründete Hanse, deren Siegel hier zu sehen ist, regulierte den Seehandel in einem Großteil Nordeuropas und übte diese Funktion bis ins 17. Jh. hinein aus.

die 1160 nahe La Rochelle in Frankreich entstanden und später weiträumig Beachtung fanden.

Anfang des 13. Jahrhunderts hatten europäische Hafenstädte wie Hamburg eigene Gesetze gegen Piraterie, und die 1356 gegründete Hanse sollte als Handelsverbund als Schutzschirm für den Handel zwischen Kaufleuten rund ums Baltikum und darüber hinaus dienen.

Diese Gesetze wurden schon bald um Paragrafen erweitert, die nicht direkt mit dem Seehandel zu tun hatten, wie die Rückzahlung von Schulden und die Befreiung ausländischer Kaufleute von der *aubaine,* dem Recht des Königs, den Besitz verstorbener Ausländer einzuziehen. Das Aufkommen von Handelsmessen im 11.–13. Jahrhundert z. B. in Leipzig und Frankfurt in Deutschland und Troyes und Lagny in Frankreich machte eine Regulierung der Handelsbeziehungen zwischen Kaufleuten aus verschiedenen Nationen umso dringlicher, vor allem, weil sie oft in der direkten Jurisdiktion eines lokalen Herrschers und damit außerhalb der königlichen Gesetzgebung lagen. Die Kaufleute mussten sicher sein können, dass ihre Rechte und Waren geschützt waren.

In zahlreichen Ländern sah man die *Lex Mercatoria* als guten Weg, Streitigkeiten zu schlichten und den Handel zu befördern. 1303 erließ Eduard I. von England die *Carta Mercatoria* (Handelscharta), die ausländischen Kaufleuten den freien Handel eröffnete, sie von bestimmten Regularien ausnahm und Beamten erlaubte, »schnell Gerechtigkeit nach dem Handelsrecht walten zu lassen«. Fälle unter Beteiligung ausländischer Kaufleute wurden im Court of King's Bench von sachverständigen Assessoren und Jurys verhandelt und nicht von vom König bestellten Richtern. Die Experten wurden von den Parteien selber ausgewählt und urteilten nach der *Lex Mercatoria* statt nach englischem Gesetz.

»Und dieses Gesetz der Kaufleute [...] soll im Hinblick auf den Handel die gleiche Wertschätzung erfahren [...] wie das Zwölftafelgesetz.«

Gerard de Malynes
Consuetudo vel Lex Mercatoria: or, The Law Merchant, 1622

Handelsgerichte

In ganz Europa entstanden Handelsgerichte, die die *Lex Mercatoria* anwendeten, wie das Rota Civile in Genua, das Curia Maris in Pisa und das Consolat del Mar in Barcelona. Die Verhandlungen führten Beamte mit Kenntnissen in Handelsbräuchen und -normen, beginnend mit den Seekonsuln Genuas im Jahr 1206. Das System sollte sicherstellen, dass Streitfälle zwischen Kaufleuten schnell und zufriedenstellend entschieden wurden. Diese Sicherheit förderte ihrerseits die

Ein Bild zeigt das Venedig des 14. Jh. als geschäftige Stadt mit Schiffen im Hafen und Kaufleuten auf dem Kai. Der Hafen war einer der ersten mit eigenen Seehandelsgesetzen.

Entstehung von Finanzinstrumenten wie Schuldwechsel, denen die Kaufleute jetzt vertrauen und die sie im Ernstfall auch gerichtlich eintreiben konnten.

Diese Handelsgerichte beruhten auf Freiwilligkeit und hatten damit mehr mit heutigen Schlichtungsverfahren gemein als mit formalen Gerichten. Allerdings sorgten ihre Flexibilität und mangelnde Konsistenz der Entscheidungen auch zu Problemen. Es gab nur wenige allgemeine Rechtsprinzipien, und selbst universell anerkannte Praktiken wie Anzahlungen waren alles andere als einheitlich geregelt.

Da die Kaufleute ihren Fall unter einem Rechtssystem ihrer eigenen Wahl verhandeln lassen konnten, kam es oft zu weiteren Unstimmigkeiten. So weigerten sich beispielsweise Kaufleute aus Antwerpen, die mit Londoner Kollegen handelten, sich dem Londoner Recht zu unterwerfen, während die Behörden von Ypern darauf bestanden, dass alle Kaufleute, die in ihrer Stadt Handel trieben, auch den Gesetzen Yperns unterlagen. Zudem hatten

Die neue *Lex Mercatoria*

Das Wachstum internationalen Handels und die Zunahme unabhängiger Jurisdiktionen infolge der Dekolonisierung des 20. Jh. ließen die Überzeugung wachsen, dass Handel rechtlich nicht eingeschränkt werden darf.

1940 wurde UNIDROIT, das internationale Institut zur Vereinheitlichung des Zivilrechts, gegründet, um privates Handelsrecht zu harmonisieren und allgemein akzeptierte Normen für internationale Verträge festzulegen. Ähnlich wie die *Lex Mercatoria* sind diese Regeln nicht verpflichtend und gelten nur, wenn die Parteien ihnen zustimmen. Die Gründung weiterer internationaler Organisationen wie der Vereinten Nationen sorgte für parallele Mechanismen zur Lösung juristischer Konflikte. Dazu zählt auch UNCITRAL, die UN-Kommission für internationales Handelsrecht, deren Kaufrecht von 1988 danach strebt, rechtliche Barrieren durch allseitig akzeptierte Regeln z. B. für den Fall eines Vertragsbruchs aus dem Weg zu räumen.

Regierungen die Sorge, dass sich Kaufleute, die sich auf die *Lex Mercatoria* beriefen, unfaire Vorteile verschaffen konnten. Das englische Parlament versuchte deshalb, die *Lex Mercatoria* ins englische Recht zu integrieren. Ab 1353 stattete Eduard III. von England Hafenstädte in England, Wales und Irland mit dem Stapelrecht aus. Diese Städte hatten ihre eigenen von der Krone verwalteten Gerichte. Nichtsdestotrotz konnte ein Gericht unter Vorsitz des Bischofs Robert Stillington 1473 urteilen, dass ausländische Kaufleute rechtlich der *Lex Mercatoria* unterstanden. Diese Position begann sich im 17. Jahrhundert zu verschieben, als Verfechter des Common Law wie der Jurist Edward Coke für seine Vorherrschaft kämpften.

In den 1760er-Jahren urteilte Lord Chief Justice William Murray, es gebe kein separates Gesetzeswerk wie die *Lex Mercatoria*, und William Blackstones *Kommentare* zum englischen Recht von 1809 bestärkten den Standpunkt, dass der Handel zwischen Kaufleuten vom Landesrecht abgedeckt sei und die *Lex Mecatoria* keine Gültigkeit mehr besitze.

Das spanische *Buch des Seekonsulats* hat im Mittelalter stark zur Entwicklung der *Lex Mercatoria* beigetragen. Die hier abgebildete Ausgabe wurde 1523 gedruckt.

Der Staat übernimmt

Als Legislative und Judikative in ganz Europa stärker wurden, waren sie nicht mehr bereit, konkurrierende Rechtssysteme innerhalb ihrer Jurisdiktion zu dulden. Die *Lex Mercatoria* wurde durch nationale Handelsgesetze verdrängt, darunter der französische *Code de Commerce* von 1807 und das deutsche Allgemeine Deutsche Handelsgesetzbuch von 1861. Aber auch wenn die Tage der *Lex Mercatoria* gezählt schienen, so war sie doch noch nicht ganz tot.

Als der internationale Handel im 20. Jahrhundert florierte, entstand eine neue Welle privater Handelsgesetze für Geschäfte zwischen Privatleuten ohne Beteiligung des Staats (siehe Kasten oben). Die vor über einem Jahrtausend mitten im Wiederaufbau Europas nach dem Fall Roms entstandene *Lex Mercatoria* bleibt im Bereich des internationalen Handels nach wie vor relevant. ■

EROBER UND AUFK

1470–1800

UNG
LÄRUNG

1474

Mit dem Venezianischen Patentrecht entsteht das **erste kodifizierte Patentrecht** der Welt.

1494

Nach Kolumbus' Rückkehr aus der Neuen Welt schließen Spanien und Portugal den Vertrag von Tordesillas, in dem sie die Welt **unter sich aufteilen.**

1601

Das Armengesetz (Poor Laws) von England und Wales **sichert** »sesshaften« **Armen Unterstützung** durch die Gemeinden zu.

1625

In *De jure belli ac pacis* (Über das Recht des Krieges und des Friedens) setzt Hugo Grotius **im internationalen Recht auf Diplomatie.**

1633

Aufgrund seiner Aussage, die Welt sei nicht das Zentrum des Universums, klagt die katholische Kirche Galileo Galilei **wegen Häresie** an.

1648

Der Westfälische Friede führt das Prinzip des **souveränen Nationalstaats** ein und bekräftigt den Wert **diplomatischer Beziehungen zur Friedenssicherung.**

1649

Während des Englischen Bürgerkrieges richtet das Parlament den High Court of Justice ein, um **König Karl I. des Hochverrats anzuklagen.**

17. JH.

In der Karibik und Nordamerika stufen **Gesetze Sklaven als Eigentum ihrer Besitzer ein.**

Zum Ende des 15. Jahrhunderts kam es in Europa zu großen kulturellen und politischen Veränderungen, die das Zeitalter der Renaissance einläuteten. Nationalstaaten sicherten ihre Unabhängigkeit und durch Handel und Ausbau ihrer Machtbereiche auch ihren Wohlstand. Durch die stärkere Betonung des Naturrechts gegenüber religiösen Gesetzen sah die katholische Kirche vielfach ihre Autorität infrage gestellt.

Eine der aufsteigenden Handelsmächte war die Republik Venedig. Um die Interessen ihrer Händler zu schützen, führte sie Handelsgesetze wie das Patentgesetz ein. Als die ehrgeizigsten Handelsmächte suchten Spanien und Portugal als Alternative zum Landweg über die Seidenstraße auf dem Seeweg Zugang zu den Märkten Asiens. Nachdem Kolumbus auf seinen Entdeckungsfahrten über Amerika stolperte, handelten die beiden iberischen Staaten den Vertrag von Tordesillas aus, mit dem sie die Welt in zwei Hemisphären aufteilten. Spanien erhielt die Länder im Westen, Portugal jene im Osten. Diese Besitzansprüche demonstrieren die damals herrschende Meinung, die Welt sei dazu da, von den neuen europäischen Handelsmächten »entdeckt«, erobert und ausgebeutet zu werden. Im 16. Jahrhundert folgte mit der Reformation eine weitere Herausforderung für die Autorität der Kirche.

Internationale Ordnung

Handels- und Gebietsstreitigkeiten führten zu Kriegen zwischen den Ländern, daher sah das 17. Jahrhundert Bestrebungen zur Schaffung eines internationalen Rechts. 1625 verfasste der niederländische Gelehrte Hugo Grotius seine Abhandlung *Über das Recht des Krieges und Friedens,* in der er für menschliche Vernunft und Kooperation bei internationalen Angelegenheiten eintrat. Diese Ideen kamen 1648 im Westfälischen Frieden zum Tragen, der den Dreißigjährigen Krieg beendete und Präzedenzwirkung für diplomatische Verhandlungen zum Schutz nationaler Souveränität hatte. Ein Jahrhundert später schuf der Schweizer Diplomat Emer de Vattel mit seinem *Droit de Gens* die Basis für ein internationales Recht.

Nord- und Südamerika, Teile Afrikas und Asiens wurden bald zu europäischen Kolonien und boten scheinbar unerschöpfliche Ressourcen. Aber es wurden nicht nur Güter gehandelt, sondern man brachte

1688/89
In der »Glorious Revolution« akzeptieren Wilhelm III. von Oranien und seine Frau Maria II. den englischen Thron und die **Bill of Rights.**

1692
In den Hexenprozessen von Salem (Massachusetts, USA) werden über 200 Menschen **der Hexerei angeklagt** und 19 von ihnen zum Tod verurteilt.

1710
Der Statute of Anne verankert das Prinzip des **Urheberrechts** im englischen Recht.

1758
In *Droit des gens* legt Emer de Vattel die Grundlagen der **Zusammenarbeit von Nationen unter internationalem Recht.**

1765–1769
Sir William Blackstones *Commentaries on the Laws of England* bietet eine verständliche Zusammenfassung des **englischen Common Law.**

1787
Delegierte treffen sich in Philadelphia (USA) und entwerfen die **Verfassung der Vereinigten Staaten von Amerika.**

1789
In Frankreich stellt die Erklärung der Menschen- und Bürgerrechte fest, dass **alle Menschen vor dem Gesetz gleich** sind.

1791
Die US-Verfassung erhält **zehn Zusatzartikel,** die zusammen als **Bill of Rights** bekannt sind.

Hunderttausende Sklaven als Arbeitskräfte von Afrika nach Amerika und legalisierte diese Praxis in der Karibik und Amerika durch Sklavengesetze, die Sklaven zum Eigentum der Halter machten.

Vernunft vor Glauben

Europas neuer Wohlstand beförderte intellektuellen und wissenschaftlichen Austausch und mündete im 17. und 18. Jahrhundert in der Aufklärung, dem »Zeitalter der Vernunft«. Die katholische Kirche nutzte ihre weiterhin große Macht, um Häretiker wie Galileo Galilei wegen ihrer wissenschaftlichen Theorien zu verfolgen. Ihre Autorität wie auch das Gottesgnadentum der Monarchen wurden durch die Theorien der Aufklärung stark geschwächt. Die Denker der Aufklärung zogen die Vernunft dem Glauben vor, setzten der Hochachtung gegenüber Kirche und Staat Fortschritt, Freiheit und Toleranz entgegen und beharrten auf gewählten Regierungen und dem Schutz der Bürgerrechte.

Erste Anzeichen für diese Bewegung zeigten sich im Englischen Bürgerkrieg (1642–1651) mit der Verurteilung und Hinrichtung König Karls I. 1649 und der darauf folgenden Einrichtung des Commonwealth, der englischen Republik. 1689 machte das englische Parlament die Bill of Rights zur Grundlage für die Herrschaft des neuen Königspaars Wilhelm III. von Oranien und Maria II., die damit die Vorrangstellung des Parlaments über die Monarchie bestätigten.

Inspiriert von den Umwälzungen der politischen Ordnung, plädierte der englische Philosoph John Locke für eine Regierung, die die Freiheit und Rechte ihrer Bürger schützt. Seine Ideen fanden vielerorts Anklang, so auch in den amerikanischen Kolonien, die sich gegen die englische Kolonialherrschaft auflehnten und nach Unabhängigkeit strebten.

Als Amerika 1776 seine Unabhängigkeit erklärte, machte es das Recht aller Menschen auf Leben, Freiheit und das Streben nach Glück geltend. Das Konzept grundlegender Rechte als Kern des Rechtssystems findet 1787 Niederschlag in der Verfassung der Vereinigten Staaten von Amerika. 1798 stürzte auch Frankreich seinen absolutistischen Herrscher, setzte eine Regierung durch das Volk und für das Volk ein und verkündete die Erklärung der Menschen- und Bürgerrechte auf Basis der Ideale Freiheit, Gleichheit und Brüderlichkeit. ■

SCHUTZ FÜR JEDE ERFINDERISCHE VORRICHTUNG

DAS VENEZIANISCHE PATENTGESETZ (1474)

IM KONTEXT

SCHWERPUNKT
Patentrecht

FRÜHER
500 v. Chr. Köche der griechischen Kolonie Sybaris erhalten ein einjähriges Monopol auf von ihnen erfundene Gerichte.

1421 Filippo Brunelleschi erhält als Erster ein Patent für eine industrielle Erfindung.

1449 Heinrich VI. von England erteilt John of Utynam ein Monopol über die Herstellung von Buntglas.

SPÄTER
1624 Der Statute of Monopolies wird in England Gesetz und erlaubt Monopole nur noch für beachtenswerte Erfindungen.

1790 Der US Patent Act spricht Erfindern ein Schutzrecht von 14 Jahren zu.

Das Venezianische Patentgesetz von 1447 markiert den Beginn des modernen Patentrechts, das neue Erfindungen schützt. Das in der Republik Venedig eingeführte Gesetz war nicht der erste Patentschutz, aber das erste umfassende Gesetz, das für alle Erfindungen galt.

Im frühen 15. Jahrhundert florierten im Italien der Renaissance die Stadtstaaten und versuchten, sich mit neuen Errungenschaften in Kunst, Wissenschaft und Technik hervorzutun, denn dies brachte Geld und Status. Doch wenn neue Ideen sofort kopiert werden konnten, sobald sie bekannt wurden, gingen diese Vorteile verloren.

Siehe auch: Die *Lex Mercatoria* 74–77 ▪ Das Statute of Anne 106–107 ▪ Die Federal Trade Commission 184–85 ▪ Der WIPO-Urheberrechtsvertrag 286–287

Die Kuppel des Doms von Florenz wurde ohne Lehrgerüst errichtet. Ihre innovative Konstruktion aus zwei Schalen mit untereinander verbundenen Rippen verleihen ihr Stabilität.

Welchen Anreiz gäbe es dann für Erfinder, Zeit und Geld in die Entwicklung neuer Ideen zu stecken, geschweige denn, sie mit anderen zu teilen?

Patente auf Erfindungen

Angesichts eines sich weiter verzweigenden Netzwerks an Handelswegen und der wachsenden Rivalität zwischen den Stadtstaaten Italiens wurde ein Schutz der Erfinder und die Anerkennung des Eigentums an ihren Ideen immer dringlicher. Erfinder benötigten ein Exklusivrecht, damit andere ihre Ideen und Erfindungen nicht einfach ohne ihre Einwilligung kopieren durften. So entstand das Patentrecht.

Das erste bekannte Patent wurde 1421 in Florenz an den Architekten und Erbauer der Kuppel des Florenzer Doms, Filippo Brunelleschi, vergeben. Das Patent erhielt er aber nicht für architektonische Innovationen, sondern für einen speziellen Lastkahn, der Baumaterial für die Kathedrale über den Arno anliefern sollte. Leider sank er 1427 auf seiner Jungfernfahrt. So verwarf man die Idee der Patente in Florenz zunächst. Die Zünfte waren zu jener Zeit recht einflussreich und sorgten mit ihren Zunftbestimmungen für den Schutz des »Eigentums« ihrer Mitglieder an ihren Ideen und Erfindungen.

Das erste Patentgesetz

Erst in Venedig nahm die Idee eines Patentgesetzes Gestalt an. Die Stadt begann zunächst, einzelne Patente herauszugeben, ähnlich wie Brunelleschis Patent in Florenz. Dann gab der regierende Senat am 19. März 1474 das erste allgemeine Patentgesetz heraus. Dieses Gesetz legte den Grundstein für ein System, das Erfinder durch die Registrierung von Patenten schützen sollte.

Das venezianische Patentgesetz enthält schon die wichtigsten Merkmale heutiger Patente: Eine Erfindung muss nützlich sein, das Schutzrecht des Patents ist auf einen bestimmten Zeitraum begrenzt, das Nutzungsrecht ist sowohl zu Lebzeiten des Patentinhabers als auch danach übertragbar, und das Patent verfällt, wenn es nicht innerhalb einer bestimmten Zeit genutzt wird oder es sich nachträglich herausstellt, dass die Erfindung, für die es erteilt wurde, nicht originär ist.

Kreative Erfindungen

Umgangssprachlich ausgedrückt schützte das venezianische Patentgesetz »jegliche neuen und kreativen Gerätschaften, die zuvor noch nicht hergestellt wurden«. Es erklärte selbstbewusst, in Venedig lebten »die gescheitesten Männer, fähig, alle möglichen genialen Gerätschaften zu erdenken«. Dann stellt es fest, dass diese genialen Geister sich nur anstrengen würden, Dinge zu schaffen, die der Stadt zugutekämen, wenn ihre »

» In Venedig … belohnen und schätzen sie jeden Mann, der neue Kunst oder Geheimnisse bringt, womit sich Menschen an die Arbeit machen können. «

Sir Thomas Smyth
Discourse on the Common Weal of this Realm of England, 1581

Monopole üben **zu viel Macht** auf den Markt aus und sind für den Handel schädlich, aber **Erfinder** benötigen **Schutz ihres geistigen Eigentums.**

Monopole sollten verboten werden, und **Erfinder** sollten für eine **begrenzte Zeit ein Exklusivrecht** erhalten.

Dies wird **kluge Köpfe** motivieren, **neue und geistreiche Erfindungen** zu schaffen.

Ideen geschützt würden. Und so schreibt das Gesetz vor, dass jedem Erfinder, dessen Gerätschaft einsatzfähig wird, über zehn Jahre das alleinige Recht an dieser Erfindung zusteht. Jeder, der illegal eine Kopie anfertigt, solle beachtliche 100 Dukaten Strafe zahlen.

Mit diesem Gesetz wurde Venedig zum ersten Staat, der Erfindungen systematisch und anhaltend schützte. Erstmals in der Geschichte gab es einen rechtlichen Rahmen zum Schutz des geistigen Eigentums. Wissen war also etwas, das man »besitzen« konnte. Dies sorgte für einen starken Anreiz, Fähigkeiten und Techniken zu entwickeln, die Erfindungen ermöglichten, da dem Erfinder garantiert wurde, dass er mit seiner Erfindung Geld verdienen konnte.

Das Argument, Menschen würden sich ohne den finanziellen Anreiz nicht die Mühe machen, etwas zu erschaffen oder zu erfinden, beschreibt im Kern die kapitalistische Denkweise. Für Venedig zahlte sich das Gesetz aus: Ende des 15. Jahrhunderts besaß es eine unangefochtene Vorrangstellung in Europa, war zum Zentrum technologischer Entwicklung und zur bedeutenden Handelsdrehscheibe geworden, deren Macht über das Mittelmeer bis nach Indien und Zentralasien reichte. Als der französische Historiker und Diplomat Phillipe de Commynes 1495 Venedig besuchte, beschrieb er es als triumphalste Stadt, die er je gesehen habe.

Begehrtes Venedig

Geht man von der Zahl der vergebenen Patente aus, war das venezianische Patentgesetz ein voller Erfolg. Zwischen 1474 und 1600 wurden 621 Patente vergeben, im Durchschnitt fünf pro Jahr. Im Jahrhundert darauf folgten nochmals 605.

Venezianische Produkte standen hoch im Kurs. Venezianische Kaufleute und Kunsthandwerker, die sich mit ihren Erfindungen an anderen Orten Europas niederließen, waren darauf erpicht, ihre Produkte auch weiterhin vor Kopien zu schützen, um ihre Profite zu sichern. So erhielt der venezianische Glasmacher Theoso Mutio als erster ein französisches Patent für die Herstellung von Glas »nach venezianischer Art«. Auf der Insel Murano hergestellte venezianische Glaswaren waren so beliebt, dass venezianische Glasbläser in Antwerpen und Deutschland ebenfalls erste Patente erhielten. 1565 erhielt der italienische Ingenieur Jacopo Aconcio das erste englische Patent für von Wasserrädern angetriebene Maschinen (siehe Kasten gegenüber).

Die Coppa Barovier ist ein Hochzeitskelch des Glasbläsermeisters Angelo Barovier von 1470. Er entdeckte als erster, wie man klares Glas herstellen kann, und machte Murano berühmt.

Exklusivrechte

In England wurde die Idee des Patents auf Erfindungen ausgeweitet und umfasste nun auch das Recht, bestimmte Produkte oder Fertigkeiten zu vermarkten, also eine Monopolstellung. Bereits im 14. Jahrhundert lockte England Handwerker und Erfinder mit sogenannten Letters of Protection ins Land, wie 1331 den flämischen Tuchmacher Johann Kempe. 1449 erteilte König Heinrich VI. John of Utynam erstmals ein Monopol für Glasmalereien. Der Glasmachermeister war aus Flandern nach England gekommen, um Buntglasfenster für das Eton College anzufertigen.

90 Jahre später erteilte Thomas Cromwell, Sekretär Heinrichs VIII., dem venezianischen Seidenhändler Antonio Guidotti ein 20-jähriges Monopol auf die Zucht von Seidenraupen, um venezianische Seidenmacher nach England zu holen. Die Vergabe von Monopolen war bei europäischen Monarchen beliebt, da sie für das Privileg hohe Summen verlangen konnten. So entstanden für immer mehr Gewerke und Waren Monopole, so auch auf so notwendige Waren wie Salz und Stärke.

Gegen Ende des 16. Jahrhunderts war die Machtstellung der Monopolisten so stark, dass Unzufriedenheit und Gegenwehr zunahmen. 1601 zwang das englische Parlament Königin Elisabeth I., ihm die Hoheit über die Monopole abzutreten und einige der erdrückendsten Monopole aufzuheben. Ein Beschwerdeausschuss unter Leitung des Richters und Politikers Sir Edward Coke sollte die Monopole regulieren. Dennoch fuhr Elisabeths Nachfolger Jakob I. damit fort, Monopole zu vergeben.

Das erste englische Patent

Das erste englische Patent wurde dem Venezianer Jacopo Aconcio verliehen. Der ursprünglich aus Norditalien stammende Ingenieur war nach Straßburg gezogen und wurde dort von Sir William Cecil, Staatssekretär von Königin Elisabeth I., angeheuert. Aconcio ging daraufhin, 1559, nach England, um mit seinem venezianischen Ingenieurswissen Befestigungsanlagen zu verbessern. So prüfte und modifizierte er unter anderem die Befestigungen von Berwick Castle an der Grenze zu Schottland.

Nur wenige Monate nach seiner Ankunft beantragte Aconico eine Reihe von Patenten für Vorrichtungen mit Wasserrädern und Öfen für Färber und Brauer. In seinem Antrag brachte er vor, dass diejenigen, die durch Arbeit für die Allgemeinheit nützliche Dinge erfunden hätten, auch einige Früchte ihrer Rechte und Arbeit genießen sollten. 1565 erhielt Aconico sein Patent.

Unter dem Druck der Öffentlichkeit versprach Jakob I., die drei schwerwiegendsten Monopole abzuschaffen, doch das Parlament hatte genug. 1621 führte Coke das Statute of Monopolies ein. Drei Jahre später wurde es Gesetz und war wegweisend für die Interessen der Wirtschaft und gegen die absolute Herrschaft eines Monarchen.

Das Statute of Monopolies

Cokes Gesetz setzte alle früheren, gegenwärtigen und zukünftigen Patente und Monopole in England außer Kraft und ordnete an, dass die Krone Patente nicht nutzen durfte, um Rechtsprechung und Strafjustiz an Privatpersonen und Betriebe zu übertragen. Dies war dem Parlament vorbehalten.

Es gab bei der Annullierung der Patente jedoch eine wichtige Ausnahme: neue Erfindungen. Es gab allerdings eine zeitliche Beschränkung. War ein Erfinder ein »wahrer und erster Erfinder«, gewährte ihm das Patent 14 Jahre die Exklusivrechte an seiner Erfindung. Solche Patente wurden auch für neue Herstellungsmethoden vergeben. Es sollte zwar noch über ein Jahrhundert dauern, bis Gerichte ein einheitliches Verfahren für das Patentrecht entwickelten, dennoch war das Statute of Monopolies bahnbrechend für Englands Entwicklung vom Feudalstaat zur kapitalistischen Wirtschaftsmacht. Zweifellos vom venezianischen Patentgesetz beeinflusst, war das Statute wegweisend für die Entwicklung des modernen Patentrechts. ■

» Der König selbst sollte keinem Menschen unterstehen, nur Gott und dem Gesetz. «

Sir Edward Coke
Institutes of the Lawes of England, 1628–1644

Das Statute of Monopolies des englischen Anwalts, Richters und Politikers Sir Edward Coke, das Patente nur für wahrhaft neue Erfindungen erlaubte, wurde 1624 Gesetz.

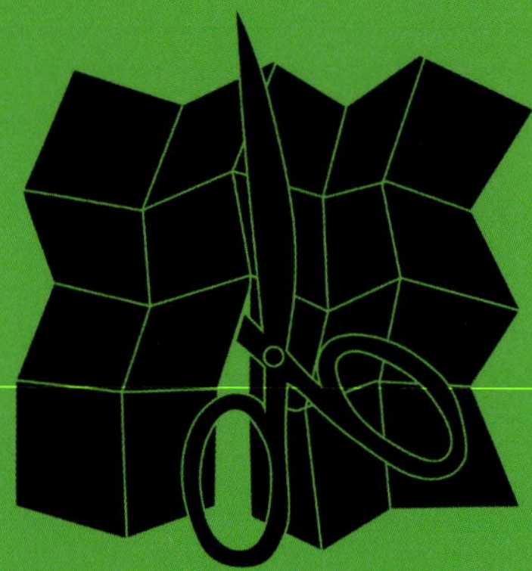

EINE LINIE VOM NORDPOL ZUM SÜDPOL

DER VERTRAG VON TORDESILLAS (1494)

IM KONTEXT

SCHWERPUNKT
Internationales Recht

FRÜHER
2100 v. Chr. Die mesopotamischen Stadtstaaten Lagaš und Umma markieren ihre Grenze mit einer Grenzstele.

387 n. Chr. Der Frieden von Acilisene teilt Armenien zwischen Byzanz und Persien auf.

1266 Der Frieden von Perth teilt die schottischen Inseln zwischen Norwegen und Schottland auf.

SPÄTER
1739 Die Konvention von Pardo legt einen Grenz- und Handelsstreit Großbritanniens und Spaniens in den amerikanischen Kolonien bei.

1750 Der Vertrag von Madrid legt die Grenzen zwischen Spaniens und Portugals Kolonien in Südamerika neu fest.

1885 Bei der Kongokonferenz teilen Europas Mächte Afrika untereinander auf.

Portugal und Spanien beanspruchen beide für sich, neue Gebiete **entdeckt** zu haben und sie **damit zu besitzen.**

↓

Um **Krieg** zwischen den beiden rivalisierenden **katholischen Mächten** zu verhindern, tritt Papst Alexander VI. als **Vermittler** auf.

↓

Der Vertrag von Tordesillas **teilt die Welt** in eine spanische und eine portugiesische Hälfte.

Als Christoph Kolumbus 1492 bei seiner Rückkehr aus der Neuen Welt in Lissabon anlegte, entzündete er zwischen Spanien und Portugal, den ersten großen Kolonialmächten, einen diplomatischen Streit. Obwohl er vom spanischen Königspaar Ferdinand II. von Aragon und Isabella I. von Kastilien entsandt worden war, erfuhr Portugals König Johann II. als Erster von der historischen Entdeckung.

Für die Mächte Europas hatte es keine Bedeutung, dass die Gebiete, die sie »entdeckten«, seit Langem bewohnt waren. Für die Neuankömmlinge war »Entdeckung« gleichbedeutend mit »Eigentum«. Als Pionier der Meere, dessen Seefahrer bereits die Küsten Westafrikas und Indiens erkundet hatten, hielt Portugal es für sein natürliches Recht, »unentdeckte« Territorien für sich zu beanspruchen. Dass Kolumbus die Neue Welt für seinen Nach-

Siehe auch: Das Domesday Book 58–59 ▪ Die *Lex Mercatoria* 74–77 ▪ Der Westfälische Friede 94–95 ▪ *Des Herrn von Vattels Völkerrecht* 108 ▪ Der Friedensvertrag von Versailles 192–193 ▪ Der Vertrag von Helsinki 242–243

Christoph Kolumbus landet auf den Westindischen Inseln. Er nennt die Insel San Salvador. Im Glauben, Ostasien erreicht zu haben, nennt Kolumbus die Einheimischen »Inder« (»los indos«).

barn Spanien entdeckt hatte, war für Johann II. daher ein Schlag ins Gesicht.

Johann schrieb einen Brief an König Ferdinand und Königin Isabella, in dem er beanspruchte, dass nach dem Vertrag von Alcáçovas von 1479 und der päpstlichen Bulle *Aeterni regis* von 1481 alle Länder südlich der Kanarischen Inseln und damit auch die von Kolumbus entdeckten Länder Portugal gehörten. Er wolle eine Flotte entsenden, um seinen Anspruch zu bekräftigen.

Die päpstliche Bulle

In Kenntnis der portugiesischen Seemacht wandten sich Ferdinand und Isabella Hilfe suchend an den ebenfalls aus Spanien stammenden Papst Alexander VI. Seine Antwort bekundet aus heutiger Sicht auf atemberaubende Weise Europas damaliges Selbstverständnis. Mit seiner neuen Bulle teilte er die Welt, von der man bereits wusste, dass sie eine Kugel war, praktisch in zwei Hälften. Die Grenzlinie verlief 100 Leugen (rund 550 km) westlich der Azoren und Kapverden vom Nordpol durch den Atlantik bis zum Südpol und kreuzte die Ostspitze des heutigen Brasiliens. Alles Land westlich der Linie, so die päpstliche Bulle, sollte nur Spanien gehören, alles Land östlich davon Portugal.

Die Lösung des Papsts führte zu Spannungen, da beide Länder versuchten, die Grenze nach Westen oder Osten zu verschieben. Schließlich schlossen spanische und portugiesische Diplomaten 1494 in der spanischen Stadt Tordesillas einen Vertrag. Er hielt an der Aufteilung der Welt in zwei Hälften fest, durch Portugals Machtstellung verlief die Grenze allerdings 270 Leugen weiter westlich.

Nach heute üblichem Koordinatensystem verlief die neue Linie auf einem Meridian von 46° 30' westlicher Länge. Da eine genaue Messung damals noch nicht möglich war, kam es natürlich zu Streitigkeiten. Und obwohl der Vertrag die Welt mit einer Nord-Süd-Linie durch den Atlantik in zwei Hälften teilte, war nicht festgelegt, wo diese Linie auf der anderen Seite durch den Pazifik verlaufen sollte.

Geteiltes Südamerika

Trotz großer Defizite zeigte der Vertrag Wirkung. Portugal behielt die Seehoheit über die Route um Afrika nach Indien, bevor es später als Seemacht durch die Briten verdrängt wurde. Ebenso erhielt es sechs Jahre später die Kontrolle über Brasilien, als Pedro Álvares Cabral auf seinem Weg nach Indien über den Atlantik dort landete. Manche Historiker glauben, die Portugiesen hätten schon in Tordesillas von der großen östlichen Vorwölbung Südamerikas gewusst. Auf jeden Fall erhielt Portugal die Reichtümer Brasiliens, während Spanien seinen Einfluss über den Rest Süd- und Mittelamerikas ausweitete und zur dominanten Macht in dem Teil der Welt wurde, den wir heute Lateinamerika nennen. ▪

» Es werde […] eine Linie […] gezogen, die 370 Seemeilen westlich der Kapverdischen Inseln verläuft […]. «

Vertrag von Tordesillas
5. Juni 1494

JEDER STATTHALTER SOLL JEDEN ARMEN BEWAHREN

DIE ENGLISCHEN ARMENGESETZE (1535, 1601)

IM KONTEXT

SCHWERPUNKT
Sozialwesen

FRÜHER

1351 Das englische Statute of Labourers verlangt, dass jeder Arbeitsfähige arbeiten muss.

1388 Der Statute of Cambridge unterscheidet zwischen »standhaften« und »unfähigen« Bettlern.

1494 Der Vagabonds and Beggars Act verlangt die Bestrafung von Landstreichern, untätigen und suspekten Personen.

SPÄTER

1662 Der Settlement Act erlaubt den Ausschluss Auswärtiger aus der Gemeinde.

1696–1698 Die Bristol Corporation of the Poor eröffnet die zwei ersten Arbeitshäuser Englands.

1834 Der Poor Law Amendment Act führt spezielle, von den Gemeindeverbänden geführte Arbeitshäuser ein.

1948 Der National Assistance Act versichert allen über 16 Jahren »ohne Mittel« Hilfe.

Der englische Act for the Relief of the Poor, das Armenrecht, war 1601 der weltweit erste Versuch einer gesellschaftlichen Hilfsstruktur für Arme. Er baute auf verschiedenen Gesetzen auf und stellte erstmals fest, dass die persönlichen und ökonomischen Folgen von Armut gesetzlich geregelt werden müssten und das Schicksal der Armen nicht Zufall und Wohltätigkeit überlassen werden dürfe.

Siehe auch: Aristoteles und das Naturrecht 32–33 ▪ Die Anfänge des Kirchenrechts 42–47 ▪ Thomas von Aquin 72–73 ▪ Eine Unfallversicherung für Arbeiter 164–167 ▪ Die Allgemeine Erklärung der Menschenrechte 222–229

Bettler und Landstreicher **stören die Gesellschaft** und **steigern die Kriminalität.**

→

Wohltätigkeit und Almosen **fördern die Faulheit,** während Grundbesitzer und Fabriken **Arbeiter benötigen.**

→

Bessergestellte sollen zum **Wohl der Gesellschaft** zur **Armenversorgung** beitragen.

↓

Die Armenversorgung soll auf **Gemeindeebene** geregelt und durch lokale **Steuern** finanziert sein und **Faule zur Arbeit zwingen.**

←

Eine Armengesetzgebung ist notwendig.

Das Gesetz begründete zwar keinen rechtlichen Anspruch auf Hilfe in Notlagen, bekräftigte aber, dass die mit der Umsetzung des Gesetzes Beauftragten verpflichtet waren, durch Steuern finanzierte Hilfe zu leisten. Die Idee einer zentralen Armenpolitik wurde zum Grundstein eines staatlichen Sozialsystems, wie es im späten 19. Jahrhundert in Deutschland, Großbritannien und anderen Ländern entstand.

Arbeitskräftemangel

Der Bedarf für Armengesetze lässt sich teilweise auf die Pestepidemie von 1348–1350 zurückführen. Die Seuche tötete 30–40 Prozent der englischen Bevölkerung, was zu starkem Arbeitskräftemangel führte. 1351 verabschiedete das englische Parlament den Statute of Labourers, der alle Arbeitsfähigen zur Arbeit verpflichtete – auf Lohnniveau der Vorpestzeit. Die Arbeiter nahmen die hohe Nachfrage hingegen zum Anlass, höhere Löhne zu fordern und dorthin zu ziehen, wo mehr bezahlt wurde.

Darauf antwortete das Parlament 1388 mit dem Statute of Cambridge. Er schränkte die Bewegungsfreiheit der Arbeiter und der arbeitsfähigen Bettler ein, um den Lehnsherren billige Arbeitskräfte zu sichern. Im Gegenzug übertrug es den *hundreds* genannten Verwaltungsbezirken die Verantwortung, den arbeitsunfähigen Armen grundlegende Unterstützung zu gewähren. So entstand ein zweigleisiger Ansatz zur Armenhilfe: Einerseits sollte das Armengesetz die Bedürftigen unterstützen, andererseits zwang es die Armen zu schlecht bezahlter Arbeit.

Bettler oder Landstreicher

Die als arbeitsfähig geltenden Armen mussten arbeiten. Unter dem Act for Punishment of Sturdy »

Eine Handschrift von 1349 zeigt die Bestattung von Pestopfern. Die sich von Asien aus ausbreitende Pest tötet in Europa 20 Millionen Menschen.

Ökonomischer Druck im England der Tudor-Zeit

Die Getreidepreise steigen zwischen 1490 und 1569 um mehr als das Dreifache und zwischen 1569 und 1609 nochmals um 73 Prozent. Brot wird sehr teuer.

Der Lohn von Landarbeitern, Bauarbeitern und Handwerkern sinkt im Laufe des 16. Jahrhunderts um rund 60 Prozent.

Die Auflösung der Klöster, kirchlich betriebener Zünfte und Hospitäler zwischen 1536 und 1549 beendet das kirchliche System von Almosen und Armenhilfe.

Vagabonds and Beggars von 1536 war jeder, der sich ohne Arbeit zu weit von seiner Heimatgemeinde entfernte, ein Landstreicher, was mit Auspeitschen, Abschneiden eines Ohrs oder sogar Hinrichtung bestraft wurde.

Weitere Gesetze des 16. Jahrhunderts untermauerten die harten Strafen, sodass Landstreicher jegliche Arbeit annehmen mussten. Behinderte Bettler, die sich weigerten, ihn ihrer Heimatgemeinde zu arbeiten, kamen ins Zuchthaus.

Gemeindepflicht

Durch starkes Bevölkerungswachstum, steigende Preise und sinkende Löhne gerieten in der Tudor-Zeit (1485–1603) immer mehr Menschen in Not und konnten sich nicht mehr ernähren. Da Heinrich der VIII. die Klöster auflöste, konnten sich die Armen auch nicht mehr für Almosen an die Kirche wenden. Als die Situation völlig aus dem Ruder zu laufen drohte, bot die Einführung des Poor Law Act von 1601 erstmals einen rechtlichen Rahmen für die Unterstützung der Armen. Er zielte vorwiegend darauf ab, den »sesshaften Armen« zu helfen und Bettler und Landstreicher zu bestrafen, und führte alle bisherigen Armengesetze in einem einzigen Gesetz zusammen.

Obwohl das Gesetz im gesamten Tudor-Reich galt, wurde es lokal durch 15 000 Gemeinden umgesetzt. Jede Gemeinde musste bei den Grundbesitzern eine Steuer erheben, um Geld für die Bedürftigen aufzubringen. Jährlich wurden zwei unbezahlte Gemeindeaufseher gewählt, die das Geld (und Bußgelder von säumigen Zahlern) eintrieben und dann Geld und Essen an die Bedürftigen verteilten oder sie zur Arbeit zwangen. Das Gesetz verpflichtete auch Eltern und Kinder zur gegenseitigen Unterstützung. So oblag es etwa den Kindern, sich um ihre alten Eltern zu kümmern.

Das Gesetz entstand aus der Vorstellung heraus, dass die gesamte Gesellschaft leidet, wenn die Armen leiden. Es wurde üblich, durch Steuern Geld für die Armen und Schwachen aufzubringen. Die Bessergestellten gaben nicht mehr nur aus Wohltätigkeit, sondern waren gesetzlich verpflichtet, Abgaben zu zahlen.

Klassifizierung der Armut

Das Gesetz von 1601 etablierte zwei Hilfsarten: *outdoor* und *indoor*. *Outdoor relief* bedeutete, die Menschen konnten in ihrem eigenen Zuhause bleiben. Sie erhielten *dole*

Ökonomischer Druck machte im England des 16. Jahrhunderts immer mehr Menschen zu Bettlern. Zur Strafe wurden sie ausgepeitscht und »Wiederholungstäter« sogar gehängt.

Bridewell Prison im Jahr 1720. Zu dieser Zeit waren dort Kleinkriminelle, Kinder armer Leute, Landstreicher und Menschen untergebracht, die als Faulenzer galten.

Bridewell Prison

Das erste Zuchthaus war Bridewell Prison in London, eine frühere Residenz Heinrichs VIII. Sein Sohn Eduard VI. übergab den verfallenden Palast 1553 an die Stadt London, um ihn als Waisenhaus und Ort der »Korrektur« für »zügellose« Frauen, sprich Prostituierte, zu nutzen. Ein Teil des Anwesens wurde 1556 zum Gefängnis. Nach dem Erlass des neuen Armengesetzes 1601 wurde es zum Vorbild für Arbeitshäuser, die Arbeitsunwilligen und Kleinverbrechern einen »kurzen, harten Schrecken« einjagen sollten. Bridewell war Gefängnis, Hospital und Arbeitshaus, in dem die Insassen Zwangsarbeit verrichten mussten. Zu den üblichen Strafen zählte öffentliche Auspeitschung zweimal die Woche.

Bridewell wurde zum Vorbild für weitere Zucht- und Arbeitshäuser, die in England auch »Bridewells« genannt wurden. Das Gefängnis brannte 1666 beim Großen Brand nieder, wurde teilweise wiederaufgebaut und bis rund 1870 genutzt.

genanntes Arbeitslosengeld oder Sachleistungen. *Indoor relief* zwang obdachlose Arme in Armen-, Waisen- oder Zuchthäuser, wo sie zur Arbeit gezwungen wurden.

Die »lahmen, unfähigen, alten, blinden« Armen erhielten entweder *outdoor relief* oder einen Platz im Armenhaus oder Hospital. Die arbeitsfähigen Armen ohne Bleibe steckte man in *houses of industry*, Vorläufer der späteren Arbeitshäuser, wo man sie mit dem Nötigsten versorgte und dafür arbeiten ließ. Die Bedingungen in diesen Einrichtungen wurden zur Abschreckung bewusst harsch gehalten, damit die Menschen Angst hatten, in Armut zu verfallen.

Landstreicher und als arbeitsunwillig eingestufte Arme schickte man in Zuchthäuser, in denen noch viel schlechtere Zustände herrschten. Hier mussten sie harte Zwangsarbeit verrichten und etwa Hanfstroh für die Seilherstellung brechen.

Die Bestimmungen des Armengesetzes wurden von Gemeinde zu Gemeinde sehr unterschiedlich umgesetzt. Manche waren sehr großzügig, andere eher geizig. Viele Gemeinden versuchten, die Verantwortung abzuwälzen, indem sie die Armen in andere Gemeinden abschoben. Dennoch war das Armengesetz von 1601 die erste Grundversorgung für Menschen in schwerer Armut und über 200 Jahre lang das Sicherheitsnetz für all jene am unteren Ende der Gesellschaft.

Bestrafung der Armut

Trotz seines durchaus wohltätigen Kerns war das System des Armengesetzes ein zweischneidiges Schwert. Neben Unterstützung bestrafte es Armut und war streng, um zu verhindern, dass die Menschen sich auf das Armengeld verließen.

Als in Großbritannien im 18. Jahrhundert die industrielle Revolution einsetzte und die Stadtbevölkerung wuchs, wurde Armut zum Verbrechen. Die Industriellen brauchten Arbeiter für ihre Fabriken, und auf dem Land brauchte man Feldarbeiter, um die Bevölkerung zu versorgen. Der Philosoph, Jurist und Sozialreformer Jeremy Bentham setzte sich nachdrücklich für eine Armenhilfe ein, die Faulenzer disziplinierte und bestrafte. David Ricardo meinte, dass jegliches Armengeld »das eherne Lohngesetz untergrabe«, nach dem Löhne immer nach Bedarf gezahlt werden.

Diese Ideen ebneten 1834 einem neuen Poor Law Act den Weg, der den *outdoor relief* beendete und ihn durch ein Arbeitshaussystem ersetzte, dessen Bedingungen abschrecken sollten. Die albtraumhafte Wirklichkeit der Arbeitshäuser schilderte Charles Dickens lebhaft in seinem Roman *Oliver Twist*. Erst nach über 100 Jahren wurden die Arbeitshäuser in England wieder abgeschafft und 1948 durch das moderne Sozialsystem ersetzt. ■

» [Der Poor Law Amendment Act von 1834] verkündet der Welt, dass in England Armut ein Verbrechen ist. «

Benjamin Disraeli
Britischer Premierminister
(1868, 1874–1880)

DER FRIEDEN IST EIN GLÄNZENDER UND SCHÖNER

GROTIUS' *ÜBER DAS RECHT DES KRIEGES UND DES FRIEDENS* (1625)

IM KONTEXT

SCHWERPUNKT
Internationales Recht

FRÜHER
54–51 v. Chr. Ciceros *Republik* führt die Ideen des Naturrechts und Naturgesetzes ein.

SPÄTER
1648 Der Westfälische Friede erkennt die Gleichberechtigung souveräner Staaten an und beendet Europas Konfessionskriege.

1758 Das *Völkerrecht* des Schweizer Diplomaten Emer de Vattel erscheint. Das Buch baut auf Grotius' Ideen auf, definiert internationales Recht weiter und macht es zugänglicher.

1863 Der Lieber-Code legt erstmals fest, wie sich Soldaten im Krieg verhalten sollen.

1864 Die erste Genfer Konvention zur Verbesserung des Schicksals verwundeter Soldaten im Feld wird verabschiedet.

Der niederländische Philosoph und Rechtsgelehrte Hugo Grotius gilt aufgrund seines Werks *De jure belli ac pacis* (Über das Recht des Krieges und des Friedens) von 1625 als »Vater des internationalen Rechts«. Grotius war Verfechter der Naturrechtslehre, die er als unabdingbar und allgemeingültig ansah. Aus seiner Sicht basierte das Naturrecht auf der menschlichen Vernunft und war weder durch Gott noch durch die Kirchen veränderbar.

Grotius wendete seine Ideen auf zwischenstaatliche Beziehungen an. Für ihn gab es natürliche Rechtsprinzipien, auf denen der zwischenstaatliche Umgang fußen sollte. Nationen sollten gleichberechtigt und souverän sein und denselben Gesetzen unterliegen wie das Individuum. Streit zwischen Staaten sollte diplomatisch gelöst werden, und Kriege sollten nur geführt werden, wenn keine andere Lösung gefunden werden konnte. Grotius entwickelte zudem ein System für internationale Beziehungen in Kriegs- und in Friedenszeiten.

Hugo Grotius' Ansichten waren stark durch die blutigen Kriege seiner Zeit geprägt, allen voran der Achtzigjährige und der Dreißigjährige Krieg.

Bis dahin galt Krieg, etwa für den italienischen Philosophen und Politiker Niccolò Machiavelli (1469–1527), als legitimes politisches Mittel. Für Grotius war er hingegen nur akzeptabel, wenn ein Land bedroht wurde und Gewalt verhältnismäßig zu dieser Bedrohung einsetzte. Er beharrte auf diplomatischen Bemühungen, um Kriege zu verhindern, und legte das Fundament für das moderne internationale Recht. ■

Siehe auch: Der Westfälische Friede 94–95 ▪ *Des Herrn von Vattels Völkerrecht* 108 ▪ Die Genfer Konventionen 152–155 ▪ Die Haager Friedenskonferenzen 174–177

DEIN SCHWERER IRRTUM UND FEHLTRITT

DER PROZESS GEGEN GALILEO GALILEI (1633)

IM KONTEXT

SCHWERPUNKT
Häresie als Verbrechen

FRÜHER
1542 Die katholische Kirche gründet die Römische Inquisition, um Häresie zu bekämpfen.

1543 Nikolaus Kopernikus' Werk *De revolutionibus orbium coelestium* (Über die Umlaufbahnen der Himmelssphären) erscheint.

1600 Die Römische Inquisition verurteilt den italienischen Astronomen Giordano Bruno u. a. für die Aussage, Sterne seien ferne Sonnen, zum Tod.

SPÄTER
1757 Die katholische Kirche hebt das Verbot von Galileos *Dialog über die beiden hauptsächlichen Weltsysteme* auf.

1989 Die islamische Regierung des Irans verurteilt den Autor Salman Rushdie als Häretiker.

1992 Der Vatikan rehabilitiert Galilei und erkennt das kopernikanische Modell an.

Der polnische Astronom Nikolaus Kopernikus veröffentlichte 1543 sein Werk *Über die Umlaufbahnen der Himmelssphären.* Darin stellt er seine Theorie vor, dass die Erde die Sonne umkreist (heliozentrisches Weltbild). Es widerspricht dem damals akzeptierten Glauben, die Sonne drehe sich um die Erde (geozentrisches Weltbild).

Das heliozentrische Weltbild stellte sowohl die Naturphilosophie des Aristoteles als auch den Glauben der katholischen Kirche infrage. Kopernikus' Theorie wurde daher zunächst als weit hergeholt verworfen, bis sie der italienische Astronom Galileo Galilei 1616 aufgriff. Daraufhin wurde ihm das Unterrichten verboten. Die Kirche warnte ihn, etwas anderes als das anerkannte Bild von der Erde als Zentrum des Universums zu vertreten.

Die Sonne im Zentrum

Galilei setzte seine Studien fort und veröffentlichte 1632 den *Dialog über die beiden hauptsächlichen Weltsysteme,* in dem er erneut die heliozentrische Weltsicht vertrat. Die Kirche brachte Galilei daraufhin 1633 vor die Inquisition. Galilei verweigerte ein Geständnis, sagte aber zu, den Heliozentrismus nicht weiterzuverbreiten. Er wurde der Ketzerei schuldig befunden, unter Hausarrest gestellt, und sein Buch wurde verboten. Erst 1822 akzeptierte die katholische Kirche das heliozentrische Weltbild, und Galileo Galilei wurde schließlich 1992 rehabilitiert. ■

» Die Behauptung, die Sonne sei unbeweglich im Zentrum der Welt […] ist absurd, philosophisch falsch und formal ketzerisch […] «

Das Urteil gegen Galileo Galilei, 1633

Siehe auch: Aristoteles und das Naturrecht 32–33 ▪ Die Anfänge des Kirchenrechts 42–47 ▪ Das *Decretum Gratiani* 60–63 ▪ Die Hexenprozesse von Salem 104–105

DAS BAND, WODURCH DIE RUHE DES TEUTSCHEN REICHS ... AUFRECHT ERHALTEN WIRD

DER WESTFÄLISCHE FRIEDE (1648)

IM KONTEXT

SCHWERPUNKT
Internationales Recht

FRÜHER
1555 Der Augsburger Religionsfrieden erlaubt den Fürsten des Heiligen Römischen Reichs, die Religion ihrer Region zu bestimmen.

1568 Die 17 Provinzen der Niederlande erheben sich gegen Philipp II. von Spanien. Der Achtzigjährige Krieg beginnt.

1618 Zwischen den protestantischen und katholischen Fürstentümern des Heiligen Römischen Reichs entbrennt ein Dreißigjähriger Krieg.

SPÄTER
1919 Der Friedensvertrag von Versailles beendet offiziell den Ersten Weltkrieg und schafft Nationen anstelle früherer Großreiche.

1920 Der Völkerbund (der Vorläufer der Vereinten Nationen, der UN) wird gegründet.

Das Heilige Römische Reich war Mitte des 17. Jahrhunderts unter Herrschaft der Habsburger bereits seit Jahrzehnten von Konflikten geprägt. Es kam zu Hungersnöten, die das Reich destabilisierten.

Der Dreißigjährige Krieg (1618–1648) begann, als Kaiser Ferdinand II. religiöse Einheit im Reich erzwingen wollte und den Katholizismus stützte. Viele protestantische Fürsten rebellierten dagegen, gründeten die Protestantische Union und setzten mit Friedrich V. einen Gegenkönig ein.

Der Religionskrieg entwickelte sich zu einem Konflikt der Dynastien, in dem die habsburgischen Könige gegen die Bourbonen in Frankreich und die wachsende Militärmacht Schweden kämpften. Währenddessen tobte weiterhin der Achtzigjährige Krieg zwischen dem ebenfalls habsburgischen Spanien und den Niederlanden, die um ihre Unabhängigkeit kämpften. Ganz Europa litt unter diesen Konflikten,

Bei der Schlacht bei Lützen 1632 fiel der schwedische König Gustav II. im Kampf gegen das Heer Kaiser Ferdinands II. Im Dreißigjährigen Krieg starben rund acht Millionen Menschen.

Siehe auch: Grotius' *Über das Recht des Krieges und des Friedens* 92 ▪ *Des Herrn von Vattels Völkerrecht* 108 ▪ Die Verfassung und die Bill of Rights der USA 110–117 ▪ Die Haager Friedenskonferenzen 174–177 ▪ Die Vereinten Nationen und der Internationale Gerichtshof 212–219

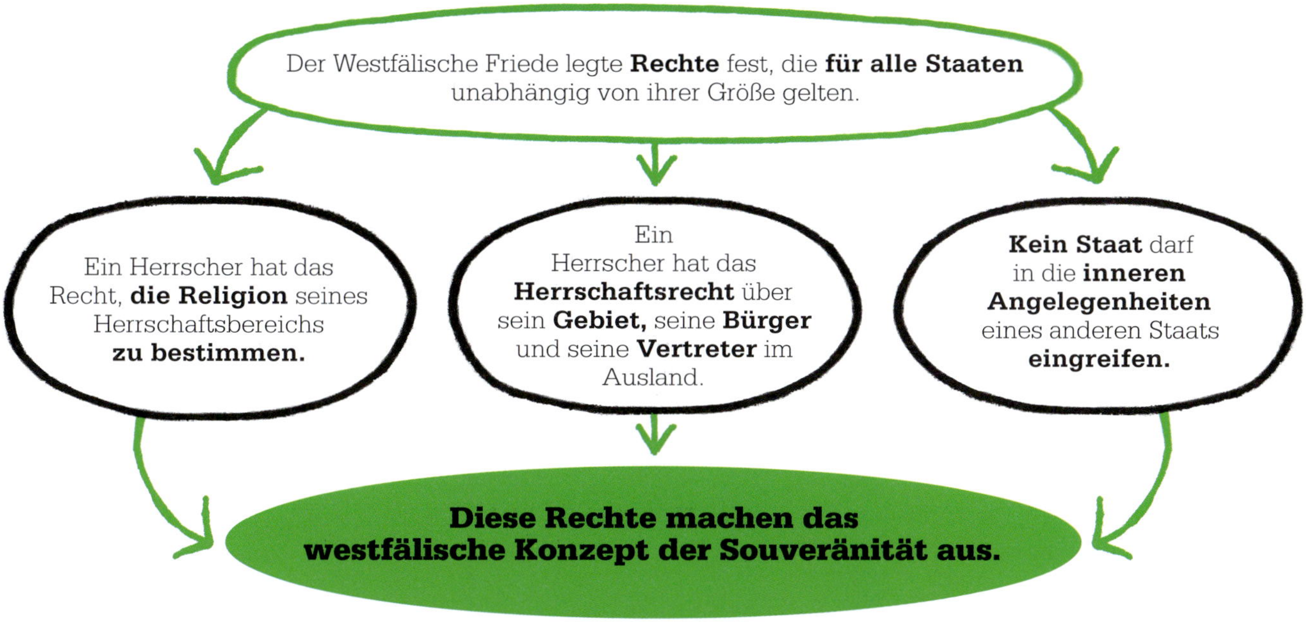

und Mitte des 17. Jahrhunderts suchten alle Seiten den Frieden.

Friedensverhandlungen

Nachdem 194 Staaten von 1644 bis 1648 verhandelt hatten, wurden mit dem Münsterschen und dem Osnabrücker Friedensvertrag zwei Verträge geschlossen, die als Westfälischer Friede bekannt sind. Man einigte sich, die Regelung *cuius regio, eius religio* (»wessen Land, dessen Religion«) des Augsburger Religionsfriedens von 1555 zu achten, wonach der Fürst über die Religion seiner Region bestimmte. Der Westfälische Friede erweiterte dieses Recht, wodurch die meisten Untertanen, die nicht der Religion ihres Fürsten angehörten, ihren Glauben weiter ausüben durften.

Vor allem legte der Friede das Konzept der Souveränität jedes Staats über sein Gebiet, seine Bürger und seine Vertreter im Ausland fest. Er zeichnete die Karte Europas neu, da er über 300 deutschen Fürstentümern Souveränität zusprach und die Unabhängigkeit der Schweiz, Österreichs und der Niederlande von Spanien anerkannte.

Das Vermächtnis

Das moderne internationale Recht, nach dem jedes Land souverän ist und sich nicht in die inneren Angelegenheiten anderer Staaten einmischen sollte, basiert auf dem westfälischen Souveränitätsprinzip (wobei manche Historiker sagen, dieses Prinzip sei zwar aus dem Westfälischen Frieden entstanden, aber in den Verträgen nicht explizit erklärt). Auch das Prinzip der Gleichberechtigung aller Staaten, unabhängig von ihrer Größe, geht auf den Frieden zurück.

Dieses Souveränitätssystem wurde im 18. und 19. Jahrhundert weiterentwickelt und zum wichtigen Fundament internationaler Beziehungen. Das moderne, in der UN-Charta von 1945 festgeschriebene internationale Recht fordert, dass kein Staat in die inneren Angelegenheiten eines anderen eingreift. Durch die Globalisierung wird dieses Prinzip infrage gestellt, und manche befürworten Interventionen in staatliche Angelegenheiten, um humanitäre Krisen zu verhindern. ▪

» Das interessanteste und charaktervollste Werk der menschlichen Weisheit und Leidenschaft […] «

Friedrich Schiller
Man liebt nur, was einen in Freiheit setzt!

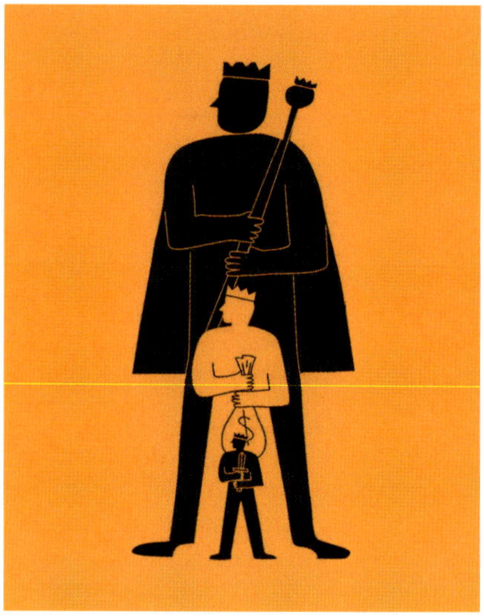

TYRANN, VERRÄTER, MÖRDER

DER PROZESS GEGEN KARL I. (1649)

IM KONTEXT

SCHWERPUNKT
Macht des Parlaments

FRÜHER
1215 Die Magna Charta legt die Rechte und Freiheiten des englischen Volks fest.

1236 Die englische Krone verwendet erstmals den Begriff »Parlament« für den Beraterstab Heinrichs VIII.

1628 Die englische Petition of Right bestätigt die in der Magna Charta erklärten Rechte.

SPÄTER
1660 Mit der Rückkehr Karls II. aus dem Exil wird die englische Monarchie restauriert.

1689 Die englische Bill of Rights umreißt die Macht des Monarchen und definiert die Rechte des Parlaments.

1792 Ludwig XVI. von Frankreich wird vom französischen Nationalkonvent wegen Tyrannei angeklagt und im Jahr darauf hingerichtet.

Karl I. regiert als **absolutistischer Herrscher von Gottes Gnaden.**

→ **Das Parlament** fordert mehr **Regierungseinfluss** für sich ein.

→ Im Bürgerkrieg besiegen die **Anhänger des Parlaments die Royalisten.**

→ **Das Parlament** erklärt sich zum **Souverän** und macht Karl I. den Prozess.

→ Der High Court of Justice spricht **den König** des **Hochverrats** an seinem eigenen Volk **schuldig.**

Der Prozess gegen König Karl I. war in der englischen (und europäischen) Geschichte beispiellos. Nie hatte sich ein Monarch wegen Verrats verantworten müssen. Karl glaubte an das göttliche Recht, nach dem ein Monarch von Gott erwählt ist und daher keiner weltlichen Macht (wie dem Parlament) Rechenschaft schuldet. Er sah seine Macht als absolut an und meinte, nur er habe das Recht, Gesetze zu erlassen. Dies führte zum Konflikt mit dem Parlament. Der König konnte es zwar noch nach Belieben einberufen und auflösen, doch hatte das Parlament bereits seit Jahren auf mehr Einfluss gedrängt. Als Karl 1641 gegen den Wunsch des Parlaments eine Armee gegen die irische Rebellion aufstellte, war dies ein Affront. Die Krise

Siehe auch: Der Assize of Clarendon 64–65 ▪ Die Magna Charta 66–71 ▪ Die Glorreiche Revolution und die englische Bill of Rights 102–103 ▪ Die Erklärung der Menschen- und Bürgerrechte 118–19 ▪ Die Allgemeine Erklärung der Menschenrechte 222–29

Dieses Porträt Karls I. stammt vom flämischen Maler Anthonis van Dyck, der 1632 Hofmaler des Königs wurde. Karl war ein großer Kunstliebhaber und gab viele Portraits in Auftrag.

spitze sich zu, als Karl am 3. Januar 1642 fünf Mitglieder des Parlaments verhaften lassen wollte und der Vorsitzende des Parlaments sich ihm widersetzte.

Bürgerkrieg und Prozess

Drei Bürgerkriege zwischen 1642 und 1651 endeten mit dem Triumph des Parlamentarismus unter Oliver Cromwell, forderten aber 200 000 Leben. Karl I. wurde 1646 unter Arrest gestellt, und 1648 säuberte man das Parlament von allen Mitgliedern, die sich einem Prozess gegen den König widersetzten. So entstand das Rumpfparlament. Dieses erklärte sich mit Unterstützung von Cromwells »New Model Army« zum Souverän mit der Autorität, Gesetze ohne Zustimmung des Königs oder Oberhauses erlassen zu können.

Als eine seiner ersten Amtshandlungen erließ das Rumpfparlament am 1. Januar 1649 die Einberufung eines High Court of Justice, der Karl I. wegen Kriegsführung gegen das Parlament und das eigene Volk anklagen sollte. Da in England nie zuvor ein König vor Gericht gestellt worden war, berief sich der niederländische Anwalt Isaac Dorislaus in der Anklageschrift auf ein antikes römisches Gesetz, nach dem eine Militäreinheit (oder eine Regierung) das Recht hat, einen Tyrannen zu stürzen.

Der Prozess begann am 20. Januar 1649, aber ohne die volle Unterstützung des High Court, denn von den 135 einberufenen Richtern nahmen nur 68 teil. Mit dem Argument, ein von der Opposition gereinigtes Parlament vertrete nicht das Volk, zweifelte Karl die Legitimation des Gerichts wiederholt an. Am 27. Januar wurde er schuldig gesprochen, ein Tyrann, Verräter, Mörder und Feind Englands zu sein, zum Tode verurteilt und am 30. Januar in Whitehall hingerichtet.

Restauration der Monarchie

Die Hinrichtung erlaubte Oliver Cromwell die Machtergreifung als Lordprotektor, sodass er von 1653 bis 1658 als Staatsoberhaupt und Chef der Regierung fungierte. Das neue Regime brachte aber keine politische Stabilität. Cromwell überwarf sich mit dem Parlament, war vom Militär abhängig, und in der Öffentlichkeit wuchs Unmut. Als Cromwell 1658 starb, übernahm sein Sohn Richard das Amt des Lordprotektors, trat aber schon bald zurück. 1660 wurde Karl II. gekrönt. Die Unterzeichner des Todesurteils gegen Karl I. wurden hingerichtet. ▪

» Ich stehe mehr für die Freiheit des Volkes als jeder meiner hier erschienenen vorgeblichen Richter. «

Karl I.
König von England

Die Petition of Right

Die vom englischen Parlament 1628 verfasste Petition of Right verdeutlicht das Verhältnis zwischen Karl I. und seinem Parlament. Sie entstand, nachdem das Parlament Steuern für einen Krieg gegen Spanien verwehrt hatte. Der König erpresste daraufhin wohlhabende Bürger und ließ jene verhaften, die der Krone kein Geld »schenken« wollten. Das Parlament sah dies als Verstoß gegen die Magna Charta. Es verfasste mit der Petition eine Beschwerde, in der es die Geltung des Rechts und die Freiheit der Bürger und des Parlaments geltend machte. Die Form war entscheidend, da sie das bestehende Recht unterstrich, statt neue Regeln zu schaffen.

Karl I. stimmte widerwillig zu, da er die Zustimmung des Parlaments zur Erhebung weiterer Steuern benötigte. Er ignorierte sie zwar weitgehend, aber die offizielle Zustimmung der Krone verlieh ihr praktisch dieselbe konstitutionelle Bedeutung wie der Magna Charta.

ALLE SKLAVEN SEIEN WIE EIGENTUM

DIE SLAVE CODES (1661–18. JH.)

IM KONTEXT

IM KONTEXT
Gesetze, Sklaverei

FRÜHER
1619 Die ersten afrikanischen Sklaven werden nach Virginia in Nordamerika gebracht.

SPÄTER
1865 Die Sklaverei endet in den USA, wird aber durch »Black Codes« ersetzt.

1954 Der Supreme Court der USA erklärt die Rassentrennung in den Schulen für verfassungswidrig.

2000 Alabama hebt als letzter US-Bundesstaat das Verbot von Mischehen auf.

2013 Der Supreme Court der USA hebt die letzten Beschränkungen des Wahlrechts für Afroamerikaner auf.

Ein Jahr bevor die *Mayflower* 1620 102 britische Kolonisten nach New England brachte, landete das niederländische Schiff *White Lion* in Point Comfort, Virginia. An Bord waren 20 afrikanische Sklaven, die ersten in Nordamerika. Zum Ende des Jahrhunderts waren mehr als 20 000 Sklaven importiert worden, und zur amerikanischen Unabhängigkeitserklärung 1776 betrug die Zahl der Sklaven fast eine halbe Million.

Viele Europäer waren auf der Suche nach Freiheit und einem neuen Leben nach Amerika gekommen, andere wollten Geschäfte mit dem Anbau von Tabak, Reis und Indigo machen. Anbau und Verarbeitung dieser Produkte erforderten viel Arbeit, die die Siedler und

Siehe auch: Die Verfassung und die Bill of Rights der USA 110–117 ▪ Die Erklärung der Menschen- und Bürgerrechte 118–119 ▪ Der Slave Trade Act 132–139 ▪ Die Allgemeine Erklärung der Menschenrechte 222–229 ▪ Der Civil Rights Act 248–253

Sklaven in den USA 1790

Die USA führten 1790 in allen 13 Bundesstaaten sowie in den Distrikten Kentucky, Maine und Vermont ihre erste Volkszählung durch. »Sklaven« wurden gesondert von »freien weißen Männern und Frauen« erfasst. In Massachusetts und Maine, die offiziell die Sklaverei abgeschafft hatten, zählte man sie gar nicht. Bis 1840 hatte sich die Sklavenbevölkerung verdreifacht.

Staat/Distrikt	Sklaven	Bevölkerungsanteil der Sklaven
1. Virginia	292 627	39 %
2. South Carolina	107 094	43 %
3. Maryland	103 036	32 %
4. North Carolina	100 572	26 %
5. Georgia	29 264	35 %
6. New York	21 324	6 %
7. Kentucky	12 430	17 %
8. New Jersey	11 423	6 %
9. Delaware	8887	15 %
10. Pennsylvania	3737	<1 %
11. Connecticut	2764	1 %
12. Rhode Island	948	1 %
13. New Hampshire	158	<1 %
14. Vermont	16	<1 %
15. Maine	0	0 %
16. Massachusetts	0	0 %

Gesamtbevölkerung der USA	3 893 635
Sklavenbevölkerung in den USA	695 280
Anteil der Sklaven in den USA	18 %

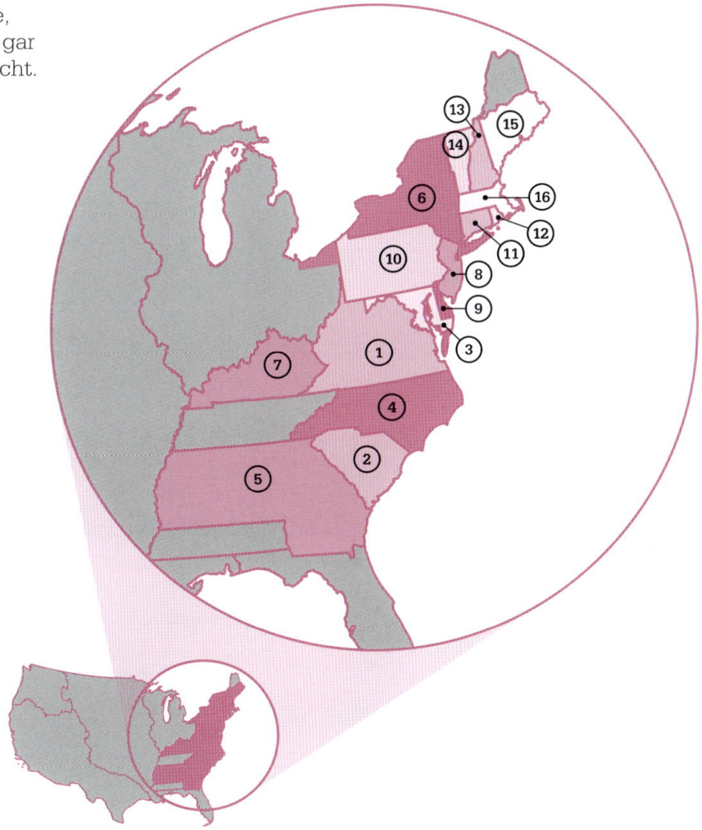

indigenen Einwohner nicht allein bewältigen konnten. Sklavenarbeit war bereits in den spanischen, niederländischen, portugiesischen und britischen Kolonien Südamerikas und der Karibik weitverbreitet, so lag es nahe, auch für die neuen Plantagen Nordamerikas auf Sklaven zurückzugreifen.

Im 17. und 18. Jahrhundert gelangten Sklaven vor allem über die Küsten im Süden und im Osten ins Land, wobei die meisten in den Süden verschifft wurden, um dort auf den Plantagen zu arbeiten. Die Erfindung der Entkörnungsmaschine beschleunigte ab 1793 die Trennung von Baumwollsamen und -fasern, und die Sklaven wurden vor allem auf den überall in den Südstaaten aufblühenden Baumwollplantagen eingesetzt.

Herren und Sklaven

Trotz der Knochenarbeit und schlechten Bedingungen rebellierten die Sklaven nur selten. Nichtsdestotrotz hatten die Sklavenhalter panische Angst vor Aufständen, und so erließen die amerikanischen Kolonien Gesetze, um die Sklaven unter Kontrolle zu halten. Virginia, das die meisten Sklaven hielt, führte 1639 sein erstes Gesetz ein, wonach »Alle Personen mit Ausnahme der Neger [sic] mit Waffen und Munition auszustatten seien«.

1661 ging die englische Kolonie Barbados in der Karibik noch einen Schritt weiter. Die neu angepflanzten Zuckerrohrplantagen waren ausgesprochen profitabel, und die »

Besitzer setzten immer mehr Sklaven ein, um sie zu bewirtschaften. Die Kolonie erließ ein Gesetz zur »besseren Verwaltung und Beherrschung der Neger«, die erstmals die Unterwerfung der Plantagensklaven unter den Willen ihrer Herren gesetzlich zementierte. Andere karibische Kolonien, wie Jamaika und Antigua, und alle südamerikanischen Kolonien zogen nach und erließen ihre eigenen Sklavengesetze. Virginia folgte als erster US-Staat dem Beispiel Barbados und beeinflusste damit wiederum die Gesetze Marylands, North und South Carolinas sowie Georgias.

Keine Menschen

Neben einem stetig wachsenden Strafkatalog für Sklaven, die »einem Christen Gewalt antun«, beschrieb das Gesetz von Barbados einen weiteren Zweck, nämlich die Sklaven »wie andere Waren und Besitztümer zu schützen«. Unter dem Vorwand der Fürsorge für die Sklaven sollte das Gesetz also die totale Kontrolle der Eigentümer sichern. Sklaven waren jetzt persönliches Eigentum, das man wie Vieh kaufen und verkaufen konnte, und keine menschlichen Wesen mehr. Ein Gesetz von 1705 ging in Virginia sogar noch weiter und machte das Eigentumsrecht an Sklaven vererbbar.

» Von Sklaven erwartet man generell, dass sie nicht nur arbeiten, sondern dabei auch noch singen. «

Frederick Douglass
Menschenrechtsaktivist und ehemaliger Sklave (1818–1895)

Die Halter hatten viele Möglichkeiten, die Gesetze durchzusetzen: Üblich waren Auspeitschen, Brandmarken und Einsperren. Man tötete Sklaven eher selten, weil das keinen Profit brachte, aber es gab auch keine Strafen, wenn ein Halter zu weit ging. Ein anderes Gesetz von 1705 bestimmte, dass ein Halter, der einen Sklaven während der Bestrafung tötet, straffrei ausgehen soll, »als sei ein solcher Unfall nie passiert«. Spätere Gesetze schränkten die Freiheiten der Halter ein wenig ein, aber selbst bei erwiesener Schuld seines Halters konnte ein Sklave bestenfalls darauf hoffen, an einen milderen Herrn verkauft zu werden.

Einschränkung der Grundrechte

Als die Südstaatenstädte wie Charleston in South Carolina und Lyndhurst in Virginia wuchsen, wuchs auch der Bedarf an Arbeitskräften, und die Halter begannen, ihre Sklaven zu vermieten. Diese Sklaven mussten eine Erlaubnis bei sich tragen, dass sie reisen durften. Unter anderem in New York drohten Sklaven harte Strafen, wenn sie nachts aufgegriffen wurden oder sich versammelten.

Bis in die 1830er-Jahre durfte man Sklaven das Lesen und Schreiben beibringen, aber nach Nat Turners Aufstand von 1831 (siehe Kasten gegenüber) verboten die meisten US-Bundesstaaten den Unterricht. In Virginia untersagten Gesetze von 1831 und 1832 sogar Bildung für freigelassene Sklaven. Sklaven hatten kein gesetzliches Recht zu heiraten, aber man erlaubte es ihnen oft. Viele Halter glaubten, verheiratete Sklaven seien sesshafter und gefügiger. Außerdem entstanden aus diesen Ehen Kinder und somit mehr Sklaven. Verheiratete Sklaven mussten immer damit rechnen, dass man ihre Familien

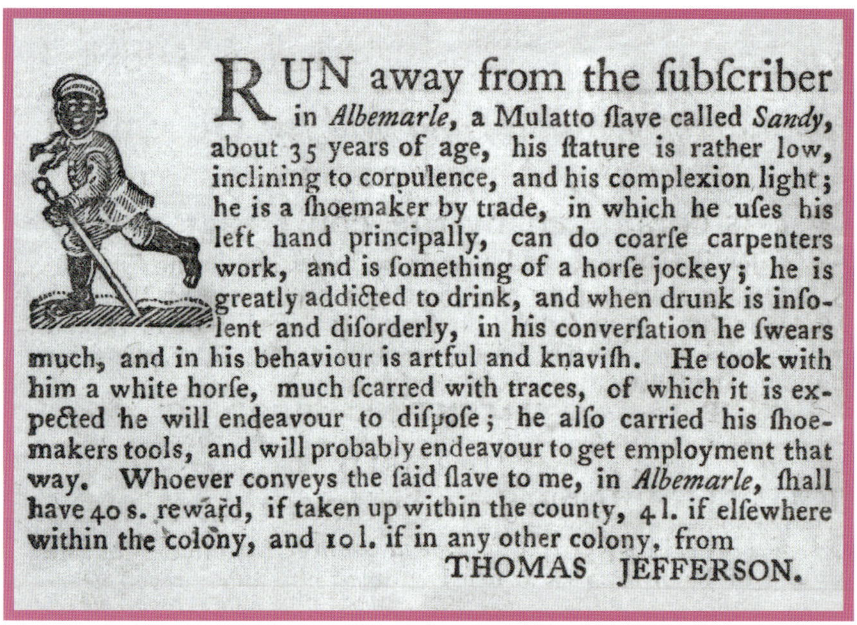

RUN away from the ſubſcriber in *Albemarle*, a Mulatto ſlave called *Sandy*, about 35 years of age, his ſtature is rather low, inclining to corpulence, and his complexion light; he is a ſhoemaker by trade, in which he uſes his left hand principally, can do coarſe carpenters work, and is ſomething of a horſe jockey; he is greatly addicted to drink, and when drunk is inſolent and diſorderly, in his converſation he ſwears much, and in his behaviour is artful and knaviſh. He took with him a white horſe, much ſcarred with traces, of which it is expected he will endeavour to diſpoſe; he alſo carried his ſhoemakers tools, and will probably endeavour to get employment that way. Whoever conveys the ſaid ſlave to me, in *Albemarle*, ſhall have 40 s. reward, if taken up within the county, 4 l. if elſewhere within the colony, and 10 l. if in any other colony, from
THOMAS JEFFERSON.

In einer Zeitungsannonce lobt der zukünftige US-Präsident Thomas Jefferson eine Belohnung für die Ergreifung eines Sklaven aus. Die meisten Gründerväter waren auch Sklavenhalter.

Ein Holzschnitt aus dem 19. Jh. zeigt afroamerikanische Sklaven bei der Baumwollernte. Die große Nachfrage nach Baumwolle sorgte für einen Boom der Sklaverei.

auseinanderriss, wenn ein Mitglied weiterverkauft wurde.

Die Kontrolle über die Sklaven und ihre Beziehungen diente auch der ethnischen Reinheit. Die Halter vergingen sich häufig an ihren Sklavinnen, aber die Gesetze besagten, dass die Verantwortung für daraus entstehende Kinder nicht wie im englischen Recht üblich beim Vater, sondern bei der Mutter lag. Einem Sklavengesetz Virginias von 1662 zufolge sollten alle im Land geborenen Kinder entsprechend dem Stand der Mutter frei oder Sklaven sein. Das machte alle Kinder von Sklavinnen automatisch ebenfalls zu Sklaven.

Diese Gesetze machten auch geregelte Beziehungen zwischen Ethnien unmöglich. 1664 erließ Maryland ein Gesetz, das eine Ehe zwischen zwei Ethnien verbot, und andere amerikanische Kolonien zogen bald nach.

Interne Sklaverei

1807 unterschrieb Präsident Thomas Jefferson ein Gesetz, das den amerikanischen Sklavenhandel offiziell beendete. Das bedeutete aber nicht das Ende der Sklaverei. Während der Außenhandel mit Sklaven endete, wuchs der heimische Sklavenmarkt in den USA zusammen mit dem Boom im Baumwollanbau. Schon 13-jährige Sklavinnen wurden zur Mutterschaft getrieben, um den Nachschub zu sichern.

Als 1861 der Amerikanische Bürgerkrieg ausbrach, gab es in den USA immer noch 15 Sklavenhalterstaaten mitsamt ihren Gesetzen. Auch nach dem offiziellen Ende der Sklaverei 1865 erließen Südstaaten noch *black codes,* um die Bewegungsfreiheit und das Einkommen ehemaliger Sklaven einzuschränken. Es sollte noch 100 Jahre dauern, bis der Civil Rights Act von 1964 den Nachkommen der afroamerikanischen Sklaven dieselben Rechte zusprach wie denen der weißen Sklavenhalter. ■

Nat Turners Aufstand

Der blutigste amerikanische Sklavenaufstand fand 1831 statt. Angeführt wurde er von Nat Turner, der 1800 als Sklave in Southampton, Virginia, geboren wurde. Mit 20 Jahren war er ein geistiger Anführer unter den Sklaven und hatte mehrere Visionen, in denen Gott ihn auf eine große Schlacht vorbereitete. Eine Sonnenfinsternis Anfang 1831 war für ihn das Zeichen, einen Aufstand zu planen, und ab dem 21. August griff er mit sechs weiteren Sklaven Plantagen an. Auf ihrem Weg töteten sie mindestens 55 Weiße, und ihre Zahl wuchs auf 75 heran. Sie wollten die Stadt Jerusalem erreichen, wurden aber von 3000 Milizionären abgefangen.

Turner floh, wurde aber bald gefangen und gehängt, und auch 55 seiner Mitstreiter wurden hingerichtet. In der Folge begingen weiße Mobs reihenweise Morde an Sklaven, blieben aber straffrei, und Virginia und North Carolina verhängten noch schärfere Sklavengesetze.

Nach sechs Wochen auf der Flucht wurde Nat Turner am 30. Oktober 1831 vom Farmer Benjamin Phipps gefangen genommen und am 11. November exekutiert.

DIE RECHTE UND FREIHEITEN DER UNTERTANEN

DIE GLORREICHE REVOLUTION UND DIE ENGLISCHE BILL OF RIGHTS (1688–1689)

IM KONTEXT

SCHWERPUNKT
Konstitutionelle Monarchie

FRÜHER
1215 Die Magna Charta beschränkt die Macht des Monarchen.

1649 Karl I. von England wird wegen Hochverrats angeklagt.

1681–1685 Der Protestant Karl II. von England verzichtet auf die absolute Herrschaft.

1685 Der Katholik Jakob II. folgt auf Karl II.

SPÄTER
1701 Der Act of Settlement stellt sicher, dass nur Protestanten den englischen Thron besteigen können.

1789 Die französische Nationalversammlung bestätigt die Erklärung der Menschen- und Bürgerrechte.

1791 Die USA ratifizieren ihre Bill of Rights, die zum Teil an die englische Bill of Rights angelehnt ist.

Als Jakob II. 1685 gekrönt wurde, war England seit Langem von religiösen und politischen Spannungen geprägt. Während des Englischen Bürgerkrieges 1642–1651 war Jakobs Vater Karl I. 1649 hingerichtet worden. Die Monarchie war zwar 1660 unter Jakobs älterem Bruder Karl II. mit einem faulen Kompromiss wiedereingesetzt worden, doch bei der Gewaltenaufteilung zwischen Thron und Parlament und der religiösen Ausrichtung des Landes gab es weiter offene Fragen. Jakob II. war bekennender Katholik, was für das vorwiegend protestantische England ein großes Problem war.

Dies wurde deutlich, als Jakob 1687 mit der Declaration of Indulgence Katholiken und protestantischen Abweichlern vom Anglikanismus Religionsfreiheit zusprach. Dieser empfundene Angriff auf die anglikanische Kirche führte zu Protesten. Der erzürnte Jakob löste im Juli das Parlament auf. Im Juni 1688, als der König sieben aufständische Bischöfe vor Gericht stellte, gebar seine Frau, Maria von Modena, einen Sohn und Thronfolger, was die Angst vor einer langen Folge katholischer Monarchen und einem Ende eines protestantischen Englands noch weiter schürte.

Die Glorreiche Revolution

Als ein Bürgerkrieg drohte, bat eine Gruppe von Politikern den niederländischen protestantischen

Dieser Stich zeigt Wilhelm II. und Maria II. nach ihrer gemeinsamen Krönung in England mit der Zustimmung des Parlaments und nicht aufgrund eines Gottesgnadentums.

Siehe auch: Die Magna Charta 66–71 ▪ Der Prozess Karls I. 96–97 ▪ Die Verfassung und die Bill of Rights der USA 110–117 ▪ Die Allgemeine Erklärung der Menschenrechte 222–229

In einer **absoluten Monarchie** haben König oder Königin **absolute Macht über das Land.**

In einer **konstitutionellen Monarchie beschränkt** ein gewähltes **Parlament die Macht der Krone.**

↓

Mit der **Bill of Rights** wurde die frühere absolute Monarchie Englands zu einer **konstitutionellen Monarchie.**

König Wilhelm von Oranien, der mit Jakobs Tochter Maria verheiratet war, nach England zu kommen und den Glauben zu verteidigen.

Als Wilhelm im November 1688 in England landete und seine Armee auf London marschierte, brach die Unterstützung für Jakob II. weg. Der erkannte schnell, dass seine Position unhaltbar war, und floh innerhalb eines Monats nach Frankreich. Er dankte damit praktisch ab und übergab seinen Thron in einer unblutigen Revolution, der Glorious Revolution, an Wilhelm und Maria.

> »[…] dass das Parlament zur Abhilfe gegen alle Missstände und zur Änderung, Stärkung und Bewahrung der Gesetze häufig zusammentreten sollte.«
>
> **Die englische Bill of Rights**

Das Parlament trat im Januar 1689 zusammen und bot Wilhelm und Maria die Krone an. Die neuen Monarchen unterzeichneten die Declaration of Rights, die formell als Bill of Rights verabschiedet wurde.

Die Bill of Rights

Die Bill of Rights schützte die Freiheiten des englischen Volks, indem sie die Macht des gewählten Parlaments unter einer konstitutionellen Monarchie sicherte. Sie verurteilte die Vergehen Jakobs II., ordnete regelmäßige Sitzungen des Parlaments an, verlangte die parlamentarische Zustimmung zur Herrschaft eines Monarchen und schloss Katholiken von der Thronfolge aus. Zudem verbot sie die Aufstellung einer Armee in Friedenszeiten ohne Zustimmung des Parlaments.

Gemeinsam mit dem Act of Settlement von 1701 verlieh die Bill of Rights dem englischen Parlament absolute Regierungsgewalt über alle Institutionen und die Thronfolge und sorgte für die Gewaltenteilung zwischen Parlament und Krone. Damit ebnete sie der konstitutionellen Monarchie und der parlamentarischen Demokratie im heutigen Großbritannien den Weg. ▪

Naturgegebenes Recht

Die Verfasser der Bill of Rights waren stark von der noch jungen Aufklärung und vor allem durch den englischen Philosophen und Gelehrten John Locke (1632–1704) und sein Konzept des natürlich gegebenen Rechts geprägt.

Seit der Antike hatten sich Denker wie der griechische Philosoph Aristoteles für ein Naturrecht ausgesprochen, einen allgemeingültigen Verhaltens- und Rechtskodex, der niemandem verwehrt werden darf. Auch Locke war überzeugt, dass alle Menschen von Natur aus frei und gleich sind und das Recht auf Leben, Freiheit und Besitz haben.

Locke lehnte das Gottesgnadentum der absoluten Herrscher ab. Er sprach sich für eine zentrale Rolle des Parlaments in der Regierung als Teil eines sozialen Vertrags mit dem Volk aus. Dies beinhaltete auch, dass eine Regierung, durch die sich das Volk nicht adäquat vertreten sähe, ausgetauscht werden sollte, eine Idee, die bald eine Revolution stützen sollte.

John Locke inspirierte Denker der europäischen Aufklärung und die Verfasser der Unabhängigkeitserklärung der USA gleichermaßen.

EINE ZAUBERIN DARFST DU NICHT AM LEBEN LASSEN

DIE HEXENPROZESSE VON SALEM (1692)

IM KONTEXT

SCHWERPUNKT
Faires Gerichtsverfahren

FRÜHER
1486 Das deutsche Buch *Malleus maleficarum* (Hexenhammer) empfiehlt die Folter zur Erlangung von Geständnissen und fordert die Todesstrafe für Verurteilte.

1581–1593 Bei den Hexenprozessen von Trier, den größten in Europa, werden etwa 368 Menschen hingerichtet.

1662 Bei einem Hexenprozess im englischen Bury St Edmunds werden Visionen als Zeugen zugelassen.

SPÄTER
1697 Der Gouverneur von Massachusetts, William Stoughton, fordert einen Gebets- und Gedenktag für die Ereignisse von Salem.

1711 Massachusetts hebt 22 Urteile auf (die restlichen neun Verurteilten werden 1957 rehabilitiert).

Massenhysterie führt in Salem zur Gefangennahme von **mehr als 200 der Hexerei Verdächtigen.**

→ In den Prozessen werden ab Mai 1692 unter anderem aufgrund von **Beweisen durch Träume und Visionen** 19 Menschen für schuldig befunden und **hingerichtet.**

↓ Nachdem die Frau des Gouverneurs William Phips **wegen Hexerei verhört** wird, setzt er ein Gericht **ohne Geisterbeweise** ein.

← Nur drei weitere Menschen werden für schuldig befunden, und im Mai 1693 werden **alle Inhaftierten freigelassen.**

↓ Im Januar 1697 **entschuldigt sich** Richter Samuel Sewall **öffentlich** für die Prozesse.

Der Teufel und die ihm hörigen Hexen galten in Europa lange Zeit als große Bedrohung. Zwischen 1300 und dem Ende des 17. Jahrhunderts wurden Tausende Menschen (vor allem Frauen) als Hexen ermordet, nachdem sie oft unter Folter »Verbrechen« gestanden hatten. Die Prozesse im amerikanischen Salem in Massachusetts begannen zwar Jahrhunderte nach der Hexenpanik in der Alten Welt, aber auch hier wurden in einer Massenhysterie 1692 mehr als 200 Menschen angeklagt und 19 gehängt. Und auch hier ging es wie zuvor darum, schutzlose Menschen zu Sündenböcken zu machen.

Als die Töchter eines Predigers Ohnmachtsanfälle bekamen und

Siehe auch: Die Anfänge des Kirchenrechts 42–47 ▪ Gottesurteil und Gerichtskampf 52–53 ▪ Der Prozess gegen Galileo Galilei 93 ▪ *Miranda v. Arizona* 254–255

Ein dramatisierender Holzschnitt von etwa 1892 zeigt eine Frau, die im Gerichtssaal von Salem Hexerei ausübt, und einen Mann, der ohnmächtig zu Boden gesunken ist.

sich wunderlich verhielten, schien der stark religiösen Gemeinde Salems klar, dass der Teufel dahinterstecken musste. Die Mädchen beschuldigten drei Frauen der Hexerei: die Sklavin Tituba, die arme, alte Sarah Osborne und die obdachlose Bettlerin Sarah Good. Sie wurden verhaftet, und Tituba gestand, mit dem Teufel im Bund zu sein, wohl um sich selbst zu retten. Das löste über die folgenden Monate eine Reihe von Anschuldigungen und Verhaftungen aus.

Die Prozesse

Als die Gefängnisse sich füllten, führte der Gouverneur William Phips eine Anhörung durch (»oyer and terminer«, »hören und entscheiden«). Die Richter waren keine Juristen. Der erste Prozess begann am 27. Mai 1692, und das örtliche Klatschmaul Bridget Bishop wurde der Hexerei schuldig befunden und später gehängt. Der Prediger Cotton Mather merkte an: »Es bedurfte kaum eines handfesten Beweises der Hexerei, so offensichtlich war die Sache für jeden Anwesenden.« Das Gericht wurde auch für die Zulassung von Beweisen durch Geister und Visionen kritisiert, aber die Prozesse gingen weiter, und in der Folge wurden zwölf weitere Frauen und sechs Männer getötet.

Einer der Angeklagten, der 81-jährige Giles Corey, verweigerte die Aussage. Man legte ihn nach mittelalterlichem Vorbild unter ein Holzbrett und häufte Steine darauf, bis er nicht mehr atmen konnte, um eine Aussage oder ein Geständnis zu erzwingen; er starb nach zwei Tagen.

Anerkennung des Unrechts

Als Phips' eigene Frau wegen Hexerei verhört wurde, ersetzte er das Gericht durch ein Kammergericht, das keine Visionen als Zeugen zuließ. In der Folge wurden nur drei der 56 Angeklagten schuldig befunden. Das schien die Flut der Anschuldigungen einzudämmen, und im Mai 1693 ließ man schließlich alle noch Inhaftierten frei.

Im Januar 1697 verfügte ein ordentliches Gericht einen Tag des Fastens und der Reflexion, um begangene Fehler zu sühnen, und Samuel Sewall, einer der Richter, entschuldigte sich öffentlich. Dies war der Beginn einer zunehmenden Anerkennung des Unrechts dieser Prozesse und der völlig unverhältnismäßigen Strafen. Die Hexenprozesse von Salem sind ein dunkler Fleck in der Geschichte der USA und eine Mahnung, wie wichtig ordentliche Gerichtsverfahren für den Schutz Unschuldiger sind. ■

Beweise bei den Salemer Hexenprozessen

Der wichtigste Beweis in den meisten Prozessen in Salem war *spectral evidence,* Aussagen von Opfern, die die oder den Angeklagten in einer Vision bei der Hexerei gesehen haben wollten. Nach langen Diskussionen entschied man, dass dies zulässige Beweise seien, weil eine Person dem Teufel erlauben muss, ihre Gestalt anzunehmen, und der oder die Beschuldigte folglich einen Pakt mit dem Satan eingegangen sein musste.

Die Richter bezogen sich auf einen Präzedenzfall von 1662 im englischen Bury St Edmunds, bei dem der Richter Sir Matthew Hale *spectral evidence* zugelassen hatte. Als weitere Beweise galten Salben oder okkulte Bücher, die bei den Angeklagten gefunden wurden, Krampfanfälle der von ihnen Berührten oder ein »Hexenmal« am Körper der Angeklagten.

DER AUTOR SOLL ALLE ABDRUCKRECHTE HALTEN

DAS STATUTE OF ANNE (1710)

IM KONTEXT

SCHWERPUNKT
Urheberrecht

FRÜHER
1545 Der venezianische Rat der Zehn verbietet den Druck ohne Zustimmung des Autors.

1557 Königin Maria I. gewährt der Stationers' Company das exklusive Recht, in England Bücher zu drucken.

SPÄTER
1790 Der US Copyright Act gewährt Autoren das Urheberrecht für 14 Jahre.

1842 Der UK Copyright Act gewährt Autoren lebenslanges Urheberrecht plus sieben Jahre.

1886 Die Unterzeichner der Berner Übereinkunft geloben, internationales Urheberrecht zu achten.

2019 Die EU-Richtlinie 2019/790 verpflichtet Internetprovider, Urheberrechtsverletzungen zu unterbinden.

Als Mönche im Mittelalter noch akribisch Manuskripte für Klöster, Universitäten und reiche Spender kopierten, war das Urheberrecht noch kein Thema. Das sollte sich erst 1440 ändern, als der deutsche Goldschmied Johannes Gutenberg die Druckerpresse erfand, die mithilfe beweglicher Buchstaben preiswert und schnell viele Kopien eines Texts für eine neue Leserschaft produzieren konnte.

1500 hatten 1000 Pressen in Westeuropa bereits etwa acht Millionen Bücher gedruckt. 1476 brachte William Caxton die erste Druckerpresse nach England, und Drucker versuchten, sich das alleinige Urheberrecht zu sichern.

William Caxton liest eine Seite aus seiner Druckerpresse in Westminster in London. Das erste nachweislich auf ihr gedruckte Buch waren Geoffrey Chaucers *Canterbury Tales*.

Königliche Hilfe

Heinrich VIII. von England bestimmte 1538, dass der Court of Star Chamber alle Bücher vor der Veröffentlichung genehmigen musste, um subversive oder ketzerische Publikationen zu unterbinden. Seine Tochter Königin Maria ging noch weiter und gewährte der Buchhändlergilde Stationers' Company in London das alleinige Recht zum Buchdruck. Jedes Buch musste von einem Gildenmitglied eingereicht sein, das das exklusive Druckrecht erhielt – dem Autor blieb nur ein kleines Honorar.

Das aufständische Parlament, das Karl I. stürzen sollte, löste die Star Chamber 1640 auf, aber das strenge Monopol blieb der Stationers' Company erhalten. Das trieb den Dichter John Milton 1644 zu seiner wütenden Polemik *Areopa-*

Siehe auch: Die *Lex Mercatoria* 74–77 ▪ Das Venezianische Patentgesetz 82–85 ▪ Der *Madame-Bovary*-Prozess 150 ▪ Die Federal Trade Commission 184–185 ▪ Der WIPO-Urheberrechtsvertrag 286–287

Wenn jeder ein Buch **einfach nachdrucken** kann, warum soll sich ein Autor oder Buchhändler die **Mühe machen, es zu veröffentlichen?**

Wenn aber **niemand** ein Buch **kopieren** darf, wird die **Verbreitung von Wissen unmöglich.**

Autor und Händler müssen also **eine Zeit lang durch ein Urheberrecht geschützt sein.**

gitica, einem der unverblümtesten Plädoyers für die Freiheit des Worts, das je verfasst wurden.

Als Wissenschaftler wie Isaac Newton im 17. Jahrhundert neue Erkenntnisse suchten und Philosophen wie der Engländer John Locke alte Denkweisen infrage stellten, schien das Druckmonopol veraltet. Als die exklusive Lizenz der Buchhändler 1694 auslief, konnten sie das Parlament trotz aller Anstrengungen nicht zu einer Verlängerung bewegen – bis sie das Recht das Autors auf sein Werk ins Spiel brachten: das Urheberrecht. Daraufhin erließ das Parlament 1710 das Statute of Anne (benannt nach der britischen Königin).

Das Recht, zu kopieren

Das Statute of Anne gewährte der Stationers' Company für eine begrenzte Zeit die Exklusivrechte an allen von ihr veröffentlichten Büchern. Es war aber vor allem das erste Gesetz, das Autoren und von ihnen bestimmten Personen das exklusive Veröffentlichungsrecht für 21 Jahre bis 1731 zusprach. Für neuere Werke sollte das Recht 14 Jahre ab Veröffentlichung gelten und weitere 14 Jahre, wenn der Autor dann noch lebte. Die Buchhändler mussten nun die Rechte für ein neues Buch beim Autor erwerben.

Buchhändler oder Autoren mussten eine Kopie des Werks an eine der anerkannten Bibliotheken senden. Diese Praxis, die mit der Gründung der Bodleian Library in Oxford durch Sir Thomas Bodley 1610 ihren Anfang nahm, wird in England bis heute gepflegt. ▪

» Halt, ihr Abgefeimten, ihr Feinde der Arbeit und Plünderer fremder Gedanken! Wagt euch nicht, eure diebischen Hände an meine Werke zu legen. «

Albrecht Dürer
Deutscher Maler und Grafiker
(1471–1528)

Die Schlacht der Buchhändler

Ungeachtet des Statute of Anne bestand die Londoner Buchhändlergilde auf einem Exklusivrecht für Bücher. Sie wollte nicht akzeptieren, dass ihre Rechte unter Naturrecht, wie es in Festlandeuropa galt, auslaufen sollten.

Die Stationers' Company kämpfte in der »Schlacht der Buchhändler« länger als ein halbes Jahrhundert gegen Buchhändler, die ihrer Ansicht nach illegale Kopien druckten. Der Kampf fand 1774 seinen Höhepunkt im britischen Oberhaus mit dem Fall *Donaldson v. Becket.*

Der Drucker und Buchhändler Alexander Donaldson verkaufte billige Nachdrucke von Büchern, deren Urheberrecht ausgelaufen war. Die Stationers' Company requirierte für sich ein ewiges Recht nach dem Common Law. Die Lords entschieden, dass das Urheberrecht nicht unter das Common Law falle, und bestätigten die im Statute of Anne festgeschriebene begrenzte Gültigkeit des Rechts.

EINE GROSSE GEMEINSCHAFT DER NATIONEN

VATTELS *VÖLKERRECHT* (1758)

IM KONTEXT

SCHWERPUNKT
Internationales Recht

FRÜHER
1625 Der Rechtsgelehrte Hugo Grotius veröffentlicht *Über das Recht des Krieges und des Friedens*. Es gilt als das erste Werk zum internationalen Recht.

1648 Der Westfälische Friede beendet den Dreißigjährigen Krieg zwischen Protestanten und Katholiken und etabliert staatliche Souveränität als Eckpfeiler internationaler Beziehungen.

1749 Christian Wolff veröffentlicht *Ius gentium*.

SPÄTER
1776 Die von Vattels *Völkerrecht* inspirierte Unabhängigkeitserklärung der USA wird unterzeichnet.

1920 Infolge des Ersten Weltkrieges gründet sich der Völkerbund mit dem Ziel, den Weltfrieden zu bewahren.

Der Schweizer Diplomat Emer de Vattel (1714–1767) verfasste das erste allgemein zugängliche Traktat zum internationalen Recht. Er war beeinflusst von den Philosophen der Aufklärung, wie Gottfried Wilhelm Leibniz und Christian Wolff, und ihre Arbeit zum Natur- und Völkerrecht. Wolffs Werk *Ius gentium* (Das Völkerrecht) von 1749 enthielt grundlegende Ideen, doch in lateinischer Sprache und mit komplexer Argumentation blieb es dem breiteren Publikum verschlossen. Vattel griff Wolffs Ideen auf und schuf sein Werk als Handbuch für Staatsmänner.

Blaupause für den Staat

Mit seiner Mischung aus philosophischer Argumentation und politischer Praxis wurde Vattels *Völkerrecht oder gründliche Anweisung wie die Grundsätze des natürlichen Rechts auf das Betragen und auf die Angelegenheiten der Nationen und Souveräne angewendet werden müssen* nach seiner Veröffentlichung 1758 gut angenommen. Er argumentierte, Nationen sollten wie Individuen frei und unabhängig sein, ohne die Einmischung fremder Mächte. Sie müssten aber die Basis eines gegenseitigen Interesses anerkennen und seien besonders durch den freien Handel verpflichtet, zusammenzuarbeiten.

Amerikanische Kolonisten, die gegen britische Steuern aufbegehrten, waren von Vattel geprägt und hatten starken Einfluss auf die Unabhängigkeitserklärung der USA 1776 und die Verfassung 1787. ■

» Die natürliche Gemeinschaft der Nationen kann nicht bestehen, wenn die Rechte […] [jeder einzelnen] […] nicht geachtet werden. «

Emerich de Vattel
Vattels Völkerrecht (*Droit des Gens*)

Siehe auch: Grotius' *Über das Recht des Krieges und des Friedens* 92 ▪ Die Verfassung und die Bill of Rights der USA 110–117 ▪ Die Vereinten Nationen und der Internationale Gerichtshof 212–219

DAS WICHTIGSTE BUCH IN DER GESCHICHTE DES COMMON LAW

BLACKSTONES *KOMMENTARE* (1765–1769)

IM KONTEXT

SCHWERPUNKT
Common Law

FRÜHER
1166 Heinrich II. von England erlässt den Assize of Clarendon, der die Basis des englischen Common Law bildet.

1215 Die Magna Charta wird unterzeichnet.

1689 Das englische Parlament verabschiedet die Bill of Rights.

SPÄTER
1771/72 Eine amerikanische Ausgabe von Blackstones *Commentaries* wird mit großem Interesse aufgenommen.

1787 Die US-Verfassung wird unterzeichnet.

1871 *A Selection of Cases on the Law of Contracts* des amerikanischen Juristen Christopher Columbus Langdell ersetzt in den USA die *Commentaries* als wichtigstes Lehrbuch.

William Blackstones Systematik *Commentaries on the Laws of England* beschreibt alle Aspekte des englischen Common Law und förderte entscheidend ein breiteres Verständnis des Rechts. Blackstone hielt ab 1753 an der University of Oxford Vorlesungen, weltweit die ersten dieser Art. Sie waren aufgrund Blackstones klarer Darstellung komplexer Zusammenhänge sehr beliebt. Zwischen 1765 und 1769 veröffentlichte er sie in den vier Bänden *Of the Rights of Persons, Of the Rights of Things, Of Private Wrongs* und *Of Public Wrongs*.

Blackstones Werk machte das englische Common Law mit all seinen Statuten und Urteilen wesentlich verständlicher. Es galt bis weit ins 19. Jahrhundert in Großbritannien, den USA und dem Commonwealth als juristisches Standardwerk.

Sir William Blackstone (1723–1780), Jurist, Richter und Politiker, schuf einen praktischen, logischen und verständlichen Leitfaden zum Common Law.

Revolutionärer Einfluss

Sein handliches Format machte das Buch vor allem in den USA beliebt, wo Anwälte in entlegenen Regionen oft keine Präzedenzfälle nachschlagen konnten. Nun konnten sie sich auf Blackstones *Commentaries* berufen. Seine Auffassung, das Recht solle die Bürger, ihren Besitz und ihre Freiheit schützen, fand in den Kolonien Anklang und schwang in der US-Verfassung mit. ■

Siehe auch: Die Magna Charta 66–71 ▪ Die Glorreiche Revolution und die englische Bill of Rights 102–103 ▪ Die Verfassung und die Bill of Rights der USA 110–117

DIESE VERFASSUNG IST DAS OBERSTE GESETZ DES LANDES

DIE VERFASSUNG UND DIE BILL OF RIGHTS DER USA (1787, 1791)

IM KONTEXT

SCHWERPUNKT
Konstitutionelle Regierung und Bürgerrechte

FRÜHER

1215 Die Magna Charta verspricht allen »freien Männern« Englands Rechte und Schutz.

1689 Die englische Bill of Rights legt die Rechte des Einzelnen fest.

1776 Der Zweite Kontinentalkongress der 13 amerikanischen Kolonien verabschiedet die Unabhängigkeitserklärung.

SPÄTER

1789 Die Erklärung der Menschen- und Bürgerrechte legt die Grundrechte in Frankreich fest.

1791 Polen-Litauen verabschiedet als erstes Land Europas eine moderne Verfassung.

1803 *Marbury v. Madison* gibt dem Obersten US-Gerichtshof das Recht, die Verfassungsmäßigkeit von Bundesgesetzen zu überprüfen

1948 Die Allgemeine Erklärung der Menschenrechte (AEMR) versichert weltweit die Rechte des Einzelnen.

We the People of the United States, in Order to form a more perfect Union, establish Justice, insure domestic Tranquility, provide for the common defence, promote the general Welfare, and secure the Blessings of Liberty to ourselves and our Posterity, do ordain and establish this Constitution for the United States of America.

Article. I

Section. 1. All legislative Powers herein granted shall be vested in a Congress of the United States, which shall consist of a Senate and House of Representatives.

Die erste Seite der US-Verfassung beginnt bekanntlich mit den Worten: »Wir, das Volk der Vereinigten Staaten, von der Absicht geleitet, unseren Bund zu vervollkommnen …«

Die Verfassung der USA vom Sommer 1787 gilt als die älteste moderne Verfassung der Welt. Schon die griechischen Stadtstaaten der Antike hatten Verfassungen, doch die Verfassung der USA schuf erstmals einen Rahmen für die Regierung moderner Nationen und gilt bis heute als Vorbild für andere. Sie nahm ihren Anfang, als der New Yorker Anwalt und Politiker Alexander Hamilton 1786 zu einem Konvent aufrief (später bekannt als Verfassungskonvent), der die Unzulänglichkeiten der Konföderationsartikel beheben sollte, die die 13 amerikanischen Kolonien 1781 verabschiedet hatten und die als frühe Verfassung dienten.

Von Krieg zu Freiheit

Die Artikel waren 1776/77 während der Amerikanischen Revolution gegen das Britische Empire entstanden. Die Delegierten des Zweiten Kontinentalkongresses, des Regierungsorgans der Kolonien, kamen erstmals 1774 zusammen, um ihre Reaktion auf die *Coercive Acts* abzustimmen. Mit diesen Gesetzen strafte das Empire jene, die sich gegen Besteuerung wehrten. Die Forderung des Kongresses »No taxation without representation« (keine Besteuerung ohne Mitsprache) wurde zum Schlachtruf. Als 1775 der Zweite Kontinentalkongress tagte, tobte der Krieg bereits. Am 4. Juli 1776 verabschiedete er die Unabhängigkeitserklärung. Sie wurde von Thomas Jefferson, John Adams und Benjamin Franklin verfasst, drei der Gründerväter, die die Kolonien geeint hatten und die Revolution anführten.

Teil der Forderungen war, dass die Kolonien freie und unabhängige Staaten sein sollten. Dies schlug sich in ihren Artikeln nieder, die eine Konföderation von 13 souveränen Staaten schufen. Hamilton und einige andere Gründerväter erkannten aber bereits 1786, nur drei Jahre nach dem Frieden von Paris, dass die Souveränität der einzelnen Staaten die Macht der Nationalregierung schwächte und beispielsweise eine Besteuerung der Bevölkerung oder Aufstellung einer Armee unmöglich machte. Daher wollten sie die Artikel durch eine Verfassung ersetzen, die die Konföderation einte.

Heftige Debatten

Der Verfassungskonvent tagte von Mai bis September 1787 in Philadelphia. Die 55 Delegierten vertraten alle Staaten mit Ausnahme Rhode Islands, das gegen eine stärkere Zentralregierung war. Die Versammlung wählte George Washington, den Anführer der Kontinentalarmee in der Amerikanischen Revolution, zum Vorsitzenden.

Siehe auch: Die Magna Charta 66–71 ▪ Die Glorreiche Revolution und die englische Bill of Rights 102–103 ▪ Die Erklärung der Menschen- und Bürgerrechte 118–119 ▪ Der US Supreme Court und die Rechtsstaatlichkeit 124–129 ▪ Die Allgemeine Erklärung der Menschenrechte 222–229

Wie Rhode Island fürchteten auch andere Staaten einen Machtmissbrauch und sorgten sich um ihre Repräsentation im Kongress, dem gesetzgebenden Organ. Delegierte größerer Staaten wollten die Zahl der Repräsentanten von der Bevölkerungsgröße abhängig machen, kleinere Staaten drängten auf gleiche Repräsentation.

In der Frage der Sklaverei sprachen sich die Nordstaaten, die sie teilweise bereits abgeschafft hatten, stark für ihre vollständige Abschaffung ein; aber die Staaten des Südens wollten ihre Legalität unbedingt sichern. Die Frage war so umstritten, dass sie aus der Verfassung ausgeklammert und den Einzelstaaten überlassen wurde.

Der große Kompromiss

Bei der Frage der Repräsentation gaben Edmund Randolph und James Madison, die Delegierten Virginias, die Richtung vor. Mit 15 Punkten ihres Virginia-Plans schlugen sie ein völlig neues Zweikammersystem für die Organisation der Regierung vor, die jeweils auf Zeit gewählt würden und gemeinsam mit anderen Regierungsorganen für Ausgewogenheit sorgen sollten. Die Zahl der Abgeordneten sollte jeweils von der Wirtschaftskraft oder Einwohnerzahl abhängig sein.

Damit waren die kleineren Staaten nicht einverstanden. William Paterson aus New Jersey brachte einen Gegenvorschlag ein, der alle Staaten im Kongress gleichstellte.

> »Freiheit – hat sie erst einmal Wurzeln geschlagen – ist eine Pflanze, die sehr schnell wächst.«
>
> **George Washington**
> 1. Präsident der USA (1789–1797)

Nach hitzigen Debatten einigten sich die Delegierten auf den Connecticut-Vorschlag Roger Shermans: die Bildung eines Senats, in dem alle Staaten gleich repräsentiert sind, und eines Repräsentantenhauses, dessen Besetzung durch die Einwohnerzahl bestimmt ist. Dieser Plan wurde der Große Kompromiss genannt. Danach wählte jeder Staat zwei Senatoren, die je sechs Jahre im Amt bleiben. Die Abgeordneten des Repräsentantenhauses sollten auf zwei Jahre gewählt und ihre Anzahl alle zehn Jahre anhand der Bevölkerungszahlen neu festgelegt werden.

James Wilson schlug zudem vor, den Präsidenten direkt vom Volk wählen zu lassen. Die Mehrheit der Delegierten befand jedoch, dass die Mehrheit des Volks zu wenig über die Politiker außerhalb des eigenen Staats wisse und nur schwer eine fundierte Entscheidung treffen könne. So einigte man sich darauf, den Präsidenten indirekt durch von den Einzelstaaten bestimmte »

Die drei Zweige der US-Regierung

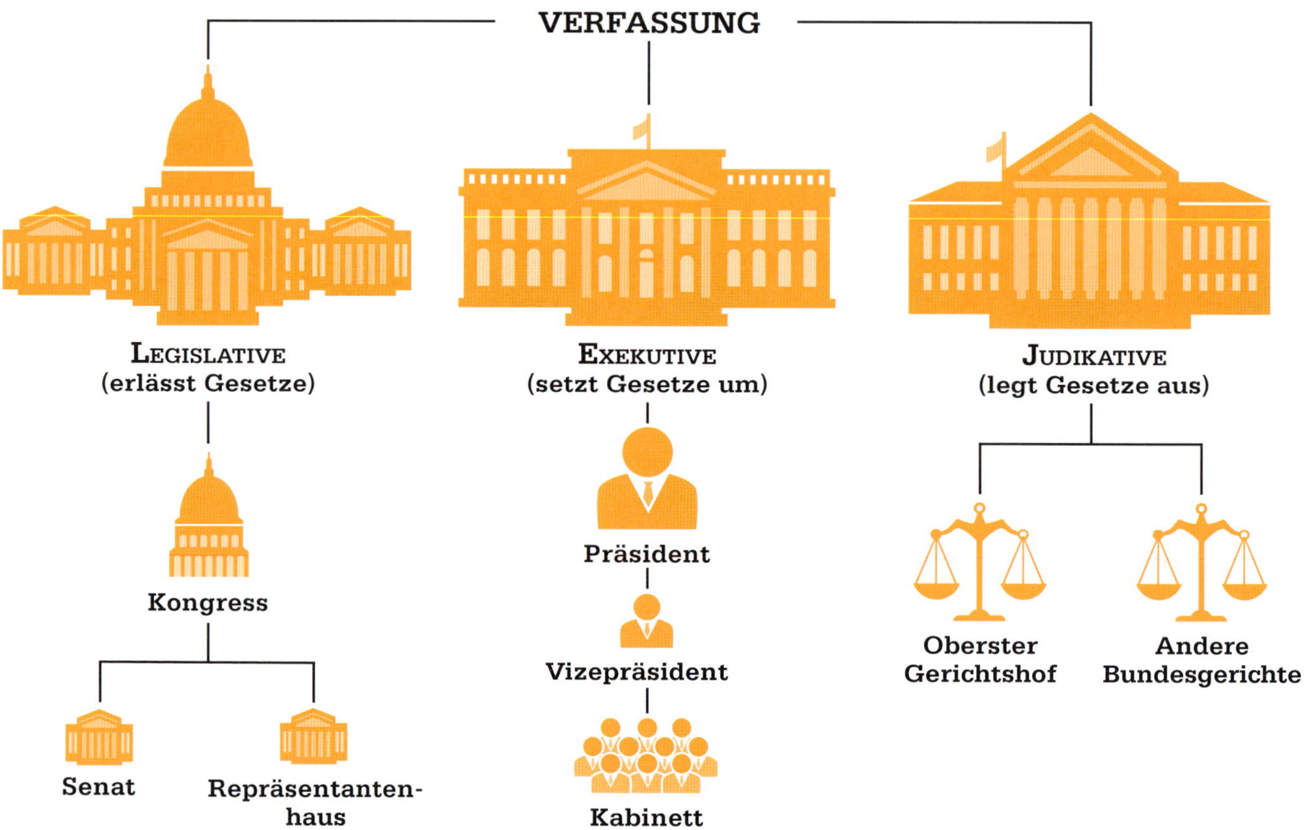

Die Verfassung der USA teilt die Gewalten zwischen Legislative, Exekutive und Judikative. Die Legislative schafft Gesetze, die Exekutive führt sie aus, und die Judikative legt das Recht aus, indem sie Gesetzesbrecher bestraft. Diese Gewaltenteilung verhindert, dass ein Zweig alleine zu viel Macht erhält, da die anderen beiden dies verhindern können.

Wahlmänner, das Electoral College, zu wählen. Ihre Anzahl stimmt mit der Anzahl der Mitglieder überein, die jeder Staat in den beiden Kammern des Kongresses hat.

Nachdem diese Streitpunkte geklärt waren, wurde das Committee of Style unter James Madison beauftragt, die endgültige Version der Verfassung aufzusetzen.

Gewaltenteilung

Mit nur knapp über 4000 Wörtern ist die Verfassung das Fundament eines komplexen Regierungsapparats, der heute über eine Million Menschen beschäftigt. Seine Komplexität geht auf das Bestreben der ersten Delegierten zurück, die Regierungszweige zu trennen, ihre Machtbefugnisse einzuschränken und durch gegenseitige Kontrolle Machtmissbrauch zu verhindern. Nachdem sie im Unabhängigkeitskrieg gegen die Tyrannei einer Zentralgewalt gekämpft hatten, standen sie einer Zentralregierung skeptisch gegenüber. Viele Staaten stimmten der Verfassung nur unter der Maßgabe zu, dass man ihnen eine Art Schutz gegen die Macht der neuen Regierung garantierte. Daher teilt sich die US-Regierung gleichberechtigt in die gesetzgebenden Kammern des Kongresses (Legislative), die ausführende Gewalt im Amt des Präsidenten (Exekutive) und die rechtsprechende Gewalt des Supreme Court (Oberstes Gericht, Judikative). Hierarchisch ist sie gegliedert in föderale, Staats- und lokale Regierungen.

Ratifizierung

Der Entwurf der Verfassung wurde den Delegierten im September 1787 unterbreitet. Washington unterzeichnete als erster, gefolgt von 38

Im Pennsylvania State House (heute Independence Hall) unterzeichneten im September 1787 39 Delegierte die Verfassung. Die Unabhängigkeitserklärung war elf Jahre zuvor unterzeichnet worden.

weiteren Delegierten. Im nächsten Schritt mussten mindestens neun der 13 Staaten den Entwurf ratifizieren. Nach Verhandlungen ratifizierte im Juni des nächsten Jahres New Hampshire als neunter Staat. Man einigte sich, dass die Verfassung im März 1789 in Kraft treten sollte.

Ende April 1789 wurde George Washington zum ersten US-Präsidenten gewählt. Die erste Sitzung des Supreme Court war im Februar 1790, die des Kongresses einen Monat später. Die Regierung war nun voll funktionsfähig. Ende Mai ratifizierte mit Rhode Island der letzte der 13 Staaten die Verfassung.

Schutz der Rechte

Die Ratifizierung der Verfassung erwies sich als schwierig. Viele Delegierte kritisierten, sie schütze weder die Religions- noch die Meinungsfreiheit, und verlangten, ein Gesetz, die *Bill of Rights,* mit aufzunehmen, bevor sie unterzeichneten. In einem Brief an Thomas Jefferson schrieb Madison 1788, durch die Schaffung einer gerechten und ordentlichen Regierung sei die Verfassung ein ausreichender Schutz der Grundrechte. Dann aber erwärmte sich auch Madison langsam für die Idee einer *Bill of Rights.*

1789 schlug Madison als Mitglied des neuen Repräsentantenhauses 19 *Amendments* (Verfassungszusätze) vor. Man einigte sich auf zwölf und fügte 1791 schließlich zehn als *Bill of Rights* bei.

Seitdem sind erstaunlich wenige Verfassungszusätze hinzugekommen. Von Tausenden Vorschlägen wurden, auch aufgrund des Systems der Gewaltenteilung, bis heute nur 17 akzeptiert. Verfassungsänderungen müssen nicht nur von beiden Kammern des Kongresses abgesegnet werden, sondern auch von mindestens drei Vierteln der Bundesstaaten.

Englische Wurzeln

Die neue Verfassung der USA war zwar ein wegweisendes und historisches Dokument, dennoch war es nicht die Absicht ihrer Verfasser, etwas Revolutionäres zu schaffen. In ihrem Bestreben, ein System zu schaffen, das die Macht einer übergriffigen Regierung zügeln könnte, sahen viele eine Parallele zur Machtbalance in England, die die Rechte des Parlaments gegen einen tyrannischen Herrscher schützte. Die Amerikaner ersetzten den Monarchen durch einen nach festen Regeln gewählten Präsidenten. Doch in vielen Punkten war die Verfassung dem britischen System, gegen das die Vereinigten Staaten ein Jahrzehnt zuvor aufbegehrt hatten, sehr ähnlich. Sogar die Anrede des Präsidenten als »Eure Hoheit« war anfangs im Gespräch. Kern der durch die Verfassung bestimmten Regierung war das Konzept des Parlaments, »

» Unsere Regierung sollte sein wie die des Sonnensystems. Die Zentralregierung sollte wie die Sonne und die Staaten die Planeten sein, angezogen und doch abgestoßen [...] «

John Dickinson
Abgeordneter aus Delaware
(1732–1808)

Amerikas Bill of Rights

Angelehnt an ihre Vorgänger, die englische Magna Charta von 1215 und die englische Bill of Rights von 1689, ist auch die amerikanische Bill of Rights eine Sammlung von Grundrechten des Einzelnen, gestützt durch die Einschränkung der staatlichen Macht. Sie umfasst zehn Verfassungszusätze, die Freiheiten wie die der Meinungsäußerung und der Religion, das Recht der Aussageverweigerung und auf Waffenbesitz festschreiben. Enthalten sind ebenfalls die Rechte von Angeklagten auf eine ordentliche Gerichtsverhandlung und der Ausschluss einer doppelten Strafverfolgung. Als Grundsätze der Verfassung sind die Zusätze rechtsverbindlich: Der Kongress kann keine Gesetze erlassen, die mit ihnen im Widerspruch stehen, die Einzelstaaten nur in seltenen Fällen.

Durch die Abschaffung der Sklaverei 1865 galten die Bürgerrechte für mehr Bürger; mit dem 14. Verfassungszusatz von 1868 wurde jeder, der in den USA geboren oder eingebürgert ist, zum Bürger der USA.

wie es sich in England entwickelt hatte. Mit dem Aufkommen der Tuchindustrie und einer neuen Schicht der Kaufleute im 15. Jahrhundert sowie eines breiteren Wohlstands zeigten mehr Menschen Interesse daran, wie König und Adel handelten, und besonders, wie sie sich über Steuern finanzierten.

Die Forderung des Volks nach Mitspracherecht hatte mit dem Englischen Bürgerkrieg in den 1640er-Jahren ihren Höhepunkt gefunden, in dessen Folge Karl I. vom Parlament des Hochverrats angeklagt und hingerichtet wurde. Die folgende Republik unter Oliver Cromwell brach schnell zusammen, und die Monarchie wurde 1660 wieder eingesetzt. Doch die krisenreiche Phase hatte die Idee der Demokratie und der Machtverlagerung vom König auf das Parlament in Gang gesetzt. Sie wurde gestärkt, als Jakob II. 1689 nach der Glorreichen Revolution abdanken musste und man Wilhelm von Oranien und seiner Frau Maria unter der Bedingung den Thron anbot, dass sie die *Declaration of Rights* unterzeichneten. Vom Parlament als *Bill of Rights* verabschiedet, legte das Gesetz die Rechte und Freiheiten der britischen Bürger fest und diente der amerikanischen *Bill of Rights* als Vorbild.

» Wenn irgendeine Regierungsform sich […] als schädlich erweist, ist es das Recht des Volkes, sie zu ändern oder abzuschaffen und eine neue Regierung einzusetzen. «

Unabhängigkeitserklärung der Vereinigten Staaten von Amerika

Gedanken der Aufklärung

Die führenden Köpfe hinter der Verfassung waren gebildete Männer, die mit den philosophischen und politischen Ideen der europäischen Aufklärung vertraut waren, allen voran mit denen John Lockes, Jean-Jacques Rousseaus und Charles Montesquieus. Sowohl Locke als auch Rousseau waren Verfechter des Naturrechts, während Montesquieu eine Teilung der legislativen, judikativen und exekutiven Gewalten vorschlug, um Despotismus, wie den der verhassten französischen Monarchie, zu verhindern. Locke bestand darauf, es müsse einen »gesellschaftlichen Vertrag« geben, dem die Menschen, die von Natur aus frei und gleich seien, zustimmen und der ihre Möglichkeiten einschränke, um ein harmonisches Zusammenleben zu garantieren. Die Regierenden müssten im Gegenzug die Rechte der Menschen schützen und das Gemeinwohl fördern.

Die Ideen Lockes spiegeln sich in den einleitenden Worten der Unabhängigkeitserklärung und den selbstverständlichen Wahrheiten wider, dass alle Menschen gleich geschaffen und mit unveräußerlichen Rechten wie Leben, Freiheit und dem Streben nach Glück ausgestattet sind und dass die Regierung ihre Macht zur Sicherung dieser Rechte durch die Zustimmung der Regierten erhält.

Locke glaubte auch an das Prinzip der Mehrheitsregierung, das neben der Zustimmung der Regierten zu den Grundpfeilern der Demokratie wurde, während Lockes und Montesquieus Prinzip der Gewaltenteilung den US-Kongress entscheidend prägten.

Republik oder Demokratie

Die Verfassung der USA wird oft als Beginn der modernen Demokratie betrachtet. Doch ihre eröffnenden Worte »Wir, das Volk …« waren kein flammendes Plädoyer für die Ideale der Demokratie, wie Präsident Abraham Lincoln es 1865 hielt, als er von der »Regierung des Volkes, durch das Volk und für das Volk« sprach. Die Gründerväter schufen die Verfassung als »oberstes Gesetz des Landes« und Basis einer Republik, die sich vor allem für die Freiheit und Rechte ihrer Bürger einsetzt.

George Washington, der erste Unterzeichner der Verfassung, wird am 30. April 1789 in New York als erster Präsident der USA ins Amt eingeführt.

» Tasten Sie nichts in der Verfassung an. Sie muss erhalten bleiben, denn sie ist der einzige Schutz unserer Freiheiten. «

Abraham Lincoln
16. US-Präsident (1861–1865)

Wahlen waren vielen von ihnen nur Mittel zum Zweck, mit dem man die Regierung im Zaum hielt, und nicht Bestandteil eines großen demokratischen Ideals.

Madison selbst, der Hauptarchitekt der Verfassung, sagte, man schaffe eine Republik, keine Demokratie. Er grenzte die Republik von der Demokratie des antiken Griechenlands ab, in der jeder erwachsene Bürger eine aktive Rolle in der Regierung übernehmen konnte, was für einen Staat wie die USA schwer umsetzbar war. Hauptunterschied für ihn war, dass eine Republik die Regierung an eine kleine, von allen anderen Bürgern gewählte Gruppe von Menschen delegiert. Für den schottischen Philosophen James Mill war dieses System der Repräsentation die große Entdeckung der modernen Zeit. Sein Sohn John Stuart Mill erklärte sie sogar zur idealen Art der perfekten Regierung.

Was alle drei Männer beschrieben, ist heute das Standardmodell der Demokratie, in der vom Volk gewählte Vertreter Gesetze schaffen. Dass sich immer mehr westliche Regierungen im Laufe des 19. Jahrhunderts diesem Modell zuwandten, lag weniger an seinen Vorzügen als an der Tatsache, dass andere Modelle gescheitert waren.

Fortlaufender Prozess

Den Delegierten des Verfassungskonvents war bewusst, dass sie ein historisches, wenn auch nicht perfektes Dokument schufen. Zum Ende bemerkte Benjamin Franklin mit Blick auf eine halbe Sonne auf Washingtons Stuhllehne, es sei eine aufgehende, keine untergehende Sonne und dass die Verfassung mit all ihren Fehlern das Beste sei, was sie hätten erreichen können.

Der Verfassung von 1787 schuf aber noch keine Regierung und legte keine Wahlrechte fest. Anfangs durften nur männliche Grundbesitzer wählen. Der 15. Zusatz verlieh afroamerikanischen Männern erst 1870 das Wahlrecht, durch den 19. Zusatz erhielten es auch Frauen 1919 und erst 1924 erteilten die ersten Staaten den Indigenen das Wahlrecht. Doch mit einer durch das Volk legitimierten Regierung, deren Macht zum Schutz ihrer Bürger und deren Rechte begrenzt ist, schuf die Verfassung ein Schnittmuster für moderne demokratische Regierungen, das heute überall auf der Welt gang und gäbe ist. ■

» Unter der amerikanischen Verfassung zu leben ist eines der größten Privilegien, die der Menschheit je gewährt wurden. «

Calvin Coolidge
30. US-Präsident (1923–1929)

James Madison

Madison wurde 1751 als ältestes von zwölf Kindern auf der Belle Grove Plantation in Virginia geboren. Nach dem Studium in Princeton engagierte er sich bald für die politischen Ideen der Amerikanischen Revolution und wurde Mitglied der Delegiertenversammlung von Virginia und des Zweiten Kontinentalkongresses. Er zählt zu den bekanntesten Gründungsvätern der USA.

Nach dem Unabhängigkeitskrieg arbeitete er federführend an der Verfassung mit. Er unterstützte die Zusätze der *Bill of Rights* und war einer der führenden Köpfe des Repräsentantenhauses. Madison wurde zum vierten Präsidenten der USA gewählt und übte dieses höchste politische Amt, das er mitgeschaffen hatte, von 1809 bis 1817 aus. Nach dem Ende seiner Amtszeit zog er sich auf seine Tabakplantage in Virginia zurück, wo er 1836 starb.

Hauptwerke

1787 Reden auf dem Verfassungskonvent
1787/88 Artikel in *The Federalist Papers*

DIE MENSCHEN WERDEN FREI UND GLEICH AN RECHTEN GEBOREN UND BLEIBEN ES

DIE ERKLÄRUNG DER MENSCHEN- UND BÜRGERRECHTE (1789)

IM KONTEXT

SCHWERPUNKT
Menschenrechte

FRÜHER
um 1750 v. Chr. Der *Kodex Hammurabi* benennt grundlegende Rechte und Strafen.

539 v. Chr. Kyros der Große verfügte religiöse Toleranz in eroberten Gebieten.

1215 König Johann unterzeichnet die Magna Charta.

1776 Die Grundrechteerklärung von Virginia hat Einfluss auf die Unabhängigkeitserklärung der USA.

SPÄTER
1948 Als Folge der Gräueltaten des Zweiten Weltkrieges verfassen die Vereinten Nationen die Allgemeine Erklärung der Menschenrechte (AEMR).

1950 Die Europäische Menschenrechtskonvention (EMRK) knüpft an die AEMR an und schreibt die Rechte des Einzelnen in Europa fest.

Die Erklärung der Menschen- und Bürgerrechte ist ein Meilenstein in der Geschichte. Sie entstand zu Beginn der Französischen Revolution und begründete das Prinzip der Gleichheit vor dem Gesetz und prägte die moderne Welt.

Im Vorfeld ihrer Entstehung sah sich Ludwig XIV. von Frankreich aufgrund der finanziellen Krise und allgemeiner Unruhen gezwungen, nach 175 Jahren zum ersten Mal wieder die Generalstände, die an der Gesetzgebung beteiligte Ständeversammlung, einzuberufen. Sie bestand aus Klerus, Adel und dem Dritten Stand, wobei die Stände jeweils getrennt tagten und abstimmten. Das bedeutete, dass die privilegierten Stände mit ihrer Zweidrittelmehrheit das einfache Volk immer überstimmten.

Die Nationalversammlung

Am 17. Juni 1789 erklärte der aufgebrachte Dritte Stand sich zur Nationalversammlung, um selbst Gesetze zu erlassen. Aus dem offiziellen Sitzungssaal ausgeschlossen, versammelten sie sich im Ballhaus. Hier beschlossen sie die Grundsätze, nach denen Frankreich zu regieren sei. Grundlegend war, dass die Versammlung zum Wohle aller nur mit der Zustimmung des Volks regieren würde.

Dazu mussten die Rechte jedes Bürgers definiert werden, und so entstand die Erklärung, die der Marquis de Lafayette in Zusammenarbeit mit Thomas Jefferson, damals US-Botschafter in Paris, erarbeitet

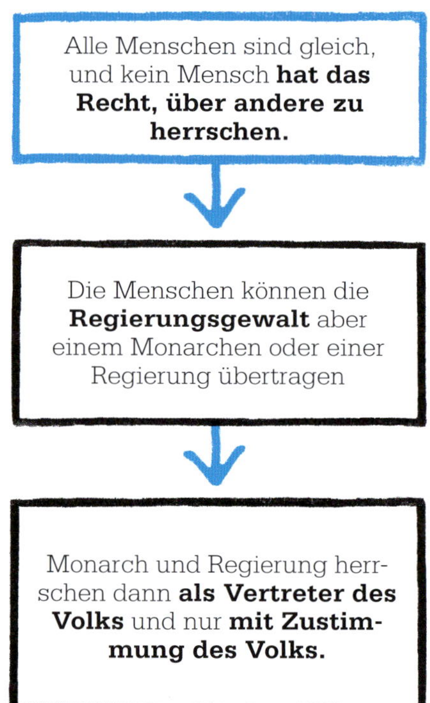

Siehe auch: Die Glorreiche Revolution und die englische Bill of Rights 102–103 ▪ Die Verfassung und die Bill of Rights der USA 110–117 ▪ Der *Code Napoléon* 130–131 ▪ Die Allgemeine Erklärung der Menschenrechte 222–229

hatte. Er wurde der Versammlung am 11. Juli 1789 vorgelegt und sechs Wochen später in revidierter Form angenommen.

Das Dokument war von den Idealen der Aufklärung geprägt, die sich in den Jahrzehnten zuvor in Frankreich entwickelt hatten. Die neue Philosophie Montesquieus, Rousseaus und Voltaires stellte das Gottesgnadentum der Monarchie infrage und forderte ein Gesetz der Menschenrechte, die auf der Vernunft basierten.

Die Artikel der Erklärung

In 17 Artikeln und einer Präambel beschreibt die Erklärung die individuellen und kollektiven Menschenrechte. Die Präambel betont, diese Rechte seien natürlich, unveräußerlich und heilig. Die Erklärung garantiert zudem die Meinungs-, Presse- und Religionsfreiheit.

Artikel 1 ist das Kernstück der Erklärung und beginnt mit den Worten: »Die Menschen werden frei und gleich an Rechten geboren und bleiben es.« Artikel 2 versichert, dass die Sicherung der Menschenrechte Freiheit, Eigentum, Sicherheit und Widerstand gegen Unterdrückung erste Pflicht jeder Regierung sei. Artikel 3 besagt, dass die Souveränität des Staats von der Zustimmung aller abhängt. Artikel 4 erklärt, Freiheit bedeute, alles tun zu dürfen, was anderen nicht schadet. Artikel 5 besagt, die Regierung kann nur verbieten, was der Gesellschaft schadet, und Artikel 6 besagt, Gesetze seien Ausdruck des allgemeinen Willens des Volks.

Die übrigen Artikel definieren Rechte, die Menschen heute für selbstverständlich halten, wie die Unschuldsvermutung bis zum Beweis der Schuld. Diese seinerzeit radikalen Forderungen haben sich mit der Zeit zu den Wesensmerkmalen der Demokratie entwickelt.

Aktive und passive Bürger

Obwohl die Erklärung für hohe moralische Werte und Gleichheit eintrat, sprach sie diese Rechte nur »aktiven« Bürgern zu. Dies waren in Frankreich freie Männer über 25, die eine bestimmte Summe an Steuern entrichteten (also faktisch Grundbesitzer). Frauen, Arme und Sklaven waren »passive« Bürger. Mit Fortschreiten der Revolution forderten aber auch sie ihre Rechte ein. 1790 forderten Nicolas de Condorcet und Etta Palm d'Aelders die Nationalversammlung auf, die Rechte der Frauen anzuerkennen. Als ihr Antrag abgelehnt wurde, forderte die Schriftstellerin Olympe de Gouges in ihrer *Erklärung der Rechte der Frau und Bürgerin:* »Die Frau ist frei geboren und bleibt dem Manne gleich an Rechten.«

Die Idee der Menschenrechte beflügelte auch den ersten erfolgreichen Sklavenaufstand in Frankreichs Kolonie St. Dominique, dem heutigen Haiti. 1794 wurde die Sklaverei in Frankreich und seinen Kolonien abgeschafft. ▪

» Die Frau hat das Recht, das Schafott zu besteigen; sie muss gleichermaßen das Recht haben, die Rednertribüne zu besteigen […] «

Olympe de Gouges
Die Erklärung der Rechte der Frau und Bürgerin, 1791

Die Abgeordneten des Dritten Standes legten am 20. Juni 1789 den Ballhausschwur ab. Sie gelobten, sich nicht zu trennen, bis Frankreich eine niedergeschriebene Verfassung habe.

DER VORMA
RECHTSSTAAT
1800–1945

RSCH DER
LICHKEIT

1803
Der **US Supreme Court** erhält die Befugnis, über jeden **Verstoß gegen die Verfassung** zu richten.

1804
Napoleon Bonaparte befiehlt eine Reform des französischen Rechtssystems. Daraus folgt der **Code Napoléon,** das neue Zivilrecht.

1807
Der **Abolition of the Slave Trade Act** verbietet den Sklavenhandel in den britischen Kolonien und mit britischen Schiffen.

1822
Großbritannien erlässt als erstes Land ein Gesetz **gegen die Misshandlung von Tieren,** das seit 1849 für alle Haustiere gilt.

1829
In London wird mit dem **Metropolitan Police Act** eine dem Innenministerium unterstellte Polizeitruppe aufgestellt.

1863
Venezuela schafft als erstes Land der Welt die **Todesstrafe für alle Verbrechen** ab.

1864
Die erste der **Genfer Konventionen** führt in Europa ein Regelwerk ein, das Menschen zu Kriegszeiten schützen soll.

1871
Der **Trade Union Act** sichert den rechtlichen Status der Gewerkschaften in Großbritannien.

Die Aufklärung im 18. Jahrhundert führte zu grundlegenden gesellschaftlichen Umwälzungen: Revolutionen in Frankreich und Amerika schufen eine neue Ordnung, und es entstanden neue Staaten mit demokratisch und freiheitlich geprägten Verfassungen und Gesetzen. Im Verlauf des 19. Jahrhunderts übernahmen mehr und mehr Länder ähnliche Regierungsmodelle und folgten denselben Wertvorstellungen. Ein prägender Faktor war dabei die industrielle Revolution, die im Großbritannien des 18. Jahrhunderts ihren Anfang nahm.

Mit der Industrialisierung kam der Kapitalismus, und die neuen Eigner der Produktionsmittel steuerten die Wirtschaft, während die politische Macht auf die Parlamente überging. Die Landbevölkerung schrumpfte zugunsten der in Städten heimischen Fabrikarbeiter, deren Lebensunterhalt nun nicht mehr von Landeignern, sondern von Industriellen abhing.

Gesellschaftlicher Wandel

Regierungen und Gesetze der neu verfassten Staaten mussten die sich wandelnde Gesellschaft widerspiegeln und die Rechte all ihrer Bürger wahren. Langsam entwickelte sich eine liberalere Gesetzgebung, die die Interessen der Arbeiter und Verbraucher schützte und sicherstellte, dass Unternehmen ihren Wohlstand in einer fairen Marktwirtschaft schöpfen konnten.

Direkt nach ihren Revolutionen waren die USA und Frankreich unter den Ersten, die sich ein modernes Gesetzeswerk gaben. Das Prinzip der Bürgerrechte war in der US-Verfassung festgeschrieben, aber es brauchte noch weitere Gesetze, um Machtmissbrauch vorzubeugen. Ein großer Schritt in diese Richtung war die Kontrollfunktion des Obersten Gerichtshofs, der damit die Gewaltenteilung zwischen den anderen Zweigen der Regierung überwachen konnte. Etwa zur selben Zeit arbeitete Frankreich an seinem bürgerlichen Recht, das zum Vorbild für viele andere Länder werden sollte.

In Großbritannien waren Parlament und Justiz gut etabliert und passten sich langsamer den Anforderungen der Industriegesellschaft an. Und mit der Gründung der Londoner Metropolitan Police Force mit uniformierten Beamten und einem zentralen Kommando setzten die Briten ein Beispiel für die Polizeibehörden moderner Städte.

1881
Reichskanzler Otto von Bismarck stellt eine **verpflichtende Versicherung** zur Versorgung von Opfern von Arbeitsunfällen vor.

1890
Der US-Senat ratifiziert den **Sherman Antitrust Act,** der Wirtschaftskartelle und Monopole verbietet.

1893
Neuseeländerinnen erhalten als erste Frauen das **Wahlrecht,** im Rest der Welt müssen Frauen noch bis weit ins 20. Jh. hinein warten.

1899
Die erste Hager Friedenskonferenz schlägt internationale **Regeln für den Krieg** vor und begründet das humanitäre Völkerrecht.

1914
US-Präsident Woodrow Wilson schafft die **Federal Trade Commission** zur Regulierung von Wettbewerb und Verbraucherschutz.

1918
Nach der Oktoberrevolution stellt Lenin eine **neue russische Verfassung** auf, nach der der Staat von den Arbeitern regiert wird.

1919
Der **Vertrag von Versailles** erlegt **den Deutschen** nach dem Ersten Weltkrieg **harte Reparationen** auf.

1935
Die **Nürnberger Gesetze** institutionalisieren Nazi-Gesetze zur Staatsbürgerschaft und erklären Juden zu »Unpersonen«.

Großbritannien war in der zweiten Hälfte des 19. Jahrhunderts auch wegweisend beim Schutz der Rechte von Arbeitern und Gewerkschaften, während Antimonopolgesetze in den USA die Verbraucher vor skrupellosen Geschäftsleuten schützten. Angesichts zunehmender Massenproduktion und wachsenden Konsumverhaltens brauchte es eine Gesetzgebung, die bestimmte Fertigungsstandards sicherte, wie im Fall Donoghue v. Stevenson gegen den britischen Ingwerbierbrauer David Stevenson, der 1932 zum Präzedenzfall für das Deliktsrecht wurde.

Menschenrechte

Im 19. Jahrhundert standen die Bürgerrechte im Zentrum der meisten Rechtssysteme, nicht aber die Menschenrechte. Die Briten verboten als Erste den Sklavenhandel in ihren Kolonien und mit britischen Schiffen, aber das bedeutete noch lange nicht die Abschaffung der Sklaverei an sich. Ungeachtet gut gemeinter Erklärungen wie der französischen Erklärung der Menschenrechte galten längst nicht alle Menschen als gleich; das mussten auch die Frauen erfahren, die in den meisten Fällen beispielsweise erst nach dem Ersten Weltkrieg das Wahlrecht erhielten.

Die »Jim-Crow-Gesetze«, die in den USA die Rassentrennung sanktionierten, waren purer Rassismus, das wurde jedoch von den Nationalsozialisten Deutschlands mühelos überboten. Unzufriedenheit mit den harten Reparationsforderungen des Versailler Friedensvertrags machte die Juden in Deutschland bald zu rechtlosen Sündenböcken.

Derweil wurde in Russland der erste sozialistische Staat der Welt gegründet, dessen Anführer Lenin eine gerechtere Gesellschaft versprach. Es wurde zum Vorbild für viele kommunistische Länder, in denen beizeiten im 20. Jahrhundert etwa ein Drittel der Weltbevölkerung lebte, und stand in klarem Gegensatz zum liberalen Kapitalismus der westlichen Welt.

Auf internationaler Ebene wirkte sich die Industrialisierung auch auf den modernen Krieg aus, dessen nie gekannte Masse an Opfern eine Reihe von Genfer Konventionen zur Kriegsführung nach sich zog. Dazu kamen die Haager Konventionen zu den Regeln der Kriegsführung, die die Nutzung bestimmter Waffen einschränkten und das Fundament der internationalen Menschenrechte legten. ■

RECHT UNTER DER VERFASSUNG

DER OBERSTE GERICHTSHOF DER USA UND DIE NORMENKONTROLLE (1803)

IM KONTEXT

SCHWERPUNKT
US-Bundesrecht

FRÜHER
1787 Die neue US-Verfassung erhebt die Judikative zum dritten Zweig der Regierung.

1789 Der Kongress verabschiedet den Judiciary Act, der einige Rechte des Supreme Court festlegt.

SPÄTER
1857 Im Fall *Dred Scott v. Sandford* urteilt Richter Roger Taney, das Wort »Bürger« in der Verfassung beziehe sich nicht auf Schwarze. Diese Entscheidung wird später per Verfassungszusatz gekippt.

1973 Im Fall *Roe v. Wade* entscheidet der Supreme Court, dass die Verfassung das Recht der Frau auf Abtreibung schützt.

Der Supreme Court ist der Oberste Gerichtshof der USA. Das ist durch die Verfassung festgelegt und trat zusammen, als Präsident George Washington 1789 den Judiciary Act unterzeichnete. Das Gesetz verfügte, dass er aus sechs Richtern bestehen soll. Vom Präsidenten ernannt und durch den Senat bestätigt, bleiben sie auf Lebenszeit (oder bis sie sich zu Ruhe setzen) im Amt, und ihr Gehalt kann nicht verringert werden. Das soll ihre Unabhängigkeit garantieren.

Die Verfassung schreibt zwar ein solches Oberstes Gericht vor, aber nicht seine Befugnisse. Diese wurden mehr oder weniger mit der Zeit durch die Urteile des Gerichts selbst definiert. Eines dieser Befugnisse ist die Normenkontrolle.

Die Normenkontrolle erlaubt dem Gericht die Entscheidung, ob ein Gesetzgebungsakt (des Kongresses), ein Exekutivakt (des Präsidenten) oder ein Rechtssprechungsakt (eines Gerichts niedigerer Instanz) gegen die Verfassung verstößt. Dadurch entsteht ein wichtiges System der gegenseitigen Kontrolle der Regierungszweige. Der Supreme Court hat damit die Entscheidungshoheit in jedem Verfassungskonflikt und eine einzigartige Rolle in der Regierung der USA.

Marbury v. Madison

John Marshalls Berufung zum vierten Obersten Richter 1801 war wegweisend für den Supreme Court. Bodenständiger als frühere Chief Justices, war Marshall bestrebt, Macht und politische Unabhängigkeit des Gerichts zu sichern. Dazu erhielt er 1803 Gelegenheit.

1801 hatte der scheidende Präsident John Adams (Föderalistische Partei) ein Gesetz verabschiedet, das ihm erlaubte, eine Reihe von Richtern zu ernennen, darunter auch William Marbury. Die Regierung des neuen Präsidenten Thomas Jefferson (Demokratisch-Republikanische Partei) war über die neue Richterschar des föderalistischen Lagers unglücklich, die eine nationalistische Linie vertraten und das Machtgleichgewicht zugunsten der Judikative verlagerten, und ver-

Der Supreme Court hat ein offizielles Siegel, das sich in der Obhut des *Clerk of the Court* befindet. Seine verschiedenen Symbole stehen für die wichtigen Elemente der Autorität des Gerichts. Es unterscheidet sich vom Wappen der USA nur in einem einzigen Punkt, einem einzelnen Stern unterhalb der Schwanzfedern des Adlers.

Der Stern repräsentiert die Schaffung eines Supreme Court durch die Verfassung der USA 1789.

Der Adlerkopf symbolisiert den Präsidenten. Die neun Schwanzfedern stehen für die neun Richter.

Der Schild erinnert an die Flagge der Vereinigten Staaten. Die 13 Streifen stehen für die 13 Gründerstaaten.

Das Motto auf der Schriftrolle im Schnabel des Adlers lautet *E pluribus unum*, »Aus vielen eines«.

Das Sternbild aus 13 Sternen symbolisiert die Entstehung der USA als unabhängiger Staat.

Der Olivenzweig im rechten Fang des Adlers steht für den Frieden. Der Blick des Adlers ist auf diese Seite gerichtet.

Ein Pfeilbündel im linken Fang des Adlers steht für Krieg und zeigt die Bereitschaft der Nation, zu kämpfen.

Siehe auch: Die Verfassung und die Bill of Rights der USA 110–117 ▪ Die Exclusionary Rule 186–187 ▪ *Miranda v. Arizona* 254–255 ▪ *Roe v. Wade* 260–263

» Die richterliche Gewalt der Vereinigten Staaten liegt bei einem Obersten Bundesgericht und bei solchen unteren Gerichten, deren Errichtung der Kongress von Fall zu Fall anordnen wird. «

Verfassung der USA
Artikel III, Abschnitt 1

weigerte Marbury die Ernennung. Der klagte daraufhin vor dem Obersten Gericht darauf, dass Außenminister James Madison mittels *Writ of Mandamus* (einstweiliger Rechtsschutz) dazu verpflichtet werden solle, die Ernennung rechtskräftig zu vollenden.

Richter John Marshall entschied gegen Marbury. Er stimmte zwar zu, dass Marbury rechtlich Anspruch auf seine Berufung habe, der Supreme Court aber nicht die Zuständigkeit für diesen *Writ of Mandamus* habe. Um diese zu haben, habe der Kongress die Befugnisse des Obersten Gerichtshofs erweitert, was einen Verstoß gegen die Verfassung darstelle. Dieses Urteil etablierte die Verfassung als oberstes Recht des Landes und den Supreme Court als das Gericht, das über die Verfassungsmäßigkeit von Gesetzen zu entscheiden hat. Es definierte das richterliche Prüfungsrecht.

Marshall wurde von Kommentatoren für sein geschicktes Vorgehen gelobt. Seine strategische Entscheidung stütze er auf das bereits bestehende Konzept des richterlichen Prüfungsrechts, das zwar nicht gesetzlich festgeschrieben, aber dennoch von den meisten Gründervätern vorausgesetzt wurde. Marshall erklärte nun mit seinem Urteil, dass die USA mit der Schaffung einer geschriebenen Verfassung die Machtgrenzen der einzelnen Regierungsbereiche festgelegt hatten und dass die Verfassung ihren Zweck verfehle, wenn diese Grenzen jederzeit von jenen übergangen werden könnte, denen sie diese Grenzen auferlege.

Die Auswirkungen waren enorm. Während Marshall sicherstellte, dass die grundlegende Zuständigkeit des Supreme Court nicht erweitert wurde, hatte er seine Aufgabe als Appellationsgericht ins Zentrum gerückt, das die Urteile nachgeordneter Gerichte überprüft, ergänzt oder verwirft. Dadurch wurde die Gewalt des Supreme Court als gleichberechtigter Regierungszweig geltend gemacht.

Dies ist Marshalls bekanntestes Urteil, aber während seiner Amtszeit als Chief Justice war er für viele andere Neuerungen mitverant- »

» Es ist ausdrücklich Aufgabe und Pflicht der Justiz zu sagen, was Recht ist. «

John Marshall
Marbury v. Madison, 1803

John Marshall

John Marshall wurde 1755 als ältestes von 15 Kindern in Virginia geboren. Er kämpfte im Unabhängigkeitskrieg und studierte dann ab 1780 Jura. Als Jurist machte er sich mit seinen wohlüberlegten Urteilen schnell einen Namen und wurde bald von der Regierung engagiert. Er war ein starker Verfechter einer Ratifizierung der neuen US-Verfassung, die die Konföderationsartikel ersetzte, die weder die Judikative noch die Exekutive des Staates regelten.

1800 wurde er unter Präsident John Adams Außenminister. Ein Jahr später wurde er in das Amt des Chief Justice des Supreme Court berufen, das er bis zu seinem Tod 1835 innehatte. In dieser Rolle führte er bei vielen wichtigen Fällen den Vorsitz und hatte dadurch prägenden Einfluss auf die Rolle des Gerichts. Dazu zählen *McCulloch v. Maryland* (1819), in dem sich das Oberste Gericht für das Recht der Bundesregierung zur Öffnung einer Nationalbank aussprach, und *Cohens v. Virginia* (1821), nach dem der Supreme Court auch die Verfassungsmäßigkeit von strafrechtlichen Urteilen prüfen konnte.

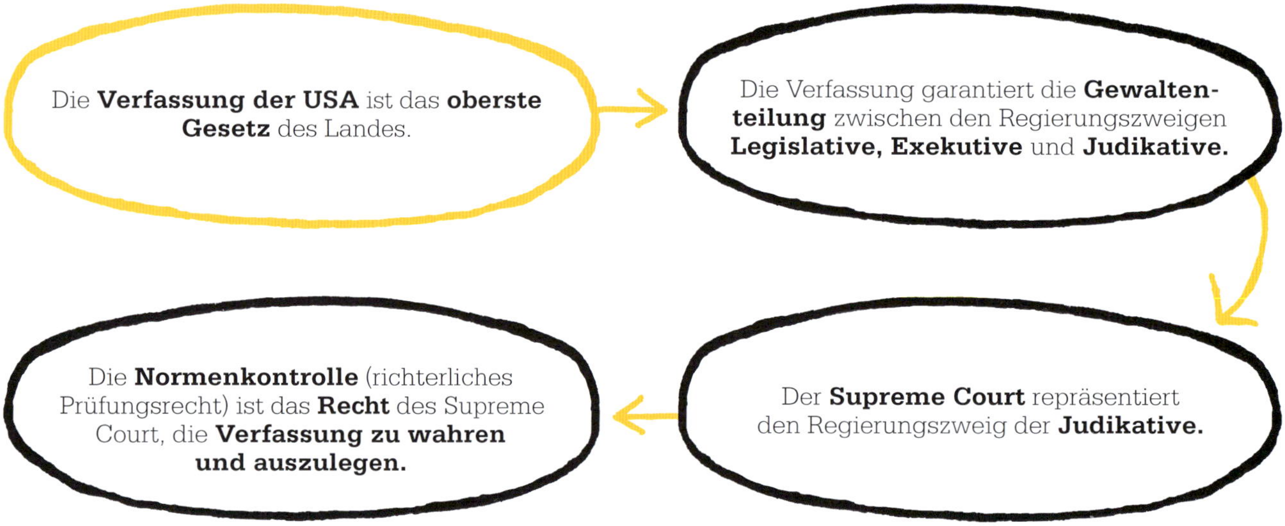

wortlich, wie etwa die Einführung der »Meinung des Gerichts« aufgrund einer Mehrheitsentscheidung der Richter, die die vorherige Seriatim-Tradition ablöste, nach der jeder Richter seine eigene Meinung verkündete.

Nagelprobe

Auch wenn *Marbury v. Madison* ein wegweisender Fall war, der die Befugnis des Supreme Court zur Normenkontrolle etablierte, war er nur ein erster Schritt auf einem langen Weg. In den ersten Jahren gab es viele Fälle, die die Parameter der Macht des Gerichts klarer definierten. Jedes Urteil verlieh dem Supreme Court als Hüter der Verfassung mehr Legitimität und festigte sein Recht, die Verfassungsmäßigkeit von Gesetzen zu prüfen, die von niedereren Gerichten, der Legislative oder der Exekutive eingeführt worden waren.

Dieses Prinzip der Normenkontrolle hatte aber auch Gegner. So vertrat Präsident Andrew Jackson (1829–1837) eine andere Regierungstheorie, nach der jeder Zweig der Verfassung das Recht haben sollte, die Verfassung auszulegen. Jackson brachte eine Reihe von Fällen vor das Oberste Gericht, die Marshalls Auffassung infrage stellten. 1832 widersetzte er sich sogar dem Urteil des Gerichts im Fall *Worcester v. Georgia*, der die Grundlagen für die Souveränität von Indigenen als Nationen legte. Jackson umging das Urteil und ließ die Zwangsumsiedlung der Cherokee fortsetzen (dieses Kapitel der US-Geschichte, in dem über 60 000 Indigene gezwungen wurden, das fruchtbare Land ihrer Vorfahren zu verlassen und Tausende Kilometer zu Reservaten zu gehen, wird als *Trail of Tears* bezeichnet).

Die Normenkontrolle wurde auch durch *Lochner v. New York* (1905) auf die Probe gestellt. Der Staat New York hatte 1895 ein Gesetz erlassen, wonach Bäcker zum Schutz ihrer Gesundheit nicht mehr als zehn Stunden am Tag und nicht mehr als 60 Stunden pro Woche arbeiten durften. Der Bäckereibesitzer Joseph Lochner, der wegen Verstoßes gegen dieses Gesetz verurteilt worden war, zog vor das Oberste Gericht. Das urteilte mit fünf gegen vier Stimmen, dass das Gesetz tatsächlich gegen den 14. Verfassungszusatz verstoße, der besagt, dass die Regierung nicht unangemessen in die Rechte des Einzelnen eingreifen darf. Das Urteil argumentiert, Bäcker sollten das Recht haben, ihre Arbeitsverträge ohne Einmischung des Staats zu verhandeln, und dass das Gesetz

Präsident Andrew Jackson ist für seine Missachtung eines Urteils des Supreme Court berühmt: »Marshall hat seine Entscheidung getroffen. Soll er sie doch selber durchsetzen!«

» Die Auffassung der Richter hat nicht mehr Autorität über den Kongress als die Auffassung des Kongresses über die Richter, und in dieser Beziehung ist der Präsident unabhängig von beiden. «

Andrew Jackson
7. US-Präsident (1829–1837)

daher verfassungswidrig sei. Ob dieses Urteil tatsächlich die Rechte des Einzelnen stützte oder die wirtschaftlichen Interessen von Unternehmern, darüber gingen auch damals die juristischen Meinungen stark auseinander.

Gegner behaupten, der Supreme Court habe sich das Recht der Normenkontrolle selbst verliehen, und diese Vorrangstellung der gesetzgebenden Gewalt sei nirgendwo verbrieft. In vielen Ländern, wie etwa Kanada, Australien und Großbritannien, werden Gesetzesänderungen zu strittigen Themen, wie etwa der gleichgeschlechtlichen Ehe, nach parlamentarischen Debatten der gewählten Volksvertreter entschieden. In den USA können sie im Kongress diskutiert werden, es obliegt aber den Richtern des Obersten Gerichtshofs, ob sie die Entscheidung des Kongresses aufrechterhalten. Die Vorstellung, dass gewählte Gesetzgeber von nicht gewählten Richtern zur Rechenschaft gezogen werden, ist für manche ein Affront gegen die Demokratie.

In letzter Zeit sieht man die Normenkontrolle eher als wichtiges Mittel zum Schutz der Bürgerrechte, da der Supreme Court Gesetze verwerfen kann, die die Rechte des Einzelnen verletzen. So kippte der Oberste Gerichtshof im Fall *Brown v. Board of Education of Topeka* 1954 ein Staatsgesetz, das die Rassentrennung in Schulen erlaubte. 2015 entschied er, nach dem 14. Verfassungszusatz müssten alle US-Bundesstaaten die gleichgeschlechtliche Ehe anerkennen. Diese gesellschaftlich fortschrittlichen Urteile unterstreichen den hohen Wert der Normenkontrolle. Kritiker warnen aber, dass ein Präsident durch Nominierung einer Reihe konservativer Richter (wie etwa durch Präsident Trump) das Machtgleichgewicht im Obersten Gericht zugunsten konservativerer Urteile verändern könnte. Dadurch könnten Meilensteine der Rechtsprechung, wie das Urteil zur Legalisierung der Abtreibung (*Roe v. Wade*) infrage gestellt werden. ■

Das 1935 eröffnete Gebäude des Supreme Court in Washington, D.C., USA. Bis dahin hatte das Gericht keinen festen Sitz, sondern hatte 146 Jahre lang an verschiedenen Orten getagt.

JEDER FRANZOSE SOLL DIE BÜRGERRECHTE GENIESSEN

DER CODE NAPOLÉON (1804)

IM KONTEXT

SCHWERPUNKT
Gesetze, Bürgerrechte

FRÜHER
6. Jh. Der römische *Corpus iuris civilis* dient vielfach als Vorlage für späteres Zivilrecht.

1215 Die Magna Charta nennt eine Reihe von Bürgerrechten.

1791 Die ersten zehn Verfassungszusätze bilden die amerikanische Bill of Rights.

SPÄTER
1881–1883 Der ägyptische Politiker Youssef Wahba übersetzt den Code Napoléon ins Arabische.

1896 Deutschland verkündet sein Bürgerliches Gesetzbuch (BGB), das das Zivilrecht von Japan (1896), der Schweiz (1907), der Türkei (1926) und anderen Staaten beeinflusst.

2012 Die Commission supérieure de codification empfiehlt, französische Gesetze nicht weiter zu aktualisieren.

Die Anführer der Französischen Revolution (1789–1799) erkannten, wie dringend Frankreich eine einheitliche Gesetzgebung benötigte. In vielen französischen Regionen galt Gewohnheitsrecht. Ehe und Familie wurden aber durch das Kirchenrecht der römisch-katholischen Kirche geregelt, und weitere Gesetze waren durch königliche Erlasse entstanden. Dadurch entstand eine verwirrende Vielzahl widersprüchlicher Gesetze, und viele Feudalherren hatten sich Rechtsfreiheit gesichert. Um ihre Macht zu verstetigen, gründete die neue Nationalversammlung eine Kommission, die das Rechtssystem überarbeiten und auf Basis der Prinzipien der Revolution ein Zivilrecht für das gesamte Land schaffen sollte.

Napoleon greift ein

Als die Revolution in Chaos und in die sogenannte Schreckensherrschaft umschlug, ergriff General Napoleon Bonaparte 1799 die Macht. 1800 zum Ersten Konsul gewählt, übernahm er schnell die Kontrolle über die Kommission zur Überarbeitung des Rechts. Über die nächsten vier Jahre tagte sie über 80 Mal, um den Code Napoléon zu formulieren, wobei Napoleon häufig persönlich teilnahm.

Indem sie die Monarchie abschaffte, die Kirche und die Handelsgilden entmachtete und eine neue französische Identität schuf, hatte die Revolution den Weg für das neue Gesetzbuch geebnet,

Der Code Napoléon basiert auf den Idealen der Französischen Revolution Freiheit, Gleichheit und Brüderlichkeit in einem geeinten Frankreich, wie es dieses Revolutionsplakat von 1792 zeigt.

Siehe auch: Die Anfänge des Kirchenrechts 42–47 ▪ Die Magna Charta 66–71 ▪ Die Verfassung und die Bill of Rights der USA 110–117 ▪ Die Erklärung der Menschen- und Bürgerrechte 118–119

Das Recht – basierend auf Kirchen- und Gewohnheitsrecht – ist **überall unterschiedlich.**

Die **Revolution** schafft **die Monarchie** ab und beschneidet die **Macht der Kirche.**

Napoleon ergreift die Chance, das **Rechtssystem zu reformieren.**

Die Ideale **Freiheit und Gleichheit fließen** in das neue Gesetzbuch ein.

Der **Code Napoléon** fußt auf **Bürgerrechten, Gleichheit** und einem **säkularen Staat.**

das auf den grundlegenden Ideen der Revolution fußte: Freiheit und Gleichheit der Bürger, ein säkularer Staat und Religionsfreiheit. Indem man alle (männlichen) Bürger vor dem Recht gleich machte, versuchte man, die Primogenitur (das Erstgeburtsrecht), Erbadel und Klassenprivilegien zu beenden. Das Gesetz schützte die Besitzrechte des Einzelnen, aber Frauen unterstanden ihren Vätern oder Ehemännern. Der Code teilte das Zivilrecht in Familien- und Eigentumsrecht und legte Strafrecht und Handelsrecht fest. Er enthielt auch die neue Freiheit, Verträge ohne Einmischung der Regierung schließen zu können.

Anhaltende Wirkung

Der Code Napoléon hatte enormen Einfluss. Länder, die 1804 unter französischer Herrschaft standen, wie etwa Belgien, Luxemburg und Teile Deutschlands und Italiens, aber auch einige Länder Lateinamerikas, führten alle den Code Napoléon ein. Auch im Nahen Osten war sein Einfluss zu spüren. In vielen Ländern, die den Code übernahmen, ist er, wenn auch überarbeitet und modernisiert, bis heute ein wichtiger Eckpfeiler des Zivilrechts. ■

» Mein Ruhm ist nicht, 40 Schlachten gewonnen zu haben […] Was aber durch nichts ausgelöscht werden wird, was ewig leben wird, das ist mein Code civil. «

Napoleon Bonaparte

Napoleon Bonaparte

Napoleon wurde 1769 auf Korsika geboren und ab seinem neunten Lebensjahr in Frankreich erzogen. Später besuchte er die Militärakademie in Paris, durchlief erfolgreich eine militärische Karriere, stieg auf und spielte 1795 eine entscheidende Rolle bei der Niederschlagung eines Aufstands gegen die Nationalversammlung, die erste Revolutionsregierung. 1799 nutzte er das Machtvakuum dann für einen Staatsstreich.

Napoleon krönte sich 1804 selbst zum Kaiser und fachte diverse Kriege zur Ausweitung des französischen Reichs an, in denen er große Teile Europas eroberte und Spanien als wichtigste Kolonialmacht in Lateinamerika verdrängte.1812 war er aufgrund des desaströsen Russlandfeldzugs gezwungen, abzudanken, ergriff aber 1815 erneut die Macht. Nach der Niederlage gegen Großbritannien in der Schlacht von Waterloo verbannte man ihn auf St. Helena im Atlantik ins Exil, wo er 1821 starb. Er hinterließ zahllose Briefe, Reden, Ansprachen und Erlasse an seine Truppen, die teilweise gesammelt und veröffentlicht wurden.

UNGERECHTE FESSELN ÖFFNEN

DER SLAVE TRADE ACT (1807)

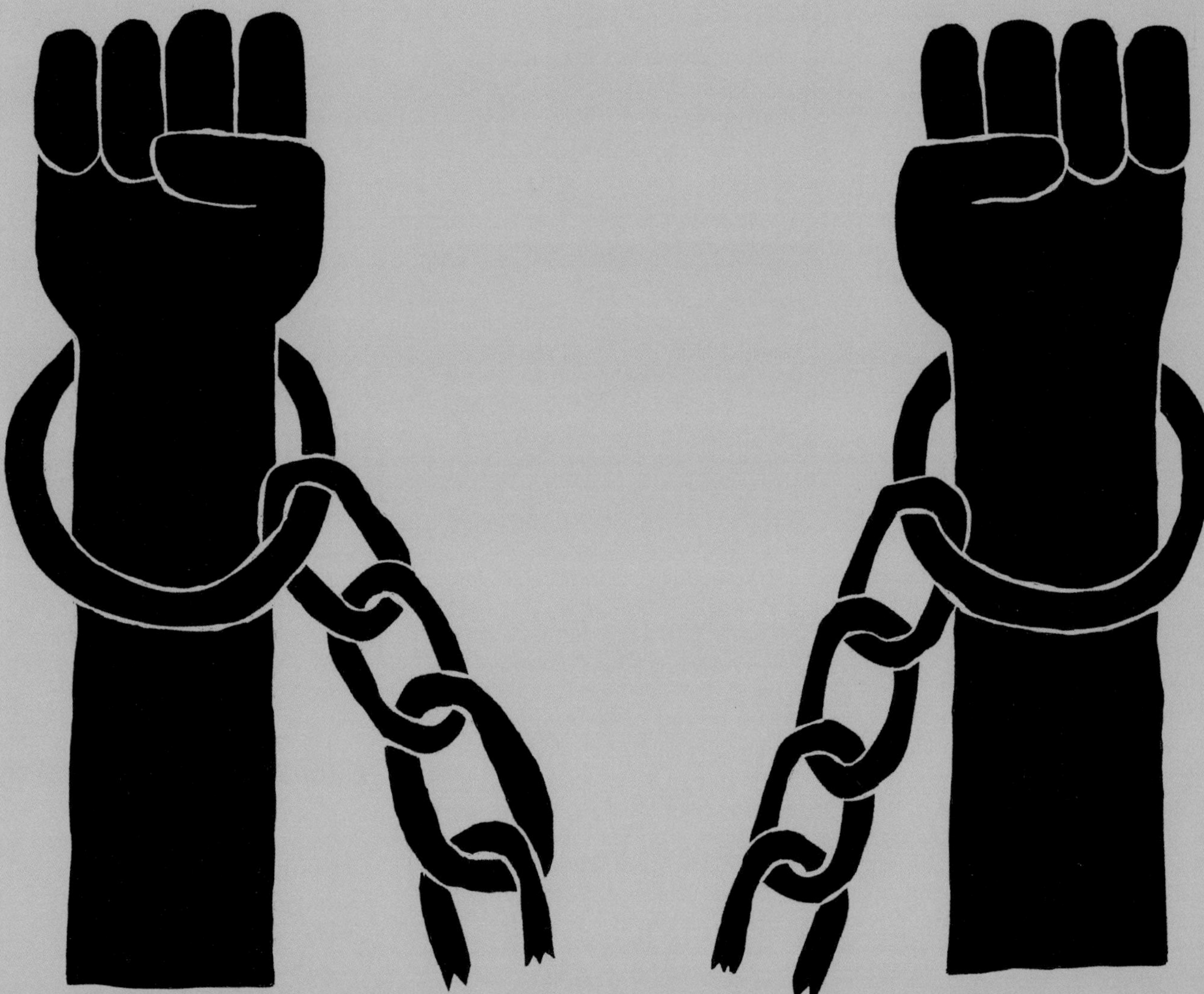

IM KONTEXT

SCHWERPUNKT
Menschenrechte

FRÜHER
1772 Der Fall eines entflohenen Sklaven setzt einen Präzedenzfall für die Illegalität der Sklaverei in England.

SPÄTER
1865 Die Vereinigten Staaten schaffen die Sklaverei ab.

1888 Das »Goldene Gesetz« macht Brasilien zum letzten Land im Westen, das die Sklaverei abschafft.

1926 Das Sklavereiabkommen des Völkerbunds von 1926 fordert die Abschaffung der Sklaverei in den Mitgliedsstaaten.

1948 Die Allgemeine Erklärung der Menschenrechte besagt: »Niemand darf in Sklaverei oder Leibeigenschaft gehalten werden.«

Die Sklaverei ist ein System, das Menschen wie Eigentum behandelt. Es gab sie in nahezu jeder Zivilisation der Antike von Ägypten und Indien bis hin nach China und Rom, und sie hielt sich durch das Mittelalter bis in heutige Zeit. Die Sklaverei war vom 16. bis ins 18. Jahrhundert in Europa ein wichtiger Industriezweig, bis die Proteste gegen diese Unmenschlichkeit zu laut wurden.

Der Dreieckshandel

Im Afrika des Mittelalters handelten Länder und Stämme mit Sklaven. Portugiesische und spanische Seeleute entdeckten die afrikanischen Sklavenmärkte Mitte des 15. Jahrhunderts, und im 16. Jahrhundert entstand ein Handelsdreieck, in dem europäische Schiffe zunächst Waren an Afrikas Küsten gegen Sklaven tauschten. Sie überquerten dann den Atlantik, um ihre menschliche Fracht in Südamerika (vor allem in Brasilien) oder der Karibik an Plantagenbetreiber zu verkaufen. Von dort brachten sie Tabak, Zucker, Melasse, Rum und später Baumwolle mit zurück nach Europa.

Die Bedingungen auf der 8000 km langen Überfahrt waren unmenschlich. Durch die brutale Behandlung, Mangel an Nahrung und Wasser und Überfüllung tobten Krankheiten an Bord. Bis 1867 starben auf der Atlantikstrecke rund 2,5 Millionen der 10–12 Millionen afrikanischen Sklaven.

Für weißen Sklavenhändler waren die Sklaven schlicht Wilde und keine Menschen. Sie stellten sich sogar als Retter dar, die den Afrikanern zu einem besseren Leben in der Neuen Welt verhalfen. Ihr Lohn waren gigantische Profite und große Macht. Die britische West India Lobby der Sklavenhändler und Plantagenbesitzer zählte Abgeordnete zu ihren Reihen, die Angst vor einem Handelsnachteil gegenüber Rivalen wie Frankreich schürten.

Im 17. Jahrhundert wurden Großbritannien, die Niederlande, Frankreich und Dänemark zu Großmächten im atlantischen Sklavenhandel, um ihre Kolonien mit Arbeitskräften zu versorgen. Die Briten kontrollierten zwei Drittel des Handels, den sie mit Gesetzen förderten.

> »Was unterscheidet den Sklaven vom Herrn außer dem Zufall?«
>
> **Thomas Clarkson**
> *An Essay on the Slavery and Commerce of the Human Species,* 1786

Sklaven als Eigentum

1677 wurde die Entscheidung des britischen Kronanwalts, dass »Neger« [sic] nach diesen Gesetzen Eigentum seien, im Fall *Butts v. Penny* bestätigt. Sklavenhalter konnten nun verlorene oder »beschädigte« Sklaven nach dem Recht, das Eigentum regelt, behandeln, was diese zu Handelsgütern degradierte.

Viele Plantagenbesitzer brachten Sklaven als Dienstboten mit nach England. Über die Jahre entkamen zahlreiche dieser Sklaven und klagten vor Gerichten auf Freilassung, wie im Fall *Somerset v. Stewart*. James Somerset war als Sklave von seinem Besitzer Charles Steward nach England gebracht worden und floh. Er wurde eingefangen und zum Weiterverkauf nach Jamaika eingeschifft. Der Abolitionist Granville

> »Nach meiner Auffassung ist dieser Fall nach englischem Recht nicht zulässig, und deshalb ist der Sklave freizusprechen.«
>
> **William Murray**
> 1st Earl of Mansfield
> Urteil im Fall *Somerset v. Stewart*, 1772

Siehe auch: Die Slave Codes 98–101 ▪ Die Verfassung und die Bill of Rights der USA 110–117 ▪ Der US Supreme Court 124–229 ▪ Die Erklärung der Menschen- und Bürgerrechte 222–229 ▪ Der Civil Rights Act 248–253

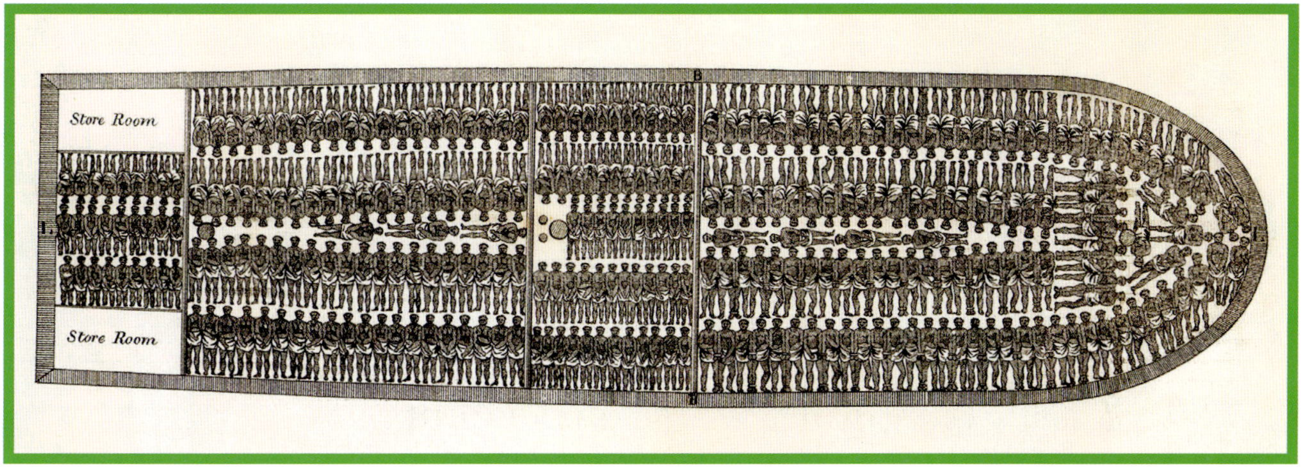

Das Sklavenschiff *Brookes* kam 1788 zu zweifelhaftem Ruhm, als Abolitionisten einen Stich der entsetzlichen, aber legalen Zustände an Bord, vor allem auf dem Unterdeck, veröffentlichten.

Sharp übernahm seinen Fall, und der oberste Richter Lord Mansfield entschied, dass der Inhaftierte vor einen Richter gestellt werden musste, um zu entscheiden, ob die Inhaftierung rechtmäßig war (*habeas corpus*). Somerset erschien also wie gefordert vor dem Court of King's Bench.

Lord Mansfield entschied 1772, dass die Sklaverei in den Kolonien zwar erlaubt sei, ein Sklave in England aber dem englischen Recht unterliege. Da kein englisches Gesetz Somersets Gefangennahme und Verschiffung erlaubte, musste er freigelassen werden. Der Richter versuchte, einen Präzedenzfall zu vermeiden, aber der Fall war ein Wendepunkt im Kampf gegen die Sklaverei und wurde weithin als Verbot der Sklaverei in Großbritannien verstanden, sodass weitere Sklaven klagen konnten.

Die wachsende Bewegung gegen die Sklaverei nährte sich zum Teil aus Gräueltaten wie dem Massaker auf der *Zong*. 1781 ließ Kapitän Luke Collingwood vom Sklavenschiff *Zong* 132 kranke Sklaven über Bord werfen, um die Wasservorräte zu schonen (wenn Sklaven an Krankheiten starben, zahlten Versicherer die Gewinnausfälle nicht, wohl aber, wenn sie zum Schutz des Schiffs getötet wurden). Sklaven galten rechtlich als Ware, und so wurde der Vorfall als Versicherungsschaden und nicht als Mord behandelt. Durch solche Grausamkeiten wurden viele Menschen zu Gegnern der Sklaverei.

Ein Nachbau der *Zong*, deren Mannschaft Sklaven über Bord warf, um Platz zu schaffen, nahm 2007 in London an Feierlichkeiten zum 200. Jahrestag der Abschaffung der Sklaverei teil.

Kampf gegen die Sklaverei

1787 gründeten zwölf Aktivisten in einer Druckerei in London die Society for Effecting the Abolition of the Slave Trade. Unter ihnen auch Thomas Clarkson, der kurz zuvor einen feurigen Essay gegen die Sklaverei veröffentlicht hatte. Zu den vielen Unterstützerinnen zählten die prominente Dichterin und Sklavereigegnerin Mary Birkett Card und die feministische Philosophin Mary Wollstonecraft.

Die gut vernetzten Aktivisten der Gesellschaft produzierten Pamphlete, hielten moderierte Diskussionen und stellten Petitionen, um die Öffentlichkeit von ihren Argumenten gegen die Sklaverei zu überzeugen. Sie kämpften vor allem gegen den Handel, weil der leichter zu unterbinden schien als die Sklaverei selbst. Die Bewegung erreichte, »

Olaudah Equiano

Olaudah Equiano wurde als 11-Jähriger in Nigeria gekidnappt und über den Atlantik auf eine Plantage in Virginia verschifft. Er wurde an den britischen Marineoffizier Lieutenant Michael Henry Pascal verkauft, der ihn in nach einem schwedischen König in Gustavus Vassa umbenannte.

Equiano verbrachte acht Jahre auf See, lernte Lesen und Schreiben und wurde 1759 getauft. Pascal verkaufte ihn später an Robert King aus Philadelphia, der ihm eigene kleine Geschäfte erlaubte, sodass er sich nach drei Jahren 1766 freikaufen konnte. Er arbeitete die nächsten 20 Jahre auf See und ließ sich 1786 in London nieder, wo er sich in der Abolitionisten-Bewegung engagierte.

1789 veröffentlichte Equiano seine Autobiografie, eines der ersten Bücher eines afrikanischen Autors, und reiste durch das Land, um seine Geschichte zu erzählen. Er starb 1797 in London.

Hauptwerk

1789 *Merkwürdige Lebensgeschichte des Sklaven Olaudah Equiano*

dass 1788, nur drei Monate nach ihrer Gründung, mehr als 100 Petitionen gegen die Sklaverei im Parlament eingegangen waren.

Eines der wichtigsten Ziele der Aktivisten war, den Afrikanern selber eine Stimme zu geben, indem sie Zeugenaussagen von entflohenen Sklaven, von Matrosen der Sklavenschiffe und von befreiten Sklaven wie Olaudah Equiano (siehe links) vorlegten. Letzterer war gebildet, charmant und ein konvertierter Christ (wichtig in einer resolut christlichen Gesellschaft). Solche Geschichten machten die Afrikaner für die Öffentlichkeit menschlich und zwangen sie, die brutale Realität der Sklaverei anzuerkennen.

Das Ideal der Menschenrechte

Revolutionen in Amerika (1775–1783) und Frankreich (1789–1799) sorgten im 18. Jahrhundert für politische Umwälzungen und mobilisierten zusammen mit Idealen wie den Menschenrechten die Öffentlichkeit. Allerdings machte die Gefahr einer Revolution das britische Parlament auch vorsichtig und als die Anti-Sklaverei-Bewegung wuchs, stellte man sie als »radikal« dar. Das vereitelte frühe Versuche, die Sklaverei zu beenden, denn die Gesetze wurden regelmäßig von den wirtschaftlichen Interessen derer blockiert, die von ihr profitierten.

> »Muss eine Hälfte der Menschheit wie die armen afrikanischen Sklaven den Vorurteilen unterworfen sein, die sie erniedrigen […]?«
>
> **Mary Wollstonecraft**
> *Die Verteidigung der Frauenrechte,* 1792

Frauen durften weder wählen noch selber gewählt werden und waren somit weitestgehend von einer aktiven Rolle in der Politik ausgeschlossen, aber Aktivistinnen wie Hannah More und Mary Wollstonecraft nutzten ihre Schriften und ihren Einfluss. Die aufkommende Frauenrechtsbewegung erkannte Parallelen zur Not der afrikanischen Sklaven und stellte beide Themen in ihren Kampagnen oft auf eine Stufe.

Sklavenaufstände

Während die Aktivisten im britischen Parlament kämpften, nahmen die Sklaven in der Karibik die Sache in die eigenen Hände. Auf Jamaika kämpften die Maroons – geflohene Sklaven und ihre Nachkommen – gegen die Briten und errangen 1739 schließlich Autonomierechte. 1791 brach in der französischen Kolonie

Pathetische Dessins wie dieses auf Wedgewood-Porzellan zu findende Bild von 1787 sollten den Kampf gegen Sklaverei unterstützen.

In der Haitianischen Revolution kämpften Sklaven zwischen 1791 und 1804 gegen die französischen Truppen (hier im Bild) ebenso wie gegen britische und spanische Kolonisten.

Saint-Dominique auf Hispaniola ein bewaffneter Sklavenaufstand aus. Der freigelassene Sklave und geschickte Soldat Toussaint L'Ouverture spielte eine führende Rolle im Kampf auf Saint-Domingue und der benachbarten Insel Santo Domingo.

Die Kämpfe endeten 1804 mit der Unabhängigkeit Saint-Dominiques (heute Haiti) von Frankreich und machten es zum ersten von früheren Sklaven regierten Land. Diese frühen Aufstände inspirierten weitere Sklaven in der Karibik, für ihre Freiheit zu kämpfen.

Verbot im Parlament

1787 wurde der britische Abgeordnete William Wilberforce zum führenden Aktivisten und kämpfte 20 Jahre lang im Parlament gegen die Sklaverei. Trotz breiter Unterstützung aus der Öffentlichkeit zögerten die Parlamentarier aus Sorge um wirtschaftliche Interessen, die Sklaverei rundweg zu verbieten.

1806 riet der Abolitionist James Stephen Wilberforce, stattdessen ein Gesetz einzubringen, das Briten den Handel mit Sklaven verbot. Man befand sich im Krieg mit Frankreich, und so wurde das Gesetz als patriotische Maßnahme beworben und auch angenommen. Es führte wie von Wilberforce erhofft zum Zusammenbruch des britischen Sklavenhandels und ebnete den Weg für den Abolition of the Slave Trade Act von 1807, der mit einer Mehrheit von 114 zu 15 angenommen wurde und es untersagte, sich im Britischen Empire am Sklavenhandel zu beteiligen, aber keinen Zwang zur Befreiung der Sklaven enthielt. Dies sollte der nächsten Phase des Kampfs vorbehalten bleiben.

Die britische Marine kontrollierte vor der Küste Afrikas die Einhaltung des Gesetzes, stoppte zwischen 1807 und 1860 viele britische Schiffe und befreite über 150 000 Sklaven, aber es war auch eine Mammutaufgabe, zumal britische Händler das Gesetz immer wieder unter fremder Flagge unterliefen.

Ungeachtet breiter öffentlicher Unterstützung für ein Ende der Sklaverei zögerte das Parlament bis in die 1830er-Jahre mit einem Verbot. Das wirtschaftliche Klima war umgeschlagen: Britische Plantagen in der Karibik warfen weniger Profit ab als die in Brasilien oder auf Kuba, und die britischen Kaufleute drangen auf freien Handel und ein Ende des karibischen Monopols auf dem heimischen Zuckermarkt.

Der Slavery Abolition Act von 1833 befreite nur Kinder unter sechs Jahren, ältere Sklaven wurden zu *apprentices,* die eine bestimmte Zeit für ihre früheren Herren arbeiten mussten. Die von der British East India Company kontrollierten Gebiete wie Ceylon (heute Sri Lanka) waren davon ausgenommen, aber ansonsten war die Sklaverei nun im Britischen Empire verboten.

Sklaverei in Amerika

Die Sklaverei war in den südlichen amerikanischen Kolonien von großer Bedeutung, wo Sklaven knochenbrechende Arbeit auf den Plantagen im feucht-warmen Klima leisten mussten. Im Norden, wo andere »

» Ein Handel auf Basis von Ungleichheit wie dieser muss beendet werden […] «

William Wilberforce
Parlamentsrede, 1789

Nutzpflanzen gediehen, setzte man weniger Sklaven in der Landwirtschaft ein.

Viele Kolonisten im Norden waren für eine Abschaffung der Sklaverei und setzten in der Amerikanischen Revolution (1775–1783) die britische Herrschaft mit der Sklaverei gleich. Der Graben zwischen Norden und Süden wurde so tief, dass beide Seiten sich 1787 nur auf eine Verfassung ohne Artikel zur Sklaverei einigen konnten. Allerdings enthielt die 1788 ratifizierte Fassung Klauseln, die das Recht zum Besitz an anderen Menschen garantierten und damit die Sklaverei in den USA effektiv anerkannten.

1839 fesselten die Ereignisse um das Schiff *La Amistad* die Öffentlichkeit. Zwei spanische Plantagenbesitzer waren mit 53 Sklaven an Bord von Kuba in See gestochen. Die Sklaven brachen aus und erzwangen eine Kursänderung nach Afrika. Das Schiff kam vom Kurs ab und wurde in Connecticut als Bergungsgut beschlagnahmt. Eine zweijährige Gerichtsschlacht mit dem spanischen Staat endete mit dem Urteil des Obersten US-Gerichtshofs, dass die Afrikaner kein Eigentum, sondern freie Menschen seien, die illegal gefangen und nach Kuba geschafft wurden.

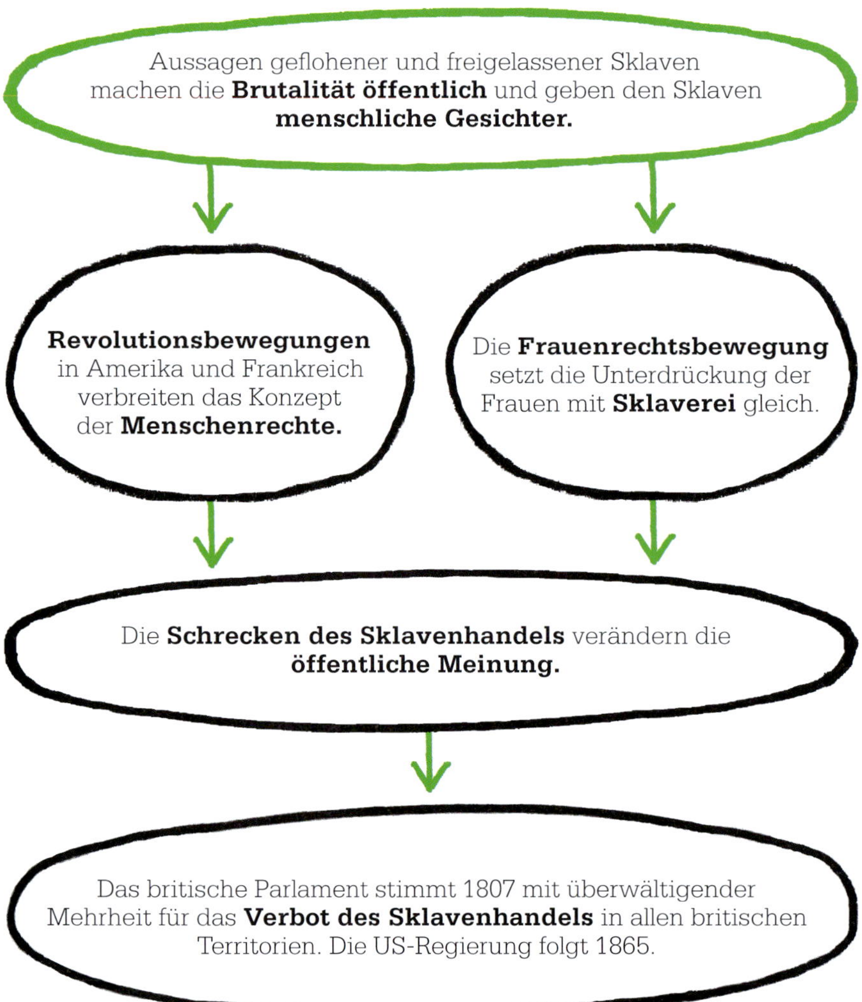

Dred Scott v. Sandford

Seit 1643 hatten diverse Gesetze die Rückgabe entflohener Sklaven an ihre Herren bestimmt. Ein Gesetz von 1850 sah Geldstrafen für das Verhindern einer Wiederergreifung vor und verpflichtete die Bürger sogar zur Mithilfe. Einige Nordstaaten erließen eigene Gesetze, um dieses Gesetz auszuhebeln. 1856 verhandelte der Oberste Gerichtshof den Fall *Dred Scott v. Sandford*. Dred Scott wurde als Sklave geboren, aber seine Besitzer lebten eine Zeit lang in Wisconsin und Illinois, wo Sklaverei verboten war, bevor sie in den Sklavenhalterstaat Missouri zurückkehrten. Scott klagte also darauf, mit seiner Frau Harriet freigelassen zu werden.

1857 entschied Chief Justice Roger B. Taney gegen Scott, weil alle Menschen afrikanischer Abstammung »Wesen niederer Ordnung« und keine US-Bürger seien, also auch nicht vor Bundesgerichten klagen könnten. Dieses Urteil war einer der Auslöser für den Amerikanischen Bürgerkrieg (1861–1865).

» Weder Sklaverei noch Zwangsdienstbarkeit darf […] in den Vereinigten Staaten oder in irgendeinem Gebiet unter ihrer Gesetzeshoheit bestehen. «

US-Verfassung
13. Zusatzartikel

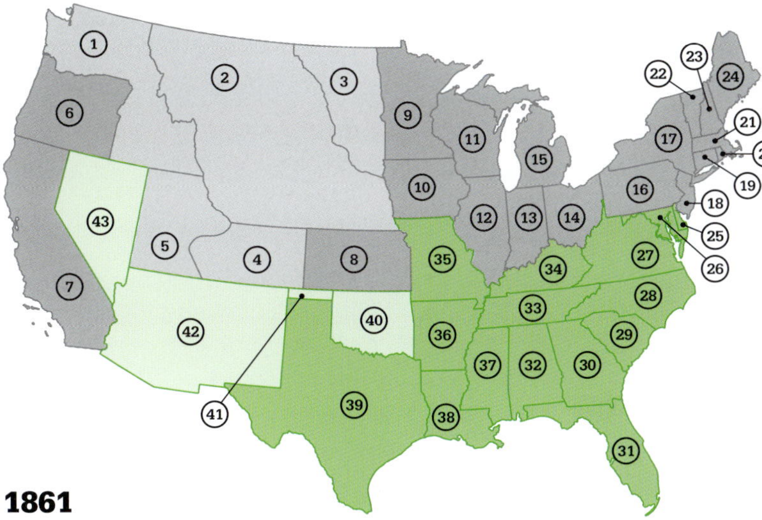

Legende:

1. Washington Territory*
2. Nebraska Territory*
3. Dakota Territory*
4. Colorado
5. Utah
6. Oregon
7. California
8. Kansas
9. Minnesota
10. Iowa
11. Wisconsin
12. Illinois
13. Indiana
14. Ohio
15. Michigan
16. Pennsylvania
17. New York
18. New Jersey
19. Connecticut
20. Rhode Island
21. Massachusetts
22. Vermont
23. New Hampshire
24. Maine
25. Delaware
26. Maryland
27. Virginia
28. North Carolina
29. South Carolina
30. Georgia
31. Florida
32. Alabama
33. Tennessee
34. Kentucky
35. Missouri
36. Arkansas
37. Mississippi
38. Louisiana
39. Texas
40. Indian Territory*
41. Neutral Strip
42. New Mexico Territory*
43. Nevada Territory*

1861

Sklavenstaaten

Freie Staaten

Sklaventerritorien*

Freie Territorien*

* Territory: von der Bundesregierung regiertes Territorium

Zu Beginn des Krieges 1861 gab es 15 Sklavenstaaten und 19 freie Staaten. 1789 hielten nur acht Staaten Sklaven. Nach Kriegsende wurde die Sklaverei in allen US-Staaten und -Territorien verboten.

	1789	1800	1821	1837	1846	1858	1861
Sklavenstaaten	8	9	12	13	15	15	15
Freie Staaten	5	8	12	13	14	17	19

Präsident Lincolns Ablehnung der Sklaverei wuchs, je stärker die Konföderation (Südstaaten) die Union (Nordstaaten) bedrohte. 1863 befreite er mit der Emanzipationsproklamation alle Sklaven in den rebellierenden Staaten. Sie galt nicht für die Unionsstaaten, erlaubte aber schwarzen Männern den Militärdienst. Nach dem Sieg der Union wurde 1865 der 13. Verfassungszusatz ratifiziert, der die Sklaverei in den Vereinigten Staaten untersagte und mehr als vier Millionen Sklaven befreite.

Eingeschränkte Rechte

Nach dem Bürgerkrieg wollte Präsident Andrew Jackson den Südstaaten eigene Gesetze erlauben, solange sie den 13. Verfassungszusatz anerkannten und Reparationen zahlten. Als die Südstaaten die ersten *black codes* erließen, die die Rechte freigelassener Sklaven einschränkten, erzürnte das viele Nordstaatler.

1866 ratifizierte der Kongress den Civil Rights Act: Jeder in den USA Geborene hat Anrecht auf die Bürgerrechte und Gleichheit vor dem Gesetz. Er übernahm den Wiederaufbau in den Südstaaten und setzte dabei den 14. Verfassungszusatz durch, der ehemaligen Sklaven gleichen Schutz durch die Verfassung garantierte. 1870 nahm der Kongress den 15. Zusatz an, demzufolge keinem Bürger »aufgrund von Ethnie, Hautfarbe oder früherem Status als Sklave« das Wahlrecht versagt werden darf.

Die Sklaverei war abgeschafft, aber im tiefen Süden hielt sich bis in die 1920er-Jahre hinein noch die Leibeigenschaft, bei der (oft unter Vorwand) verurteilte Afroamerikaner in Ziegeleien, Minen und auf Plantagen ihre Strafe »abarbeiten« mussten. Sie waren in einem Teufelskreis aus unbezahlter Arbeit und wachsenden Schulden gefangen. Der Civil Rights Act von 1964 verbot Rassentrennung und Diskriminierung, mit denen Afroamerikanern im Süden ihre bürgerlichen Freiheiten vorenthalten wurden.

Sklaverei heute

Auch heute gibt es noch die Schuldknechtschaft. Großbritannien erließ 2015 ein Gesetz, um z. B. zu verhindern, dass Migranten gezwungen werden, zur Bezahlung ihrer Schleuser arbeiten zu müssen. Nichtsdestotrotz werden weiterhin bis zu 45 Millionen schutzlose Menschen in aller Welt praktisch als Sklaven ausgebeutet. ■

LAUTERKEIT, LEISTUNG, WACHSAMKEIT UND BESONNENHEIT

DER METROPOLITAN POLICE ACT (1829)

IM KONTEXT

SCHWERPUNKT
Strafverfolgung

FRÜHER
1666 Ludwig XIV. von Frankreich ruft in Paris erstmals eine Polizei ins Leben.

1749 Londons erste bezahlte Polizei soll die hohe Verbrechensrate senken.

1786 Mit dem Dublin Police Act entsteht im irischen Dublin eine uniformierte Polizeitruppe.

SPÄTER
1835 Der Municipal Corporations Act verpflichtet jede britische Gemeinde, einen bezahlten Polizisten zu bestimmen.

1878 Das britische Criminal Investigation Department (CID) mit Schwerpunkt Verbrechensaufklärung wird gegründet.

1919 Sofia Stanley ist die erste Rekrutin der Londoner Polizei.

Im alten Ägypten, Griechenland und Rom gab es zur Wahrung der öffentlichen Ordnung und als Nachtwachen lose Verbände von Ordnungshütern. Im England des Mittelalters gingen die Angelsachsen mit dem Statute of Winchester 1285 einen Schritt weiter und machten die Wahrung des königlichen Friedens und von Recht und Ordnung zur allgemeinen Bürgerpflicht. Aufklärung und Anklage von Verbrechen wie Diebstahl oder Körperverletzung, die als Privatsache galten, zählten nicht zu den Aufgaben dieser frühen Formen von Polizeiarbeit.

Siehe auch: Gottesurteil und Gerichtskampf 52–53 ▪ Der Assize of Clarendon 64–65 ▪ Die Abschaffung der Todesstrafe 151 ▪ INTERPOL 220–221 ▪ Das US-Zeugenschutzprogramm 259 ▪ Megan's Law 285

» Es ist viel besser, einen Mann davon abzuhalten, zum Schurken zu werden, als 40 zu verhaften und vor Gericht zu bringen. «

John Fielding
An Account of the Origin and Effects of a Police Set on Foot etc., 1758

1361 schuf ein Gesetz in Großbritannien ein Netzwerk von Friedensrichtern, die mithilfe anfangs gewählter, später durch die Friedensrichter selbst ernannter unbezahlter Hilfspolizisten und Wachmänner für Ordnung sorgen sollten. Die Bürger sollten sie unterstützten. Rief jemand etwa: »Haltet den Dieb!«, wurde von den Bürgern erwartet, dass sie den Beschuldigten verfolgten und festhielten, bis der Wachmann ihn festnehmen konnte.

Ab dem 16. Jahrhundert engagierten wohlhabende Händler »Thief-Takers« (Diebesfänger), die gegen eine Gebühr gestohlene Gegenstände wiederbeschafften. Aber das System nutzte nur den Reichen und war offen für Korruption. Abschreckung war im 17. Jahrhundert das Hauptmittel zur Wahrung von Recht und Ordnung, und selbst kleine Vergehen wie Diebstahl konnten mit dem Tod bestraft werden. Da dieses brutale System vor allem die Armen traf, wurde der Ruf nach Reformen immer lauter.

Die Bow Street Runners

Im 18. Jahrhundert begann das lang eingeführte britische System der Constables zu scheitern, da die für diese ehrenamtliche Tätigkeit gewählten Bürger sich häufig aus ihrer Verantwortung freikauften. Daher fiel die Aufgabe oft an alte, kranke oder arme Arbeitslose, die meist wenig dafür geeignet waren.

1749 gründete der britische Friedensrichter Henry Fielding gemeinsam mit seinem Bruder John die Bow Street Runners, eine kleine Truppe besoldeter Polizisten, die vom Magistrates' Court in der Bow Street aus operierten. Sie verfolgten im Auftrag des Gerichts Straftäter und gingen organisiert gegen Verbrechen vor. Sie arbeiteten aber nicht präventiv, sondern konnten erst handeln, wenn ein Verbrechen geschehen war. Obwohl sie auf einen kleinen Bereich Londons beschränkt waren, fand die Idee einer professionellen Polizei schnell breite Unterstützung.

Rufe nach Reformen

Gegen Ende des 18. Jahrhunderts stieg die Kriminalität im boomenden London sprunghaft an, und das Militär musste häufig Aufstände niederschlagen. Friedensrichter Patrick Colquhoun drängte 1796 in einer Abhandlung auf Reformen und später auf tüchtige und hoch motivierte Polizisten mit starken sittlichen Wertvorstellungen. Er konnte seine Theorien auf die Probe stellen, als er 1798 die Leitung der neu geschaffenen Marine Police (später Thames River Police) übernahm. Wegweisend führte diese besoldete Truppe erstmals regelmäßige Patrouillen durch. Diese Sichtbarkeit schreckte offenbar ab, denn die Verbrechen auf dem Fluss gingen spürbar zurück. »

Bow Street Runner in Aktion. Das Bild zeigt zwei blau uniformierte Mitglieder der ersten besoldeten Polizei Londons, die auf Hinweis eines Bürgers zwei Straßendiebe festnehmen.

Polizeiarbeit ist zunächst soziale **Pflicht aller Bürger.**

→ **Privat bezahlte** oder ehrenamtliche Wachleute erhalten **Geld für Festnahmen,** was sie für **Korruption** anfällig macht.

→ Die **Todesstrafe** selbst für kleine Verbrechen soll **abschreckend** wirken.

→ Unbezahlte Wachleute sind gegen Londons **wachsende Bevölkerung** und **Kriminalität erfolglos.**

→ Reformer werben für die Idee einer **präventiven Polizeiarbeit.**

→ Robert Peel gründet 1829 die Metropolitan Police als **Berufspolizei** mit **Schwerpunkt Verbrechensverhütung.**

Die Regierung ignorierte die Rufe nach einem ähnlichen System für alle Städte Großbritanniens, da die Kosten eine unpopuläre Steuererhöhung erforderten. Zudem widersprach die Idee eines staatlich organisierten Polizeiapparats der damals vorherrschenden Ideologie von möglichst wenig staatlicher Einmischung. Man fürchtete auch, eine ständige Polizeitruppe sei für Korruption anfällig und könnte für politische Zwecke missbraucht werden.

Was aber passiert, wenn man Recht und Ordnung vor allem mithilfe des Militärs aufrechtzuerhalten versucht, zeigte sich, als die Armee 1819 in Manchester eine friedliche Demonstration für Parlamentsreformen brutal zerschlug. 18 Menschen starben, unzählige wurden verletzt, und man sprach vom Peterloo-Massaker. Die Angst, die öffentliche Empörung könne in Gewalt umschlagen, zwang das Parlament schließlich zum Handeln.

Der Einsatz schwer bewaffneter Soldaten ließ 1819 in Manchester eine friedliche Großdemonstration für Parlamentsreformen in das Peterloo-Massaker eskalieren.

Eine neue Polizei

Der Politiker Robert Peel war eine treibende Kraft bei der Polizeireform in London, wo in den 1820er-Jahren die Kriminalität mit der stark wachsenden Bevölkerung zunahm. Als früherer Chief Secretary for Ireland war er vom Erfolg der Dubliner Polizei beeindruckt. Als Innenminister setzte er sich für die Gründung einer ähnlichen Polizei für London ein, da der Mangel an Recht und Ordnung die Hauptstadt destabilisierte. 1829 schuf der Metropolitan Police Act dafür die gesetzliche Grundlage.

Das Gesetz sorgte für die Schaffung einer dem Innenminister unterstellten professionellen Polizeitruppe für das Gebiet Londons. Die Constables trugen eine blaue Uniform, die sie gut erkennbar machte, und waren unbewaffnet. Die »Bobbies« oder »Peelers« (nach Robert Peel) erhielten mehr Lohn als Hilfsarbeiter, aber weniger als

» Wichtigste Aufgabe einer leistungsfähigen Polizei ist die Verhinderung von Verbrechen, die nächste [...] das Aufspüren und die Bestrafung von Tätern [...] «

Richard Mayne
Friedensrichter
(1796–1868)

Facharbeiter und durften keine Gebühren mehr für die Wiederbeschaffung gestohlener Waren nehmen, um Korruption vorzubeugen. Bis 1897 durften Polizisten auch nicht wählen, um ihre politische Unabhängigkeit zu wahren.

Bei der neuen Polizei ging es erstmals vordringlich um die Verhütung von Verbrechen und die Wahrung von Recht und Ordnung durch Patrouillen und die Zusammenarbeit mit den Bürgern. Zunächst waren Uniformierte für die meisten ein zu starker Eingriff in ihren Alltag. Als die Kriminalität aber in ganz London zurückging, wandelte sich auch die öffentliche Meinung.

Landesweite Polizei

1835 riefen immer mehr britische Gemeinden besoldete Polizeitruppen ins Leben. Der Rural Constabulary Act erlaubte es ab 1839 auch den britischen Grafschaften, eigene Polizeitruppen zu gründen. Nach und nach breitete sich eine besoldete Polizei, die einem zentralen, vom Parlament beauftragten Kommando unterstand, über das ganze Land aus. Ein weiteres Gesetz verpflichtete ab 1856 alle britischen Städte und Grafschaften zur Gründung eigener Polizeien. 1900 gab es 181 britische Polizeitruppen, doch die Kommunikation untereinander war schlecht. Daher wurden viele der ländlichen Truppen zu regionalen Polizeibehörden zusammengelegt, um die Kooperation zu fördern.

Das britische Modell

Viele Commonwealth-Länder und die USA schufen ihre Polizeien nach britischem Vorbild. Aufgrund der Fokussierung auf Verbrechensverhütung und enger Bindung an die Gemeinden hielten sie viele für weniger korruptionsanfällig als die kommunalen Polizeieinheiten auf dem europäischen Kontinent. Die erste kommunale Polizei in den USA wurde 1838 in Boston gegründet, New York folgte 1845. Das US-System wurde bald aber dezentralisiert und ist oftmals stark von Lokalpolitik geprägt, was es für Korruption anfällig macht.

In Großbritannien gehören heute auch Verbrechensbekämpfung, verdeckte Ermittlungen und die Bekämpfung von Terrorismus und Internetkriminalität zu den Aufgaben der Polizei. Ihre Basis bildet aber weiterhin das Prinzip, dass Polizei und Allgemeinheit gleichbedeutend sind. ■

» Die Polizei ist die Öffentlichkeit, und die Öffentlichkeit ist die Polizei. «

Allgemeine Dienstanweisung der Londoner Metropolitan Police, 1829

Robert Peel

Sir Robert Peel, der Vater der modernen Polizei, wurde 1788 als Sohn eines reichen Industriellen und Adeligen geboren und studierte an der Universität Oxford. 1809 wurde er Mitglied des britischen Parlaments und übernahm verschiedene wichtige Posten, wie Chief Secretary for Ireland (1812–1818). Sein größtes Vermächtnis hinterließ er aber als Innenminister mit der Gefängnisreform und der Gründung der Metropolitan Police.

Später war Peel dann zweimal Premierminister (1834/35 und 1841–1846). 1846 sorgte er für die Abschaffung der Handelsbeschränkungen und Zölle zum Schutz heimischer Getreideproduzenten, um die Große Hungersnot in Irland zu mildern. Er führte den Factory Act ein, der 1844 die Zahl der Stunden beschränkte, die Frauen und Kinder in Fabriken arbeiten durften. Gemeinsam mit dem Mines Act von 1842, der die Arbeit von Frauen und Kindern in Gruben verbot, war er wichtiger Teil der Arbeitsreformen im viktorianischen England. Peel starb 1850 bei einem Reitunfall.

ALLE VERPFLICHTUNGEN AUS GLÜCKSSPIEL SOLLEN NICHTIG SEIN

DER GAMING ACT (1845)

IM KONTEXT

SCHWERPUNKT
Glücksspielgesetze

FRÜHER
1254 Ludwig IX. verbietet das Glücksspiel in Frankreich.

1541 In England untersagt der Unlawful Games Act Aktivitäten, die als ablenkend angesehen werden, wie Würfel- und Kartenspiele und Tennis.

SPÄTER
1853 Der britische Betting Act verbietet Wettgeschäfte in Räumlichkeiten.

1910 Der US-Staat Nevada verbietet als einer der letzten Spielcasinos.

1931 Nachdem die Behörden in Nevada aus wirtschaftlichen Erwägungen das Glücksspiel erlaubt haben, eröffnet in Las Vegas das erste Casino.

2005 Der britische Gambling Act macht Wetteinsätze rechtlich bindend und liberalisiert damit das Glücksspiel.

Glücksspiel und Wetten werden im 18. Jahrhundert **immer beliebter.**

↓

Es kommt immer öfter zu **Streitigkeiten um Glücksspielgewinne.**

↓

Der Gaming Act von 1845 macht Glücksspielverträge nichtig.

↓

Wettschulden können **nicht länger vor Gericht erstritten** werden.

Glücksspiel und Wetten waren lange Zeit ein großes Problem für die britischen Gesetzgebungsorgane. Das von Politikern und Religionsführern oftmals vehement als unmoralisch verschriene Glücksspiel ist immer wieder abwechselnd verboten (weil es Menschen wirtschaftlich ruiniert und der Gesellschaft schadet) und erlaubt worden, um es zu regulieren und von Steuereinnahmen zu profitieren.

Bestimmte neue Spiele waren in England zwar ab 1541 theoretisch illegal, damit die Bürger nicht von ihren Bogenschießübungen abgelenkt wurden, aber das Verbot war

Siehe auch: Der Cruelty to Animals Act 146–147 ▪ *Hadley v. Baxendale* 148–49 ▪ Das Internationale Übereinkommen gegen Doping im Sport 304 ▪ Die Match-Fixing Task Force 306–307 ▪ Die Open Internet Order 310–313

Aristokraten würfeln 1843 im Crockford's Gentlemen's Club in London. Der frühere Fischhändler William Crockford machte mit den Glücksspielschulden seiner Klubmitglieder ein Vermögen.

kaum durchsetzbar. Glücksspiel war zu allen Zeiten und überall populär, und im England zu Beginn des 18. Jahrhunderts – einer Zeit heftiger sozialer und wirtschaftlicher Umwälzungen – boomte es regelrecht. Wetten waren legal, und Gewinne konnten juristisch eingetrieben werden. Die Arbeiterklasse wettete auf Boxkämpfe, Bärenhetze und Hahnenkämpfe, während die Aristokratie Würfel- und Kartenspiele bevorzugte.

Die letztendliche gesetzliche Regulierung entstand nicht aus moralischen Erwägungen heraus, sondern weil die sowieso überlasteten Gerichte von Wettstreitigkeiten zusätzlich belastet wurden. Der Gaming Act von 1845 erklärte Verpflichtungen aus Glücksspielen für null und nichtig, sodass Wettschulden nicht mehr eingetrieben werden konnten.

Neue Regeln

Das Gesetz machte nicht etwa das Wetten illegal, bestimmte aber, dass alle Klagen mit dem Ziel, Wettgewinne einzutreiben, verboten waren, womit das Glücksspiel nicht mehr der Jurisdiktion der Gerichte unterlag. Es wurde bald als unangemessen paternalistisch und dem freien Willen zuwiderlaufend geschmäht. Warum, so fragten die Libertären, sollten Menschen nicht 10 brit. Pfund auf ein Sportereignis setzen dürfen, wenn sie das gleiche Geld auch an der Börse verlieren durften?

Eine Folge des neuen Gesetzes war, dass Buchmacher Spielern keine Einsätze mehr auf Kredit gewähren durften. Ein Spieler konnte nicht mehr per Gesetz gezwungen werden, seine Wettschulden zu begleichen. Als Reaktion nahmen die Buchmacher nur noch Bargeldwetten an, bis der Betting Act von 1853 sie zwang, ihrem Geschäft nur noch außerhalb von Gebäuden nachzugehen, was dann 1906 durch ein weiteres Gesetz ebenfalls verboten wurde.

Liberalere Gesetze

Zu Beginn des 20. Jahrhunderts lag das Glücksspiel in Großbritannien fest in den Händen krimineller Banden. 1949 wurde eine königliche Kommission mit der Untersuchung von Wetten, Lotterien und Glücksspiel beauftragt, was schließlich 1960 zum Betting and Gaming Act führte, der lizenzierte Wettbüros in den Einkaufsstraßen erlaubte und das Glücksspiel wieder zugänglicher machte.

Im 21. Jahrhundert entschied die britische Regierung dann, Glücksspiel solle nicht mehr als moralisch anrüchig betrachtet, sondern aus wirtschaftlichen Erwägungen heraus wie andere Freizeitaktivitäten gefördert werden. 2005 regulierte der überarbeitete Gambling Act das Online-Glücksspiel und gab Wettbüros rechtliche Planungssicherheit. Es machte zudem Wettgewinne wieder rechtlich eintreibbar und etablierte eine Glücksspielkommission. ▪

» Vor keinem Gericht sollen Verfahren zwecks Eintreibung von Geldsummen oder Wertsachen im Zusammenhang mit einer Wette zulässig sein […] «

Der britische Gaming Act, 1845

VERPFLICHTET, MITGESCHÖPFE NICHT ZU VERLETZEN

DER CRUELTY TO ANIMALS ACT (1849)

IM KONTEXT

SCHWERPUNKT
Tierschutzgesetze

FRÜHER
1764 Voltaire bezeichnet Tiere in seinem *Philosophischen Taschenwörterbuch* als empfindsam.

1822 Großbritannien erlässt das erste Gesetz gegen Tierquälerei.

1835 Die überarbeiteten britischen Tierschutzgesetze verbieten Hahnenkämpfe, Bullen- und Dachshatz.

SPÄTER
1911 Der Protection of Animals Act weitete das Quälereiverbot auf alle Tiere aus.

2006 Der britische Animal Welfare Act macht Tierbesitzer für eine tiergerechte Haltung und den Schutz ihrer Tiere verantwortlich.

2019 In den USA wird extreme Tierquälerei auf Bundesebene zum Verbrechen.

Historisch wurden Tiere entweder als Naturgewalt mit teils magischen oder sogar dämonischen Kräften oder als Eigentum gesehen. Im 17. Jahrhundert erkannten einige Menschen, dass Tiere rechtlichen Schutz vor unnötigem Leid benötigen. 1635 wurde in Irland ein Gesetz erlassen, das es unter anderem verbot, den Pflug am Schwanz eines Pferdes zu befestigen und Schafen die Wolle vom Rücken zu reißen. Der Massachusetts Body of Liberties (1641), eines der ersten Gesetzbücher Nordamerikas zu Rechten und Pflichten der Bürger, enthielt Regeln gegen Gewalt und Grausamkeit gegen Haustiere bzw. Tiere, die für den menschlichen Gebrauch gehalten wurden.

Mit den sich immer stärker durchsetzenden Idealen der Aufklärung kam in Europa im 18. Jahrhundert die philosophische Debatte auf, ob Tiere empfindungsfähige Wesen

Die **Aufklärung** bestand darauf, dass **Tiere fühlen** und damit auch **leiden** können.

Viele Christen empfinden eine wachsende **moralische Verpflichtung, Tierleid** zu **verhindern.**

Gesetzlich geschützt sind zunächst nur **wirtschaftlich wichtige Nutztiere.**

Aktivisten der britischen Society for the Prevention of Cruelty to Animals schaffen ein **öffentliches Bewusstsein für das Leid der Tiere,** und der Cruelty to Animals Act wird verabschiedet.

Siehe auch: Der »Vivisection Act« 163 ▪ Der Endangered Species Act 264–265 ▪ Das Weltnetz der Biosphärenreservate 270–271 ▪ Das Kyoto-Protokoll 305

» Wie wir Tiere behandeln – Kreaturen, die uns schutzlos ausgeliefert sind –, kann als Maßstab unserer Menschlichkeit unserer eigenen Spezies gegenüber betrachtet werden. «

Elizabeth Heyrick

seien. Die französischen Philosophen Voltaire und Jean-Jacques Rousseau und der Engländer Jeremy Bentham beschrieben alle die Fähigkeit der Tiere, Schmerzen zu empfinden und Gefühle zu haben. Langsam, aber sicher setzte sich ein Denken durch, bei dem es nicht nur um den wirtschaftlichen Wert der Tiere für ihren Besitzer ging, sondern auch um das Wohl des Tiers an sich.

Die Pflicht, zu schützen

Als der Konsens wuchs, dass Menschen eine Pflicht zum Schutz der Tiere haben, setzte sich die britische Quäkerin und Aktivistin Elizabeth Heyrick 1809 gegen die Bullenhatz und später auch für den Schutz aller Nutztiere ein. Großbritannien wurde 1822 das erste Land der Welt, das ein Tierschutzgesetz verabschiedete. Der nach dem Abgeordneten und Tierrechtsaktivisten Richard Martin benannte Martin's Act verbot Grausamkeit gegen Nutztiere wie Rinder, Schafe, Maultiere und Pferde. Heyrick setzte ihre Kampagnen 1823 mit einer Schrift *Cursory Remarks on the Evil Tendency of Unrestrained Cruelty* fort, in der sie das grausame Aufstacheln der Tiere in Smithfield in London, dem seinerzeit größten Fleischmarkt Großbritanniens, anprangerte.

1824 gründete sich die Society for the Prevention of Cruelty to Animals und brachte das Thema erfolgreich in die öffentliche Debatte. Eine Neufassung der Gesetze in England verbot ab 1835 Hahnenkämpfe, Bullen- und Dachshatz und regelte auch den Schutz von Hunden und Katzen.

In den 1840er-Jahren hatte sich der Gedanke eines besseren Tierschutzes in der Gesellschaft durchgesetzt. Tierquälerei wurde häufiger verfolgt, vor allem bei Abdeckhöfen, die zur Schlachtung vorgesehene Pferde weder tränkten noch fütterten. Der 1849 verabschiedete Cruelty to Animals Act verbot Tierhatz und Tierkämpfe, das Schlagen und die Arbeitsüberlastung von Tieren sowie alle Transporte, die den Tieren Schaden zufügten. Wer gegen das Gesetz verstieß oder einen anderen dazu veranlasste, konnte mit einem Bußgeld belegt werden.

Eine weitere Debatte

Erst der Protection of Animals Act von 1911 sprach allen Tieren Schutz zu, auch wenn er weiterhin Wildtiere und Tiere, die als Nahrung dienten oder für wissenschaftliche Experimente genutzt wurden, ausschloss. Je mehr anerkannt wurde, dass Tiere leiden können, desto mehr wurden auch diese Bereiche diskutiert.

In Großbritannien verbot der Hunting Act von 2004 die Jagd auf Wildtiere mit Hunden, und der Animal Welfare Act von 2006 machte Tierhalter für das Wohl ihrer Schützlinge verantwortlich. In den USA wurde extreme Grausamkeit gegen Tiere auf 2019 mit dem PACT Act (Preventing Animal Cruelty and Torture) auf Bundesebene strafbar. ■

Die Bullenhatz, bei der Hunde auf angekettete Bullen gehetzt wurden, war bis in die 1840er-Jahre auf Jahrmärkten beliebt. Das Publikum konnte auf den Ausgang des Kampfes wetten.

DIE SCHÄDEN SOLLEN GERECHT BERECHNET WERDEN

HADLEY V. BAXENDALE (1854)

IM KONTEXT

SCHWERPUNKT
Vertragsrecht

FRÜHER
531 Unter Justinian I. bestimmt die *duplum*-Regel, dass der Umfang des Schadensersatzes auf das Doppelte des Vertragswerts begrenzt sein soll.

1839 Im Fall *Blanchard v. Ely* zitiert ein US-Gericht das französische Zivilrecht als Präzedenz für die Vorhersehbarkeit für Schadensersatz aus Vertragsbrüchen.

SPÄTER
1949 Im *Fall Victoria Laundry (Windsor) Ltd v. Newman Industries Ltd* urteilt ein britisches Gericht, dass sich »vernünftigerweise vorhersehbar« auf »übliche«, aber nicht auf »unübliche« Profitverluste bezieht.

1980 Das UN-Kaufrecht stellt internationale Regeln zur Vorhersehbarkeit von Schäden auf.

Dem Urteil im Fall ***Hadley v. Baxendale*** zufolge kann **Schadensersatz aus Vertragsbruch** in einem von zwei Fällen geltend gemacht werden:

Der aus einem Vertragsbruch entstehende Schaden konnte **vernünftigerweise erwartet** werden.

Der Schaden konnte bei Vertragsabschluss **vernünftigerweise** von beiden Parteien **bedacht** werden.

Das Urteil eines englischen Berufungsgerichts im Fall *Hadley v. Baxendale* sollte die Entwicklung des modernen Vertragsrechts beeinflussen. Im Fall ging es darum, ob ein wegen Vertragsbruchs Beklagter für Einnahmeverluste infolge des Vertragsbruchs haftbar sein soll, wenn er sich bei Vertragsabschluss einer solchen Möglichkeit nicht bewusst war.

Joseph und Jonah Hadley waren die Eigentümer der Getreidemühle City Steam-Mills in Gloucester. Die Kurbelwelle ihrer Dampfmaschine war gebrochen und musste ersetzt werden. Bis dahin musste die Mühle schließen, und die Brüder verloren Geld, brauchten also dringend ein Ersatzteil.

Sie bestellten die neue Kurbelwelle beim Maschinenbauer W. Joyce & Co in London und beauftragten die Transportfirma von Joseph Baxendale damit, die kaputte Welle am nächsten Tag nach London zu transportieren, damit man dort ein Ersatzteil gießen konnte. Ein Mitarbeiter Baxendales versicherte dem Diener der Brüder, dass die kaputte Welle am nächsten Tag nach London geliefert würde,

Siehe auch: Die *Lex Aquilia* 34 ▪ Die *Lex Mercatoria* 74–77 ▪ Der Code Napoléon 130–131 ▪ Eine Unfallversicherung für Arbeiter 164–167 ▪ *Salomon v. Salomon & Co. Ltd* 178–179 ▪ *Donoghue v. Stevenson* 194–195

Sir Edward Hall Alderson, der Richter im Fall *Hadley v. Baxendale,* war ein Baron of the Exchequer, das sich mit Billigkeitsfragen befasste. Seine zahlreichen Urteile formten das Handelsrecht im 19. Jh. entscheidend mit.

wenn sie bis Mittag einträfe. Aber der Transporteur transportierte die Welle sieben Tage lang nicht. Dadurch verzögerte sich die Herstellung des Ersatzteils um fünf Tage, sodass die Mühle fünf Tage länger schließen musste als vorhergesehen.

Die Hadleys verloren nicht nur die Einnahmen der fünf Tage, sondern mussten auch Mehl für einige ihrer Kunden zukaufen und ihre Angestellten weiterbezahlen. Sie verklagten Baxendale auf Schadensersatz.

Vorhersehbarkeit

Die Jury am Schwurgericht Gloucester urteilte ursprünglich zugunsten der Hadleys und verurteilte Baxendale zur Zahlung von 25 brit. Pfund. Der ging mit dem Argument in Berufung, er habe nicht gewusst, dass die Hadleys durch die verzögerte Lieferung Einnahmeverluste erleiden würden. Berufungsrichter Sir Edward Hall Alderson sah das auch so und verfügte eine neue Verhandlung.

In seinem Urteil führte Alderson zwei Argumente an, die im angloamerikanischen Vertragsrecht zu Präzedenzen wurden: Erstens konnte Baxendale nur für Verluste haftbar gemacht werden, die er vernünftigerweise voraussehen konnte, und zweitens hätten die Hadleys nur dann Aussicht auf Erfolg ihrer Klage gehabt, wenn sie Baxendale bei Vertragsabschluss die Lage verdeutlicht hätten, namentlich, dass die Mühle ohne Kurbelwelle nicht funktionierte und unverzüglich zu W. Joyce & Co gebracht werden musste, um eine neue Welle zu erhalten.

Das war ein bedeutendes Urteil, denn es schuf die erste klare Regel für die Grenzen von Schadensersatzforderungen bei Vertragsbruch. Diese Regel bildet heute die Grundlage des US-amerikanischen Schadensersatzrechts bei Vertragsbruch. So entschied das Oberste Bundesgericht beispielsweise 1888, dass die Western Union Telegraph Company nicht für Verluste des George F. Hall aus Iowa haftbar war, als seine Kauforder für Petroleum verzögert gesendet wurde. Es ging darum, ob der Schaden vorhersehbar war. Das Gericht kam zum Schluss, dass dem nicht so war, und gestand Hall nur die Kosten für die Sendung der verzögerten Nachricht zu.

» Diese besonderen Umstände wurden den Beklagten von den Klägern zu keinem Zeitpunkt mitgeteilt. «

Baron Alderson
Urteil im Fall *Hadley v. Baxendale*

» *Hadley v. Baxendale* ist bis heute, und vermutlich auch in Zukunft, ein Fixstern am Firmament der Jurisprudenz. «

Grant Gilmore
US-amerikanischer Jurist (1910–1982)

Nachhaltige Wirkung

Später wurde die Regel der Vorhersehbarkeit weiter geschärft. 1949 gestand das Berufungsgericht im Fall *Victoria Laundry (Windsor) Ltd. v. Newman Industries Ltd.* der Reinigung Schadensersatz zu, weil Newman Industries einen Kessel zu spät lieferte, wodurch der eingetretene Schaden »vorhersehbar« gewesen sei. Es verneinte eine erweiterte Schadensersatzpflicht des Lieferanten für den Verlust »besonders lukrativer Färbearbeiten«, da dieser nicht vorhersehbar gewesen sei. Das durch *Hadley v. Baxendale* etablierte Prinzip der Vorhersehbarkeit hat bis heute Bestand; deshalb schließen Vertragspartner routinemäßig eine salvatorische Klausel in ihre Verträge ein, um Streit über die Vorhersehbarkeit von Schäden zu vermeiden. ■

WER KANN DIE FRAU IN DIESEM BUCH VERDAMMEN?

DER *MADAME-BOVARY*-PROZESS (1857)

IM KONTEXT

SCHWERPUNKT
Zensur

FRÜHER
1571 Frankreich verbietet die Veröffentlichung unerwünschter Werke.

1803 Napoleon verfügt, dass jedes Buch der Revisionskommission vorgelegt werden muss.

1852 Napoleon III. führt eine strikte Pressezensur ein.

SPÄTER
1857 Der französische Dichter Charles Baudelaire wird wegen Obszönität in seinem Werk *Die Blumen des Bösen* angeklagt.

1921 *Ulysses* von James Joyce wird in den USA wegen Obszönität verboten.

1960 In Großbritannien wird der Verleger des Romans *Lady Chatterley* von D.H. Lawrence der Obszönität angeklagt und freigesprochen.

Ab 1851 stand Frankreich unter der autoritären Herrschaft Napoleons III. Wie sein Onkel Napoleon Bonaparte zuvor schränkte der Neffe die Pressefreiheit stark ein und weitete die Zensur auf die Literatur aus. Damit wollte er dem Individualismus entgegenwirken, der während der Französischen Revolution (1789–1799) aufgekommen war und seiner Meinung nach die Einheit der Republik bedrohte. Als Gustave Flaubert 1857 sein Debüt *Madame Bovary* über eine gelangweilte Hausfrau, die mehrere Affären hat, veröffentlichte, wurde er wegen Verstoßes gegen »die öffentliche und religiöse Moral und gegen die guten Sitten« angeklagt.

Der literarische Realismus des Romans, in dem Emma Bovarys Verlangen, Zügellosigkeit und ehebrecherisches Verhalten vom Erzähler nicht moralisch kommentiert werden, löste Befürchtungen aus, er könne männliche Leser erregen und weibliche auf Abwege führen. Da Flaubert die Unschicklichkeiten aber nur andeutete und nicht explizit beschrieb, fehlten den Zensoren zwingende Argumente, und Flaubert wurde nach nur einem Prozesstag freigesprochen.

Solche »Obszönitätsgesetze« beschneiden bis heute teilweise den öffentlichen Zugang zu Büchern. So war James Joyce' Ulysses in Großbritannien wie in den USA anfangs verboten. Meist sorgten solche Prozesse aber dafür, dass die Werke, die man bannen wollte, Verkaufsschlager wurden. ■

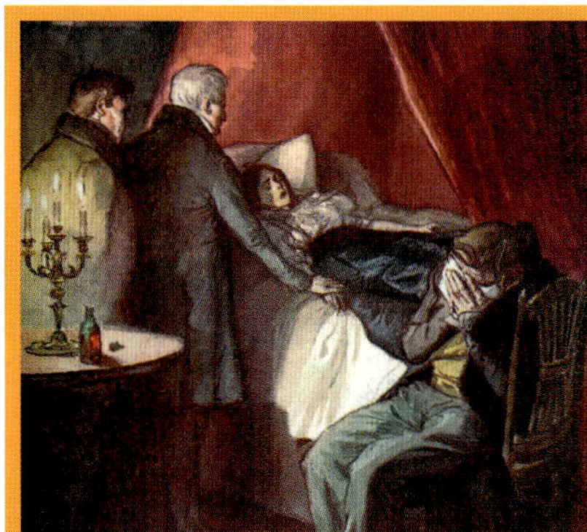

Emma Bovary auf dem Totenbett. Sie schluckt am Ende Gift, nachdem ihre Liebhaber sich weigern, ihr beim Begleichen ihrer Schulden zu helfen.

Siehe auch: Der Prozess gegen Galileo Galilei 93 ▪ Das Statute of Anne 106–107 ▪ Der WIPO-Urheberrechtsvertrag 286–287 ▪ Die Open Internet Order 310–313

ES IST NICHT GERECHT, EIN LEBEN ZU BEENDEN

DIE ABSCHAFFUNG DER TODESSTRAFE (1863)

IM KONTEXT

SCHWERPUNKT
Strafrecht

FRÜHER
1764 Für Cesare Beccaria gibt es keine Rechtfertigung für den Staat, Leben zu nehmen.

1794 Pennsylvania lässt als erster US-Staat die Todesstrafe nur noch für vorsätzlichen Mord zu.

1852 Rhode Island schafft als erster US-Staat die Todesstrafe vollständig ab.

SPÄTER
1969 Großbritannien schafft die Todesstrafe ab, in den meisten Commonwealth-Staaten bleibt sie aber erhalten.

1977 Der französische Anwalt Robert Badinter kann die Hinrichtung des Kindesmörders Patrick Henri abwenden.

1981 Frankreich schafft die Todesstrafe ab. Badinter selbst verabschiedet das Gesetz als neuer Justizminister.

Historisch ist die Todesstrafe die höchste Strafe – Abschreckung und ausgleichende Gerechtigkeit zugleich. Erstmals dokumentiert ist sie im antiken Babylon im Kodex Hammurabi (um 1750 v. Chr.), der sie für 25 Verbrechen vorsah. Im 18. Jahrhundert kam sie in Großbritannien bei 200 Verbrechensarten zur Anwendung, und in ganz Europa waren öffentliche Hinrichtungen ein beliebtes Spektakel.

Befürworter der Todesstrafe beziehen sich oft auf das antike Talionsprinzip, die *ius talionis* (Recht auf Vergeltung), oder das Prinzip »Auge um Auge«. Es basiert darauf, dass zwischen Strafe und Verbrechen ein Gleichgewicht herrschen müsse. Wer also ein Leben nimmt, sollte seines verlieren. Im Zuge der Aufklärung im 18. Jahrhundert argumentierten nun aber die Philosophen, dass staatliche Hinrichtungen auch nichts anderes seien als legitimierter Mord.

Die Kritik an der Unmenschlichkeit und Scheinheiligkeit staatlich sanktionierter Hinrichtungen nahm zu, drang aber nur schleppend durch. Während die Republik Venezuela sie bereits 1863 abschaffte, waren bis 1900 nur drei Länder ihrem Beispiel gefolgt. Die Bewegung hält aber bis heute an, und inzwischen haben 100 Länder die Todesstrafe völlig abgeschafft, andere setzen sie praktisch nicht mehr um. In mehr als 50 Nationen (inklusive der USA) existiert die Todesstrafe weiter. ■

» Es scheint mir widersinnig, dass die Gesetze, [...] um die Bürger vom Meuchelmorde abzuhalten, ein öffentliches Morden anbefehlen. «

Cesare Beccaria
Italienischer Jurist, Politiker und Philosoph (1738–1794)

Siehe auch: Der Prozess Karls I. 96–97 ▪ Die Allgemeine Erklärung der Menschenrechte 222–229 ▪ Die Europäische Menschenrechtskonvention 230–233

AUCH IM KRIEG SOLLTE ES REGELN GEBEN

DIE GENFER KONVENTIONEN (1864, 1906, 1929, 1949)

IM KONTEXT

SCHWERPUNKT
Internationales Recht

FRÜHER
1337–1453 Im Hundertjährigen Krieg versuchen Richard II., Heinrich V. und Karl VII., militärische Disziplin zu kodifizieren.

1863 Abraham Lincoln übernimmt den Lieber Code für die ethische Behandlung von Zivilisten im Bürgerkrieg.

SPÄTER
1977 Zwei Protokolle werden den Genfer Konventionen angehängt, eines davon zu inneren Konflikten.

1998 Der Internationale Strafgerichtshof in Den Haag wird eingerichtet.

1999 Der jugoslawische Präsident Slobodan Milošević ist der erste wegen Kriegsverbrechen angeklagte Staatschef.

Die Genfer Konventionen umfassen vier zwischen 1864 und 1949 geschlossene internationale Abkommen und beruhen auf dem Prinzip des internationalen Rechts, das auch für bewaffnete Konflikte gilt. Sie beschreiben einen Mindeststandard für den menschlichen Umgang mit Kombattanten und Zivilisten, mit dem Ziel, das Leben zu respektieren.

Das Konzept internationaler Regeln zur Verhinderung von Leiden zu Kriegszeiten wurde erstmals 1862 von dem Schweizer Geschäftsmann und Philanthropen Henry Dunant formuliert, der während des Sardinischen Krieges nach

Siehe auch: Der Westfälische Friede 94–95 ▪ Die Haager Konventionen 174–177 ▪ Die Vereinten Nationen und der Internationale Gerichtshof 212–219 ▪ Die Allgemeine Erklärung der Menschenrechte 222–229 ▪ Der Internationale Strafgerichtshof 298–303

Norditalien gereist war, um Napoleon III. von Frankreich um Wasserrechte für ein Geschäftsvorhaben zu bitten. Er traf ausgerechnet kurz vor Ende der Schlacht von Solferino ein, einer der blutigsten Schlachten des 19. Jahrhunderts. Fast 5000 Soldaten waren gefallen, mehr als 23000 wurden verwundet, und viele weitere wurden im Kampf vermisst. Das Leiden und die Gleichgültigkeit auf dem Schlachtfeld erschreckten Dunant so, dass er sie in seinem Buch *Eine Erinnerung an Solferino* verarbeitete, in dem er nicht nur die Schrecken des Krieges beschrieb, sondern auch eine Lösung vorschlug: eine internationale Freiwilligenorganisation, die sich der Verwundeten annahm.

Dunants Rufe nach einer internationalen Organisation zum Schutz von Kriegsopfern veranlasste die Société genevoise d'utilité publique, die Genfer Gemeinnützige Gesellschaft, zur Berufung eines Fünfer-Komitees, zu dem auch Dunant zählte, um diese Idee näher zu untersuchen. Das Komitee tagte erstmals 1863 als Internationales Komitee der Hilfsgesellschaften für die Verwundetenpflege. Delegierte aus 16 Ländern und vier philanthropischen Gesellschaften nahmen teil und vereinbarten erste Entschlüsse zur Behandlung verwundeter Kombattanten.

Erste Genfer Konvention

1864 wurden die früheren Beschlüsse auf einer weiteren Konferenz in Genf als *Erste Genfer Konvention zur Linderung des Loses der im Felddienst verwundeten Militärpersonen* beschlossen. Ihre wichtigsten Punkte waren der Schutz verwundeter und kranker Soldaten vor Gefangennahme, die Gleichbehandlung aller gefangenen Kombattanten, der Schutz aller Zivilisten, die Verwundeten Hilfe leisten, und die Anerkennung des roten Kreuzes auf weißem Grund als Kennzeichnung für die von der Konvention erfassten Menschen und Materialien. Ende 1867 »

Bei der Schlacht von Solferino wurden 1859 viele Verwundete und Sterbende auf dem Schlachtfeld erschossen oder mit dem Bajonett erstochen, statt sie medizinisch zu versorgen.

Henry Dunant

Der 1829 in Genf geborene Henry Dunant widmete sein Leben humanitären Zielen. Auf einer Geschäftsreise wurde er 1859 Zeuge der schrecklichen Folgen der Schlacht von Solferino und kämpfte danach für die Schaffung einer neutralen Hilfsorganisation für Verwundete im Feld. Dieser Kampf führte zur Gründung des Internationalen Komitees vom Roten Kreuz und der Ersten Genfer Konvention von 1864.

Später ging Dunant bankrott und wurde aus der Genfer Gesellschaft ausgestoßen; aber das hielt ihn nicht davon ab, weiter für humanitäre Belange zu kämpfen, wie die Idee einer universellen internationalen Bibliothek und die Kodifizierung von Regeln für die Behandlung Kriegsgefangener. 1901 erfuhr er schließlich späte Anerkennung als erster Träger des Friedensnobelpreises, verstarb aber verarmt 1910.

Hauptwerk

1862 *Eine Erinnerung an Solferino*

Der Lieber Code

Henry Dunant war nicht der Erste, der Verhaltensregeln auf dem Schlachtfeld forderte. Francis Lieber war ein deutschstämmiger Akademiker in Amerika, der in den Napoleonischen Kriegen auf preußischer Seite gekämpft hatte und 1815 bei Waterloo verwundet wurde. Im Amerikanischen Bürgerkrieg (1861–1865) überzeugte ihn die Misshandlung von Zivilisten, Spionen und geflohenen Sklaven von der Notwendigkeit eines Moralkodex. Abraham Lincoln übernahm seinen Lieber Code 1863 als erste kodifizierte und rechtlich bindende Niederlegung von Verhaltensregeln im Krieg.

Der Lieber Code verbot ausdrücklich die durchaus übliche Praxis, »keine Gefangenen« zu machen (also das Töten von Kriegsgefangenen). Er forderte zudem den ethischen Umgang mit Zivilisten. Sein Code wurde zwar nicht immer beachtet, diente aber als Blaupause für die Haager Konventionen von 1899 und 1907 und als Inspiration für die meisten späteren Kriegsregeln.

hatten alle bedeutenden europäischen Mächte die Genfer Konvention ratifiziert, und 1882 traten schließlich auch die USA bei. Das Komitee benannte sich 1875 in Internationales Komitee vom Roten Kreuz (IKRK) um und wurde zur neutralen Organisation, die Verwundeten im Feld Hilfe leistete.

1899 stimmten Delegierte aus 26 Nationen im niederländischen Den Haag dafür, das internationale Recht der Kriegsführung zu stärken, und verabschiedeten die Haager Konvention, die maßgeblich auf dem amerikanischen Lieber Code basierte. Die Konvention beinhaltete die Erste Genfer Konvention, richtete einen Ständigen Schiedshof ein und weitete den Schutz auf gekennzeichnete Lazarettschiffe, gestrandete Soldaten und Kombattanten auf hoher See aus.

1906 organisierte die Schweizer Regierung eine Konferenz von 35 Staaten zur Verabschiedung der Zweiten Genfer Konvention, die den Schutz auf im Kampf Gefangene oder Verwundete ausweitete und die Rückführung von Kriegsgefangenen in ihre Heimat empfahl (die 1949 verpflichtend wurde). Die 1929 verabschiedete Dritte Genfer Konvention weitete die Bestimmungen dann vor allem auf die faire und humane Behandlung von Kriegsgefangenen aus.

Der Zweite Weltkrieg

Deutschland hatte die Konvention zwar 1929 unterzeichnet, beging aber während des Zweiten Weltkrieges (1939–1945) grauenhafte Verbrechen in Konzentrations- und Kriegsgefangenenlagern, wie Folter, Experimente am Menschen und Völkermord in nie gekanntem Ausmaß: Sechs Millionen Juden starben im Holocaust, und bis zu elf Millionen weitere Zivilisten und Kriegsgefangene kamen ums Leben. Deutschland beging zwar die größten Verbrechen, verstieß aber nicht als einziges Land gegen die Genfer Konventionen.

Die Barbarei des Zweiten Weltkrieges zeigte, dass die Konventionen nicht stark genug waren. Die Kriegsverbrechen waren so entsetzlich, dass sie die gesamte Staatengemeinschaft beschädigten. Das IKRK drängte maßgeblich auf den Schutz von Zivilisten und eine konsequentere Durchsetzung der Konventionen, und so wurden seine Vorschläge 1948 bei einer internationalen Konferenz in Stockholm angenommen.

Im folgenden Jahr wurde die Vierte Genfer Konvention bei einer Konferenz in Genf von Delegier-

Im Konzentrationslager Auschwitz waren auch 230 000 Kinder inhaftiert. In diesem Lager ermordeten die Deutschen 1,1 Millionen überwiegend jüdische Männer, Frauen und Kinder.

» Der Zweite Weltkrieg hat gezeigt, dass Genfer Konventionen unvollständig wären, wenn sie nicht auch die Zivilbevölkerung schützten. «

Max Petitpierre
Schweizer Politiker
(1899–1994)

ten aus 64 Ländern angenommen. Während sich die bisherigen Konferenzen vor allem um den Schutz von Kombattanten gekümmert hatten, ging es 1949 um den Umgang mit Zivilisten im Kriegsfall. Die Delegierten verabschiedeten Artikel über die Behandlung Kranker und Verwundeter, Kinder und Arbeiter, Heimführung, ein Verbot von Freiheitsentzug ohne Verfahren und die Aufrechterhaltung medizinischer Dienste.

Artikel 3 gilt als besonders bedeutsam, weil er »Konflikte ohne internationalen Charakter« betrifft. Er bestimmt, dass nicht aktiv an Feindseligkeiten Beteiligte immer menschlich zu behandeln sind, und untersagt die Folterung Gefangener, Geiselnahmen und Verurteilungen ohne ordentliches Gerichtsverfahren.

Aktualisierungen

Die Vierte Genfer Konvention trat 1950 in Kraft und wurde zur Basis des humanitären Völkerrechts. Sie ist bis heute von 196 Ländern ratifiziert worden, was ihr universelle Geltung verschafft. 1977 kamen zwei Zusatzprotokolle hinzu: Eines verbietet Angriffe auf Zivilisten, Kulturgüter, Kultstätten und die natürliche Umwelt, das andere weitet den Schutz bei »inneren« Konflikten auf Personen aus, die gegen Besetzung, Kolonialherrschaft oder rassistische Regime kämpfen. Auch jeder Konflikt zwischen Unterzeichnerstaaten ohne formelle Kriegserklärung ist abgedeckt.

Die internationale Gemeinschaft ist verpflichtet, die Verantwortlichen für Kriegsverbrechen vor Gericht zu stellen. 2002 wurde in Den Haag der Internationale Strafgerichtshof eingerichtet, der sich mit folgenden Verbrechen befassen soll: vorsätzliche Tötung, Folter, militärisch nicht notwendige umfassende Zerstörung von Eigentum, Zwangsrekrutierung von Kriegsgefangenen, Vorenthaltung eines ordentlichen Prozesses für Kriegsgefangene und Geiselnahme.

Moderne Herausforderungen

Als in jüngerer Zeit der internationale Terrorismus zunahm, wurden Fragen laut, warum Staaten die Genfer Konventionen beachten sollten, wenn Terroristen dies nicht tun. Gerade diese Facette moderner Konflikte hat die Durchsetzung der Konventionen zunehmend erschwert. Das IKRK sondiert vorsichtig, wie sie in diesen schwierigen Situationen besser angewendet werden könnten. ■

DIE RECHTE ALLER ARBEITER

DER TRADE UNION ACT (1871)

IM KONTEXT

SCHWERPUNKT
Arbeitsrecht

FRÜHER
1799, 1800 Die in Großbritannien erlassenen Combination Acts machen Streiks illegal.

1824 Als die Macht der Gewerkschaften wächst, widerruft das britische Parlament die Combination Acts.

1868 In Manchester gründet sich der Dachverband der britischen Gewerkschaften.

SPÄTER
1886 In Ohio gründet sich die American Federation of Labor (AFl), ein US-weiter Gewerkschaftsbund.

1900 In Großbritannien wird die Labour Party gegründet.

1901 Die erste internationale Gewerkschaftsorganisation wird gegründet.

1906 England verabschiedet den Trade Disputes Act.

Ende des 19. und Anfang des 20. Jahrhunderts in Großbritannien erlassene Gesetze schützten Gewerkschaften und sorgten dafür, dass Arbeiter gegenüber ihren Arbeitgebern mehr Rechte erhielten.

Die Gründer der ersten Gewerkschaften waren überzeugt, dass der Arbeitgeber in jeder Verhandlung mit einem Arbeiter im Vorteil ist, da er ökonomische Macht und Einfluss besitzt. Wenn seine Fähigkeiten nicht gerade besonders stark benötigt werden, hat der einzelne Arbeiter wenig Verhandlungsstärke und kann daher leicht ausgebeutet

Siehe auch: Die *Lex Mercatoria* 74–77 ▪ *Hadley v. Baxendale* 148–149 ▪ Eine Unfallversicherung für Arbeiter 164–167 ▪ Der Sherman Antitrust Act 170–173 ▪ Der Brand der Triangle Hemdenfabrik 180–183

» Hat nicht der arbeitende Mann genauso viel Recht, seine Arbeit zu schützen, wie der reiche Mann sein Kapital? «

George Loveless
Märtyrer von Tolpuddle
(1797–1874)

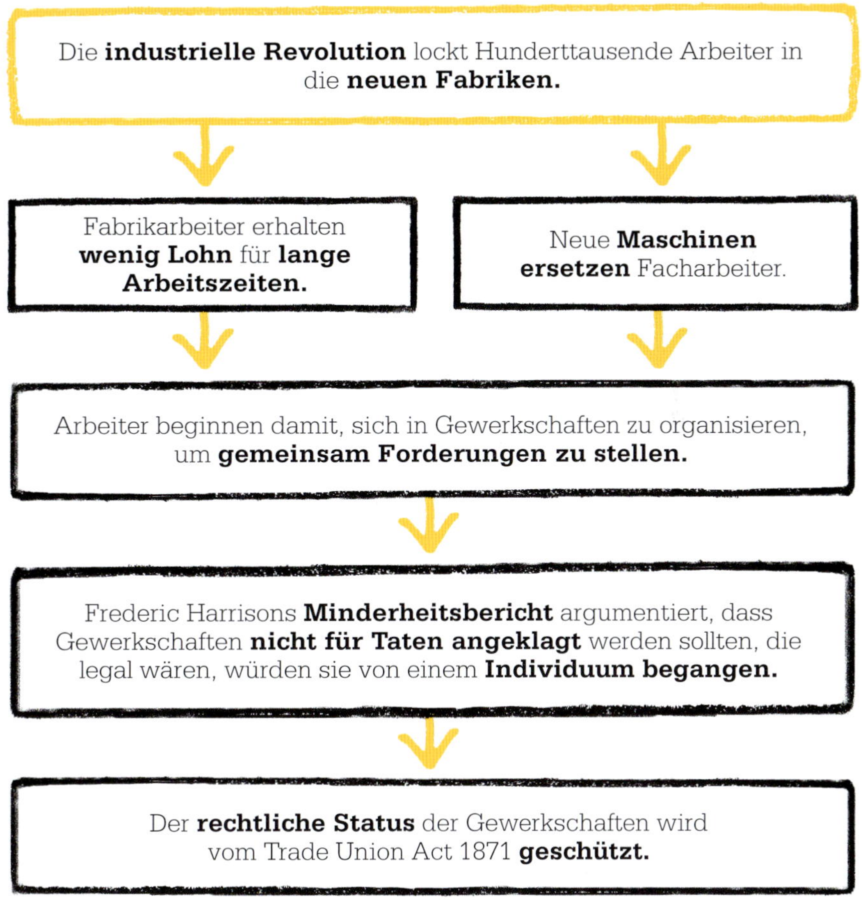

werden. Gewerkschaften wurden gegründet, um dieses Ungleichgewicht auszugleichen, denn so konnten Arbeiter kollektiv mit Arbeitgebern verhandeln.

Ab dem 17. Jahrhundert gründeten Gruppen von Facharbeitern in Großbritannien kleine Gewerkschaften. Als das Handwerk im 18. Jahrhundert durch die industrielle Revolution nach und nach durch Maschinen und Fabriken ersetzt wurde, kam es auch zu Arbeitskämpfen, und es gründeten sich immer mehr Gewerkschaften. Die Regierung sah diese Arbeiterbewegung als Bedrohung der Wirtschaftsordnung an.

Frühe Herausforderungen

Der erste große Streik Großbritanniens war der Streik der Weber im schottischen Calton, die ihre Arbeit aufgrund einer Lohnkürzung niederlegten. Er endete, als Soldaten sechs Arbeiter erschossen. Die Combination Acts von 1799 und 1800 erklärten Streiks für illegal. Das hemmte die aufkommenden Gewerkschaften und hielt viele Arbeiter davon ab, sich zu organisieren. Obwohl diese Gesetze 1824 aufgehoben wurden, blieben einige andere Anti-Gewerkschafts-Gesetze in Kraft, und 1834 wurden sechs Landarbeiter, die im Dorf Tolpuddle in Dorset eine Gewerkschaft gründeten, verhaftet und nach Australien deportiert. Der Fall der »Märtyrer von Tolpuddle« verdeutlichte die anhaltend feindselige Haltung der Regierung gegenüber Gewerkschaften.

Ein weiteres Problem für die Gewerkschaften waren die Zivilgerichte. Die Gewerkschaften waren meist lose Verbände von Facharbeitern, die beim Beitritt einen Teil ihrer Verhandlungsrechte zugunsten des gemeinsamen Interesses abtraten. Britische Gerichte sahen dies als illegale Einschränkung der individuellen Vertragsfreiheit, wodurch die Gewerkschaftsregeln nicht einklagbar wurden.

Als die Wirtschaft aber in den 1850er- und 1860er-Jahren anzog und Eisenbahnarbeiter und Ingenieure für die weitere Industrialisierung des Landes immer wichtiger wurden, erstarkten auch die Gewerkschaften wieder, drängten auf bessere Arbeitsbedingungen und sammelten Gelder für in Not »

In Industriestädten wie dem britischen Sheffield waren die Arbeiter im 19. Jh. skrupellosen Arbeitgebern ausgeliefert. Die Gewerkschaften gaben ihnen die Kraft der Gemeinschaft.

geratene Mitglieder. Zwei Ereignisse rückten den rechtlichen Status der Gewerkschaften in den Fokus. Das erste war ein Gerichtsentscheid von 1867, der besagte, dass Gewerkschaften im Gegensatz zu *Friendly Societies* (eine Art Genossenschaftsbank) rechtlich nicht gegen Veruntreuung geschützt seien, da sie den Wettbewerb einschränkten. Gewerkschaften liefen also Gefahr, dass unzuverlässige Mitglieder sie ihrer Finanzmittel beraubten. Das zweite Ereignis waren die Sheffield Outrages, ein brutaler Aufstand militanter Gewerkschaftler.

In der Folge setzte die britische Regierung 1867 eine königliche Kommission ein, die den rechtlichen Status der Gewerkschaften prüfen sollte, aber zu keinem einstimmigen Ergebnis kam. Der Mehrheitsbericht bot wenig gesetzliche Änderungen, aber ein Minderheitsbericht, für den sich der Anwalt und Historiker Frederic Harrison einsetze, plädierte für den strafrechtlichen wie wettbewerbsrechtlichen Schutz der Gewerkschaften.

Globale Bewegung

Gegen Ende des 19. Jahrhunderts nahm die industrielle Revolution auch außerhalb Großbritanniens Fahrt auf, und weltweit erstarkten die Gewerkschaften. In den Vereinigten Staaten hatten sich seit dem 18. Jahrhundert lokale Handwerksgilden gebildet, und ab den 1860er-Jahren formierte sich eine Arbeitsreformbewegung. Aber erst 1886 entstand mit der American Federation of Labor (AFL) die erste Gewerkschaft der USA. In Deutschland wurde die Gründung von Gewerkschaften anfangs durch Otto von Bismarcks Sozialistengesetz unterdrückt. Nach seiner Aufhebung gründete sich 1897 die Freie Vereinigung deutscher Gewerkschaften (FVdG). Auch in Frankreich florierten Gewerkschaften nach der Aufhebung ihres Verbots 1884. Dies schlug sich 1901 in der Gründung des ersten internationalen Gewerkschaftsdachverbands nieder, des International Secretariat of National Trade Union Centres (ISNTUC), der zur Gründung und Unterstützung von Gewerkschaften in aller Welt beitrug.

Legalisierung

In Großbritannien entschied sich die liberale Regierung William Gladstones für Harrisons Minderheitsbericht und trieb den Trade

Während des Eisenbahnstreiks in den USA kämpften 1877 über 100 000 Arbeiter für das Recht, sich gewerkschaftlich zu organisieren. Armee und Polizei zerschlugen den Streik.

Ein Arbeiterführer spricht während des Streiks der Hafenarbeiter 1889 zu den Streikenden.

Der Streik der Londoner Hafenarbeiter von 1889

In den 1880er-Jahren wurden ungelernte britische Arbeiter immer unzufriedener mit ihrer schlechten Bezahlung, gefährlichen Arbeitsbedingungen und langen Arbeitszeiten. Bislang gab es meist nur Facharbeiter-Gewerkschaften, aber die Hilfsarbeiter erkannten die Macht der Gemeinschaft und begannen ebenfalls, sich zu organisieren

1889 gingen die Londoner Hafenarbeiter in den Streik und verlangten einen höheren Stundenlohn. Es war ein gemeinsamer Streik, an dem sich rund 130 000 Arbeiter beteiligten. Sie brachten die Aktivitäten im Hafen fünf Wochen lang praktisch zum Erliegen. Am Ende des Massenstreiks gaben die Hafenbetreiber dem Großteil der Forderungen der Arbeiter nach, und der Streik wurde beendet. Durch den Erfolg der Hafenarbeiter ermutigt, organisierten sich viele weitere Hilfsarbeiter, sodass ihre Gewerkschaften in Großbritannien 1899 rund zwei Millionen Mitglieder zählten.

Union Act von 1871 voran. Es schränkte das Recht auf freien Wettbewerb ein, aufgrund dessen Gewerkschaftsregeln zuvor nicht einklagbar gewesen waren. Aber auch wenn dieses Gesetz den rechtlichen Status der Gewerkschaften regelte und sie ab nun vor Veruntreuung schütze, bedeutete dies nicht, dass die Regierung Arbeitskämpfe unterstützte, denn sie verabschiedete gleichzeitig eine Gesetzesänderung, die das Aufstellen von Streikposten verbot. Gewerkschaften waren nun zwar erlaubt, aber ihr Arbeitskampf war weiterhin strafbar, und sie blieben rechtlich angreifbar.

Es folgten aber noch weitere Veränderungen: 1867 erhielten eine Million Männer der Arbeiterklasse das Wahlrecht, und 1874 zogen erstmals zwei Arbeiter ins Parlament ein. Da sie nun eine eigene Stimme hatten, waren die Arbeiter für ihre Belange nicht mehr auf das Mitgefühl der liberalen Mittelklasse angewiesen. Der wachsende politische Aktivismus in der Arbeiterklasse spiegelte sich 1868 auch in der Gründung eines gewerkschaftlichen Dachverbands, des Trades Union Congress (TUC), wider. Er wuchs schnell, und seine erste erfolgreiche Kampagne war der Kampf gegen das Verbot der Streikposten, das 1875 aufgehoben wurde.

1901 verklagte die südwalisische Taff Vale Railway Company die Eisenbahnergewerkschaft Amalgamated Society of Railway Servants (ASRS), nachdem die Arbeiter für mehr Lohn und Anerkennung der Gewerkschaft gestreikt hatten. Die Gesellschaft verlangte Schadensersatz für die Streiktage, doch die ASRS argumentierte, sie sei weder eine Gesellschaft noch eine Einzelperson und könne daher nicht zur Verantwortung gezogen werden. Die Richter sahen dies anders, und so konnten Gewerkschaften nun für Streiks belangt werden.

> »Der Zweck jeglicher Gewerkschaft soll nicht […] als rechtswidrig gelten, auf dass Gewerkschaftsmitglieder nicht zum Ziel der Strafverfolgung werden.«
>
> **Trade Union Act**

Der Trade Disputes Act

Viele Arbeiter schlossen sich der neu gegründeten Labour Party an, und zwischen 1900 und 1906 wuchs die Zahl der Labour-Abgeordneten von zwei auf 29 an. Die Parlamentswahl 1906 bestätigte die liberale Regierung, und die neuen Labour-Abgeordneten kämpften dafür, das Urteil zu kippen. Mit dem Trade Disputes Act von 1906 hafteten Gewerkschaften nicht länger finanziell für Streiks. In Großbritannien gewannen sie danach an Einfluss, bis eine konservative Regierung ihre Macht nach dem Bergarbeiterstreik von 1984/85 beschnitt.

Weltweit sind rund 350 Millionen Arbeiter in Gewerkschaften organisiert, doch die digitale Revolution und eine globale Wirtschaft, die sich auf billige, ungeregelte Arbeitsverhältnisse in Entwicklungsländern stützt, setzen Arbeiterrechte unter Druck. ■

DIE NORDISCHEN LÄNDER SIND ZWEIGE EINES BAUMS

SKANDINAVISCHE KOOPERATION (1872)

IM KONTEXT

SCHWERPUNKT
Internationale Kooperation

FRÜHER
11.–13. Jh. In ganz Skandinavien werden erste regionale Gesetze kodifiziert, wie das Gulathingslov in Norwegen (11. Jh.) und das jütische Recht in Dänemark (1241).

SPÄTER
1880 Das erste gemeinsame Gesetz über Wechselbriefe entsteht.

1901 Die Privatrechtskommission wird eingerichtet.

1940er Die Zusammenarbeit der nordischen Länder wird auf das Strafrecht erweitert.

1952 Der Nordische Rat tritt zusammen, um die Kooperation zwischen den Parlamenten zu fördern.

1962 Der Vertrag von Helsinki wird unterzeichnet.

1995 Finnland und Schweden treten der EU bei.

Die skandinavischen oder nordischen Länder Schweden, Dänemark und Norwegen arbeiten bereits seit dem Ende des 19. Jahrhunderts bei der Formulierung von Gesetzen zusammen, Finnland und Island kamen später hinzu. Diese legislative Harmonisierung ist einer der erfolgreichsten Aspekte nordischer Zusammenarbeit und ein gutes Beispiel für den Nutzen vergleichbarer Gesetze, das bis heute Relevanz besitzt.

Skandinavische Solidarität

Die nordischen Länder haben schon immer eng zusammengearbeitet. Dänemark und Norwegen bildeten von 1524 bis 1814 eine Union und hatten dank der Bemühungen Christians V. sehr ähnliche Gesetze. Auch Schweden und Finnland waren ein Land, bis sie im Krieg gegen Russland 1809 geteilt wurden. Aus diesen Zeiten stammt ein Gefühl der Zusammengehörigkeit zwischen den skandinavischen Ländern, das auch sorgsam gepflegt wird.

Dieses Gefühl der skandinavischen Gemeinsamkeit wirkte auch bei der Bemühung um ein einheitlicheres nordisches Recht, was nicht nur praktisch war, sondern auch den historischen und kulturellen Verbindungen Rechnung trug. 1872 kamen die skandinavischen Länder überein, dass abgeordnete Rechtsexperten aus allen Ländern sich alle drei Jahre treffen und Bereiche benennen sollten, in denen ihre Länder kooperieren könnten. Richter, Rechtsgelehrte

Christian V. von Dänemark und Norwegen schuf auf Grundlage bereits vorhandener Gesetze ähnliche Rechtskodizes für die beiden Länder Dänemark (1683) und Norwegen (1687).

Siehe auch: Die *Lex Mercatoria* 74–77 ▪ Der Vertrag von Helsinki 242–243 ▪ Die Welthandelsorganisation 278–283

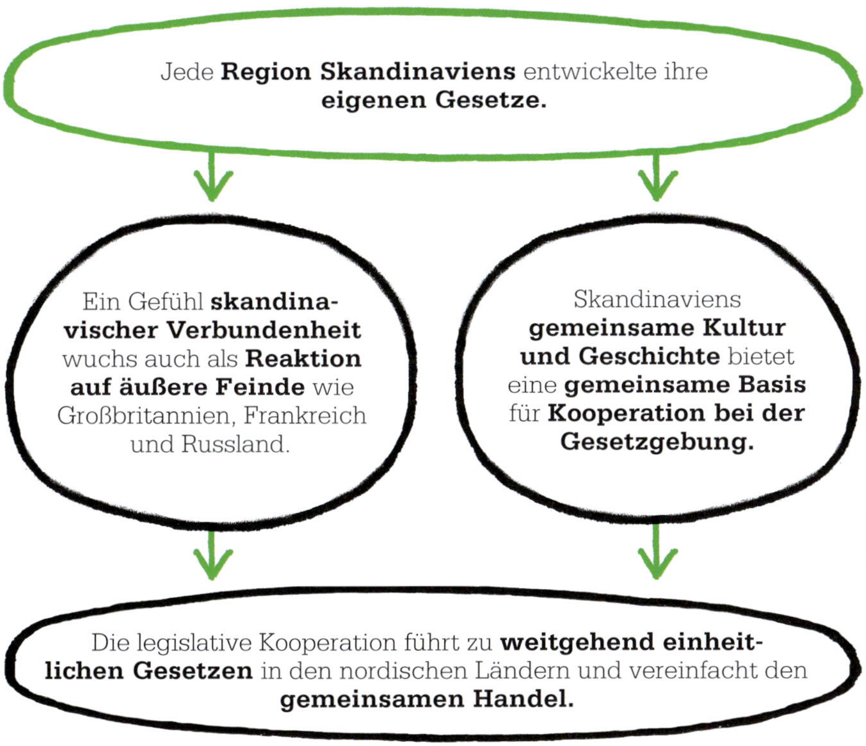

und Anwälte sollten dann die Einzelheiten der jeweiligen Gesetzgebung diskutieren.

Im Jahr 1872 lag der Fokus auf dem Vertragsrecht, und der erste Vorschlag galt einer Regelung zur Vereinheitlichung der Regularien zu Wechselbriefen. Dieser Schritt war 1880 abgeschlossen.

Nordisches Vertragsrecht

Das Vertragsrecht profitierte am stärksten von dieser Kooperation, und so wurde ab 1915 eine Reihe von Gesetzen erlassen, die Fragen des Vertragsabschlusses und der Anfechtbarkeit (die Umstände, unter denen ein Vertrag aufgehoben werden kann) regelten. In der Folge gibt es heute in ganz Skandinavien ein nahezu einheitliches Vertragsrecht. Andererseits hat sich das System von Ausschüssen, in denen Experten zunächst jede Idee diskutieren, bevor die Gesetze harmonisiert werden können, gelegentlich auch als eher untauglich erwiesen.

Die Ratifizierung und Umsetzung einheitlicher Gesetze kann sehr lange dauern, und manchmal kommt man auch zu keiner Übereinstimmung, wenn beispielsweise jedes Land glaubt, dass seine Gepflogenheiten Vorrang haben sollten. Nichtsdestotrotz ist die nordische Harmonisierung der Gesetze eine anhaltende Erfolgsgeschichte, die zu besserer Kooperation und mehr Handel beigetragen hat. Heute sind viele Gesetze zu Verträgen, Handel, Nationalität und Familie vereinheitlicht. ■

Rechtsvergleichung

Unter vergleichender Rechtswissenschaft oder Rechtsvergleichung versteht man den systematischen Vergleich unterschiedlicher Rechtssysteme, indem man Länder, deren Gesetze ähnliche historische Wurzeln haben, gruppiert. Im Zeitalter der Globalisierung gewinnt die vergleichende Rechtswissenschaft dank des Handels zwischen unterschiedlichen Rechtszonen an Bedeutung und hat zu Rufen nach einer stärkeren internationalen rechtlichen Harmonisierung geführt. Ein gutes Beispiel ist die Gründung der Europäischen Union.

Die Entstehung der vergleichenden Rechtswissenschaft im 20. Jh. mündete 1924 in die Gründung der International Academy of Comparative Law in Den Haag. Die Akademie fördert die Rechtsvergleichung durch zahlreiche Berichte und internationale Konferenzen. Die Zusammenarbeit der nordischen Länder gilt als positives Beispiel für Rechtsvergleichung in der Praxis.

» Es gibt kein ›die und wir‹, es gibt nur ›uns‹. Solidarität ist und muss unteilbar sein. «

Olof Palme
Ministerpräsident Schwedens (1969–1986)

ÜBLE BRÄUCHE DER VERGANGENHEIT SOLLEN ENDEN

DER EID IN FÜNF ARTIKELN (1868)

IM KONTEXT

SCHWERPUNKT
Verfassungsrecht

FRÜHER

1603 Die Edo-Zeit (unter Shogun Tokugawa) beginnt und isoliert Japan für mehr als 250 Jahre von der Außenwelt.

1854 Commodore Matthew Perry zwingt Japan dazu, amerikanische Schiffe und Konsuln ins Land zu lassen, und ebnet den Weg für den Handel.

1867 Der Shogun dankt zugunsten Kaiser Meijis ab und beendet damit die Tokugawa-Zeit.

SPÄTER

1890 Der japanische Reichstag ist die erste gewählte Nationalversammlung Asiens.

1946 Nach Japans katastrophaler Niederlage im Zweiten Weltkrieg erneuert Kaiser Hirohito den Eid in Fünf Artikeln und gibt seinen gottgleichen Status auf.

Während der langen Edo-Zeit wurde die feudale japanische Gesellschaft von einer Dynastie von Militärdiktatoren (Shogunen) regiert. Es war eine Phase wirtschaftlichen Wohlstands, aber das Land war nach außen abgeschottet. Mitte des 19. Jahrhunderts forderten viele von den starren feudalen Strukturen frustrierte Japaner eine Modernisierung des ultrakonservativen Regimes.

Angesichts politischer Agitation und bewaffneter Aufstände sah sich der Shogun 1867 zum Rücktritt gezwungen. Kaiser Meiji bestieg den Thron, und die Modernisierung der Meiji-Restauration begann.

Eine neue Richtung

1868 entwarfen die Politiker Yuri Kimimasa, Fukuoka Takachika und Kido Takayoshi den Eid in Fünf Artikeln mit den Zielen, beratende Versammlungen einzurichten, das Feudalsystem aufzubrechen, jedem Bürger zu ermöglichen, seiner Berufung zu folgen, schädliche alte Bräuche abzulegen und Japan für fremde Ideen und internationalen Handel zu öffnen.

Der Eid gilt als die erste Verfassung des modernen Japans und als so bedeutsam wie vergleichbare Dokumente anderer Länder. Japan machte sich damit auf den Weg in eine offenere Gesellschaft mit einem gewählten Parlament. ■

Kaiser Meiji verkündete den Eid in Fünf Artikeln anlässlich seiner Krönung im Jahr 1868. Der 15-Jährige wollte »auf einem vergleichbaren Stand sein wie die meisten aufgeklärten Nationen«.

Siehe auch: Die Magna Charta 66–71 ▪ Die Verfassung und die Bill of Rights der USA 110–117 ▪ Die Erklärung der Menschen- und Bürgerrechte 118–119 ▪ Die russische Verfassung 190–191

VERTRETBAR, ABER NICHT AUS VERAB-SCHEUUNGSWÜRDI-GER NEUGIERDE

DER »VIVISECTION ACT« (1876)

IM KONTEXT

SCHWERPUNKT
Tierschutzgesetze

FRÜHER
1849 Großbritannien erlässt ein Tierschutzgesetz.

1871 Die britische Association for the Advancement of Science stellt einen Moralkodex für alle Experimente an Tieren auf.

1875 Frances Power Cobbe gründet in London die nationale Gesellschaft gegen die Vivisektion.

SPÄTER
1966 Der amerikanische Animal Welfare Act setzt einen Minimalstandard für den Tierschutz.

1986 Der Animals (Scientific Procedures) Act regelt die Verwendung von Tieren im britischen Forschungswesen.

2013 Die Europäische Union verbietet Tierversuche in der Kosmetik.

Während einer Demonstration 1874 in Norwich injizierte der französische Physiologe Eugene Magnan einem Hund Absinth, um die Wirkung von Alkohol zu demonstrieren, und das Tier verendete. Ein von britischen Tierschützern angestrengter Prozess wegen Tierquälerei scheiterte (Magnan war nach Frankreich zurückgekehrt), aber der Fall erregte Aufmerksamkeit und zeigte, dass die Gesetzgebung gegen Vivisektion unzureichend war.

Wissenschaftler und Aktivisten forderten aus gegensätzlichen Gründen eine strengere Regulierung: Die Wissenschaftler suchten Schutz vor Strafverfolgung, und die Aktivisten wollten Grausamkeit gegen Tiere unterbinden.

1875 empfahl eine Kommission, das Tierschutzgesetz von 1849 um Paragrafen zur Vivisektion zu ergänzen. Als das neue Gesetz im Parlament eingebracht wurde, gelang den Ärzte-Lobbyisten eine Verwässerung des Regelwerks (bekannt als »Vivisection Act«), das 1876 ratifiziert wurde. Jeder, der eine Vivisektion durchführen wollte, brauchte nun eine Lizenz, und die Experimente mussten wissenschaftlich gerechtfertigt und nicht öffentlich sein.

Das Gesetz wägte zwischen Forschung und Tierwohl ab, ging aber beiden Seiten nicht weit genug. Es war aber nichtsdestotrotz das erste Gesetz der Welt, das die Verwendung von lebenden Tieren in der Forschung regulierte. ■

» Sei die Praxis nun nützlich oder sinnlos, wir fordern Sie auf, abzuwägen, ob sie moralisch zulässig ist. «

Frances Power Cobbe
Irische Tierrechtsaktivistin
(1822–1904)

Siehe auch: Der Cruelty to Animals Act 146–147 ▪ Der Endangered Species Act 264–265 ▪ Das Weltnetz der Biosphärenreservate 270–271 ▪ Sterbehilfe 296–297

DER STAAT SORGT FÜR DIE OPFER DER INDUSTRIE

EINE UNFALLVERSICHERUNG FÜR ARBEITER (1881)

IM KONTEXT

SCHWERPUNKT
Arbeitsrecht

FRÜHER
1838 In Preußen sind Eisenbahnunternehmen verpflichtet, Opfer von Arbeitsunfällen zu entschädigen.

1880 Durch den britischen Employers' Liability Act können Arbeiter Schadensersatz für Arbeitsunfälle infolge von Fahrlässigkeit fordern.

SPÄTER
1897 Der britische Workmen's Compensation Act führt eine verschuldensunabhängige Haftung bei Arbeitsunfällen ein.

1911 Deutschland weitet die Arbeiterversicherung auf Tod, Invalidität und Krankheit aus.

1935 Der amerikanische Social Security Act führt eine arbeitsplatzabhängige Krankenversicherung ein.

Als die industrielle Revolution in Europa und den USA Fahrt aufnahm, zog es immer mehr Menschen aus der Landwirtschaft in die Fabriken und das Baugewerbe. Die Technisierung in Landwirtschaft und Industrie machte die Arbeit gefährlicher, und es kam öfter zu Unfällen. Sozialreformer erkannten, dass eine Form der Entschädigung für Verletzungen und Todesfälle bei der Arbeit notwendig war.

Ab Mitte des 19. Jahrhunderts entstanden in Großbritannien und anderen Industrienationen private Hilfsorganisationen auf Gegenseitigkeit. Arbeiter zahlten wöchent-

Siehe auch: Der Trade Union Act 156–159 ▪ Der Brand der Triangle Hemdenfabrik 180–183 ▪ *Donoghue v. Stevenson* 194–195 ▪ Der Whistleblower Protection Act 274

Die Maschinenfabrik Götze & Hartmann in Sachsen beschäftigte 1870 2700 Arbeiter. Das hoch industrialisierte Sachsen bot reichen Nährboden für den deutschen Sozialismus.

liche Beiträge in einen Topf ein, aus dem sie oder ihre Familien dann Geld erhielten, wenn sie krank oder arbeitsunfähig wurden oder starben. Diese Hilfstöpfe waren auf lokale Gemeinden oder Arbeitsstätten begrenzt und versorgten nur die dort lebenden und arbeitenden Menschen. Gehörte man keinem solchen Versicherungsverein an und wurde bei der Arbeit verletzt, konnte man den Arbeitgeber auf Kompensation verklagen, sofern man sich einen Anwalt leisten konnte. Der Schuldnachweis war aber nahezu unmöglich, sodass viele bei der Arbeit Verletzte ihre Familien nicht mehr ernähren konnten, auf das Betteln angewiesen waren oder im Arbeitshaus oder sogar im Gefängnis landeten.

Als sich 1871 das Deutsche Reich gründete, erlebte seine Schwerindustrie ein rapides Wachstum. Die Arbeiterrechte wurden zu einem gesellschaftlichen Problem, als die Industriellen immer reicher wurden, während ihre Angestellten lange Schichten in gefährlicher Umgebung arbeiten mussten. Die zunehmende Unruhe unter den Industriearbeitern wurde zum idealen Nährboden für sozialistisches Gedankengut, wie faire Bezahlung und staatlichen Arbeiterschutz.

Bismarck handelt

1875 gründeten die deutschen Sozialisten die Sozialistische Arbeiterpartei Deutschlands (SAP, aus der 15 Jahre später die Sozialdemokratische Partei Deutschlands SPD hervorgehen sollte). Einige ihrer Mitglieder wollten nach Karl Marx den Sozialismus durch Revolution einführen. Der erzkonservative Reichskanzler Otto von Bismarck sah dadurch den Staat bedroht und erließ 1878 das Sozialistengesetz, das alle öffentlichen und »

Otto von Bismarck

Der 1815 in der Nähe Berlins geborene Otto von Bismarck wurde 1862 preußischer Ministerpräsident mit autoritärem Ruf. Er nutzte geschickt regionale Rivalitäten aus, annektierte Gebiete in Dänemark und Deutschland und provozierte einen Krieg mit Frankreich, um 1871 aus 26 Kleinstaaten das Deutsche Reich mit Preußen im Zentrum zu schmieden. Der Kaiser des neuen Reichs Wilhelm I. machte Bismarck zum ersten deutschen Reichskanzler, der sich bald den Beinamen »Eiserner Kanzler« erwarb.

Bismarck strebte ein stabiles Land mit starker nationaler Identität an. Dieses Ziel erreichte er unter anderem mit dem Kampf gegen den Sozialismus, aber auch gegen den Einfluss der katholischen Kirche. 1879 handelte er eine Allianz mit Österreich-Ungarn aus, um Deutschlands Position gegenüber Russland und Frankreich zu stärken.

Trotz der fortgesetzten Versuche Bismarcks, die Sozialdemokraten zu diskreditieren, errangen diese bei den Wahlen 1890 zahlreiche Sitze im Reichstag, und er trat frustriert zurück. Er starb 1898 auf seinem Familienanwesen.

Der 1838 vom Schotten James Nasmyth erfundene Dampfhammer steigerte die Produktivität, schuf aber auch gleichzeitig ein sehr gefährliches Arbeitsumfeld für die Fabrikarbeiter.

privaten Versammlungen mit dem Zweck verbot, sozialdemokratische Ansichten zu verbreiten, und verbot alle sozialistischen Zeitungen. Dessen ungeachtet gewann die SAP im Juli 1878 neun Sitze im Reichstag und hatte damit eine offizielle Stimme bei nationalen Entscheidungen.

Um den Sozialisten den politischen Wind aus den Segeln zu nehmen, ersann Bismarck einige radikale Arbeiterschutzgesetze, wie die Unfallversicherung für Arbeiter von 1881, die Arbeitgeber dazu zwang, in eine Versicherung einzuzahlen, die Arbeiter bei einem Arbeitsunfall entschädigte. Diese Politik beruhte auf dem sozialistischen Ideal des Arbeiterschutzes, aber Bismarck betonte lieber die wirtschaftlichen Vorteile einer größeren Produktivität einer gesunden und zufriedenen Arbeiterschaft.

Ein Wohlfahrtssystem

Im Reichstag gab es zunächst Widerstand gegen diese Pläne, aber nachdem von Bismarck die Wahlen im Oktober 1881 gewonnen hatte, war für seine Sozialreformen der Weg frei, und er machte Deutschland zum ersten Land mit einem Arbeiterwohlfahrtssystem.

1883 wurde das erste Gesetz zur Krankenversicherung erlassen, nach dessen Maßgaben sowohl Arbeitgeber als auch Angestellte in eine Versicherung einzahlen sollten, die bei der Arbeit Verletzten für bis zu 13 Wochen Krankengeld und die Kosten für die medizinische Behandlung auszahlte. Die Arbeitgeber trugen ein Drittel der Kosten, die Arbeiter zwei Drittel. Die Höhe der Ein- und Auszahlungen hing vom Einkommen ab.

Das deutsche Unfallversicherungsgesetz von 1884 sicherte Arbeiter über die 13-Wochen-Frist hinaus ab. Diese wurde von den Arbeitgebern alleine getragen, und die Arbeiter mussten die Schuld des Unternehmens nicht mehr nachweisen. Die Pflichtversicherung deckte alle Arbeitsunfälle ab. Zunächst profitierten nur Arbeiter in Minen, Werften und Fabriken davon, aber der Schutz wurde zwischen 1885 und 1901 auch auf Bereiche wie Transport, Landwirtschaft und das Militär ausgeweitet.

Die Wohlfahrtspolitik wurde als profitabel für die deutsche Wirtschaft beworben, weil sie für eine gesunde und produktive Arbeiterschaft sorge, aber auch die Auswanderungsraten senke. Weniger Deutsche wollten nun in Länder wie die USA auswandern, weil sie zu Hause durch die staatliche Krankenversicherung besser abgesichert waren.

Vorbild Deutschland

Das deutsche System wurde weithin als positive Sozialreform bewundert, und mehrere europäische Länder, darunter Österreich, Schweden und Frankreich, erließen zwischen 1897 und 1907 ähnliche Gesetze.

In Großbritannien riefen die Arbeitervereine angesichts zunehmender Arbeitsunfälle nach einem gesetzlichen Schutz für Arbeiter. Ein Resultat war der Employers' Liability Act von 1880, der Industriearbeitern eine Kompensation für Unfälle zusprach, die auf Nachlässigkeit eines Vorgesetzten zurückzuführen waren. Der Arbeiter

» Diejenigen, welche durch Alter und Invalidität erwerbsunfähig werden, haben … einen begründeten Anspruch auf … staatliche Fürsorge. «

Wilhelm I.
Deutscher Kaiser (1797–1888)

Arbeiter sollen für **ihre eigene Sicherheit** verantwortlich sein.

Die zunehmende **Mechanisierung** der industriellen Revolution führt zu **mehr Arbeitsunfällen.**

Die **Schwierigkeit** und Kosten, die **Schuld des Arbeitgebers zu belegen,** machen Schadensersatzforderungen **oft unmöglich.**

Der **aufkommende Sozialismus** erzwingt neue **Sozialfürsorgemodelle.**

Staatlich geförderte Pflichtversicherungen für Arbeiter machen den Arbeitgeber für Arbeitsunfälle juristisch haftbar.

musste aber immer noch beweisen, wer für den Unfall verantwortlich war, was oft schwierig war. Erst der Workmen's Compensation Act von 1897 änderte das, indem der Arbeiter jetzt nur noch nachweisen musste, dass der Unfall während der Arbeit passiert war. Damit genossen die britischen Arbeiter die gleichen Rechte wie die deutschen.

Gesetze in den USA

Auch in den USA kam es durch das industrielle Wachstum zu immer mehr Arbeitsunfällen. Deshalb veranlassten die amerikanischen Abgeordneten 1898 und 1899 eine Untersuchung der europäischen Gesetzeslage zu Unfallversicherungen und kamen zu dem Schluss, dass ein System nach deutschem Vorbild praktisch umsetzbar wäre. 1908 erließ der Kongress den Federal Employers' Liability Act (FELA). Das Gesetz galt nur für Eisenbahnarbeiter, war aber das erste landesweite Gesetz, das Opfern von Arbeitsunfällen eine Entschädigung zugestand. Der FELA war zwar vom deutschen Modell inspiriert, wich aber von diesem insofern ab, als der Arbeiter ein Verschulden des Arbeitgebers nachweisen musste. Das Gesetz nahm den Unternehmen aber die Verteidigung des Mitverschuldens des Angestellten aus der Hand, die dazu führen konnte, dass der Geschädigte leer ausging.

Etwas später führten auch einzelne US-Bundesstaaten Arbeitsunfallversicherungen ein, die allerdings freiwillig waren, da man eine gesetzliche Verpflichtung zur Teilnahme als verfassungswidrig ansah. Das sollte sich 1917 ändern, als der Oberste Gerichtshof im Fall *New York Central Railroad Co. v. White* urteilte, dass die US-Verfassung sehr wohl eine obligatorische Versicherung zuließ. Die Bundesstaaten hatten jetzt einen gesetzlichen Hebel in der Hand, und ab 1948 hatten alle Arbeitsunfallversicherungen eingeführt, in deren Rahmen die Arbeiter nicht länger ein Verschulden des Arbeitgebers nachweisen mussten.

Die entsprechenden Versicherungen basierten zwar auf dem deutschen Modell, aber auf nationaler Ebene hinkten die USA bei den universellen Arbeiterrechten hinter Europa her. Es sollte bis 1935 dauern, bis der Social Security Act eine Altersrente sowie Arbeitslosengeld und Invalidenrenten einführte. Deutschland besaß auch bereits ein staatlich finanziertes Gesundheitssystem, während man in den USA weiterhin auf private Krankenversicherungen setzte. ■

» Es geht unserer Zivilisation zuwider, dass amerikanische Arbeiter den gleichen Gefahren für Leib und Leben ausgesetzt sein sollen wie Soldaten. «

Benjamin Harrison
23. US-Präsident (1889–1893)

NICHTS KANN EINEN MORD RECHTFERTIGEN

REGINA V. DUDLEY AND STEPHENS (1884)

IM KONTEXT

SCHWERPUNKT
Strafrecht

FRÜHER
17. Jh. Sechs englische Segler, die einen Landsmann mit seiner Zustimmung töteten, werden freigesprochen.

1841 In den USA wird der Matrose Alexander Holmes wegen Totschlags verurteilt, weil er bis zu 16 Leute über Bord warf, um das Sinken eines Rettungsboots zu verhindern.

SPÄTER
1971 Der britische Richter Lord Denning entscheidet, »Notwendigkeit« erlaube Hausbesetzern nicht den Hausfriedensbruch.

2018 Eine US-Richterin in Massachusetts schafft einen Präzedenzfall. Ihr Urteil erlaubt es Umweltschützern, »Notwendigkeit« als Verteidigung anzuführen, um ihre Proteste gegen eine Fracking-Gaspipeline zu rechtfertigen.

Als die englische 16-Meter-Jacht Mignonette im Juli 1884 während eines Sturms 1600 km vor dem Kap der Guten Hoffnung in Südafrika Schiffbruch erlitt, entkamen Tom Dudley, Edwin Stephens, Edmund Brooks und der Schiffsjunge Richard Parker in einem Rettungsboot. Nach 20 Tagen mit wenig Nahrung und Wasser beschlossen Dudley und Stephens, den jungen Parker, der ins Koma gefallen war, zu töten und zu essen, um sich zu retten. Wenige Tage später wurden die Überlebenden gerettet, nach Südengland gebracht und dort vor Gericht gestellt.

Die Medien berichteten umfassend über den Fall Dudley und Stephens. Dieses Bild, das nach einer Skizze von Stephens entstand, erschien in der *Illustrated London News*.

Die Geschichte ging durch die Presse, und die Öffentlichkeit war eher nachsichtig gestimmt. Viele waren überzeugt, die Männer hätten keine andere Wahl gehabt. Aufgrund dieser weitverbreiteten Meinung hielt es der Richter Baron Huddelston für notwendig, das Prinzip der Notwendigkeit überprüfen zu lassen. Er bat die Geschworenen daher, diese Entscheidung an ein Gericht weiterzuleiten. Ein Gremium aus fünf Richtern entschied, dass Notwendigkeit bei einem Mordfall nicht als Verteidigung angeführt werden könne, und verhängte die Todesstrafe, empfahl aber eine Begnadigung.

Dudley und Stephens verbrachten sechs Monate im Gefängnis, bis die Krone ihre Strafe herabsetzte. Dies schuf den Präzedenzfall, dass nach englischem Recht selbst extremer Hunger keine Rechtfertigung für eine Tötung ist. ■

Siehe auch: Die Zehn Gebote und mosaisches Recht 20–23 ▪ Die *Lex Rhodia* 25 ▪ Die Abschaffung der Todesstrafe 151 ▪ Die Exclusionary Rule 186–187

WO WIR SIND, IST UNSER EIGENTUM

DER ST CATHERINE'S MILLING CASE (1888)

IM KONTEXT

SCHWERPUNKT
Landrechte indigener Völker

FRÜHER
1763 Georg III. bestimmt 1763, dass indigene Völker Eigentumsrechte an ihrem Land haben und Landabtretungen nur der Krone obliegen.

1867 Der British North America Act macht die kanadische Regierung für die Interessen der Indigenen und ihres Landes in Kanada verantwortlich.

SPÄTER
1982 Der Constitution Act Kanadas erkennt die bestehenden Rechte Indigener an.

1992 In Australien lehnt das Mabo-Urteil das Konzept einer *terra nullis* (Niemandsland, das vor der weißen Kolonisierung niemandem gehörte) ab.

2010 Kanada unterzeichnet die UN-Deklaration der Rechte indigener Völker.

Der St Catherine's Milling Case brachte eine Leitentscheidung für die Landrechte der indigenen Völker nach der Kolonialisierung. 1888 wollte die St Catherine's Milling Company Wald um den Wabigoon Lake in Ontario roden und erwarb dazu eine Lizenz von der kanadischen Bundesregierung. Die Regierung in Ontario bestand aber darauf, dass das Land der Provinz Ontario gehöre und das Unternehmen die Lizenz von dieser hätte erwerben müssen. Es ging also darum, ob durch den Vertrag der Bundesregierung mit den dort lebenden indigenen Völkern ein Eigentumsübergang stattgefunden hat. Dies war aber nur möglich, wenn die indigenen Völker überhaupt ein Eigentumsrecht gehabt hätten.

Der Fall ging durch die Instanzen und landete schließlich beim Privy Council in London. Alle Vorinstanzen hatten aus unterschiedlichen Gründen entschieden, das Land habe nie den Indigenen gehört. Einer der Richter argumentierte, »als Heiden und Wilde« hätten die indigenen Völker kein Recht auf Landeigentum. Der Privy Council war zurückhaltender und urteilte, die indigenen Völker hätten lediglich das Recht, das Land zu nutzen, nicht aber, es zu besitzen. Kein Angehöriger der indigenen Völker wurde als Zeuge gehört. Heute erkennt das kanadische Recht an, dass die indigenen Völker ein Landrecht haben (und hatten), aber der Kampf um ihr Land ist noch lange nicht vorbei. ■

> »[…] nach Recht und Billigkeit haben die Indianer keinen Landtitel. Der Anspruch der Indianer ist ein rein moralischer und nicht mehr.«
>
> **Oliver Mowat**
> Premierminister von Ontario (1872–1896)

Siehe auch: Die Magna Charta 66–71 ▪ Der Vertrag von Tordesillas 86–87 ▪ Der Westfälische Friede 94–95 ▪ Die Vereinten Nationen und der Internationale Gerichtshof 212–219

FREIER UND UNGEHINDERTER WETTBEWERB

DER SHERMAN ANTITRUST ACT (1890)

IM KONTEXT

SCHWERPUNKT
Handelsrecht

FRÜHER

1776 *Der Wohlstand der Nationen* des Ökonomen Adam Smith definiert Wettbewerb als die Abwesenheit gesetzlicher Handelsbeschränkungen.

1882 Standard Oil vereinigt unter der Leitung von John D. Rockefeller diverse US-Ölfirmen zu einem Konzern.

1889 Kanada verabschiedet das erste Wettbewerbsgesetz gegen Preisabsprachen und Monopole.

SPÄTER

1890 Der McKinley Tariff Act erhebt Einfuhrzölle zum Schutz amerikanischer Unternehmen vor ausländischer Konkurrenz.

1911 Der US Supreme Court erklärt Standard Oil zu einem unrechtmäßigen Monopol und ordnet die Zerschlagung an.

In den USA entsteht Ende des 19. Jahrhunderts durch die Zusammenlegung einzelner Firmen zu großen Gemeinschaftsunternehmen eine ganze Reihe großer »Trusts«. Dann wird ein (oder mehrere) Treuhänder bestimmt, der die Interessen des Trusts vertritt. Durch diese Art des Firmenzusammenschlusses können Unternehmen den Markt kontrollieren, indem sie Preise absprechen und Wettbewerb unterdrücken. Dies verschafft einer kleinen Gruppe von Unternehmen viel Macht und Geld, um die Konkurrenz auszuschalten. Einer der mächtigsten Trusts in der US-Geschichte gründete sich 1882,

Siehe auch: Die Lex Mercatoria 74–77 ▪ *Hadley v. Baxendale* 148–149 ▪ *Salomon v. Salomon & Co. Ltd* 178–179 ▪ Die Federal Trade Commission 184–185

Amerikas erste kommerzielle Ölquelle wurde 1859 in Pennsylvania eröffnet und startete den Ölboom im Land. Zu seiner Hochzeit lieferte die Stadt ein Drittel der Weltproduktion.

als sich eine Reihe von Ölraffinerien zu Standard Oil zusammenschlossen. So konnten die Unternehmen Ölpreise und -angebot kontrollieren und Bestimmungen und staatliche Steuern umgehen. Der Aufstieg der Trusts zerstörte den Wettbewerb und wurde als Nachteil für den einfachen Verbraucher gesehen.

Bundesgesetze

Als in den USA in den 1880er-Jahren eine Reihe von Trusts heranwuchs, erkannten die Gesetzgeber die Notwendigkeit zur Kontrolle dieser Monopole (eine Monopolstellung hat, wer ein bestimmtes Produkt als Einziger liefert). In einigen Staaten wurden Antitrust-Gesetze verabschiedet, doch die Fernkommunikation, die durch Telegrafen und Eisenbahn ermöglicht wurde, erlaubte es den Trusts, in verschiedenen Staaten tätig zu sein. Nationale Gesetze wurden nötig. Ab 1888 arbeitete Senator John Sherman aus Ohio an einem föderalen Antitrust-Gesetz, um die Möglichkeit der Marktkontrolle zu unterbinden. Nach mehreren Überarbeitungen wurde das Gesetz 1890 verabschiedet und nach seinem Initiator John Sherman benannt.

Verbot von Monopolen

Der Sherman Antitrust Act war das erste Gesetz auf Bundesebene, das wettbewerbswidrige Handlungen illegal machte, und es ist eines der wichtigsten Statuten im US-Wettbewerbsrecht, denn es stellte sicher, dass Zusammenschlüsse von zwei und mehr Unternehmen oder Trusts, die den freien Handel einschränken, verboten werden konnten. Das Gesetz enthielt auch Bestimmungen gegen Preisabreden, Angebotsabsprachen und Konkurrenzausschluss und machte die Schaffung von Monopolen rechtswidrig. Wichtigstes Ziel »

> »Wenn wir keinen König als politische Gewalt dulden, dann sollten wir auch keinen König über Produktion, Transport oder Verkauf notwendiger Güter dulden.«
>
> **John Sherman**
> Rede vor dem US-Kongress, 1890

John Sherman

Der 1823 geborene John Sherman war in seiner politischen Karriere sowohl Mitglied des Repräsentantenhauses als auch des Senats, Finanz- und Außenminister. Wegen seines kühlen Auftretens »Ohio Icicle« (Ohio-Eiszapfen) genannt, war Sherman stark an Finanzen interessiert und half als Senator beim Wiederaufbau des durch den Amerikanischen Bürgerkrieg (1861–1865) zerstörten Finanzsystems.

1884 und 1888 wollte Sherman Präsidentschaftskandidat der Republikaner werden, fand aber beide Male nicht genügend Unterstützung. Ihm wurde eine Abneigung gegen seinen Mitkandidaten um die Nominierung, Russel A. Alger, nachgesagt, die mit für sein Antitrust-Gesetz verantwortlich gewesen sein soll. Alger war Großaktionär der Diamond Match Company, die in der Öffentlichkeit ähnlich unbeliebt war wie Standard Oil, da sie das Streichholzmonopol hielt. Sherman sah den Antitrust Act als eine Möglichkeit, Alger zu schaden. Er starb im Jahr 1900 in seinem Haus in Washington, D. C.

- Durch die **Bildung großer Trusts** können Unternehmen **Preise bestimmen und den Wettbewerb hemmen.**
- Große Trusts arbeiten **staatenübergreifend,** was **Schwächen in der föderalen Gesetzgebung** der USA offenbart.
- Der **ungehemmte Erfolg** einiger weniger großer Trusts **schränkt die Wahlmöglichkeiten des Konsumenten ein** und untergräbt das **Vertrauen in den Markt.**
- **Der Sherman Antitrust Act wird verabschiedet. Das Bundesgesetz verhindert die Vormachtstellung großer Unternehmen in den USA.**

des Gesetzes war der Schutz des freien Wettbewerbs. Einige Experten kritisierten allerdings die mangelnde Präzision des Gesetzes und betonten, das Antitrust-Gesetz solle sich nur auf schädliche Monopole und nicht auf alle Monopole beziehen. Diese Ungenauigkeit des Gesetzes erwies sich aber als hilfreich, denn es ermöglichte der US-Justiz, das Gesetz auszulegen und seine Bedeutung weiterzuentwickeln. Im Fall *United States v. Addyston Pipe & Steel Co* wurde das Unternehmen 1898 beschuldigt, illegale Absprachen getroffen zu haben. Bei Ausschreibungen hatten sich mehrere Firmen verschworen und untereinander abgesprochen, wer das niedrigste Gebot für den Auftrag abgeben sollte.

Der Supreme Court urteilte, Addyston Pipe and Steel schränke den Wettbewerb ein. Dies etablierte die »Rule of Reason« im amerikanischen Kartellrecht, die zwischen »reasonable« und »unreasonable restraints of trade« (vertretbaren und nicht vertretbaren Wettbewerbseinschränkungen) unterscheidet und nur »unreasonable restraints of trade« nach dem Sherman Act verbietet. Monopolstellungen durch Überlegenheit eines Produkts oder einer Technologie verbieten die Antitrust-Gesetze hingegen nicht.

> »Jede Person, die jeglichen Teil des Handels zwischen den diversen Staaten oder mit fremden Nationen […] monopolisiert, soll eines Verbrechens schuldig sein.«
>
> **Sherman Antitrust Act, Abschnitt 2**

Standard Oil

Mit der Macht des Antitrust-Gesetzes kam es 1911 auch zur Entflechtung von Standard Oil, das zum damaligen Zeitpunkt 90 Prozent der US-Ölproduktion kontrollierte. Der Trust hatte Verträge mit den Eisenbahngesellschaften geschlossen, die im Gegenzug für niedrige Transportkosten große Volumina von Öltransporten garantierten. Dies sah der Supreme Court als eine Verletzung des Sherman Acts. Das festigte das Prinzip der »Rule of Reason«, nach der »unreasonable restraints of trade«, die negative Auswirkungen nach sich ziehen, laut Wettbewerbsrecht verboten sind. In der Folge wurde Standard Oil in 34 kleinere Unternehmen aufgeteilt und das Monopol zerschlagen.

Aktualisierungen

Der Sherman Act enthielt noch diverse Schlupflöcher in Bezug auf wettbewerbswidrige Fusionen und Übernahmen. Zudem war der Kongress besorgt, dass die Gerichte durch die lockere Definition eines »unreasonable restraint of trade« in jedem Fall neu entscheiden müssten. Daher ergänzte er den Sherman Antitrust Act 1914 durch den Clayton Antitrust Act. Dieser verschärfte die Gesetze vor allem für Fusionen und Übernahmen und verbot Fusionen, die den Wettbewerb behinderten

Die Federal Trade Commission hat ihren Sitz in Washington, D. C. 1938 erhielt sie ein neues Hauptquartier, das für seine Art-déco-Skulpturen und -Reliefs berühmt ist.

und ein Monopol schufen. Gleichzeitig wurde der Federal Trade Commission Act verabschiedet, der das Wettbewerbsrecht erweiterte und unfairen Wettbewerb und unfaire Handelsmethoden verbot. Dies sollte Konsumenten vor Unternehmen schützen, die mit falschen oder missverständlichen Aussagen für ihre Produkte warben. Das Gesetz schuf zudem die Federal Trade Commission, um den Handel zu regulieren und die Einhaltung der Gesetze zu kontrollieren, und stellte klar, dass ein Verstoß gegen den Sherman Act auch gegen den Federal Trade Commission Act verstoße.

Sherman Act, Clayton Act und Federal Trade Commission Act bilden bis heute wichtige Eckpfeiler des amerikanischen Antitrust-Rechts und haben für das Wettbewerbsrecht vieler Länder weltweit als Vorlage gedient. Ein europaweites Wettbewerbsrecht ging man erst 1957 an, als man durch die Römischen Verträge die Europäische Wirtschaftsgemeinschaft (den Vorgänger der EU) schuf. Die Gründung des Europäischen Binnenmarkts 1992 machte es nötig, in ganz Europa annähernd ähnliche Wettbewerbschancen zu schaffen. So einigten sich die Mitgliedstaaten der EU auf gemeinsame Wettbewerbsregeln.

» Wir amerikanischen Unternehmer mögen uns manchmal über Auslegung und Anwendung der [Antitrust-]Gesetze beschweren, wissen aber, sie sind – wie Spinat – gut für uns. «

Henry Ford II
Amerikanischer Unternehmer
(1917–1987)

Die Antitrust-Gesetze der USA wurden 1998 erneut auf die Probe gestellt, als das US-Justizministerium gegen Microsoft klagte. Das Ministerium beklagte, dass die Einbindung des Web-Browsers Internet Explorer in das Betriebssystem den Konsumenten die Nutzung anderer Browser auf Rechnern dieses Betriebssystems erschwere. Dies führe zu einer wettbewerbsverzerrenden Monopolstellung.

Digitale Vorherrschaft

Das Justizministerium gewann den Prozess, und Microsoft hätte laut Urteil in zwei Unternehmen geteilt werden müssen, was aber nach dem Berufungsverfahren zurückgenommen wurde. Der viel beachtete Fall mag der Vormachtstellung des Unternehmens vielleicht nicht geschadet haben, aber Konkurrenz-Browser sorgten dafür, dass der Microsoft-Browser seine Marktmehrheit einbüßte.

Für einige belegte dies die Selbstregulierungskraft des Marktes, die Antitrust-Gesetze überflüssig mache. Das weitere Wachstum großer Technologiefirmen wie Google und Facebook hält aber die Diskussion um Digitalmonopole aktuell. ■

Als Microsoft 1998 wegen Einbindung seines Web-Browsers ins Betriebssystem mit dem Recht in Konflikt kam, argumentierte das Unternehmen, beide seien Teil desselben Produkts.

DIE GESETZE, RECHTE UND PFLICHTEN DES KRIEGES

DIE HAAGER KONVENTIONEN (1899, 1907)

IM KONTEXT

SCHWERPUNKT
Internationales Recht

FRÜHER
1863 Der Lieber Code stellt Verhaltensregeln für Soldaten im Amerikanischen Bürgerkrieg auf.

1864 Die Erste Genfer Konvention schützt Verwundete und Nichtkombattanten im Krieg.

1868 Die Petersberger Erklärung verbietet den Einsatz bestimmter Waffen.

SPÄTER
1954 Die Haager Konvention zum Schutz von Kulturgut wird unterzeichnet, um Kulturgüter in Kriegszeiten zu schützen.

1993 Die Vereinten Nationen verabschieden die Chemiewaffenkonvention, die Produktion, Lagerung und Einsatz von Chemiewaffen verbietet.

Die Haager Konventionen waren die ersten internationalen Abkommen zu Regeln im Krieg und wurden zwischen 1899 und 1907 auf mehreren Friedenskonferenzen im niederländischen Den Haag verabschiedet. Der Hintergrund war die zunehmend brutale und raumgreifende Kriegsführung im Europa des 19. und beginnenden 20. Jahrhunderts infolge eines sich verschiebenden Gleichgewichts der Kräfte. Die wachsenden Nationalstaaten stritten um Land, Rohstoffe und Handel. Sie bauten mächtige Streitkräfte auf, und es kam zu einem ungebremsten Rüstungswettlauf,

Siehe auch: Die Genfer Konventionen 152–155 ▪ Die Nürnberger Prozesse 202–209 ▪ Die Vereinten Nationen und der Internationale Gerichtshof 212–219 ▪ Die Allgemeine Erklärung der Menschenrechte 222–229 ▪ Der Internationale Strafgerichtshof 298–303

Die **europäischen Mächte** ringen im 19. Jh. um **militärische Vorherrschaft.**

→ Der **Lieber Code** und die **Genfer Konvention von 1864** spiegeln das wachsende Bedürfnis nach **international anerkannten Regeln** für den Krieg wider.

→ Neue, **stärkere Kriegsschiffe und Waffen** wie Maschinengewehre werden entwickelt.

→ **Friedensbewegungen** wachsen, und **Rufe nach internationaler Zusammenarbeit** nehmen zu.

→ **Die Haager Konventionen stellen international anerkannte Regeln für die Kriegführung auf und begrenzen den Einsatz gefährlicher Waffen.**

vor allem zwischen Großbritannien, Frankreich, Deutschland und Russland. Das unter Reichskanzler Otto von Bismarck (1815–1898) frisch vereinigte Deutschland gab sich militaristisch und vertrat den Standpunkt, dass ein Staat seine Interessen durchaus mit seiner Armee durchsetzen dürfe.

Erste Schritte

Während des Amerikanischen Bürgerkrieges (1861–1865) erließ Präsident Abraham Lincoln 1863 den weithin bewunderten Lieber Code des Philosophen Francis Lieber. Das war der erste Versuch, den Krieg zu regulieren.

In der Folge des Deutsch-Französischen Krieges von 1870 bis 1871 inspirierte der Lieber Code Zar Alexander II. von Russland 1874 zu einer Konferenz der europäischen Staaten in Brüssel, um eine internationale Version zu formulieren. Die Gesandten aus 15 Nationen wollten einen Weg finden, das fragile Kräftegleichgewicht zu stabilisieren und Regeln für zukünftige Kriege aufzustellen. Sie formulierten Pflichten von Besatzungsmächten, definierten, wer als Kombattant zu gelten habe, stellten Regeln für Bombardierungen und Belagerungen auf und verpflichteten die Nationen zum menschlichen Umgang mit Kriegsgefangenen. Diese Konferenz legte den Grundstein für die spätere Entwicklung der internationalen Menschenrechte auf der Haager Friedenskonferenz von 1899.

Großbritannien, Deutschland und Spanien wollten sich der Brüsseler Erklärung nicht unterwerfen, und so wurde sie nie ratifiziert. »

Die Schlacht von Fort Wagner im Jahr 1863 war eine der blutigsten im Amerikanischen Bürgerkrieg. Im selben Jahr erließ Präsident Abraham Lincoln den Lieber Code.

Nach diesem Debakel untersuchte das 1873 gegründete Institut für Internationales Recht den Entwurf und fügte einige Punkte an. Daraus entstanden die *Gesetze des Landkrieges*, ein Handbuch, das 1880 bei einer Konferenz in Oxford angenommen wurde. Man hielt zwar ein internationales Abkommen für unwahrscheinlich, appellierte aber an die Regierungen, die Regeln dennoch zu akzeptieren. Lieber Code und *Gesetze des Landkrieges* legten das Fundament für eine internationale Vereinheitlichung der Landkriegsregeln.

Multilaterale Zustimmung

Als der Rüstungswettlauf zwischen Großbritannien und Deutschland zum Ende des 19. Jahrhunderts eskalierte, bekamen auch Friedensbewegungen mehr Zulauf. 1891 gründete sich in Bern das Internationale Ständige Friedensbüro, das für Weltfrieden, Vermittlung und Abrüstung kämpfte. Die Entwicklung moderner, tödlicher Waffen hatte den Krieg verändert, und sogar einige Staatsmänner waren mittlerweile davon überzeugt, dass die verheerendsten Waffen begrenzt werden sollten.

Vor diesem Hintergrund schlug Zar Nikolaus II. von Russland die erste Haager Friedenskonferenz vor, und 1899 kamen Abgeordnete aus 26 Ländern im niederländischen Den Haag zusammen, um über Rüstungswettlauf und Abrüstung zu sprechen, Regeln für den Krieg aufzustellen und nach friedlichen Lösungen für Konflikte zu suchen.

Es gab zwar keine Einigung auf eine Abrüstung, aber die Konferenz ratifizierte drei Abkommen und eine Handvoll Erklärungen, die zusammen die Erste Haager Konvention bilden. Dazu zählten wichtige Regeln zur Kriegsführung, die die Exekution kapitulierender Kombattanten verboten, zum Einsatz von Giftgasmunition, den Abwurf von Bomben aus Ballons, die Verwendung von Geschossen, die sich nach dem Auftreffen im Körper des Getroffenen verformen (sogenannte Dumdumgeschosse), und zu Angriffen auf unbefestigte Städte und Dörfer.

Die Konferenz beschloss auch die Einrichtung eines Ständigen Schiedshofs in Den Haag, der als erste internationale Instanz juristische Lösungen für Konflikte zwischen Staaten finden sollte. Mehr als 50 Nationen ratifizierten die Haager Konvention, die neben der Genfer Konvention zur Grundlage für die internationalen Menschenrechte wurde.

1904 berief US-Präsident Theodore Roosevelt eine weitere Konferenz ein, die sich aber durch den Russisch-Japanischen Krieg verzögerte. Sie fand schließlich 1907 mit 43 Teilnehmerstaaten statt. Es gab keine großen Veränderungen

> »Wir wissen, Krieg zu führen, aber nicht, Frieden zu halten, zumindest nicht bewusst.«
>
> **Fredrik Bajer**
> Präsident des Internationalen Ständigen Friedensbüros (1837–1922)

Die Delegierten der Ersten Haager Friedenskonferenz kamen unter anderem aus China, Frankreich, Deutschland, der Russischen Föderation, Großbritannien, Spanien und den USA.

gegenüber der Konvention von 1899, aber jetzt wurde auch der Krieg zur See reguliert. Die Briten strebten eine Begrenzung von Schiffswaffen an, aber Deutschland intervenierte dagegen. Die Haager Konventionen waren zwar die ersten multilateralen Abkommen über Regeln für den Krieg, hatten aber auch deutliche Mängel. Vor allem gab es keine klaren Sanktionen für Verstöße. Bis zur Einrichtung des Internationalen Strafgerichtshofs (ICC) in Den Haag 2002 war es den einzelnen Staaten überlassen, Regelbrüche zu ahnden, die aber oft genug keine Absicht hatten, dies auch zu tun.

Zwei Weltkriege

Für 1914 war eine dritte Konferenz geplant, die aber aufgrund des Ausbruchs des Ersten Weltkrieges nicht stattfand. In diesem Krieg gab es zahlreiche krasse Verstöße gegen die Konventionen, vom deutschen Einmarsch in Belgien bis zum Einsatz von Giftgas auf allen Seiten.

Der Zweite Weltkrieg brachte noch katastrophalere Vertragsbrüche, wie den Holocaust, das Flächenbombardement ganzer Städte und verbreitete Folter und Ermordung von Kriegsgefangenen. Vereinigte Staaten, Sowjetunion, Großbritannien und Frankreich organisierten die Kriegsverbrecherprozesse in Nürnberg 1945/46, die die Vorschriften der Haager Konventionen anwandten, um die politische, militärische, rechtliche und ökonomische Führungsschicht Deutschlands anzuklagen.

> »Die traurige Wahrheit ist, dass über die Jahrhunderte viele Kunstwerke durch Kriege verloren gegangen, beschädigt oder zerstört worden sind.«
>
> **Internationales Komitee vom Roten Kreuz**
> Erklärung zur Haager Konvention zum Schutz von Kulturgut bei bewaffneten Konflikten von 1954

Die Regeln der Haager Konventionen galten nun für alle Staaten als bindend, selbst wenn sie sie nicht unterzeichnet hatten. Auch wenn sie während zweier Kriege offen ignoriert wurden, erkannte die internationale Gemeinschaft doch den Wert eines solchen Regelwerks an. Das schuf Raum für Diplomatie und neue internationale Organisationen wie die 1945 gegründeten Vereinten Nationen.

1954 wurde die Haager Konvention zum Schutz von Kulturgut bei bewaffneten Konflikten ratifiziert, die kulturelles Erbe, wie archäologische Stätten, Kunstwerke und wissenschaftliche Sammlungen, schützen sollte. Ihre Wurzeln lagen in den Ruinen des Ersten Weltkrieges, als der russische Künstler und Schriftsteller Nicholas Roerich für den Schutz von wissenschaftlichen und künstlerischen Einrichtungen kämpfte. 1935 verabschiedete die Organisation Amerikanischer Staaten den Roerich-Pakt, aber die Zerstörungen des Zweiten Weltkrieges zeigten erneut die Notwendigkeit eines internationalen Vertrags zum Schutz von Kulturgütern auf.

Die Ruinen von Dresden, nachdem schwere Bombenangriffe 1945 das historische Stadtzentrum mit vielen Kulturstätten zerstört und 25 000 Einwohner das Leben gekostet haben.

Die Konvention von 1954 wurde von 133 Staaten ratifiziert und wird von der UNESCO überwacht. 1996 gründeten vier Nichtregierungsorganisationen Blue Shield International, ein kulturelles Gegenstück zum Roten Kreuz, um die Ratifizierung der Konvention von 1954 voranzutreiben.

Verfolgung von Kriegsverbrechen

Die Haager Konventionen sind immer noch Grundpfeiler der Kriegsregeln. Mutmaßliche Kriegsverbrechen werden vom Internationalen Strafgerichtshof verhandelt, der 2012 sein erstes Urteil fällte und den ugandischen Milizenführer Thomas Lubanga wegen Kriegsverbrechen zu 14 Jahren Haft verurteilte. Aktuell untersucht er Kriegsverbrechen in elf Ländern. ■

EINE EIGENE JURISTISCHE PERSON

SALOMON V. SALOMON & CO. LTD (1896)

IM KONTEXT

SCHWERPUNKT
Unternehmensrecht

FRÜHER
1720 Der britische Bubble Act schränkt die Gründung von Aktiengesellschaften ein.

1855 Der Limited Liability Act begrenzt die Haftung von Investoren größerer Unternehmen.

1862 Der Companies Act stellt die Rechte und Pflichten von Gesellschaften klar und erleichtert die Unternehmensgründung.

SPÄTER
um 1900 Das Prinzip der begrenzten Haftung hat sich im Großteil der westlichen Welt durchgesetzt.

1928 Ein überarbeiteter Companies Act versucht sicherzustellen, dass britische Unternehmen mit beschränkter Haftung nicht betrügerisch abgewickelt werden.

Im 19. Jahrhundert war Großbritannien industriell, finanziell und unternehmerisch eine Weltmacht. Die Gesetzgeber waren bestrebt, der wild wuchernden Wirtschaft mit Unternehmensgesetzen einen geeigneten Rahmen zu geben. Die Joint Stock Companies Acts von 1844 und 1856 (siehe Kasten rechts) und der Companies Act von 1862 erleichterten die Gründung einer Joint Stock Company (Aktiengesellschaft). Die Gesetze festigten das Prinzip der »Separate Legal Personality« (SLP), nach dem ein Unternehmen eine von seinen Gründern oder Finanziers separate, eigenständige juristische Person darstellt. Einzelunternehmer oder Partnerschaften besaßen diesen Schutz nicht. Die Limited Liability (begrenzte Haftung), erstmals 1855 eingeführt, fußte auf dem Prinzip der SLP und förderte die Wirtschaft, da sie Miteigentümer und Investoren davor schützte, für die Verluste eines Unternehmens zu haften.

1892 gründete Aron Salomon, ein Londoner Schuhmacher, eine neue Limited Company (Firma mit begrenzter Haftung). Seine Frau und seine fünf Kinder erhielten

Ein Unternehmen mit beschränkter Haftung ist eine **von seinen Eignern und Investoren separate juristische Person.**

Firmeneigentümer und Anteilseigner sind für die Verluste der Firma meist **nicht über ihre ursprüngliche Investition hinaus haftbar.**

Gläubiger können nicht gegen die Eigentümer oder Anteilseigner klagen, sondern nur gegen das Unternehmen.

Siehe auch: *Hadley v. Baxendale* 148–149 ▪ Der Sherman Antitrust Act 170–173 ▪ Der Brand der Triangle Hemdenfabrik 180–83 ▪ Die Federal Trade Commission 184–185

Robert Lowe

Der 1811 geborene Robert Lowe war Anwalt und liberaler Politiker und gilt als Vater des modernen britischen Unternehmensrechts. 1855–1858 war er Vizepräsident des Board of Trade und war in dieser Zeit führend dafür verantwortlich, dass der Joint Stock Companies Act von 1844 im Jahr 1856 umfassend überarbeitet wurde.

Das Gesetz von 1844 hatte ein Regelwerk geschaffen, das es Firmen ermöglichte, sich bei der neu geschaffenen Behörde Companies House als rechtlich anerkanntes Handelsunternehmen zu registrieren. Auch wenn das Gesetz von 1844 Firmen viel mehr Freiraum gewährte, ermöglichte es keine Haftungsbegrenzung der Anteilseigner.

Der von Lowe vorangetriebene Joint Stock Companies Act von 1856 ermöglichte allen Unternehmen mit mindestens sieben Anteilseignern die Haftungsbegrenzung. Es sorgte aber auch für mehr Vertrauen in unternehmerische Aktivitäten. Ohne Lowe wäre das Urteil der Lords im Fall *Salomon v. Salomon & Co. Ltd* undenkbar gewesen. 1880 erhielt er den Titel Viscount Sherbrooke. Er starb 1892.

je einen Anteil von £ 1, um die erforderliche Mindestanzahl an Gesellschaftern zu erreichen. Dann verkaufte er seine 20 001 Anteile zu einem überteuerten Preis von £ 39 000 an die Firma und ließ sich £ 10 000 des Kaufpreises in Schuldverschreibungen auszahlen. 1893 ging die Firma mit £ 7773 Schulden Konkurs. Auf diesen Schulden drohten die Gläubiger sitzen zu bleiben.

Das Verfahren

Aron Solomon klagte nun vor Gericht seine Schuldverschreibungen im Fall *Salomon v. Salomon & Co. Ltd* ein. Der Insolvenzverwalter führte an, Salomon habe kein Anrecht auf die restlichen Gelder der Firma, da er den Wert der Firma beim Verkauf betrügerisch überbewertet habe und daher für deren Verluste haftbar sei.

Sowohl der High Court (1893) als auch das Berufungsgericht (1895) entschieden gegen Solomon. Er habe sich einen übersteigerten Preis für sein Unternehmen gezahlt. Seine Vorgehensweise sei nur ein »ausgeklügelter Plan« gewesen, sein Unternehmen normal weiterzuführen, im Falle eines Scheiterns aber durch die Haftungsbegrenzung Vorrang vor anderen Gläubigern zu haben. Die anderen Anteilseigner seien reine Schein-Aktionäre, die Solomon ermöglichten, die begrenzte Haftung als Einzelunternehmer zu nutzen.

Beide Urteile wurden 1896 vom britischen Oberhaus als höchstem Berufungsgericht widerrufen. Die Lords legten das Gesetz wörtlich aus, nach dem jeder ein Anrecht auf Haftungsbegrenzung hatte. Es gab zwar Bedenken, dies könnte skrupellosen Geschäftemachern Tür und Tor öffnen, dennoch hielten die Lords an der Haftungsbegrenzung als Grundstein des britischen Unternehmensrechts fest. Ebenso lehnten sie die Idee ab, dass Anteilseigner voneinander unabhängig sein sollten.

Spätere Urteile führten zu einer Unterscheidung zwischen legal gegründeten Unternehmen, die durch Pleite große Schulden hinterlassen, für die die Anteilseigner nicht haftbar sind, und Unternehmen, die nur mit Haftungsbegrenzung gegründet wurden, um Schuldverpflichtungen zu umgehen. Zu Beginn des 20. Jahrhunderts hatten weite Teile der westlichen Welt das Prinzip der beschränkten Haftung übernommen, wenn auch mit nationalen Variationen. ■

> » Die Motive derer, die das Unternehmen gefördert haben, sind in der Diskussion um dessen Rechte und Verbindlichkeiten völlig irrelevant. «
>
> **Sir Hardinge Giffard, 1. Earl of Halsbury**
> Britischer Anwalt, Politiker und Lordkanzler (1823–1921)

FABRIKEN SIND BUCHSTÄBLICH TODESFALLEN

DER BRAND DER TRIANGLE HEMDEN-FABRIK (1911)

IM KONTEXT

SCHWERPUNKT
Arbeitsrecht

FRÜHER
1900 Im Schnitt sterben in den USA 100 Menschen täglich bei Arbeitsunfällen.

1909 Tausende Arbeiter streiken für bessere Arbeitsbedingungen. Größere Firmen lehnen Forderungen nach mehr Sicherheit am Arbeitsplatz ab.

SPÄTER
1933 US-Präsident Roosevelts New Deal macht Sozial- und Arbeitsreformen zum Regierungsprogramm.

1940 Der Fair Labor Standards Act verkürzt die Arbeitswoche auf 40 Stunden. Weitere nach dem Brand in der Triangle Hemdenfabrik erstrittene Rechte umfassen Krankenurlaub, Sicherheitsmaßnahmen und Gesetze zur Kinderarbeit.

Bis zum Anschlag auf das World Trade Center im September 2001 stellte der Brand in der Triangle Hemdenfabrik vom 25. März 1911 den größten Verlust an Menschenleben in New York in einem einzigen Ereignis dar. Fast alle der 146 Toten waren junge Immigrantinnen, die dem Feuer in den oberen drei Stockwerken im Greenwich Village nicht entkommen konnten. Sie alle verdienten als Näherinnen zwischen sieben und zwölf Dollar in einer Sechstagewoche mit 52 Arbeitsstunden unter ausbeuterischen Bedingungen. Ihr Tod war die Folge städtischer Gleichgültigkeit und Unternehmergeizes. Brand-

Siehe auch: Der Trade Union Act 156–159 ▪ Eine Unfallversicherung für Arbeiter 164–167 ▪ *Donoghue v. Stevenson* 194–195 ▪ Die Allgemeine Erklärung der Menschenrechte 222–229 ▪ Die Europäische Menschenrechtskonvention 230–233

Der **industrielle Boom** des späten 19. Jh. in den USA lebt von der **Ausbeutung arbeitswilliger Immigranten.**

Unternehmer **ignorieren Brandschutzbestimmungen,** bestechen diejenigen, die die Einhaltung der Regeln überwachen sollen, und **lehnen Rufe nach Reformen ab.**

Die **US-Bürger** sind vom **Brand in der Triangle Hemdenfabrik schockiert** und über die **Missachtung der Sicherheit der Arbeiter erzürnt.**

Neue Gesetze führen **strengere Sicherheitsstandards** ein und man erkennt an, dass Arbeitsgesetze **dem Interesse der arbeitenden Bevölkerung dienen** sollen.

Die Überzeugung wächst, dass Gesellschaft wie Wirtschaft von fairen Arbeitsbedingungen profitieren.

schutzbestimmungen wurden routinemäßig ignoriert, die Feuerwehr war schlecht ausgerüstet und hatte keine Ausbildung für ein Feuer in den oberen Stockwerken eines überfüllten Hauses.

Die Tragödie enthüllte eine Kultur, in der die Verantwortlichen für die Brandsicherheit bestechlich waren, und schockierte das ganze Land. Es führte zu einer Reihe strengerer Brandschutzbestimmungen und einem Zulauf für die Gewerkschaften.

Blanck und Harris

Die beiden Eigentümer der Fabrik, Max Blanck und Isaac Harris, selber russische Immigranten, waren für ihre Zeit und gesellschaftliche Schicht typische Profiteure. Es hatte bereits vier Mal in ihrer Fabrik gebrannt, und die beiden hatten gut an den Versicherungszahlungen verdient. 1909 hatten sie sich verschworen, um einen Streik der Ladies' Garment Workers' Association zu brechen, indem sie die Polizei dafür bezahlten, dass sie die Frauen zusammenknüppelte, und Politiker dafür, dass sie wegsahen. Auch die mangelhaften Brandschutzmaßnahmen in der Fabrik wurden verschiedentlich als »Versicherung« gewertet: Sollte das Unternehmen scheitern, konnte ein Brand von Vorteil sein. Es gab aber keinen Hinweis auf eine Brandstiftung.

Der Brand

Als das Feuer gegen 16.40 Uhr im achten Stock ausbrach, befanden sich etwa 500 Angestellte auf dem Gelände. Vermutlich hatte eine achtlos weggeworfene Zigarette den Brand in einem Abfallbehälter mit Baumwoll- und Papierresten ausgelöst. Die Flammen setzten aufgehängte Stoffe in Brand. Ein Feuerlöschschlauch erwies sich als verrottet, und die Düse war »

Feuerwehrmänner bekämpfen die Flammen in der Triangle Hemdenfabrik im Asch Building. Das Haus wurde gerettet und steht bis heute; es wurde in Brown Building umbenannt.

» Die Emotionen der Menschen waren unbeschreiblich. Frauen fielen zu Dutzenden in Ohnmacht, und Männer weinten. «

Louis Waldman
Augenzeuge des Brands in der Triangle Hemdenfabrik (1892–1982)

verrostet. Die Menschen im obersten, zehnten Stockwerk brachten sich auf dem Dach in Sicherheit, unter ihnen auch Blanck und Harris. Die Arbeiter im achten und neunten Stock aber hatten keinen Ausweg. Nur einer von zwei kleinen Aufzügen funktionierte und konnte nur zwölf Personen auf einmal transportieren. Er brach nach drei Fahrten zusammen.

Es gab zwei Treppen hinunter zur Greene Street bzw. zum Washington Place. Viele entkamen über die erste aufs Dach, bevor sie von den Flammen blockiert wurde. Die Treppe zum Washington Place war passierbar, aber die Tür war verschlossen. Hier fand man später eine große Anzahl Toter. Auch die Feuertreppe brach zusammen und riss 20 Arbeiterinnen in den Tod.

Die im Gebäudeinneren Gefangenen standen vor der Wahl, zu verbrennen oder am Rauch zu ersticken. Zum Entsetzen der Augenzeugen auf der Straße sprangen 62 Frauen aus den Fenstern der oberen Stockwerke in den Tod, einige von ihnen brennend, andere sich bei den Händen haltend. 36 weitere starben beim verzweifelten Fluchtversuch beim Sturz in die Aufzugschächte.

Die Feuerwehr war hilflos. Zwar eilte nahezu jeder Feuerwehrmann der Stadt zum Brandort, aber ihre längsten Leitern und stärksten Schläuche reichten nur bis zum sechsten Stock. Sie spannten Netze auf, um die Fallenden aufzufangen, aber sie zerrissen unter dem Gewicht der Körper.

Öffentliche Reaktion

Blanck und Harris wurde im Dezember 1911 der Prozess wegen Totschlags gemacht, aber sie wurden aus formellen Gründen freigesprochen. Ihr Anwalt bestritt nicht, dass die Tür am Treppenfuß abgeschlossen war, argumentierte aber, es gebe keinen Beleg dafür, dass die Angeklagten das gewusst hätten. 1913 verklagten die Hinterbliebenen Blanck und Harris wegen widerrechtlicher Tötung, wurden aber mit 75 Dollar Schadensersatz pro Familie abgespeist. Währenddessen hatten die Fabrikeigner von ihrer Versicherung 60 000 Dollar Einkommensverlust erstattet bekommen.

Der Brand in der Fabrik zerstörte einen Großteil des Gebäudeinneren des Asch Buildings. Die jüngsten Opfer der Flammen waren zwei gerade einmal 14-jährige Mädchen.

» Ich weiß aus eigener Erfahrung, dass die Arbeiter sich selbst retten müssen. «

Rose Schneiderman
Gewerkschafterin (1882–1972)

Das Feuer wütete weniger als 30 Minuten, aber seine gesellschaftlichen und politischen Folgen waren trotz der Rehabilitierung der Unternehmer enorm. Am 5. April 1911 zog eine Demonstration mit geschätzten 100 000 Teilnehmern durch New York und forderte bessere Arbeitsbedingungen. 400 000 Menschen säumten schweigend die Straßenränder. Die Empörung war quer durch alle Schichten spürbar. Im Juni 1911 bewilligte der Staat New York die Einrichtung einer Ermittlungskommission, und es folgte eine Reihe von Reformen und Empfehlungen.

Nahezu kein Industriebetrieb war von den strengen Empfehlungen der Kommission ausgenommen, allen voran Chemiewerke. Eine der nachhaltigsten war das Sullivan-Hoey Fire Prevention Law, das Sprinkleranlagen zwingend vorschrieb und bestimmte, dass ausreichend Ein- und Ausgänge mit nach außen öffnenden Türen vorhanden waren.

Zudem waren Fabriken erstmals gezwungen, simple Sanitäranlagen wie Toiletten für ihre Arbeiter einzurichten. So etwas hatte es bei Triangle nicht gegeben. Ein Grund für die verschlossenen Türen war, dass man verhindern wollte, dass die Arbeit durch den Toilettengang der Angestellten unterbrochen wurde. Eine junge Arbeiterin beschrieb ihre Arbeitsbedingungen: »Unhygienisch, so sagt man wohl. Das ist eine sehr schwache Umschreibung.«

Die politischen Reaktionen waren teils von Eigennutz motiviert (die Politiker hofften, ihre Popularität zu steigern, wenn sie als Freunde der Arbeiter wahrgenommen wurden), aber auch von Desinteresse geprägt. Man erkannte an, dass ein so modernes und aufstrebendes Land wie die Vereinigten Staaten nicht mit Arbeitsgesetzen gedeihen konnte, die so offensichtlich gegen die Interessen der arbeitenden Bevölkerung angelegt waren. Ein direktes Resultat der Lektionen aus dem Brand in der Triangle Hemden-Fabrik war Präsident Roosevelts New Deal von 1933: Es war im besten Interesse des Kapitalismus, wenn er die Interessen aller beachtete.

Nach einem Protestmarsch gegen den Verlust an Leben in der Triangle Hemdenfabrik arbeiteten Gewerkschafter mit reformwilligen Politikern an strengeren Sicherheitsvorschriften.

Moderne Parallelen

Die Triangle Hemdenfabrik schneiderte die Hemden, die von den unabhängigen, jungen und abenteuerlustigen Amerikanerinnen populär gemacht wurden, die sich von Heim und Herd befreiten und neue Karrieren in den Büros im ganzen Land anstrebten. Ihre zwanglose Kleidung und die neuen Freiheiten, für die sie standen, waren nur durch Zwangsarbeit möglich, die sich nur marginal von Sklaverei unterschied. Der Brand von 1911 deckte die schlimmen Arbeitsbedingungen der Zeit auf, aber die Parallelen zu den Ausbeuterbetrieben des 21. Jahrhunderts, die in vielen Teilen Asiens billige und schnell wechselnde Mode für den reichen Westen produzieren, sind unübersehbar. ■

Frances Perkins

Eine Reihe von New Yorker Politikern reagierte auf die Herausforderung, die der Brand in der Hemdenfabrik stellte. Damit unterschieden sie sich stark von ihren Vorgängern in der politischen Organisation Tammany Hall. Die bekanntesten waren Alfred E. Smith, Robert F. Wagner und Charles F. Murphy. Die bedeutendste aber war eine Frau.

Die 1880 geborene Frances Perkins war Zeugin des Triangle-Feuers, das vermutlich das prägende Ereignis ihres Lebens war. Sie hatte bereits zuvor mit aller Kraft für Arbeiterrechte gekämpft, aber ihr Engagement für soziale Gerechtigkeit wurde erst 1933 belohnt, als sie Arbeitsministerin und damit die erste Frau in einem US-Kabinett wurde. Frances Perkins kann für sich in Anspruch nehmen, eine der prägenden Kräfte des New Deal zu sein. Sie blieb bis zum Ende von Roosevelts Präsidentschaft 1945 im Amt und ist heute als Arbeitsministerin mit der längsten Amtszeit, aber auch als frühe Kämpferin für Frauenrechte bekannt. Sie starb 1965 in New York.

DER KRIEG GEGEN MONOPOLE

DIE FEDERAL TRADE COMMISSION (1914)

IM KONTEXT

SCHWERPUNKT
Handelsrecht

FRÜHER
1890 Der Sherman Antitrust Act verbietet Preisabsprachen und Monopole in den USA.

1911 Der US Supreme Court zwingt Standard Oil und American Tobacco, ihre Monopole aufzubrechen.

SPÄTER
1914 Der Clayton Antitrust Act verbietet Fusionen, die den Wettbewerb in den USA behindern oder Monopole schaffen.

1972 Im Fall *FTC v. Sperry & Hutchinson Co.* bestätigt der Supreme Court das Recht der FTC, Kriterien für unfaire Geschäftspraktiken festzulegen.

1999 Der Supreme Court stellt ein illegales Monopol bei Microsoft fest.

Eine **erfolgreiche freie Marktwirtschaft** braucht einen **fairen Wettbewerb.**

↓

Große Monopole und Kartelle **behindern den Wettbewerb.**

↓

Der freie Markt kann **die Bildung von Monopolen** und Kartellen **nicht verhindern.**

↓

Die Regierung braucht eine schlagkräftige Behörde, um **Wettbewerbsverzerrungen zu verhindern.**

Die Einrichtung der Federal Trade Commission (FTC) durch den 28. US-Präsidenten Woodrow Wilson 1914 war ein Meilenstein im amerikanischen Handelswesen. Es war die erste ernsthafte Maßnahme, die übermächtigen Riesenkonzerne an die Kandare zu nehmen.

Die Handelskommission hatte die Aufgabe, Verbraucher, Investoren und Unternehmen vor wettbewerbsfeindlichen Praktiken wie Ausschreibungsbetrug, Preisabsprachen und Monopolen zu schützen, weil der freie Markt alleine diesen Schutz nicht gewährleisten kann.

Das rasche Wirtschaftswachstum in den USA machte Anfang des 20. Jahrhunderts eine regulierende Gesetzgebung notwendig. Viele wichtige Konsumgüter lagen in den Händen einiger weniger

Siehe auch: Das Statute of Anne 106–107 ▪ Der Sherman Antitrust Act 170–173 ▪ Der Whistleblower Protection Act 274 ▪ Der WIPO-Urheberrechtsvertrag 286–287

Die Bosse des Senats (1889). Dieser Cartoon von Joseph Keppler karikiert Konzerninteressen wie Kupfer, Zinn und Kohle, die als riesige Geldsäcke über dem US-Senat thronen.

riesiger Trusts, also Kartellen, die ganze Bereiche der US-Wirtschaft, wie Öl, Stahl, Eisenbahnen und Zucker, kontrollierten. Es handelte sich im Kern um Monopole mit absoluter Marktmacht. Preise stiegen, Dienstleistungen versiegten, und die Öffentlichkeit forderte Lösungen. Präsident Theodore Roosevelt ernannte sich selbst zum »Kartellbrecher« und setzte 1904 den Sherman Antitrust Act in Kraft, der Preisabsprachen verbot, um die Zerschlagung des Eisenbahnkonzerns Northern Securities Company zu erzwingen.

Das reichte allerdings nicht aus. Big Business boomte, und die Reichen wurden immer reicher, während viele Arbeiter in Niedriglohnverhältnissen gefangen waren. Es herrschte das Gefühl, der Kapitalismus sei manipuliert, wie die Fälle von Standard Oil und American Tobacco 1911 sprechend belegten. Entflechtung war bei der Präsidentschaftswahl 1912 ein entscheidendes Thema, die Woodrow Wilson für sich entschied.

Eine neue Behörde

Die Wilson-Administration erließ 1914 den Clayton Antitrust Act, der Monopole durch Fusionen unterbinden sollte. Allerdings blockierten die vielen Einzelfälle schnell die Gerichte, und so brachte der Kongress den Federal Trade Commission Act ein. Das Gesetz verbot »unfaire Wettbewerbspraktiken« und schuf eine neue Behörde mit weitreichenden Befugnissen zur Regulierung des Handels. Um politische Beeinflussung zu unterbinden, durften nur drei der fünf Kommissionsmitglieder aus derselben politischen Partei kommen.

Die FTC konnte Hinweise aus der Bevölkerung, den Medien und der Wirtschaft verfolgen und direkt handeln. Spätere Gesetze erweiterten ihren Auftrag um »unfaire oder täuschende Praktiken im Handel«. Mithilfe weiterer Aufsichtsbehörden wie der Food and Drug Administration (FDA) hat die FTC eine wichtige Rolle bei der Entwicklung und Gestaltung des Handels in den USA gespielt. ■

» Großartige Unternehmen existieren nur, weil sie von unseren Institutionen geschaffen und beschützt werden. «

Theodore Roosevelt
26. US-Präsident (1901–1909)

Ida Tarbell

Die 1857 in Pennsylvania geborene Ida Tarbell war eine Pionierin des investigativen Journalismus. Am bekanntesten ist ihr Buch *The History of the Standard Oil Company* von 1904 mit Artikeln einer Serie im *McClure's Magazine* von 1902 bis 1904, die Beweise dafür lieferten, dass Standard Oil die Preise für sein Öl manipulierte. Für den Schriftsteller und Historiker Daniel Yergin war das Buch das einflussreichste Werk über die Geschäftswelt in den Vereinigten Staaten.

Ida Tarbell war in ihrer 64-jährigen Karriere eine fruchtbare und populäre Autorin, die sich gerne komplexer Themen annahm und sie leicht verständlich aufarbeitete. Sie bereiste die USA auf Vortragsreisen über Themen wie den Weltfrieden, die Politik, Zölle, Arbeitsbedingungen und Frauenrechte. Ida Tarbell starb 1944 in einem Krankenhaus in Bridgeport, Connecticut an einer Lungenentzündung.

FRÜCHTE DES VERGIFTETEN BAUMS

DIE EXCLUSIONARY RULE (1914)

IM KONTEXT

SCHWERPUNKT
Verfassungsrecht

FRÜHER
1791 Der US-Kongress nimmt die Bill of Rights als die ersten zehn Verfassungszusätze an.

19. Jh. Es gibt keine Präzedenz für die Anwendung des 4. Verfassungszusatzes.

SPÄTER
1949 *Wolf v. Colorado* erweitert die mögliche Anwendung des Ausschlussgrundsatzes, sodass er nicht für Regierungskriminalität gilt.

1961 *Mapp v. Ohio* macht den Ausschlussgrundsatz in allen US-Gerichten obligatorisch und kippt *Wolf v. Colorado*.

1974 *United States v. Calandra* schränkt den Ausschlussgrundsatz in einigen Fällen ein; spätere Urteile definieren die Anwendung der Regel präziser.

Das einstimmige Urteil des US Supreme Court im Fall *Weeks v. United States* von 1914 war eine klare Bestätigung der Verfassungsbestimmungen der Bill of Rights von 1791, vor allem bestätigte es den 4. Verfassungszusatz, der »Das Recht des Volkes auf Sicherheit der Person und der Wohnung, der Urkunden und des Eigentums vor willkürlicher Durchsuchung, Festnahme und Beschlagnahme […]« garantiert. Das war das erste Mal, dass ein US-Gericht mit einem Urteil klarstellte, was der Verfassungszusatz rechtlich bedeutet.

Weeks v. United States

Der Fall schien zunächst ganz alltäglich zu sein. Fremont Weeks war 1911 in Kansas City, Missouri, wegen Verstoßes gegen Glücksspielgesetze verurteilt worden, weil er Lotteriescheine über Bundesgrenzen hinweg verschickt hatte. Der Supreme Court kippte das Urteil aber, weil die Beweise illegal gewonnen wurden. Weeks' Haus war zweimal von Polizisten durch-

Die **Bill of Rights garantiert persönliche Freiheiten** für alle US-Amerikaner.

↓

Vage Formulierungen erschweren die **Auslegung** einiger Zusatzartikel, vor allem des 4. Zusatzes, der **gegen unrechtmäßige Durchsuchung** und Beschlagnahme schützt.

↓

Der Ausschlussgrundsatz besagt, dass durch unrechtmäßige Durchsuchung erlangte Beweise im Strafverfahren unzulässig sind.

Siehe auch: Die Verfassung und die Bill of Rights der USA 110–117 ▪ Die Erklärung der Menschen- und Bürgerrechte 118–119 ▪ Der US Supreme Court 124–129 ▪ *Miranda v. Arizona* 254–255

Die Polizei von Kansas City (hier einige ihrer Beamten um 1900) war eifrig bei der Verfolgung von Straftätern, hielt sich dabei aber nicht immer an Recht und Gesetz.

sucht worden, in beiden Fällen lag kein Gerichtsbeschluss vor.

Dadurch wurden Weeks' verfassungsmäßige Rechte nach dem 4. Zusatz verletzt, und damit waren die so erhobenen Beweise unzulässig. Dieses Prinzip wurde als Ausschluss- oder Sperrgrundsatz bekannt.

Es gibt Parallelen zu späteren Urteilen des Supreme Court zur Verletzung verfassungsmäßiger Rechte, allen voran *Miranda v. Arizona* von 1966. In diesem Fall wurden Verurteilungen wegen Vergewaltigung und Entführung aufgehoben, weil die Rechte des Angeklagten, zu schweigen und sich nicht selbst zu belasten (5. Zusatz) sowie auf einen Rechtsbeistand (6. Zusatz) missachtet wurden.

Der Ausschlussgrundsatz ist schon immer umstritten gewesen. Das offensichtlichste Argument war, dass Schuldige straffrei ausgehen konnten (Weeks war fraglos schuldig). Verfechter des Grundsatzes argumentierten, dass ohne ihn die Verfassung gebrochen werde. Auf praktischer Ebene war es im Interesse der Justiz, Polizisten mit diesem Grundsatz zur Beachtung der Verfassung zu zwingen.

Edward Douglass White war der Vorsitzende Richter des gleichnamigen White Court, der im Fall *Weeks v. United States* 1914 einstimmig den Ausschlussgrundsatz beschloss.

Ausnahmen von der Regel

Spätere Urteile des Supreme Court haben des Öfteren die strenge Auslegung des Ausschlussgrundsatzes verwässert, wie im Fall *United States v. Leon,* in dem die Polizei eine Durchsuchung mit einem ungültigen Durchsuchungsbeschluss durchführte. Das Gericht vertrat die Ansicht, dass der Ausschlussgrundsatz hier nicht gelte, weil die Beamten »im guten Glauben« gehandelt hätten, und dass ein Freispruch unverhältnismäßig hohe »gesellschaftliche Kosten« nach sich zöge.

Eine Besonderheit des Ausschlussgrundsatzes ist, dass er nur für Bundesfälle galt. Im Fall *Wolf v. Colorado* bestätigte der Supreme Court 1949 das Urteil, weil es den Gerichten des Bundesstaats Colorado obliege, zu entscheiden, ob sie den Grundsatz in Strafprozessen anwenden wollten.

Erst mit dem Fall *Mapp v. Ohio,* bei dem es 1961 um den Besitz obszöner Schriften ging, wurde der Ausschlussgrundsatz in allen US-Gerichten obligatorisch. Der Präzedenzfall zitiert den 14. Verfassungszusatz, der das Recht auf ein »ordentliches Gerichtsverfahren« garantiert. ▪

» Der Kriminelle wird, wenn es sein muss, freigesprochen, aber es ist das Gesetz, das ihn freispricht. «

Tom C. Clark
Richter am US Supreme Court (1949–1967)

UNSERE MACHT IST DER STIMMZETTEL

DER REPRESENTATION OF THE PEOPLE ACT (1918)

IM KONTEXT

SCHWERPUNKT
Wahlrechtsreform

FRÜHER
1832 Mary Smith reicht im britischen Parlament die erste Petition für das Frauenwahlrecht ein.

1893 Neuseeland gibt als erstes Land Frauen das Recht, bei Parlamentswahlen abzustimmen.

1894 Der britische Local Government Act erlaubt Frauen, bei Regionalwahlen zu wählen.

SPÄTER
1920 Die US-Amerikanerinnen erhalten das Stimmrecht.

1928 In Großbritannien erhalten alle Männer und Frauen über 21 Jahren das Wahlrecht.

2015 Frauen dürfen in Saudi-Arabien wählen.

Vor 1832 durften nur drei Prozent der männlichen britischen Bevölkerung überhaupt wählen. Das Gesetz gewährte nur Männern mit einem gewissen Vermögen oder großem Grundbesitz das Wahlrecht. Als das britische Parlament das Stimmrecht allmählich auf größere Teile der männlichen Bevölkerung ausweitete, fragten sich die Frauen, warum sie eigentlich nicht wählen dürfen sollten. Viele Männer – und auch manche Frauen – lehnten das Wahlrecht für Frauen aber auch teils vehement ab, weil sie diese für emotional zu instabil hielten, um rationale politische Entscheidungen treffen zu können, und weil sie keine Ahnung von Industrie und Handel hätten.

Taten, nicht Worte

Frauenrechtlerinnen organisierten sich in Gruppen, und einige Aktivistinnen, wie Millicent Fawcett, die 1897 den National Union of Women's Suffrage Societies (NUWSS) gründete, glaubten an friedlichen Protest, Pamphlete, Demonstrationen und Petitionen an das Parlament. Emmeline Pankhurst und die Women's Social and Political Union (WSPU, 1903) hingegen bevorzugten unter dem Motto »Taten, nicht Worte« robustere Mittel wie Vandalismus, Hungerstreik und das Anketten an Geländer. Ein weiterer Impuls für Veränderungen kam von den Married Woman's Property Acts von 1870, 1882 und 1884,

Dieses Propagandaposter zeigt einen Ehemann, der nach hartem Tagewerk die weinenden Kinder zu Hause vorfindet, weil die Mutter lieber demonstrieren geht.

Siehe auch: Die Magna Charta 66–71 ▪ Die Glorreiche Revolution und die englische Bill of Rights 102–102 ▪ Die Erklärung der Menschen- und Bürgerrechte 118–119 ▪ Die Allgemeine Erklärung der Menschenrechte 222–229 ▪ Der Civil Rights Act 248–253

Suffragetten gehen für das Frauenwahlrecht auf die Straße und werben für anstehende Protestversammlungen, wie auf diesem Foto aus Manhattan um 1913.

die Frauen erlaubten, ihr eigenes Geld und ihr Eigentum bei einer Heirat zu behalten. Frauen zahlten jetzt zwar Steuern für Geschäfte, hatten aber kein Mitspracherecht bei deren Verwendung.

Seit den 1860er-Jahren hatte es wiederholt Vorstöße von Aktivistinnen und ihnen geneigten Parlamentariern für ein Wahlrecht für Frauen gegeben, aber die wurden immer wieder abgeschmettert. Das änderte sich mit dem Ausbruch des Ersten Weltkrieges 1914. Viele Männer waren im Krieg, und so mussten die Frauen ihre Jobs und Aufgaben übernehmen. Argumente gegen ein Wahlrecht, weil Frauen »schwach« seien, wirken schlicht absurd, wenn rund zwei Millionen Frauen traditionellen Männerberufen nachgehen.

> »Männer haben entschieden, dass es für sie richtig und angemessen ist, für ihre Freiheiten und Rechte zu kämpfen, aber dass es Frauen nicht ansteht, für ihre Rechte zu streiten.«
>
> **Emmeline Pankhurst**
> *Suffragette. Die Geschichte meines Lebens,* 1914

1918 verabschiedete das Parlament schließlich den Representation of the People Act, der das Wahlrecht auf alle Männer über 21 und alle Frauen über 30 ausweitete.

Wahlrecht für alle

Mit diesem Gesetz konnten 8,5 Millionen Britinnen an Wahlen im Dezember jenes Jahres teilnehmen. Zudem ermöglichte der Wochen zuvor erlassene Parliament (Qualification of Women) Act auch erstmals die Aufstellung weiblicher Kandidaten.

Nun war das Frauenwahlrecht rund um den Globus ein Thema. Neuseeland war bereits vorgeprescht und seit 1893 das erste Land, in dem Frauen das Stimmrecht hatten. 1920 gab der 19. Verfassungszusatz den Amerikanerinnen das Stimmrecht, und Großbritannien erließ 1928 den Equal Franchise Act, der allen Briten über 21 ohne Ansehen von Klasse, Vermögen oder Geschlecht das Wahlrecht gab. ▪

Ursprünglich haben nur **reiche Männer mit Landbesitz** das **Wahlrecht,** sodass die Macht in den Händen weniger liegt.

↓

Arbeiter erkämpfen sich schließlich die **Vertretung im britischen Parlament.**

↓

Im **Ersten Weltkrieg** übernehmen viele Frauen neben häuslichen Aufgaben auch **traditionelle Männerberufe.**

↓

Der Representation of the People Act gibt Frauen über 30 das Wahlrecht.

WER NICHT ARBEITET, SOLL AUCH NICHT ESSEN

DIE RUSSISCHE VERFASSUNG (1918)

IM KONTEXT

SCHWERPUNKT
Verfassungsrecht

FRÜHER
1791 Französische Revolutionäre verkünden eine neue Verfassung.

1871 Die radikal-sozialistische Pariser Kommune regiert Paris für kurze drei Monate.

1905 Aus der Russischen Revolution entsteht eine Verfassung und ein gewähltes Parlament, die Duma.

SPÄTER
1924 Die Verfassung von 1918 wird zur Machtfestigung der Kommunistischen Partei Russlands (später die Kommunistische Partei der Sowjetunion) revidiert.

1936 Die Stalin-Verfassung verleiht Stalin und der Partei absolute Macht.

1991 Die Sowjetunion und mit ihr die kommunistische Verfassung wird ausgelöst.

Die **Revolution des Proletariats** (der Arbeiterklasse) muss **überleben.**

↓

Die **Bourgeoisie** wird alles unternehmen, die **Revolution scheitern zu lassen.**

↓

Die **proletarischen Massen** sind zu **wankelmütig** für die benötigten Veränderungen.

↓

Die proletarischen **Revolutionsführer** müssen die **Zügel fest in die Hand** nehmen.

↓

Die Verfassung ist eine Blaupause für die Gesellschaft und schließt die Bourgeoisie aus.

Während der Februarrevolution von 1917 vertrieben kriegsmüde russische Soldaten Zar Nikolaus II. aus St. Petersburg, um den Weg für eine Übergangsregierung zu ebnen. Nach Nikolaus' Abdanken im März hatten Liberale auf eine repräsentative Demokratie gehofft. Dann aber provozierte ein vergeblicher Putschversuch des kaiserlichen Generals Lawr Kornilow gegen die provisorische Regierung den in Finnland exilierten Wladimir Lenin, seine bolschewikische Gefolgschaft zu mobilisieren.

Machtübernahme der Bolschewiki

Lenin kehrte nach Russland zurück, um dort eine führende Rolle in der Oktoberrevolution zu übernehmen. Der vom Vater des Kommunismus, Karl Marx, inspirierte Lenin vertrat die Idee von der »Diktatur des Proletariats«, in der das Proletariat, also die Arbeiterklasse, nicht durch Gesetze der Bourgeoisie gefesselt sein sollte.

Am 25. Oktober (7. November nach dem gregorianischen Kalender) ergriffen die Bolschewiken die Macht und stellten die Rote Armee und die Tscheka auf, aus

Siehe auch: Die Glorreiche Revolution und die englische Bill of Rights 102–102 ▪ Die Verfassung und die Bill of Rights der USA 110–117 ▪ Die Erklärung der Menschen- und Bürgerrechte 192–193 ▪ Der Friedensvertrag von Versailles 192–193

der später der russische Geheimdienst KGB hervorgehen sollte. Im folgenden Frühjahr schrieben sie eine neue Verfassung. Diese Verfassung von 1918 war die erste, die die Herrschaft der Arbeiterklasse anerkannte, und machte Russland zum ersten sozialistischen Staat.

Die Verfassung

Lenin formulierte die 1918 verabschiedete Verfassung nicht als rechtsstaatliches Dokument, sondern als revolutionäre Vorlage für den Umbau der Gesellschaft.

Das Ziel der Verfassung war, die Ausbeutung des Menschen durch den Menschen und die Teilung der Gesellschaft in Klassen zu beenden, die Ausbeuter zu verdrängen und eine sozialistische Gesellschaft zu schaffen. Eine Allianz aus Arbeitern und Bauern sollte das Land in sogenannten Sowjets regieren, Arbeiter- und Soldatenräten, die sich überall in Russland gebildet hatten.

Ursprünglich sollten die Sowjets allen offen stehen, aber die Verfassung schloss das Bürgertum von ihnen und allen anderen Regierungsorganen aus. Sie verbot zudem die Unterstützung der konterrevolutionären Weißen Armee und verpflichtete Arbeiter und Soldaten, der neuen Roten Armee beizutreten.

Dieses dramatische Plakat zum Gedenken an die Revolution zeigt einen Arbeiter, der die Ketten der Unterdrückung zerschmettert, um Frieden, Freiheit und Demokratie zu gewinnen.

Die Macht der Bolschewiken überstand den Bürgerkrieg. Die Verfassung von 1918 ersetzte den Despotismus der Zaren durch eine Staatsdiktatur, aus der die Kommunistische Partei Russlands hervorgehen sollte. An keiner Stelle garantierte das Dokument Menschenrechte.

Der 1917 gegründete Allrussische Kongress wurde mit Abgeordneten der Räte, Arbeitervertretern, Bauern und Soldaten besetzt, war aber in Realität nur ein Erfüllungsgehilfe der Partei. Das allmächtige Zentralkomitee bestimmte das Staatsoberhaupt und erließ Dekrete. Daneben erließen auch vom Kongress gewählte Kommissare Dekrete und übernahmen die Verwaltung.

Die Verfassung von 1918 lieferte die Prinzipien für Verfassungen, wie sie es später überall in der kommunistischen Welt geben sollte, und lieferte das Gerüst der Sowjetregierung für die kommenden 73 Jahre. ■

Wladimir Iljitsch Lenin

Wladimir Uljanow, genannt Lenin, wurde 1870 in Simbirsk (heute Uljanowsk) geboren. Als sein Bruder 1887 für die Teilnahme an einem Mordversuch an Zar Alexander III. gehängt wird, wendet er sich der Revolution zu.

Inspiriert von der revolutionären Pariser Kommune und Karl Marx, sollte Lenin die russische Revolution entscheidend gestalten. Zu diesem Zweck gründete er eine Partei. 1902 sagte er: »Gebt uns eine Organisation von Revolutionären und wir stürzen Russland!« Seine Sozialdemokratische Arbeiterpartei Russlands spaltete sich allerdings später in die radikalen Bolschewiki und die moderateren Menschewiki.

Lenins Tatendrang und Führungsqualitäten brachten die Bolschewiki Ende 1917 an die Macht und stellten sicher, dass es für Zar Nikolaus II. keinen Weg zurück gab. Aus den Bolschewiki wurde die Kommunistische Partei Russlands, und Lenin war bis zu seinem Tod 1924 der erste sowjetische Regierungschef.

» Demokratie für eine verschwindende Minderheit, Demokratie für die Reichen – so sieht der Demokratismus der kapitalistischen Gesellschaft aus. «

Wladimir Iljitsch Lenin
Staat und Revolution, 1917

WIR WOLLEN EINEN FRIEDEN, DER GERECHT IST

DER FRIEDENSVERTRAG VON VERSAILLES (1919)

IM KONTEXT

SCHWERPUNKT
Internationales Recht

FRÜHER
1907 In der Triple Entente verbünden sich Großbritannien, Frankreich und Russland gegen das Deutsche Reich und Österreich-Ungarn.

1918 Deutschland und Österreich-Ungarn stimmen einer Waffenruhe zu. Etwa 9 Millionen Soldaten und 11 Millionen Zivilisten haben ihr Leben verloren.

1918 Nach der Kapitulation erschüttern Revolutionen Deutschland.

SPÄTER
1923 Hyperinflation bringt die junge Weimarer Republik ins Wanken.

1929–1933 In der Weltwirtschaftskrise sind sechs Millionen Deutsche arbeitslos.

1933 Adolf Hitler wird Deutscher Reichskanzler.

Am 28. Juni 1919 unterzeichneten die Siegermächte und Deutschland den Friedensvertrag von Versailles. In den folgenden 14 Monaten wurden vier weitere Verträge mit Deutschösterreich, Bulgarien, Ungarn und dem Osmanischen Reich geschlossen. Weitere Verträge mit der Türkei und Deutschland folgten 1923 bzw. 1925.

Die Verträge zeichnete die Karte Europas neu. Österreich-Ungarn und das Osmanische Reich wurden zerschlagen. Das frühere Russische Reich wurde vom Bürgerkrieg heimgesucht, und Tschechoslowakei, Estland, Finnland, Ungarn, Lettland, Litauen, Polen und Jugoslawien erlangten ihre Unabhängigkeit.

Der Vertrag von 1919 wurde von der Pariser Friedenskonferenz aufgesetzt, an der 27 Nationen unter Führung Großbritanniens, Frankreichs, Italiens und der USA teilnahmen. Treibende Kraft hinter der Konferenz war US-Präsident Woodrow Wilson. Seine Idee war es, einen demokratischen, offenen und gleichberechtigten Völkerbund (siehe Kasten) auf Selbstbestimmung und damit eine neue, friedliche und gedeihende Welt zu gründen.

Wilsons Vision für Europa scheiterte am Nationalismus der einzelnen Länder und an den konkurrierenden politischen Zielen der übrigen Alliierten.

Dieses Protestplakat von 1932 von Heinz Wever zeigt ein von Reparationszahlungen gefesseltes Deutschland, die ihm der Kriegsschuldartikel 231 des Versailler Vertrags auferlegte.

Strafe für Deutschland

Der britische Premierminister David Lloyd George und der französische Ministerpräsident Georges Clemenceau forderten einen Kriegsschuldartikel. Die Logik war einfach: Deutschland war schuld am Krieg

Siehe auch: Die Genfer Konventionen 152–155 ▪ Die Nürnberger Prozesse 202–209 ▪ Die Vereinten Nationen und der Internationale Gerichtshof 212–219

Europas **Nationen** liegen nach dem **Ersten Weltkrieg am Boden.** Ein weiterer großer **Krieg** ist scheinbar **undenkbar.**

↓

Die **USA** treten kurzfristig als **Friedensmacher** und **Verfechter** von Demokratie und eines **Völkerbunds** auf.

↓

Frankreich und Großbritannien bestehen auf **harter Bestrafung** und Reparationszahlungen **Deutschlands,** damit es **keinen neuen Krieg** anfängt.

↓

Der **Vertrag von Versailles** beendet den Krieg und **zwingt Deutschland** zu **Entwaffnung, Landabtretungen und riesigen Reparationszahlungen** an die Alliierten.

und sollte die Last tragen. Der Versailler Vertrag zwang Deutschland vor allem zwei Bedingungen auf:

Deutschland musste zu seinen Kriegsschulden von etwa 150 Milliarden Reichsmark zusätzlich Reparationszahlungen von 132 Milliarden Reichsmark zahlen. Außerdem musste es praktisch all seine Erz- und Kohlevorkommen sowie 13 Prozent seiner Gebiete abtreten.

Zudem wurde Deutschland entwaffnet. Seine Armee, 1914 noch 3,8 Millionen Soldaten stark, wurde auf 100 000 geschrumpft, und es musste den Großteil seiner Flotte und seine größeren Handelsschiffe abgeben. Das Rheinland sollte eine von den Alliierten kontrollierte demilitarisierte Zone werden, und Deutschland musste alle Kolonien aufgeben.

Zur Unterzeichnung gezwungen, blieb Deutschland gedemütigt und verarmt zurück, mit ruinierter Wirtschaft, einem Kaiser im Exil und einer hungernden Bevölkerung. Selbst damals wurde anerkannt, dass solche Bestrafungen nur Bitterkeit hervorrufen konnten.

Fatale Konsequenzen

Die harten Strafen erwiesen sich als katastrophal für den langfristigen Erfolg des Friedensvertrags. Vielleicht hätte sich das Land erholt, hätte die Weltwirtschaftskrise die Not nicht noch verschärft, was Adolf Hitler in die Hand spielte. Er war nicht unausweichliche Folge des Versailler Vertrags, aber sein Aufstieg wäre ohne ihn undenkbar gewesen. Statt den Krieg zu beenden, der alle Kriege beenden sollte, ebnete der Versailler Vertrag den Weg zum Zweiten Weltkrieg und zum Holocaust. ▪

Der Völkerbund

Unter dem Eindruck des verheerenden Ersten Weltkrieges war die Welt entschlossen, eine Wiederholung zu verhindern. Dies führte 1920 zur Gründung des Völkerbunds in Genf. Er war eine internationale Bewegung für Kooperation und Sicherheit unter den Nationen.

Der durch US-Präsident Woodrow Wilson angestoßene Völkerbund stand von Anfang an auf wackeligen Beinen, da die USA ihm nie beitraten und er teils als französisch-britischer Versuch gesehen wurde, ihre koloniale Vorherrschaft zu rechtfertigen.

Der Völkerbund erwies sich bald als zahnlose, wohlmeinende Vereinigung ohne echte Macht, Beschlüsse umzusetzen, und konnte sich häufig nicht auf ein gemeinsames Vorgehen einigen. Zu seiner Hochzeit 1935 hatte er nur 58 oftmals halbherzige Mitglieder, von denen einige dem Bund nur kurzfristig beitraten.

Aber trotz seines Scheiterns – er wurde 1946 aufgelöst – diente er 1945 als Vorlage für die Vereinten Nationen.

» Das ist kein Frieden. Es ist ein Waffenstillstand auf 20 Jahre. «

Marschall Ferdinand Foch
Französischer General
(1851–1929)

EINE PFLICHT ZUR SORGFALT

DONOGHUE V. STEVENSON (1932)

IM KONTEXT

SCHWERPUNKT
Deliktsrecht

FRÜHER
1842 Im britischen Fall *Winterbottom v. Wright* entscheiden die Richter gegen einen verletzten Kutscher, der wegen schlechter Instandhaltung gegen den Kutschenbesitzer klagte.

SPÄTER
1943 Das britische Oberhaus entscheidet, die Sorgfaltspflicht erstrecke sich nicht auf traumatisierte Zeugen eines Unfalls. 1982 wird diese hingegen anerkannt.

1951 Im Fall einer jungen Frau, die von einem Cricketball getroffen wurde, klärt das Gericht, was ein Beklagter hätte vorhersehen müssen.

1970 Als junge Straffällige in Obhut des Innenministeriums ein Boot beschädigen, wird *Donoghue v. Stevenson* beim Urteil herangezogen.

Eine Person kommt mutmaßlich durch die **Fahrlässigkeit** einer anderen Person zu **Schaden.**

↓

Der **Beklagte** hätte nach allgemeinem Ermessen **vorhersehen können,** dass seine Handlungen **Schaden verursachen** können.

↓

Das **»Prinzip der Nächstenliebe«** erstreckt sich auf alle, die von einer **fahrlässigen Handlung** betroffen sein könnten.

↓

Daher ist es gerecht, dem Beschuldigten die Verantwortung für seine Handlungen aufzuerlegen.

Am 26. August 1928 gingen May Donoghue und eine Freundin im schottischen Paisley in ein Café, und die Freundin bestellte zwei Getränke. Donoghue trank ein Ginger Beer der Firma Stevenson, das in einer undurchsichtigen braunen Glasflasche serviert wurde. Sie schenkte sich ein Glas ein, trank und bemerkte dann, dass eine verwesende Schnecke aus der Flasche gefallen war. Sie war entsetzt und wurde kurz darauf krank.

Den Cafébesitzer traf keine Schuld, denn er hatte die Flasche verschlossen vom Hersteller David Stevenson geliefert bekommen und konnte die Flüssigkeit wegen des dunklen Glases nicht sehen. May Donoghue war aber nicht Stevensons Kundin, denn ihre Freundin

Siehe auch: Blackstones *Kommentare* 109 ▪ *Hadley v. Baxendale* 148–149 ▪ Eine Unfallversicherung für Arbeiter 164–167 ▪ *Salomon v. Salomon & Co. Ltd* 178–179

Im Herzen des Falls *Donoghue v. Stevenson* stand eine undurchsichtige braune Glasflasche. Das Urteil betonte, der Cafébesitzer habe den Flascheninhalt nicht sehen können.

»Es wäre nichts weniger als skandalös, [einen Beschuldigten] […] für den Zustand jeder einzelnen Flasche, die sein Werk verlässt, verantwortlich zu machen.«

Lord Buckmaster
Richter des abweichenden Votums, 1932

hatte die Getränke bezahlt. Nach damals geltendem Recht stand ihr kein Schadensersatz für ihre Krankheit zu, da sie mit dem Getränkehersteller keinen Vertrag eingegangen war. Sie verklagte Stevenson dennoch. 1931 landete der Fall vor dem House of Lords, das damals Großbritanniens oberstes Berufungsgericht war.

»Liebe deinen Nächsten«

Im folgenden Jahr verkündete Lord Atkin im Namen der Mehrheit der Richter, die für Donoghue entschieden hatten, Stevenson habe eine weite Sorgfaltspflicht gegenüber allen, die sein Produkt trinken. Werde Schadensersatz eingeklagt, müsse geprüft werden, ob jemand nach allgemeinem Ermessen habe vorhersehen können, dass sein Handeln jemanden schädigen könne. In Anlehnung an das Gebot der Nächstenliebe erklärte Atkin, dass sich dies nicht nur auf körperlich nahestehende Personen beziehe, sondern auf alle, die durch einen Akt der Fahrlässigkeit betroffen sein könnten. Indem er diese Pflicht eines jeden gegenüber anderen umriss, legte er die Sorgfaltspflicht als neuen Standard fest, nach dem bestimmt werden konnte, ob jemand für fahrlässiges Handeln zur Verantwortung gezogen werden konnte. Im Fall von May Donoghue war dies eindeutig: Der Hersteller hatte das Produkt hergestellt und hätte vorhersehen müssen, dass eine Verunreinigung anderen schaden könnte.

»Wer also ist vor dem Gesetz mein Nächster?«

Lord Atkin
House of Lords, 1932

Donoghue v. Stevenson war für das britische Tort Law (Deliktsrecht) von Bedeutung, das sich mit Schadensersatz im Zusammenhang mit Produktsicherheit, Umweltverschmutzung, Eigentumsschutz und weiteren wirtschaftlichen Interessen befasst. Der Fall bestätigte die Existenz einer allgemeinen Sorgfaltspflicht und beschränkte sie nicht nur auf Vertrauensverhältnisse wie zwischen Arzt und Patient, Arbeitgeber und Arbeitnehmer oder Vertragspartnern in einem Kaufvertrag.

Spätere Urteile klärten weitere Aspekte wie die Vorhersehbarkeit genauer, und so wurde der Fall zu einem Meilenstein in Sachen Schadensersatz und Verbraucherschutz im Zivilrecht der angloamerikanischen Rechtstradition und prägte den juristischen Begriff der Fahrlässigkeit. ■

TÖDLICHE WAFFEN MÜSSEN REGULIERT WERDEN

DER NATIONAL FIREARMS ACT (1934)

IM KONTEXT

SCHWERPUNKT
Waffengesetze

FRÜHER
1791 Der 2. US-Verfassungszusatz erlaubt das Tragen einer Waffe zur Selbstverteidigung.

1929 Beim Valentinstag-Massaker in Chicago werden sieben Gangster brutal ermordet.

1933 Giuseppe Zangara versucht, den designierten Präsidenten Roosevelt zu töten, und verletzt den Chicagoer Bürgermeister Anton Cermak tödlich. Der Ruf nach Waffengesetzen wird lauter.

SPÄTER
1993 Tötungen mit Schusswaffen erreichen in den USA einen Höchststand. Nach Anstieg in den 1960er-Jahren gehen sie von 1993 bis 2000 zurück, nehmen dann aber wieder zu.

2000–2019 Bei Schießereien werden in den USA insgesamt 710 Menschen getötet.

Der zweite Zusatzartikel der US-Verfassung stellt klar, dass das Volk das Recht hat, Waffen zu tragen. So sollten die Bürger des jungen Staats sich durch »eine gut ausgebildete Miliz« vor Angriffen, auch durch die eigene Regierung, schützen können. Ob dieses Recht ein Ansporn zur Gewalt oder ein Eckpfeiler amerikanischer Freiheit ist, wird seitdem kontrovers diskutiert.

Nach eher uneindeutigen Urteilen des Supreme Court 1875 und 1886, die den zweiten Verfassungszusatz beide schwächten, war der National Firearms Act 1934 das erste Waffenkontrollgesetz auf Bundesebene. Es wurde kurz nach der Aufhebung der Prohibition verabschiedet und war vor allem eine Reaktion auf eine beunruhigte Bevölkerung und ausufernde Bandenkriege um die Kontrolle das illegalen Alkoholhandels.

Das Gesetz bezog sich nur auf zwei Arten von Waffen: Maschinengewehre und kurzläufige Gewehre. Beide wurden nicht verboten, sollten aber praktisch durch eine 200-Dollar-Steuerabgabe auf jeden Verkauf abgeschafft werden. Außerdem mussten Besitzer die Waffen registrieren. Das Gesetz bezog sich nicht auf Handfeuerwaffen.

Das Gesetz wirkte sich unterschiedlich aus. Es strafte letztlich nur die Gesetzestreuen und hielt Kriminelle nicht auf, die sich nicht um Vorschriften scherten. Weitere Urteile des Supreme Court 2008, 2010 und 2016 haben ebenfalls keine Lösung für diesen tiefen Bruch durch die amerikanische Gesellschaft bringen können. ■

Die bisher verheerendste Schießerei in den USA fand am 1. Oktober 2017 in Las Vegas statt. Stephen Paddock erschoss während eines Musikfestivals 58 Menschen und verletzte 851 weitere.

Siehe auch: Die Verfassung und die Bill of Rights der USA 110–117 ▪ Die Erklärung der Menschen- und Bürgerrechte 118–119 ▪ Der US Supreme Court 124–129

VON DER DEMOKRATIE ZUR DIKTATUR

DIE NÜRNBERGER GESETZE (1935)

IM KONTEXT

SCHWERPUNKT
Rassengesetze

FRÜHER
19. Jh. In Teilen Nordeuropas kommt die Theorie einer reinen arischen Rasse auf: Juden, Schwarze und Slawen gelten als »rassisch minderwertig«.

1930 In seinem Buch *Der Mythus des 20. Jahrhunderts* versucht der NSDAP-Ideologe Alfred Rosenberg eine philosophische Rechtfertigung der Judenverfolgung.

SPÄTER
1938 In der Reichspogromnacht vom 9. November kommt es in ganz Deutschland zu organisierten Ausschreitungen gegen Juden. 30 000 Juden werden verhaftet.

1939–1945 Die »Aktion T4« erlaubt einigen deutschen Ärzten die euphemistisch »Euthanasie« genannte Ermordung von körperlich und geistig Behinderten.

Der Rassismus der Nationalsozialisten war schon offensichtlich, bevor Adolf Hitler Reichskanzler wurde. Juden wurden als »Untermenschen« angesehen, die die »Rassenreinheit besudelten«. Anfang der 1930er-Jahre versuchte man, sie durch Entrechtung und Verfolgung aus Deutschland zu vertreiben. 1935 wurde die Diskriminierung dann Gesetz.

Es gab zwei Nürnberger Gesetze: das *Gesetz zum Schutze des deutschen Blutes und der deutschen Ehre* und das *Reichsbürgergesetz*. Sie gingen viel weiter als die vielen antijüdischen Verordnungen, die seit 1933 erlassen worden waren, schlossen Juden von öffentlichen Ämtern aus und beschränkten ihren Zugang zu bestimmten Berufen.

Das *Blutschutzgesetz* verbot Ehen zwischen Juden und Nichtjuden sowie den nicht ehelichen Geschlechtsverkehr. Juden durften auch nicht länger deutsche Dienstmädchen unter 45 Jahren anstellen. Das *Reichsbürgergesetz* war eine wirre Sammlung von Definitionen rassischer Identität. Wer zu einem Achtel oder weniger jüdischer Abstammung war, galt als Reichsbürger. Wer zu drei Vierteln oder vollständig jüdischer Abstammung war, wurde seiner Bürgerrechte beraubt. »Halbjuden« und »Vierteljuden« waren zwar Reichsbürger, aber nicht Teil der deutschen Rasse.

Die Nürnberger Gesetze waren ein fataler Schritt in Richtung der 1941 autorisierten »Endlösung«, mit der die Juden in Europa nicht länger nur verfolgt, sondern ausgelöscht werden sollten. ■

» Reichsbürger ist nur der Staatsangehörige deutschen oder artverwandten Blutes, der [...] beweist, daß er gewillt und geeignet ist, in Treue dem Deutschen Volk und Reich zu dienen. «

Reichsbürgergesetz,
15.09.1935

Siehe auch: Die Genfer Konventionen 152–155 ▪ Die Nürnberger Prozesse 202–209 ▪ Die UN-Völkermordkonvention 210–211 ▪ Die Allgemeine Erklärung der Menschenrechte 222–229

EINE NEUE WELTORD

1945–1980

NUNG

1945
Die **Charta der Vereinten Nationen** soll den Weltfrieden wahren und die Menschenrechte schützen.

1945
In **Nürnberg** tritt der Internationale Militärgerichtshof zusammen, um die NS-Führung wegen Kriegsverbrechen und Verbrechen gegen die Menschlichkeit anzuklagen.

1945
Die ursprünglich 1923 gegründete Internationale Kriminalpolizeiliche Kommission wird neu gegründet und erhält 1956 den Namen **INTERPOL.**

1948
Die UN beschließen die **Völkermordkonvention** und machen Völkermord nach internationalem Recht zum Verbrechen.

1948
Die UN verabschieden die **Allgemeine Erklärung der Menschenrechte.**

1950
Die **Europäische Menschenrechtskonvention** wird zum ersten einklagbaren internationalen Vertrag zum Schutz der Menschenrechte.

1952
Mit dem Gründungsvertrag der Europäischen Gemeinschaft für Kohle und Stahl, dem Vorläufer der EU, wird auch der **Europäische Gerichtshof** gegründet.

1962
Der 1952 gegründete Nordische Rat verabschiedet den **Vertrag von Helsinki,** der die Kooperation zwischen den skandinavischen Ländern fördert.

Nach dem Zweiten Weltkrieg veränderte sich die globale politische Landschaft und die Haltung zur internationalen Zusammenarbeit dramatisch. Zwei verheerende Konflikte in dichter Folge weckten das Verlangen nach Frieden und Gerechtigkeit, und die Gräueltaten des Holocaust unterstrichen die Notwendigkeit internationaler Gesetze. Doch schon bald warfen die ideologischen Gegensätze zwischen Ost und West lange Schatten voraus.

Obwohl bereits nach Ende des Ersten Weltkrieges mit dem Völkerbund der Versuch einer wahrhaft internationalen Organisation unternommen worden war, war diese in den politischen und wirtschaftlichen Wirren der Weltwirtschaftskrise gescheitert, in denen die NSDAP in Deutschland aufstieg. Gegen Ende des Zweiten Weltkrieges stand man der Idee aber offener gegenüber, und so wurden im Oktober 1945 die Vereinten Nationen gegründet.

Vergeltung und Institutionen

Direkt nach dem Krieg sorgten die Gräueltaten des NS-Regimes, vor allem der Holocaust, international für Entsetzen, das sich zunächst in der Schaffung des Internationalen Militärgerichtshofs niederschlug, der hochrangigen deutschen Militärs und Politikern den Prozess machte. Die Prozesse wurden 1945/46 von Richtern aus Großbritannien, den USA, Frankreich und der UdSSR geführt. Sie bildeten die ersten internationalen Militärtribunale ihrer Art und definierten drei neue Arten von Verbrechen: Verbrechen gegen den Frieden, was auch das unprovozierte Auslösen eines Krieges umfasste, Kriegsverbrechen, wie das Brechen der durch die Haager Konventionen von 1899 und 1907 festgelegten Kriegsregeln, sowie Verbrechen gegen die Menschlichkeit wie Massenmord, Zwangsarbeit und religiöse Verfolgung.

Die UN erkannten Völkermord 1946 als Verbrechen an und ächteten ihn 1948, im selben Jahr, in dem sie ihre grundlegenden Ansichten in der Allgemeinen Erklärung der Menschenrechte festschrieben. Innerhalb weniger Jahre hatten sie die Weltmächte in diversen internationalen Einrichtungen zusammengebracht.

Im durch zwei Kriege gezeichneten Europa bestand ein großer Wunsch nach friedlicher Zusammenarbeit, nicht zuletzt, um die

1963
USA, Sowjetunion und Großbritannien unterzeichnen das **Moskauer Atomteststoppabkommen,** ein erster Schritt Richtung atomare Abrüstung.

1964
Der **Civil Rights Act** der USA von 1964 verbietet Diskriminierung aufgrund der Rasse.

1966
Im Fall ***Miranda v. Arizona*** entscheidet der Supreme Court der USA, dass Verdächtige in Polizeigewahrsam auf ihr Schweigerecht hingewiesen werden müssen.

1966
Der **Internationale Pakt über bürgerliche und politische Rechte** wird zur Ergänzung der Allgemeinen Erklärung der Menschenrechte ausgearbeitet.

1969
Der US-Staat Kalifornien führt das Prinzip der **verschuldensunabhängigen Scheidung** ein.

1970
Im Kampf gegen das organisierte Verbrechen wird in den USA das **Zeugenschutzprogramm** eingeführt.

1973
Im Fall ***Roe v. Wade*** entscheidet der Supreme Court der USA für das Recht der Frau auf Abtreibung.

1973
Die US-Regierung führt den **Endangered Species Act** ein.

Industrie wiederaufzubauen und die Wirtschaft anzuschieben. Ebenso hatte man aus den harten Strafen gegen Deutschland nach dem Ersten Weltkrieg gelernt. Statt Vergeltung setzte man besonders zwischen Frankreich und Deutschland auf Versöhnung und gründete neue gemeinsame Institutionen.

Die damals zwölf Mitgliedsstaaten des Europarats einigten sich 1950 auf eine Konvention zum Schutz der Menschenrechte und auf die Europäische Gemeinschaft für Kohle und Stahl, aus der schließlich die Europäische Union (EU) erwuchs, richtete 1952 den Europäischen Gerichtshof ein. Ein ähnlicher Geist der Zusammenarbeit führte 1952 auch zur Gründung des Nordischen Rats, der sich ein Jahrzehnt später auf den Vertrag von Helsinki einigte und den Weg für eine engere Zusammenarbeit der skandinavischen Länder ebnete. Einen scharfen Kontrast dazu bildeten die wachsenden Spannungen zu beiden Seiten des »Eisernen Vorhangs«, mit dem »kommunistischen Block« aus UdSSR, ihren Verbündeten und China auf der einen Seite und dem kapitalistischen Westen auf der anderen. Die beidseitige atomare Aufrüstung gipfelte schließlich 1962 in der Kubakrise. In der Folge kam es zu internationalen Gesprächen zur Eindämmung des Wettrüstens, die schließlich 1963 im Moskauer Atomteststoppabkommen mündeten.

Sozialer Wandel

Neben den internationalen Bestrebungen, die Menschenrechte zu fördern und zu schützen, gab es besonders in den USA Bewegungen für gesellschaftlichen Wandel. Aus dem Ärger der Afroamerikaner über die diskriminierenden Jim-Crow-Gesetze erwuchs die Bürgerrechtsbewegung, die schließlich 1964 zum Civil Rights Act führte. Der Aufstieg des Feminismus rückte zudem die Frauenrechte stärker in den Fokus, und Gesetze zur Scheidung und zur Abtreibung wurden abgeändert.

Zudem wuchs die Sorge um die Umwelt, da die Auswirkungen des menschlichen Eingriffs in die Natur immer deutlicher zutage traten. 1973 traten sowohl das Washingtoner Artenschutzübereinkommen (CITES) als auch der US Endangered Species Act in Kraft. Sie waren erste Schritte zum Schutz der Umwelt. Die weitreichenden Folgen, die der Verlust der Artenvielfalt mit sich bringt, nahmen sie aber noch nicht in Angriff. ■

NEUE GRÄUEL ERFORDERN NEUE MITTEL

DIE NÜRNBERGER PROZESSE (1945–1949)

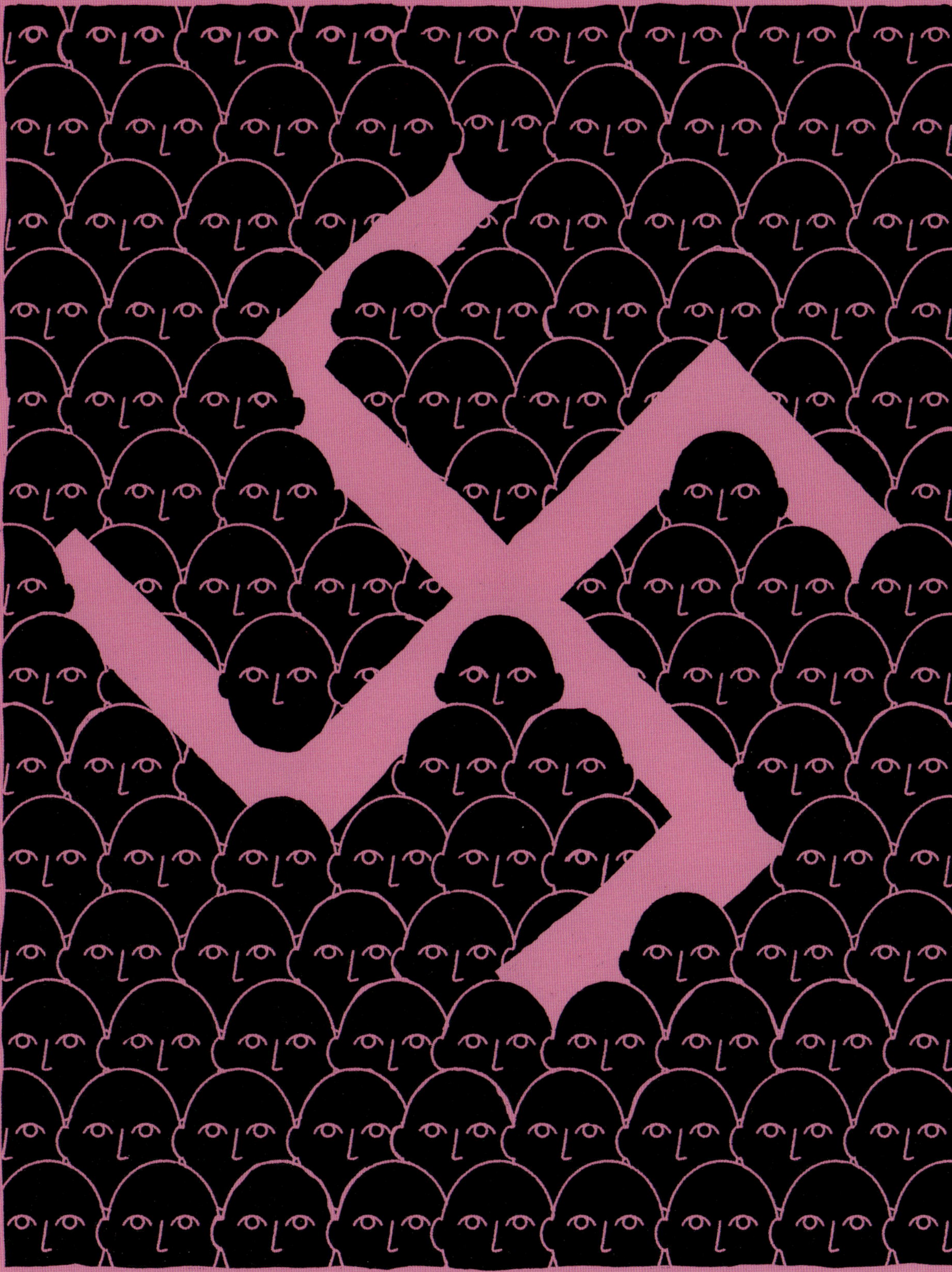

IM KONTEXT

SCHWERPUNKT
Militärrecht

FRÜHER
1474 Der burgundische Ritter Peter von Hagenbach wird als erster Befehlshaber wegen Kriegsverbrechen verurteilt.

1920 Der Völkerbund ruft mit dem Ständigen Internationalen Gerichtshof das erste internationale Gericht ins Leben.

1943 Die Alliierten beschließen, deutsche Kriegsverbrecher vor Gericht zu stellen.

SPÄTER
1961 Adolf Eichmann wird in Israel zum Tod verurteilt.

2017 Der Internationale Strafgerichtshof für das ehemalige Jugoslawien wird nach der Verurteilung des früheren jugoslawischen Präsidenten Slobodan Miloševic', Radovan Karadžić und General Ratko Mladić aufgelöst.

Bei den **Nürnberger Prozessen** wird **»Verbrechen gegen die Menschlichkeit«** als neuer Anklagepunkt geschaffen.

Die **Verteidigung** bringt vor, die Angeklagten könnten nicht für **Verbrechen belangt werden, die es zur Zeit der Tat gar nicht gab.**

In den **Haager Konventionen** von 1899 und 1907 gibt es einen Präzedenzfall zur **Verurteilung eines Kriegsverbrechers.**

Die Verbrechen des Nazi-Regimes sind so abscheulich, dass man sie nicht ungestraft lassen kann.

Die Nürnberger Prozesse waren eine Reihe von 13 Prozessen zwischen 1945 und 1949 in Nürnberg, um führende Köpfe des besiegten NS-Regimes nach Ende des Zweiten Weltkrieges vor ein international anerkanntes Gericht zu stellen. Sie dienten ähnlichen späteren Prozessen, darunter die Tokioter Prozesse gegen japanische Kriegsverbrecher, als Vorbild.

Hermann Göring, führender Nazi und einer der Angeklagten, lehnte die Nürnberger Prozesse als »Siegerjustiz« ab, aber sie waren ein wichtiger Meilenstein bei der Etablierung eines internationalen Rechtssystems. Sie schufen einen Präzedenzfall im Umgang mit Völkermord und Verbrechen gegen die Menschlichkeit und wurden zum Symbol des Sieges über Kriegshetze und Gräueltaten.

Künftige Rechenschaft

Noch vor Ende des Krieges hatten die Alliierten überlegt, wie man mit den Führern des Nazi-Regimes verfahren sollte. Allgemein bestand der Wunsch, diejenigen, die so viel Leid und Tod verursacht hatten, vor Gericht zu stellen und zu bestrafen. Viel drückender aber war die Notwendigkeit, sie für die Gräuel des Holocaust zur Rechenschaft zu ziehen. Mit immer mehr Beweisen für das fürchterliche Schicksal der Juden unter den Nazis beschlossen die Alliierten in der vierteiligen Moskauer Deklaration von 1943, die Verantwortlichen zu bestrafen. Ein Teil, die Declaration of Atrocities, wurde von Franklin D. Roosevelt, Winston Churchill und Joseph Stalin unterzeichnet. Sie legte fest,

Die ausgemergelten Überlebenden, die man bei Kriegsende in den Konzentrationslagern vorfand, unterstrichen die Notwendigkeit, die Architekten des Holocaust zu verurteilen.

Siehe auch: Die Genfer Konventionen 152–155 ▪ Die Haager Konventionen 174–177 ▪ Die UN-Völkermordkonvention 210–211 ▪ Die Vereinten Nationen und der Internationale Gerichtshof 212–219 ▪ Die Allgemeine Erklärung der Menschenrechte 222–229

dass deutsche Kriegsverbrecher in den Ländern vor Gericht gestellt werden sollten, in denen sie ihre Gräueltaten begangen hatten.

Prozess oder Exekution?

Während Churchill sich für eine summarische Erschießung der hochrangigen NS-Offiziere aussprach, um einen Schauprozess zu vermeiden, wollten die Russen korrekt vorgehen. Churchill schrieb, »Onkel Joe« (gemeint war Stalin) habe unerwartet eine ultra-ehrenwerte Linie eingeschlagen. Er wolle keine Hinrichtungen ohne Prozesse. Die Welt würde sonst denken, man habe Angst, die Täter vor Gericht zu stellen.

Nach Roosevelts Tod im April 1945 einigten sich Amerikaner und Russen, und der US-Unterstaatssekretär des Kriegsministeriums, John McCloy, zeigte sich vom britischen Einspruch überrascht. Schließlich stimmten die Briten aber zu, und man wählte Nürnberg als Ort für die Prozesse, da der Justizpalast und das Gefängnis weitgehend unbeschädigt geblieben waren und Hitler hier seine Reichsparteitage abgehalten hatte. Dies verlieh den Prozessen zusätzliche Symbolkraft.

Neue Verbrechen

Das Gericht wurde als Internationaler Militärgerichtshof nach dem am 8. August 1945 von den vier führenden Alliierten USA, Großbritannien, UdSSR und Frankreich unterzeichneten Londoner Statut eingerichtet. Diese Nationen stellten auch zu gleichen Teilen die Richter und Ankläger. Mit ihren unerbittlichen Kreuzverhören erlangten besonders die Ankläger Robert H. Jackson (USA) und Sir Hartley Shawcross (GB) Berühmtheit. Die Verteidigung lag größtenteils in der Hand deutscher Anwälte.

Bei allen 13 Verfahren wurden Richter, Ankläger und Angeklagte in Englisch, Französisch, Deutsch und Russisch übersetzt bzw. gedolmetscht. Eine vorherige Übersetzung hätte die Verfahren zu sehr in die Länge gezogen, daher wurden die Verfahren erstmalig in allen vier Sprachen gleichzeitig abgehalten und die Simultanübersetzungen allen Teilnehmern per Kopfhörer übertragen.

> »[Den Nazis] [...] wurde eine Form von Prozeß zugestanden, die sie in den Tagen ihres Prunkes und ihrer Macht niemals irgend jemandem zugestanden hätten.«
>
> **Robert H. Jackson**
> Plädoyer der Anklage, 26. Juli 1946

Jeder der Dolmetscher musste simultan in seine Zielsprache übersetzen, sodass für jede der vier Sprachen ein Simultanübersetzer für jede der anderen Sprachen nötig war. Die Belastung, teils erschütternde Zeugnisse übertragen zu müssen, war so groß, »

Robert H. Jackson

Robert H. Jackson wurde 1892 auf einer Farm in Pennsylvania geboren, wuchs in New York auf und sollte einer der berühmtesten Richter des US Supreme Court und ein glühender Verfechter der Rechtsstaatlichkeit gegenüber staatlichen Behörden werden. Er war eines der letzten Mitglieder des Supreme Court, die nicht über einen juristischen Abschluss verfügten. Zuvor hatte er, ebenfalls einzigartig, sowohl den Posten als US Solicitor General als auch den als US Attorney General bekleidet. Als Richter sprach sich Jackson gegen die Internierung der japanischen Amerikaner während des Krieges und gegen die Rassentrennung aus, sprach kommunistischen Verschwörern aber ihr verfassungsmäßiges Recht auf freie Meinungsäußerung und Freizügigkeit ab. Am bekanntesten ist Jackson als amerikanischer US-Ankläger bei den Nürnberger Prozessen, wo er durch seinen präzisen Verhörstil beeindruckte. Er starb 1954 in Washington, D.C.

dass die Dolmetscher während des Prozesses ausgetauscht werden mussten. Es wurde auch kritisiert, dass eine hohe Wahrscheinlichkeit für Fehlübersetzungen bestehe oder die Dolmetscher, ob bewusst oder unbewusst, ihre eigene Sicht der Dinge wiedergeben könnten. Die Anwälte beklagten zudem, die Übersetzungszeit gäbe den Angeklagten während der Kreuzverhöre entscheidende Bedenkzeit. Aber trotz allem erwies sich das System als erfolgreich und ist heute Standard bei internationalen Gerichtsverfahren.

Das Londoner Statut definierte drei Arten von Verbrechen. Verbrechen gegen den Frieden wurden als Planung und Durchführung eines Angriffskrieges definiert. Als Zweites kamen Verbrechen, die beim Umgang mit Zivilisten und Gefangenen gegen die Konventionen des Krieges verstießen, und schließlich Verbrechen gegen die Menschlichkeit, wozu Ermordung, Versklavung und Deportation von Zivilisten sowie Verfolgungen aus politischen, religiösen oder rassistischen Gründen zählten.

Während der Prozesse stuften die Richter die Verbrechen der Nationalsozialisten als Völkermord ein, wie ihn der polnische Jurist Raphael Lemkin 1944 definierte. Die Wortprägung war Reaktion auf den Holocaust, aber auch auf andere historische Vernichtungen ganzer Nationen, ethnischer und religiöser Gruppen. Die Vereinten Nationen ächteten Völkermord 1948 in ihrer Konvention über die Verhütung und Bestrafung des Völkermordes, die 1951 nach Ende der Nürnberger Prozesse in Kraft trat.

Zu den angeklagten NS-Führern zählten (auf der Anklagebank, von links) Hermann Göring, Rudolf Hess, Joachim von Ribbentrop, Wilhelm Keitel und Ernst Kaltenbrunner.

Die Angeklagten

Im Oktober 1945 wurden 24 führende Köpfe des NS-Regimes und seiner Organisationen wie der Gestapo angeklagt und zum Prozess vor das Militärtribunal beordert. Einige der wichtigsten NS-Größen, allen voran Adolf Hitler selbst, Heinrich Himmler und Joseph Goebbels, hatte sich entweder kurz vor Kriegsende selbst getötet oder galten als spurlos verschwunden.

Reichsmarschall Hermann Göring hatte die sogenannte Endlösung initiiert, einen Plan, der vorsah, die jüdische Bevölkerung Europas und darüber hinaus vollständig auszulöschen.

Das Gericht sah es als legitim an, Kommandanten nach der Rechtsfigur der »Befehlshaberverantwortlichkeit« für Verbrechen anzuklagen, die ihre Truppen begangen hatten, ein Konzept, das durch die Haager Konventionen von 1899 und 1907 etabliert worden war. Damit waren zwar nicht alle einverstanden, doch es gab einen Präzedenzfall. Nach dem Ersten Weltkrieg war der deutsche Lagerkommandant Emil Müller 1921 vom Reichsgericht in Leipzig für die grausame Behandlung der Kriegsgefangenen im Lager Flavy-le-Martel verurteilt worden.

Der prominenteste Angeklagte in Nürnberg war Hermann Göring, der frühere Oberbefehlshaber der Luftwaffe und verantwortlich für die Realisierung des als »Endlösung

Zusammensetzung des Internationalen Militärtribunals					
Teilnehmer		**Frankreich**	**Großbritannien**	**USA**	**Sowjetunion**
Richter	Hauptrichter	Professor Henri Donnedieu de Vabres	Lord Justice Colonel Sir Geoffrey Lawrence	Francis Biddle	Generalmajor Iona Nikittschenko
	Alternative	Robert Falco	Sir Norman Birkett	John J. Parker	Oberstleutnant Alexander Woltschkow
Hauptankläger		François de Menthon, später ersetzt durch Auguste Champetier de Ribes	Attorney General Sir Hartley Shawcross	Associate Justice Robert H. Jackson	Generalleutnant Roman Rudenko
Verteidiger		**Überwiegend deutsch**			
		Ein Verteidiger für jeden Angeklagten, darunter Otto Stahmer (für Hermann Göring), Hans Flächsner (für Albert Speer), Günther von Rohrscheidt und Alfred Seidl (für Rudolf Hess) und Rudolf Merkel (für die Gestapo)			

der Judenfrage« bekannten Plans zum Völkermord an den Juden. Er zeigte keinerlei Einsicht, log und bestand darauf, die NS-Führung habe nur getan, was alles Kriegsführer zum Überleben ihres Landes tun würden.

Albert Speer hingegen, Hitlers Rüstungsminister, war höflich und charmant und gab dem Gericht alle Informationen, die es verlangte. Er entschuldigte sich zutiefst für die Gräueltaten der Nazis und mit solcher Überzeugungskraft, dass er im Gegensatz zu Göring am Ende der Todesstrafe entging und nur zu 20 Jahren Haft verurteilt wurde. Wie tief Speer tatsächlich verwickelt war, kam erst später zutage.

Die Verteidigung

Die NS-Größen versuchten verschiedene Verteidigungsstrategien. Eine berief sich darauf, die Verbrechen, für die sie angeklagt würden, seien zum ersten Mal im Londoner Statut als solche ausgewiesen, also somit erst lange nach den verübten Verbrechen. Ein anderes Argument war, der Prozess sei nicht fair und unparteiisch, sondern Siegerjustiz der Alliierten gegen Deutschland, die ähnliche Verbrechen der eigenen Truppen ignorierten. Das dritte Argument lautete, man habe nur auf Befehl gehandelt.

Das Tribunal lehnte diese Argumente ab und bezog sich dabei einmal mehr auf die Haager Konventionen von 1899 und 1907, die bestimmte Methoden der Kriegsführung verbieten. Bei den Verbrechen gegen den Frieden bezog sich das Gericht auf den Kellogg-Briand-Pakt (oder Pariser Vertrag), in dem sich die Unterzeichnerstaaten dazu verpflichteten, Streitigkeiten friedlich zu lösen. Vor allem aber erklärte das Gericht, die Verbrechen des Nazi-Regimes seien so abscheulich, dass man sie auch ohne juristische Präzedenz, wie etwa bei den Verbrechen gegen die Menschlichkeit, nicht ungestraft lassen könne.

Urteile und Exekutionen

Am Ende befand das Tribunal nur drei der 24 Angeklagten für nicht schuldig. Zwölf wurden zum Tod verurteilt, der Rest erhielt Gefängnisstrafen zwischen zehn Jahren und lebenslänglich. Am 16. Oktober 1946 wurden zehn der zum Tod Verurteilten in der Sporthalle des Gefängnisses gehängt. Auf dem Weg zum Galgen rief Fritz Sauckel: »Ich sterbe unschuldig. Das Urteil ist falsch.«

Hermann Göring beging kurz vor der Exekution Suizid mit einer Zyankalikapsel. Der zwölfte Todeskandidat, Martin Bormann, » der in den letzten Kriegsjahren Hitlers engster Vertrauter gewesen war, wurde in Abwesenheit verurteilt. Lange glaubte man, er sei nach Südamerika geflohen, aber in den 1970er-Jahren fand man bei Bauarbeiten in Berlin seine Überreste. DNA-Tests bestätigten 1998, dass es sich um Bormann handelte.

Die Nachfolgeprozesse

Auf den Prozess gegen die Hauptkriegsverbrecher folgten zwischen Dezember 1946 und April 1949 noch zwölf weitere Prozesse. Wachsende Differenzen zwischen den Alliierten untergruben aber die Zusammenarbeit, und so wurden sie von US-Militärgerichten durchgeführt. Dazu zählten ein Prozess gegen Ärzte, die Experimente an Gefangenen durchgeführt, und ein Prozess gegen Industrielle, die Zwangsarbeiter eingesetzt hatten. Insgesamt wurden 185 Angeklagte verurteilt, zwölf von ihnen erhielten die Todesstrafe.

Währenddessen standen zwischen April 1946 und November 1948 in Japan militärische Führer vor einem weiteren internationalen Militärgerichtshof. US-General Douglas MacArthur hatte ihn in Gang gesetzt, als er im September 1945 Japans Kapitulation annahm und führende japanische Militärs verhaften ließ. Im folgenden Januar bewilligte er das Tokioter Statut für den Internationalen Militärgerichtshof für den Fernen Osten, das wie das Londoner Statut die Prozessordnung festlegte.

Ähnlich wie in Nürnberg legte das Statut drei Anklagekategorien fest. Die höchste Kategorie, Verschwörung gegen den Weltfrieden, wurde gegen die höchsten japanischen Militärführer vorgebracht. Kriegsverbrechen und Verbrechen gegen die Menschlichkeit wurden gegen niedere Ränge vorgebracht, aber im Gegensatz zu Nürnberg musste ein Angeklagter zunächst wegen Verschwörung gegen den Weltfrieden angeklagt werden, bevor er wegen Kriegsverbrechen angeklagt werden konnte.

Ein weiterer Unterschied zu den Nürnberger Prozessen war, dass im Gericht nicht nur vier, sondern elf Nationen vertreten waren: Australien, Kanada, China, Frankreich, Britisch-Indien, Niederlande, Neuseeland, Philippinen, Vereinigtes Königreich und die USA. Sie alle waren in Japans Krieg verwickelt

» Warum erschießt ihr uns nicht einfach? «

Unbekannter Nazi-Kriegsverbrecher, 1946

worden und stellten Richter. Nach zwei Jahren wurden alle 28 Angeklagten für schuldig befunden. Sieben wurden zum Tod verurteilt und gehängt. Der Rest erhielt langjährige Gefängnisstrafen.

Folgerungen

Viele Menschen empfanden die Erfahrung der Nürnberger Prozesse nach vielen Wochen der Schilderungen deutscher Kriegsverbrechen als entmutigend.

Weiterhin gab es Stimmen, die die Prozesse als Siegerjustiz bezeichneten. Bald fand man heraus, dass die Sowjets 1940 beim Massaker von Katyn und weiteren Massakern 22 000 Polen ermordet hatten, während bei den Bombenangriffen der Alliierten auf Hamburg, Dresden und andere deutsche Städte Hunderttausende deutsche Zivilisten getötet wurden. Harlan Stone, damals Chief Justice am US Supreme Court, nannte die ganze Affäre eine scheinheilige Heuchelei und eine »hochklassige Lynchparty«.

Insgesamt sagten 419 Zeugen vor dem Internationaler Militärgerichtshof für den Fernen Osten aus. Dieses Bild zeigt drei der Angeklagten: General Matsui Iwane, Oberst Hashimoto Kingorō und General Doihara Kenji.

Trotz der Kritik war sich die Mehrheit schnell einig, dass die Prozesse etwas von überragender Bedeutung erzielt hatten. So waren die Kriegsverbrechen des NS-Regimes formal dokumentiert worden. Es wurde kein Zweifel gelassen, wer den Krieg begonnen hatte. Entscheidend aber unterstrichen die Nürnberger Prozesse erneut die Bedeutung der Rechtsstaatlichkeit und setzten ein Beispiel, wie man Dispute ohne Waffen lösen kann. Aus ihnen erwuchs neben der Gründung der Vereinten Nationen die Entschlossenheit, eine Zukunft zu erschaffen, die durch internationale Zusammenarbeit und nicht durch Kriege geprägt sein sollte.

Das Vermächtnis

Robert H. Jackson, Hauptankläger bei den Nürnberger Prozessen, sagte, nicht das Schicksal der einzelnen Nazi-Führer sei entscheidend, sondern die Bekräftigung des Rechts als letzter Instanz. 1948 ächtete die UN-Völkermordkonvention den Genozid, und die Vereinten Nationen verkündeten die Allgemeine Erklärung der Menschenrechte. Die Genfer Konventionen, die frühere Standards humanitärer Behandlung im Krieg überarbeiteten, folgten 1949.

Die auf die Nürnberger Prozesse folgenden Rufe nach einem Internationalen Strafgerichtshof waren nicht unumstritten. Er nahm seine Arbeit schließlich 2002 im niederländischen Den Haag auf, jedoch ohne Zustimmung diverser Nationen, darunter die USA, China, Irak, Indien, Israel, Libyen, Katar und Jemen. Bis heute hat der Haager Gerichtshof acht Personen verurteilt und vier weitere freigesprochen.

Den Haag war ebenfalls Sitz des Internationalen Strafgerichtshofs für das ehemalige Jugoslawien (ICTY), den die UN 1993 einrichtete, um die Kriegsverbrechen während der Jugoslawienkriege zu verfolgen. Das Gericht verurteilte über 80 Personen, darunter auch der frühere serbische Präsident Slobodan Milošević, Radovan Karadžić, früherer Präsident der Republika Srpska, und der bosnisch-serbische General Ratko Mladić.

Die rechtlichen Grundlagen, die mit den Nürnberger Prozessen geschaffen wurden, haben fürchterliche Kriege und Genozide nicht verhindern können, und in der Zwischenzeit sind unzählige Gräueltaten undokumentiert und unbestraft geblieben. Ebenso scheint es unwahrscheinlich, dass die großen Weltmächte sich jemals der Gerichtsbarkeit eines solchen Gerichtshofs unterwerfen werden. Dennoch scheint das Prinzip einer internationalen Gerichtsbarkeit für die Verurteilung von Kriegsverbrechern mit den drei in Nürnberg festgelegten Verbrechensarten Verbrechen gegen den Frieden, Kriegsverbrechen und Verbrechen gegen die Menschlichkeit fest etabliert und zentral für das Streben nach Gerechtigkeit. ■

» Die internationale Magna Charta aller Menschen. «

Eleanor Roosevelt
Vorsitzende der UN-Menschenrechtskommission (1884–1962)

Peter von Hagenbach

Der erste Befehlshaber, der jemals für Kriegsverbrechen verurteilt wurde, war der burgundische Ritter Peter von Hagenbach. Von Hagenbach war Landvogt am Oberrhein. Zwischen 1469 und 1474 führte er einen so brutalen Aufstand an, dass ein Gericht aus 28 Richtern aus allen Teilen des Heiligen Römischen Reiches ihn wegen Verbrechen wie Mord und Vergewaltigung anklagte. Zu seiner Verteidigung führte er an, er habe nur die Befehle Karls des Kühnen, Herzog von Burgund, ausgeführt. Dies war das erste, aber bei Weitem nicht das letzte Mal, dass Kriegsverbrecher Handeln auf Befehl zu ihrer Verteidigung anführen.

Die Verteidigung wurde abgewiesen und von Hagenbach 1474 wegen Mordes, Vergewaltigung und Meineids geköpft. Einige moderne Gelehrte werten den Prozess als Schauprozess, um Karl den Kühnen zu diskreditieren. An der grausamen Herrschaft von Hagenbachs besteht aber kein Zweifel.

VÖLKERMORD IST EIN VERSTOSS GEGEN DIE MENSCHLICHKEIT

DIE UN-VÖLKERMORDKONVENTION (1948)

IM KONTEXT

SCHWERPUNKT
Internationales Recht

FRÜHER

1899 Die erste der Haager Konventionen mit Regeln für den Krieg wird veröffentlicht.

1915 Der Völkermord an bis zu 1,5 Mio. Armeniern durch die Türkei beginnt.

1942 Die Nazi-Führung beschließt in der Wannseekonferenz die »Endlösung«.

SPÄTER

1993 Die UN richten einen Internationalen Strafgerichtshof für das ehemalige Jugoslawien ein.

1995 Ein Internationaler Strafgerichtshof für Ruanda nimmt seine Untersuchungen zum Völkermord 1994 auf.

2018 Mit Blick auf Rohingya, Jesiden, Syrer und andere warnen die UN, dass Völkermord unvermindert eine reale Bedrohung ist.

Massenmorde waren leider immer Teil der Geschichte. Im Zweiten Weltkrieg erreichte der Völkermord allerdings mit der von Deutschland mit industrieller Effizienz geplanten Ermordung von 6 Millionen Juden, Roma und anderen erschütternde Ausmaße. Um die Nazis vor Gericht stellen zu können, führte das Statut des Internationalen Militärgerichtshofs von 1945, das den Rahmen für die Nürnberger Prozesse festlegte, Verbrechen gegen die Menschlichkeit als Anklagepunkt ein.

Das Ausmaß der Nazi-Verbrechen erforderte völlig neue Definitionen. Zudem wurden die Verbrechen von einem gesamten Staat begangen, nicht von Individuen. Man musste also feststellen, wer verantwortlich gemacht werden sollte.

Internationales Recht

1946 ächteten die Vereinten Nationen (UN) Völkermord als Verbrechen. Zwei Jahre später beschlossen sie die Konvention über die Verhütung und Bestrafung des Völkermordes (kurz UN-Völkermordkonvention), die 1951 in Kraft trat.

Maßgeblich an der Ausarbeitung beteiligt war Dr. Raphael Lemkin, der vor dem Holocaust in die USA geflohen war. 1944 veröffentlichte er sein Buch über die Nazi-Okkupation *Axis Rule in Occupied Europe*. Winston Churchill sagte

Vor dem 20. Jh. ist der **Massenmord** an **bestimmen Gruppen** im internationalen Recht noch **nicht als Verbrechen anerkannt.**

Der **Holocaust** macht die **Definition** und **Bezeichnung** des Verbrechens nötig, um die Schuldigen **verurteilen** zu können.

1948 beschließen die UN eine Konvention, um **Völkermord definieren, verhüten und bestrafen** zu können.

Siehe auch: Die Erklärung der Menschen- und Bürgerrechte 118–119 ▪ Die Genfer Konventionen 152–155 ▪ Die Haager Konventionen 174–177 ▪ Die Nürnberger Prozesse 202–209 ▪ Die Allgemeine Erklärung der Menschenrechte 222–229

Dr. Raphael Lemkin, ein polnisch-jüdischer Jurist, setzte sich nach Ende des Zweiten Weltkrieges stark für internationale Gesetze gegen Genozid ein.

1941 im Radio, man stehe einem Verbrechen ohne Namen gegenüber; Lemkin gab ihm den Namen Genozid (Völkermord).

Artikel 2 der Konvention definiert Völkermord als »eine der folgenden Handlungen, die in der Absicht begangen wird, eine nationale, ethische, rassische oder religiöse Gruppe als solche ganz oder teilweise zu zerstören: (a) Tötung von Mitgliedern der Gruppe; (b) Verursachung von schweren körperlichem oder seelischem Schaden an Mitgliedern der Gruppe; (c) vorsätzliche Auferlegung von Lebensbedingungen für die Gruppe, die geeignet sind, ihre körperliche Zerstörung ganz oder teilweise herbeizuführen; (d) Verhängung von Maßnahmen, die auf die Geburtenverhinderung innerhalb der Gruppe gerichtet sind; (e) gewaltsame Überführung von Kindern der Gruppe in eine andere Gruppe.«

Die Konvention wurde bald von 130 Ländern ratifiziert. Trotz früher Beteiligung ratifizierten die USA sie allerdings erst 1988. Sie stößt bis heute oft auf Hindernisse, darunter etwa das Erfordernis, Vorsatz nachzuweisen. Aktivisten schlugen deshalb vor, Handlungsmuster in die Konvention aufzunehmen, die auf Vorsatz hinweisen.

Erstmals zur Anwendung kam die Konvention in den 1990er-Jahren: Die Internationalen Strafgerichtshöfe für das ehemalige Jugoslawien (ICTY) und für Ruanda (ICTR) verfeinerten die Definition des Völkermords. Im Falle Ruandas umfasst sie nun auch sexuelle Gewalt und Vergewaltigung. Das Jugoslawien-Tribunal befand, dass auch die Verfolgung eines kleinen Teils einer Gruppe ein Beleg für beabsichtigten Völkermord sein könne.

> »Vergewaltigung ist nicht länger eine Kriegstrophäe.«
>
> **Navanethem Pillay**
> Südafrikanische Richterin am Internationalen Strafgerichtshof für Ruanda (1995–2003)

Auch wenn die UN-Völkermordkonvention noch weiter ausgearbeitet wird, so hat sie der internationalen Gemeinschaft doch bereits ermöglicht, die Täter fürchterlicher Verbrechen in fairen Verfahren vor Gericht zu stellen. ■

Ruandische Flüchtlinge suchten 1994 in Lagern in Nachbarländern wie Zaire Schutz, doch Tausende starben an Krankheiten wie Cholera.

Völkermord in Ruanda

In nur drei Monaten, von April bis Juli 1994, wurden bis zu 1 Mio. Ruander niedergemetzelt – oft mit Macheten, Knüppeln und anderen stumpfen Gegenständen. Andere Opfer trieb man in Häuser und steckte diese in Brand. Bis zu eine halbe Million Frauen wurde vergewaltigt.

Die Täter waren vor allem Hutu, die meisten Opfer waren Tutsi. Die internationale Gemeinschaft blieb lange untätig. Im selben Jahr richteten die UN im tansanischen Arusha einen Internationalen Strafgerichtshof für Ruanda ein. Untersuchung und Verhandlungen dauerten insgesamt über 20 Jahre.

Das Urteil gegen den Hutu-Bürgermeister Jean-Paul Akayesu gilt als richtungsweisend, da es Vergewaltigung als Völkermordhandlung einstuft. Hutu-Diplomat Jean-Bosco Barayagwiza und Minister Ferdinand Nahimana wurden für Völkermord zu lebenslanger Haft verurteilt. Im Berufungsprozess wurden die Urteile reduziert. Insgesamt wurden 93 Personen angeklagt und 62 verurteilt.

DIE ARCHITEKTEN EINER BESSEREN WELT

DIE VEREINTEN NATIONEN UND DER INTERNATIONALE GERICHTSHOF (1945)

IM KONTEXT

SCHWERPUNKT
Internationales Recht

FRÜHER
1899 Die Haager Friedenskonferenz richtet den ständigen Schiedshof ein.

1920 Der Völkerbund richtet den Ständigen Internationalen Gerichtshof (StIGH) ein.

1944 Im amerikanischen Bretton Woods werden der Internationale Währungsfonds und die Weltbank gegründet.

1944 In Dumbarton Oaks, Washington, D. C., beschließen die Alliierten die Gründung der UN.

SPÄTER
1948 The UN verkünden die Allgemeine Erklärung der Menschenrechte.

1992 Die UN halten in Rio de Janeiro, Brasilien, den Weltgipfel ab.

Als im Juni 1945 die Charta der Vereinten Nationen unterzeichnet wurde, sollte der Zweite Weltkrieg noch drei Monate andauern, und die in San Francisco versammelten Nationen wollten weitere Kriege verhindern.

Die Charta der Vereinten Nationen enthielt zwei wichtige Vorsätze: erstens, die Welt vor »der Geißel des Krieges« zu bewahren, zweitens, den »Glauben an die Grundrechte des Menschen [...] erneut zu bekräftigen«. Das Erreichen dieser Ziele erweist sich für die UN deutlich schwerer als erhofft, aber sie bleiben weiterhin Kern ihrer Mission: Frieden und Menschenrechte durch internationalen Konsens und Gespräche zu wahren und Dispute zwischen Nationen und Individuen durch Vermittlung und nicht durch Waffengewalt zu lösen.

Internationale Kooperation

Der sichtbarste Teil der UN sind die internationalen Friedenstruppen, die bei der Umsetzung des ersten der fünf wichtigsten UN-Ziele helfen: der Wahrung des internationalen Friedens und der Sicherheit. Der Frieden aber hängt stark vom Erfolg der UN bei ihren anderen Zielen ab: dem Schutz der Menschenrechte, der Leistung humanitärer Hilfe, der Förderung nachhaltiger Entwicklung und der Wahrung internationalen Rechts. Die UN hat auch den Auftrag, zu versuchen, Nationen zusammenzubringen, um diese Ziele gemeinsam zu erreichen.

Ihren Anfang nahm diese internationale Zusammenarbeit bei den Haager Friedenskonferenzen 1899 und 1907, dem ersten echten Versuch mehrerer Nationen, gemein-

» Ich glaube, dass die Nationen der Erde sich eines Tages auf eine Art Kongress einigen werden, der sich schwieriger internationaler Fragen annimmt. «

Ulysses S. Grant
18. US-Präsident (1869–1877)

Franklin D. Roosevelt

Der 1882 in New York geborene Franklin Delanoe Roosevelt wurde ab 1933 vier Mal hintereinander zum US-Präsidenten gewählt. Er ist vor allem für seinen »New Deal« berühmt, der die USA aus der Weltwirtschaftskrise (1929–1933) führen sollte. Er selbst betrachtete es allerdings als wichtigstes Werk seines Lebens, die Grundlagen für die Vereinten Nationen (UN) gelegt zu haben. Er arbeitete mit am Text der Deklaration der Vereinten Nationen, die Vertreter von 26 Nationen im Januar 1942 unterzeichneten und sich zum Kampf gegen die Achsenmächte Deutschland, Italien und Japan verpflichteten.

Aus dieser Einigung erwuchsen Pläne für eine neue Organisation für internationale Zusammenarbeit. Im April 1945 brach Roosevelt bei der Arbeit an einer Rede für die Konferenz von San Francisco zusammen und starb. Die weniger als zwei Wochen nach seinem Tod eröffnete Konferenz einigte sich auf die Gründung der Vereinten Nationen. Roosevelts Witwe Eleanor wirkte später bei der Erarbeitung der Allgemeinen Erklärung der Menschenrechte mit.

Siehe auch: *Vattels Völkerrecht* 108 ▪ Die Haager Konventionen 174–177 ▪ Der Friedensvertrag von Versailles 192–193 ▪ Die Allgemeine Erklärung der Menschenrechte 222–229 ▪ Der Internationale Strafgerichtshof 298–303

US-Präsident Roosevelt und der britische Premier Churchill im Gespräch, nachdem sie am 14. August 1941 an Bord der USS *Augusta* die Atlantik-Charta unterzeichnet hatten.

sam Normen für den Krieg festzulegen und zu definieren, was ein Kriegsverbrechen darstellt. Die Ideen zum Kriegsvölkerrecht waren stark durch den Lieber Code beeinflusst, den US-Präsident Abraham Lincoln 1863 während des Amerikanischen Bürgerkrieges an die Truppen herausgab. Er legte beispielsweise den Umgang mit der Zivilbevölkerung fest, was eine Waffenruhe ausmachte, wie Spione oder Dissidenten zu behandeln seien und vieles mehr.

Die Wurzeln der UN

Eines der Hauptziele der Haager Konventionen war ein System zur friedlichen Beilegung internationaler Konflikte. Die Konferenz von 1899 schuf den Ständigen Schiedshof, der seine Arbeit 1902 aufnahm und z. B. Grenzstreitigkeiten, Hoheitsansprüche und Menschenrechte verhandelte. Dafür baute man den Friedenspalast in Den Haag, heute Sitz des Internationalen Strafgerichtshofs.

Die Haager Abkommen wurden mit der deutschen Invasion in Belgien 1914 gebrochen, und der Erste Weltkrieg brachte noch mehr Verstöße, wie den Einsatz von Giftgas.

Der Völkerbund

Nach Ende des Ersten Weltkrieges kamen die Siegermächte 1919 in Paris zusammen, um solch einen Krieg in Zukunft zu verhindern. Die Pariser Friedenskonferenz gründete den Völkerbund mit dem erklärten Ziel, die internationale Zusammenarbeit zu fördern und Frieden und Sicherheit zu gewährleisten. Die Idee war, Dispute zu schlichten, bevor es zu offenen Kriegshandlungen kam.

Der Erste Weltkrieg markierte das Ende des imperialen Zeitalters. Stattdessen wollten die Sieger eine Welt unabhängiger Nationen schaffen, die in offenen Foren zusammenkamen, statt wie im 19. Jahrhundert hinter verschlossenen Türen Geheimpakte zu schließen. Das Ziel war Deeskalation und Abrüstung. Die USA, die damals noch auf ihrem isolationistischen Ideal beharrten, traten dem Völkerbund nicht bei, wodurch ihm die Macht fehlte, seinen Willen durchzusetzen. Der britische Premierminister David Lloyd George bescheinigte ihm daher schwache Verbindungen und keinerlei Durchgriffskraft. Als Nazi-Deutschland aufrüstete und Österreich, die Tschechoslowakei und Polen überfiel, konnte der Völkerbund nicht verhindern, dass es damit einen neuen Weltkrieg auslöste. Doch bereits mit seinem Scheitern begannen die Alliierten, über die Gründung einer neuen Organisation nachzudenken, die einen dritten Flächenbrand verhindern sollte.

Als die Macht der Achsenmächte Deutschland und Italien im August 1941 scheinbar zunahm, trafen sich US-Präsident Franklin D. Roosevelt und der britische Premierminister Winston Churchill, um die Atlantik-Charta zu formuliere und in der Hoffnung auf eine bessere Zukunft bestimmte gemeinsame Grundsätze in der Politik beider »

> » Es muss eine Weltregierung geschaffen werden, die fähig ist, Konflikte zwischen Nationen durch Gerichtsentscheid zu lösen. «
>
> **Albert Einstein**
> *Toward World Government*, 1948

Nationen zu bekräftigen. Bald gesellten sich Russland und die Regierungen des besetzten Europas hinzu: Belgien, Griechenland, Niederlande, Tschechoslowakei, Luxemburg, Norwegen, Polen, Jugoslawien und Vertreter Frankreichs.

Obwohl die Atlantik-Charta nicht rechtsverbindlich war, gelobte sie Zusammenarbeit zur Wahrung des Friedens und schwor der Waffengewalt ab. Dieses Versprechen zum Höhepunkt des Krieges und erstmals unter Beteiligung der USA war ein Hoffnungsschimmer für die besetzten Länder.

Bei einem Treffen im Weißen Haus im Dezember desselben Jahres schlug Roosevelt Churchill vor, die Verbündeten sollten sich die »Vereinten Nationen« nennen. Churchill stimmte zu und merkte an, dass der Ausdruck aus Lord Byrons Gedicht *Childe Harolds Pilgerfahrt* stammte. Im weiteren Kriegsverlauf unterzeichneten immer mehr Länder die Deklaration Vereinter Nationen und stimmten so den Prinzipien der Atlantik-Charta zu. 1945 waren es bereits 47 Nationen. An der Konferenz von Dumbarton Oaks nahe Washington gingen 1944 Vertreter Chinas, Russlands, der USA und des Vereinigten Königreichs Vorschläge für eine Nachfolgeorganisation für den Völkerbund durch, die Frieden und Schutz für die Welt gewährleisten sollte. Bei der Konferenz von Jalta im Februar 1945 einigten sich

Die Struktur der UN

Sicherheitsrat

Der Sicherheitsrat fällt Entscheidungen zum Erhalt des internationalen Friedens und der Sicherheit. Er ist das einzige Organ der UN, das bindende Resolutionen an die Mitgliedsstaaten ausgeben darf. Es gibt fünf ständige Mitglieder mit Vetorecht (China, Russland, Frankreich, USA und Großbritannien) und zehn nichtständige Mitglieder, die je auf zwei Jahre gewählt werden. Mit seinem Veto kann jedes der ständigen Mitglieder den gesamten Sicherheitsrat überstimmen. Der Sicherheitsrat kontrolliert die UN-Friedenstruppen und verhängt internationale Sanktionen.

Friedenstruppen

Sobald der Sicherheitsrat eine Friedensmission beschließt, wird eine Operation geplant, die kriegsgeschundenen Ländern zu anhaltendem Frieden verhelfen soll.

Sekretariat

Das Sekretariat besteht aus dem UN-Generalsekretär und Tausenden Angestellten, die die tägliche Verwaltungsarbeit der UN laut dem Auftrag der Generalversammlung und der anderen Organe erledigen.

Generalversammlung

Die Hauptaufgabe der UN-Generalversammlung ist die Diskussion wichtiger Themen sowie das Aussprechen von Empfehlungen. Sie hat aber keine Macht, Resolutionen durchzusetzen. Als einziges UN-Organ, in dem alle 193 Mitglieder gleichberechtigt vertreten sind, überwacht sie das UN-Budget und ernennt den Generalsekretär.

ECOSOC

Der Wirtschafts- und Sozialrat ist für die Koordination der Wirtschafts-, Umwelt- und Sozialpolitik der UN verantwortlich.

IGH

Der Internationale Gerichtshof richtet über Dispute zwischen Staaten. Er hat seinen Sitz im Friedenspalast im niederländischen Den Haag.

Sonderorganisationen

Einige Beispiele:

FAO Die Welternährungsorganisation bemüht sich weltweit um die Bekämpfung des Hungers.

UNESCO Die Organisation der Vereinten Nationen für Bildung, Wissenschaft und Kultur fördert die Zusammenarbeit in Bildung, Wissenschaft und Kultur.

WHO Die Weltgesundheitsorganisation überwacht die öffentliche Gesundheit.

Programme

Einige Beispiele:

UNDP Das Entwicklungsprogramm hilft Ländern bei der Bekämpfung von Armut und Ungleichheit.

UNEP Das Umweltprogramm fördert den schonenden Umgang mit der Umwelt und nachhaltige Entwicklungen.

WFP Das Welternährungsprogramm bekämpft Hunger und Unterernährung und stellt jährlich rund 80 Mio. Menschen Nahrung zur Verfügung.

IStGH

Der Internationale Strafgerichtshof verfolgt Verbrechen gegen die Menschlichkeit. Er ist nicht Teil der Vereinten Nationen, sondern kooperiert und tauscht Informationen mit ihnen aus.

Roosevelt, Churchill und Stalin auf die Gründung der Vereinten Nationen und vereinbarten eine erste Zusammenkunft im April in San Francisco.

Die UN übernahmen einige Strukturen des Völkerbunds, darunter auch das Sekretariat, das vom UN-Generalsekretär geleitet werden und als Hauptverwaltungsorgan der Organisation dienen sollte. Es gab aber zwei wichtige Ergänzungen: die UN-Generalversammlung und den UN-Sicherheitsrat.

Die Generalversammlung

Obwohl sie keine faktische Macht hat, ist die Generalversammlung so etwas wie das Parlament der UN, in dem sich die Mitglieder treffen, wichtige Themen diskutieren und Empfehlungen aussprechen, wodurch es sehr einflussreich ist. Jeder der 193 Mitgliedsstaaten hat eine Stimme. Auch Nichtmitglieder wie der Vatikan und Palästina nehmen teil, haben aber nur Beobachterstatus.

Die meisten alltäglichen Entscheidungen werden durch einfache Mehrheit entschieden; aber bei manchen, wie der Aufnahme neuer Mitglieder, Budgetfragen sowie Friedens- und Sicherheitsfragen, ist eine Zweidrittelmehrheit erforderlich. Aufgrund der Größe der Versammlung sind die Mitgliedsländer inoffiziell in fünf regionale Gruppen unterteilt, und so wird häufig blockweise abgestimmt. Die Generalversammlung tritt einmal jährlich zusammen und hält zudem Sondersitzungen ab, wie etwa jedes Jahr zur Wahl eines neuen Präsidenten.

Die alljährliche Hauptsitzung beginnt mit der Generaldebatte, in der Mitglieder Anliegen vortragen können. Die Hauptarbeit erfolgt aber in den sechs Hauptausschüssen für Abrüstung und internationale Sicherheit (1), Wirtschaft und Finanzen (2), soziale, humanitäre und kulturelle Fragen (3), besondere politische Fragen und Entkolonialisierung (4), im Verwaltungs- und Haushaltsausschuss (5) und im Rechtsausschuss (6).

Der Sicherheitsrat

In vielerlei Hinsicht liegt die eigentliche Macht der UN im Sicherheitsrat. Die ursprüngliche Idee dahinter war, dass die vier großen Mächte USA, Großbritannien, Sowjetunion und China, später gefolgt von Frankreich, als permanente Mitglieder die bedeutenden Entscheidungen lenken würden. Ursprünglich gab es neben ihnen sechs auf jeweils zwei Jahre gewählte nichtständige Mitglieder. Ein Zusatzartikel zur UN-Charta erhöhte 1965 die Zahl der nichtständigen Mitglieder und damit die Gesamtzahl der Mitglieder auf 15.

Generell werden die nichtständigen Mitglieder so gewählt, dass sie die regionalen Gruppen der UN gleichmäßig vertreten, mit fünf Mitgliedern aus Afrika und Asien, einem aus Osteuropa, zwei aus Lateinamerika und zwei aus Westeuropa und anderen Staaten. Die Mitgliedschaft rotiert ständig, da die Generalversammlung jedes Jahr fünf der zehn nichtständigen Mitglieder für zwei Jahre wählt. Auch der Vorsitz des Sicherheitsrats rotiert, und zwar im Monatsrhythmus.

Jedes Mitglied hat eine Stimme, wobei für Beschlüsse neun Stimmen nötig sind. Alle Mitglieder sind »

verpflichtet, Beschlüssen des Rats zu folgen – mit einer entscheidenden Ausnahme: Bei der Konferenz von Jalta bestand Stalin auf einem Vetorecht der ständigen Mitglieder. Roosevelt zögerte zunächst, dies zu akzeptieren, aber dies behob einen fatalen Fehler des Völkerbunds, der seinen Mitgliedern theoretisch hätte befehlen können, gegen ihre eigenen Regierungen zu handeln.

Das Vetorecht bleibt umstritten. In den 1950er- und 1960er-Jahren hatten die USA einen solchen Einfluss, dass sie ihr Vetorecht nie ausüben mussten. Aber die UdSSR blockierte beständig Beschlüsse des Sicherheitsrats, allen voran Andrei Gromyko, dem seine häufigen Vetos den Spitznamen »Genosse Njet« eintrugen. Die USA haben ihr Vetorecht vor allem gegen Resolutionen im israelisch-palästinensischen Konflikt genutzt. Häufige Kritik gibt es an der Zusammensetzung des Sicherheitsrats. Besonders die Wahl der fünf ständigen Mitglieder gilt als überholt, da sie eher die geopolitische Lage von 1945 als die heutige wiedergibt. Andere Länder, wie Brasilien, Deutschland, Indien und Japan (die G4-Staaten), bemühen sich daher um eine ständige Mitgliedschaft.

UN-Panzer begleiten kongolesische Flüchtlinge, die das Flüchtlingslager Kibumba nach dem Ausbruch von Kämpfen zwischen politisch verfeindeten Gruppen 2008 verlassen mussten.

Friedenssicherung

Die Hauptaufgabe des Sicherheitsrats ist die Wahrung des internationalen Friedens. Während dies in El Salvador und Mosambik von Erfolg gekrönt war, haben die Bemühungen in Syrien bisher kläglich versagt.

Den Gründern der UN war klar, dass der Völkerbund ohne eigene Armee selbst bei kleinen Konflikten nicht in der Lage war, erfolgreich einzugreifen und den Frieden zu sichern. Deshalb stellte der Sicherheitsrat bald eine multinationale Friedenstruppe auf. Ihr erster Einsatz war die Überwachung des Waffenstillstands im Palästinakrieg 1948. Die Truppe war als eine Art Polizeieinheit geplant, die Waffen nur zur Selbstverteidigung einsetzen sollte. Über die Jahrzehnte haben sich diese Einsatztruppen stärker etabliert, besonders nachdem 1992 die Hauptabteilung Friedenssicherungseinsätze des UN-Sicherheitsrats gegründet wurde. Heute ist sie ein entscheidender Teil der UN. Eine stehende Truppe oder eine permanente Struktur gibt es aber nicht. Die Friedenstruppe wird für jede Mission neu zusammengestellt.

> »Es gibt keine Alternative zu den UN. Sie sind die letzte, größte Hoffnung der Menschheit.«
>
> **Kofi Annan**
> UN-Generalsekretär (1997–2006)

Der Internationale Gerichtshof

Eines der wichtigsten Organe, das die UN vom Völkerrat übernahmen, war der Ständige Internationale Gerichtshof (StIGH). Sein UN-Nachfolger, der Internationale Gerichtshof (IGH), wurde 1945 in San Francisco beschlossen. Im Gegensatz zu den UN, die noch keine eigene Zentrale hatten, hatte der IGH bereits ein Zuhause in Den Haag.

Aufgabe des IGH ist die Beilegung völkerrechtlicher Streitfragen zwischen Nationen, wenn die Parteien die Zuständigkeit des Gerichts im jeweiligen Konflikt anerkennen. Nachdem der IGH 1986 den verdeckten Krieg der USA gegen Nicaragua als Völkerrechtsverletzung beurteilte, zogen die USA ihre Zustimmung zurück und stimmten nur noch von Fall zu Fall zu. Der Sicherheitsrat ist nach der UN-Charta bevollmächtigt, die Entscheidungen des IGH durchzusetzen, aber die ständigen Mitglieder können ihr Veto einlegen, was die USA im Fall Nicaragua taten.

2002 wurde der Internationale Strafgerichtshof geschaffen, um mit dem IGH auch Einzelpersonen für Verbrechen wie Völkermord anklagen zu können.

Eine unteilbare Welt?

Über die Jahrhunderte haben sich unzählige große Denker, wie der spanische Philosoph Francisco de Vitoria im 16. Jahrhundert, die Frage gestellt, ob man mit einer einzigen Regierung für die gesamte Welt alle Probleme lösen könne. Die Logik ist simpel: Kriege scheinen vor allem zwischen Nationen und Herrschenden geführt zu werden. Gäbe es nur eine Regierung oder einen Herrscher, gäbe es keine Kriege.

1943 schreib der US-Präsidentschaftskandidat Wendell Willkie sein Erfolgsbuch *Unteilbare Welt,* in dem er eine weltweite Föderation vorschlug. In seiner *Anatomie des Friedens* schrieb der Ungar Emery Reves, dass ein Bund von Staaten Kriege niemals verhindern könnte und dass er daher durch eine föderale Weltregierung ersetzt werden müsste. Der Horror der 1945 über Japan abgeworfenen Atombomben verlieh der Idee weiteren Auftrieb. Der deutsche Physiker Albert Einstein war einer der vielen berühmten Unterstützer der Idee, die ob der bisher beispiellosen Zerstörungskraft der Nuklearwaffen extrem beunruhigt waren.

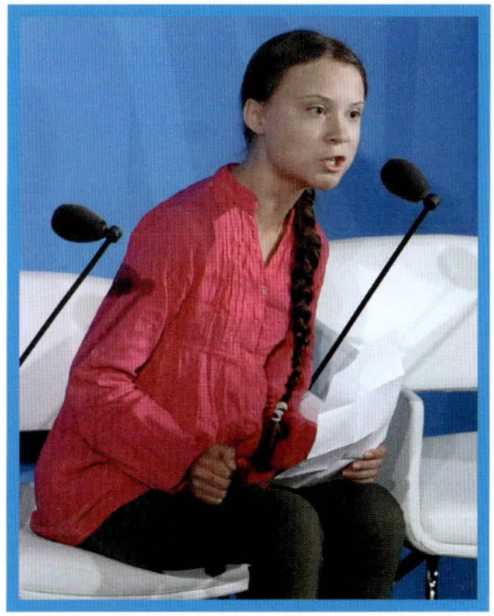

Die schwedische Schülerin Greta Thunberg machte weltweit Schlagzeilen mit ihren klaren Umweltforderungen, die sie auf hochkarätigen UN-Veranstaltungen vorbrachte.

Immer mehr Menschen forderten, die neuen Vereinten Nationen sollten zu einer universellen Föderation der Staaten werden, mit der Macht, Waffen zu kontrollieren. Doch diese Vision verblasste bald, und die Nachkriegswelt taumelte in den »Kalten Krieg« zwischen der von Lenins Vision eines bolschewistischen Weltstaats getriebenen UdSSR und dem von den USA angeführten Westen, der an eine Welt demokratischer Nationalstaaten und des globalen Kapitalismus glaubte.

Die UN galten als bestmöglicher Kompromiss. In vielerlei Hinsicht erwiesen sie sich als erfolgreicher, als viele Kommentatoren befürchtet hatten, und sie bieten ein Forum, in dem so manche aufstrebende Nation Gehör findet. Dennoch scheinen sie unfähig, mit den Herausforderungen des 21. Jahrhunderts, wie den Konflikten im Nahen Osten, globalem Terrorismus, Flüchtlingen und Menschenhandel, fertigzuwerden. Und sie wirken – wie die Klimaaktivistin Greta Thunberg es in ihrer Rede vor der UN-Generalversammlung 2019 so treffend sagte – wie ein zahnloser Tiger angesichts der größten globalen Krise, dem Klimawandel, und seinen Folgen für die Menschheit. ■

Die UN-Kinderrechtskonvention legt die Rechte von Kindern fest. Sie verbietet Kinderarbeit wie in diesem Tagebau im indischen Jharia.

Die UN-Kinderrechtskonvention

Eine der größten Erfolgsgeschichten der Vereinten Nationen sind die Menschenrechte. Über die Jahre wuchs ein umfassendes Regelwerk heran, das als Richtlinie zum Schutz von Bürgerrechten sowie kulturellen, wirtschaftlichen, politischen und sozialen Rechten dient.

Die 1989 verabschiedete UN-Kinderrechtskonvention (KRK) zählt zu den richtungweisenden Erfolgen. Alle Unterzeichner müssen den UN regelmäßig über die Fortschritte auf diesem Gebiet Bericht erstatten. Die Konvention fasst Grundrechte der Kinder zusammen, wie etwa das Recht, in einer sicheren Umgebung zu leben, auf einen Namen und eine Staatszugehörigkeit, auf Bildung und Ausbildung, auf eine Familie, elterliche Fürsorge und ein sicheres Zuhause, sich mitzuteilen und gehört zu werden. In Fakultativprotokollen verbietet sie zudem die Beteiligung von Kindern an Kriegen, Kinderhandel, Kinderprostitution und Kinderpornografie.

EINE SICHERERE WELT

INTERPOL (1945)

IM KONTEXT

SCHWERPUNKT
Strafverfolgung

FRÜHER

1870er-Jahre Die US-Detektei Pinkerton teilt Informationen mit der britischen und französischen Polizei.

1910 Der Mörder Dr. Crippen flieht aus Großbritannien, wird aber in Kanada verhaftet, als die britischen Behörden den Schiffskapitän per Telegramm von seinen Verbrechen informieren.

1914 In Monaco findet der erste Internationale Polizeikongress statt.

1923 In Wien entsteht die Internationale Kriminalpolizeiliche Kommission (IKPK).

SPÄTER

1946 INTERPOL führt farblich kodierte Fahndungsausschreibungen und Durchgaben ein.

2000 Fingerspuren werden automatisch abgeglichen.

Die im französischen Lyon beheimatete INTERPOL ist eine internationale Organisation zur Stärkung der Zusammenarbeit nationaler Polizeibehörden. Ihre Aufgabe ist vor allem die Bekämpfung von Drogen- und Menschenhandel sowie Terrorismus. Außerdem gehört es zu ihren alltäglichen Aufgaben, Hinterbliebene von Todesfällen im Ausland zu benachrichtigen.

Flucht ins Ausland

Die Idee einer grenzübergreifenden Strafverfolgung kam Mitte des 19. Jahrhunderts auf. In den 1850er-Jahren behielten preußische Polizisten den deutschen Philosophen und Sozialisten Karl Marx mithilfe der Briten in London im Auge. In den 1870er-Jahren tauschte die amerikanische Detektei Pinkerton Informationen mit dem britischen Scotland Yard und der französischen Sûreté über den amerikanischen Bankräuber Adam Worth aus, der nach Europa umgesiedelt war und ein kriminelles Netzwerk in London und Paris aufgebaut hatte.

1914 kam es dann zu einem ersten konzertierten Versuch internationaler polizeilicher Zusammenarbeit, als Delegierte aus 24 Ländern in Monaco zusammenkamen, um Ermittlungstechniken zu koordinieren und gemeinsam flüchtige Verbrecher aufzuspüren. Der Kongress hatte zwar nur begrenzten Erfolg, weil er von Rechtsexperten und Politikern statt von Polizisten organisiert war, konnte aber zumin-

Die Ermordung der Kaiserin Elisabeth von Österreich 1898 durch den italienischen Anarchisten Luigi Lucheni in Genf war eines der Verbrechen, die die Notwendigkeit einer internationalen Kooperation deutlich machten.

Siehe auch: Der Metropolitan Police Act 140–143 ▪ Die Vereinten Nationen und der Internationale Gerichtshof 212–219 ▪ Die Europäische Menschenrechtskonvention 230–233 ▪ Der Europäische Gerichtshof 234–241

» Es muss unser gemeinsames Ziel sein, Korruption zu einem risikoreichen und unprofitablen Geschäft zu machen. «

Jürgen Stock
Generalsekretär
der INTERPOL, 2016

dest zwölf Kernwünsche aufstellen, die das Fundament für die Schaffung von INTERPOL schufen.

Die IKPK

Der Fortschritt wurde durch den Ersten Weltkrieg ausgebremst, aber 1923 kamen schließlich hochrangige Polizeivertreter aus 15 Ländern in Wien zusammen. Die Konferenz gründete die Internationale Kriminalpolizeiliche Kommission (IKPK), um die zwölf Wünsche umzusetzen, aber im Kern ging es um die grenzübergreifende Kooperation bei der Identifizierung von Kriminellen. Zu den Gründungsmitgliedern zählten Österreich, Deutschland, Belgien, China, Frankreich, Italien und Jugoslawien. Großbritannien trat 1928 bei, die USA erst 15 Jahre später.

1933 erkannte der Völkerbund die IKPK offiziell an, aber zu dieser Zeit bestimmte bereits die Politik, wer als Krimineller einzustufen war. So glaubten beispielsweise in der ersten Hälfte der 1930er-Jahre viele Nationen im Westen, man müsse vor allem Kommunisten bekämpfen. Als Nazi-Deutschland 1938 Österreich annektierte, zogen die meisten Länder sich aus der IKPK zurück, und hochrangige SS-Offiziere übernahmen das Kommando. Das Hauptquartier wurde 1942 nach Berlin verlegt, wo die Gestapo die IKPK zur Jagd auf Juden, Sinti und Roma und andere Minderheiten nutzte.

INTERPOL und Europol

Nach dem Zweiten Weltkrieg trafen sich Polizeibeamte aus 17 Ländern, um die von den Nazis ruinierte Organisation wiederzubeleben. Sie startete 1947 in Paris komplett neu: Artikel 1 ihrer neuen Verfassung betonte die Bekämpfung von »Alltagsverbrechen« und schloss Vergehen mit politischem, religiösem oder ethnischem Hintergrund aus. 1956 erhielt sie den Namen INTERPOL. Sie hat in den Teilnehmerstaaten keine Polizeigewalt, sondern unterstützt die Ermittlungsarbeit und fördert die Kooperation zwischen den Strafverfolgungsbehörden und zählte Anfang des 21. Jahrhunderts 194 Mitglieder. 1975 verstärkten europäische Polizeibehörden ihre Zusammenarbeit mit der TREVI-Gruppe (frz. für »Internationaler Terrorismus, Radikalismus, Extremismus und Gewalt«). Als die Schengenabkommen die Bewegungsfreiheit zwischen den Mitgliedsländern garantierten, arbeiteten die europäischen Polizeien noch enger zusammen und gründeten 1992 das Europäische Polizeiamt Europol in Den Haag. Europol war ursprünglich zur Bekämpfung der Drogenkriminalität gedacht, ermittelte bald aber auch gegen das organisierte Verbrechen über Landesgrenzen hinweg, einschließlich gegen Menschenhandel, Geldwäsche und Kindesmissbrauch.

Viele Länder wachen eifersüchtig über ihre Grenzen und ihre Art der Verbrechensbekämpfung. So besitzt INTERPOL nur begrenzte Kompetenzen, und Auslieferungen sind häufig heftig umstritten. Das Prinzip der Zusammenarbeit zwischen Polizeibehörden aber ist heute weltweit anerkannt. ▪

Von INTERPOL verfolgte Verbrechen

Terrorismus und Verbrechen gegen Leben und Eigentum
Einschließlich Kindesmissbrauch, Menschenhandel, Terror, illegaler Einwanderung, Auto- und Kunstdiebstahl.

Wirtschafts-, Finanz- und Computerkriminalität
Einschließlich Bankbetrug, Geldwäsche, Korruption, Fälschung von Banknoten und Reisedokumenten.

Drogenkriminalität und organisiertes Verbrechen
Einschließlich internationaler Drogenkartelle, der Mafia und terroristischer Organisationen.

ALLE MENSCHEN SIND VOR DEM GESETZ GLEICH

DIE ALLGEMEINE ERKLÄRUNG DER MENSCHENRECHTE (1948)

IM KONTEXT

SCHWERPUNKT
Menschenrechte

FRÜHER
1776 Die amerikanische Unabhängigkeitserklärung postuliert »gewisse unveräußerliche Rechte«.

1789 Die französische Nationalversammlung verabschiedet die Erklärung der Menschen- und Bürgerrechte.

SPÄTER
1950 Die Europäische Menschenrechtskonvention (EMRK) wird aufgesetzt.

1965 Die Vereinten Nationen nehmen das Internationale Übereinkommen zur Beseitigung jeder Form von Rassendiskriminierung (ICERD) an.

1979 Die UN-Konvention zur Beseitigung jeder Form von Diskriminierung der Frau (CEDAW) wird verabschiedet.

Bei der **Gründung der Vereinten Nationen (UN)** 1945 wurde als eines der **Hauptziele** der Organisation der **Schutz der Menschenrechte** definiert.

↓

Zur **Definition der Menschenrechte** entwirft die UN-Menschenrechtskommission eine **Grundrechtserklärung.**

↓

Die UN-Generalversammlung verkündet 1948 die Allgemeine Erklärung der Menschenrechte.

↓

Die **Erklärung** bildet 1966 zusammen mit dem **Internationalen Pakt über bürgerliche und politische Rechte** und dem **Internationalen Pakt über wirtschaftliche, soziale und kulturelle Rechte** die **Internationale Menschenrechtscharta.**

Vor der Allgemeinen Erklärung der Menschenrechte (AEMR) von 1948 gab es keine Aussage im internationalen Recht zu der Frage, auf welchen Schutz Menschen Anspruch haben, einfach weil sie Menschen sind. Ende des 18. Jahrhunderts erhoben sich Franzosen und Amerikaner gegen die Herrschenden und griffen, nicht zuletzt inspiriert von Werken wie Thomas Paines *Die Rechte des Menschen* von 1791, die Idee der Menschenrechte auf. Die Beendigung des Sklavenhandels im Britischen Empire 1807 und Fortschritte bei den Arbeiterrechten im späten 18. und frühen 19. Jahrhundert waren wichtig für die Vorstellung, dass jeder das Recht auf gerechte Behandlung hat. Nach dem Ersten Weltkrieg trugen der Vertrag von Versailles und der Völkerbund weiter zur Akzeptanz von Minderheitenrechten bei.

Man darf hier nicht Menschenrechte mit dem Völkerrecht verwechseln, das die Kriegsführung und den Umgang mit Zivilbevölkerungen behandelt. Vor dem Zweiten Weltkrieg befassten sich die Genfer Konventionen von 1864, 1906 und 1929 sowie die Haager Konventionen von 1899 und 1907 mit Fragen des Völkerrechts. In beiden Rechten geht es zwar um den Umgang mit Menschen, aber heute sind sie zwei separate Rechtsgebiete.

Die AEMR war der bedeutendste Moment in der Entwicklung der Menschenrechte hin zu einem internationalen Gesetz. 2020 war sie in 523 Sprachen verfügbar. Sie ist zwar rechtlich nicht bindend, hat aber das internationale Recht geprägt. Die AEMR war entscheidend bei der Entstehung von Menschenrechtsabkommen, wie dem UN-Zivilpakt und dem UN-Sozialpakt, die beide 1966 unterzeichnet wurden. Sie beeinflusst auch zahlreiche inter-

Siehe auch: Die Verfassung und die Bill of Rights der USA 110–117 ▪ Die Vereinten Nationen und der Internationale Gerichtshof 212–219 ▪ Die Europäische Menschenrechtskonvention 230–233 ▪ Der Internationale Pakt über bürgerliche und politische Rechte 256–257

nationale und regionale Organisationen und wurde bereits in unzähligen politischen Kampagnen rund um den Globus zitiert.

Die Ursprünge der AEMR

1941, mitten im Zweiten Weltkrieg, betonte US-Präsident Franklin D. Roosevelt in seiner »Vier-Freiheiten«-Rede, dass jeder Mensch das Recht auf Freiheit in Rede und Ausdruck, das Recht auf Freiheit seiner Religion, das Recht auf Freiheit von Furcht und das Recht auf Freiheit von Not hat. Die Vorstellung, dass eine Nachkriegswelt auf der Förderung der Menschenrechte beruhen sollte, fand sich in der von Roosevelt und dem britischen Premierminister Winston Churchill aufgesetzten Deklaration Vereinter Nationen von 1942 wieder. Bei der Konferenz in Dumbarton Oaks nahe Washington, D. C., die 1944 das Rahmenkonzept für die Vereinten Nationen (UN) schaffen sollte, wurden die Menschenrechte noch ohne konkrete Definition genannt. Als aber 1945 die Charta der Vereinten Nationen unterzeichnet wurde, enthielt sie mehrere spezifische Nennungen von Menschenrechten. Beispielsweise beschreibt der Artikel 1 eines der Ziele der UN als »die Achtung vor den Menschenrechten und Grundfreiheiten für alle ohne Unterschied der Rasse, des Geschlechts, der Sprache oder der Religion zu fördern und zu festigen«.

1946 richtete der Wirtschafts- und Sozialrat der Vereinten Nationen die Menschenrechtskommission ein, an deren erster Sitzung im Februar 1947 15 Nationen teilnahmen, um eine Menschenrechtscharta zu formulieren. Aus diesen Ländern stellte man einen Redaktionsausschuss mit neun Mitgliedern verschiedener Herkunft und Expertise zusammen. Darunter waren der französische Rechtsanwalt René Cassin, der vor den Nazis fliehen musste, Charles Habib Malik, ein libanesischer Philosoph, Peng »

Der Zweite Weltkrieg trieb 1945 Millionen Menschen wie die Überlebenden der Judenverfolgung zur Flucht. 2019 gab es weltweit nahezu 71 Mio. Geflüchtete, mehr als jemals zuvor.

Eleanor Roosevelt

Die 1884 in New York geborene Anna Eleanor Roosevelt war während der vier Amtszeiten ihres Ehemanns Franklin Delano Roosevelt zwischen 1933 und 1945 die First Lady der Vereinigten Staaten. Sie kämpfte in den 1940er- und 1950er-Jahren weltweit für die Menschenrechte und gegen Armut und Rassismus in den USA. Zudem saß sie dem Komitee vor, das die AEMR verfasste.

Die Nichte des Präsidenten Theodore (»Teddy«) Roosevelt heiratete 1905 ihren Cousin 5. Grades Franklin und überredete ihn, nach seiner Polioerkrankung 1921 in der Politik zu bleiben. Sie hielt viele Wahlkampfreden, reiste kreuz und quer durch die Staaten und blieb auch nach dem Tod ihres Mannes 1945 politisch aktiv. Sie starb 1962 und wurde sechs Jahre später posthum zusammen mit anderen für ihre Menschen- und Frauenrechtsarbeit mit dem Menschenrechtspreis der Vereinten Nationen ausgezeichnet.

Die 30 Grundrechte der AEMR	
1:	Alle Menschen sind frei und gleich geboren.
2:	Jeder hat ohne Unterschied Anspruch auf diese Rechte.
3:	Jeder hat das Recht auf Leben, Freiheit und Sicherheit.
4:	Niemand darf in Sklaverei gehalten werden.
5:	Es darf keine Folter oder unmenschliche Behandlung geben.
6:	Jeder hat das Recht, als rechtsfähig anerkannt zu werden.
7:	Alle Menschen sind vor dem Gesetz gleich.
8:	Jeder hat Anspruch auf einen wirksamen Rechtsbehelf.
9:	Niemand darf willkürlich festgenommen oder exiliert werden.
10:	Jeder hat Anspruch auf ein gerechtes Gerichtsverfahren.
11:	Jeder gilt bis zum Beweis des Gegenteils als unschuldig.
12:	Niemand darf den Ruf eines anderen willkürlich angreifen.
13:	Jeder hat das Recht, sich in einem Staat frei zu bewegen.
14:	Jeder hat das Recht, im Ausland Asyl zu suchen.
15:	Jeder hat das Recht auf eine Staatsangehörigkeit.
16:	Männer und Frauen dürfen heiraten und Kinder bekommen.
17:	Jeder hat das Recht, Eigentum zu besitzen.
18:	Jeder hat das Recht auf Gedankenfreiheit.
19:	Jeder hat das Recht auf freie Meinungsäußerung.
20:	Alle Menschen haben das Recht, sich friedlich zu versammeln.
21:	Regierungsgewalt sollte auf freien Wahlen beruhen.
22:	Jeder hat das Recht auf soziale Sicherheit.
23:	Jeder hat das Recht auf Arbeit und gerechte Entlohnung.
24:	Jeder hat das Recht auf Erholung und bezahlten Urlaub.
25:	Jeder hat das Recht auf Nahrung und Wohnung.
26:	Jeder hat das Recht auf Bildung.
27:	Jeder hat das Recht auf freien künstlerischen Ausdruck.
28:	All diese Grundrechte sollen weltweit verfügbar sein.
29:	Jeder hat die Pflicht, die Rechte anderer zu schützen.
30:	Kein Staat oder Individuum darf diese Rechte beschneiden.

Chung Chang, ein chinesischer Akademiker, der chilenische Richter Hernán Santa Cruz und der britische Gewerkschafter Charles Dukes. Den Vorsitz führte Eleanor Roosevelt. 1948 stand der finale Entwurf der AEMR, und am 10. Dezember des Jahres stimmte die UN-Vollversammlung in Paris (das UN-Hauptquartier in New York war noch nicht gebaut) über die Resolution 217, die »Internationale Menschenrechtscharta«, ab. Die Resolution wurde mit 48 Ja-Stimmen, null Nein-Stimmen und acht Enthaltungen (darunter Südafrika, siehe Kasten rechts) angenommen. Seitdem feiert man in aller Welt an jedem 10. Dezember den Tag der Menschenrechte.

Eine Grundsatzerklärung

Die AEMR ist kein rechtsverbindliches Dokument und verpflichtet die Länder nicht wie ein Vertrag zur Einhaltung ihrer Vorgaben; sie ist vielmehr eine Grundsatzerklärung zu den weltweit schützenswerten Rechten. Die AEMR war eine Reaktion auf die Tragödie des Zweiten Weltkrieges, in dem, wie die Erklärung sagt, »die Nichtanerkennung und Verachtung der Menschenrechte zu Akten der Barbarei geführt haben, die das Gewissen der Menschheit mit Empörung erfüllen«. In diesem Zusammenhang hat der Kampf für die Menschenrechte auch den Zweck, den Frieden zwischen den Nationen zu erhalten, und dieser Zweck ist, wie die Präambel fortfährt, »die Entwicklung freundschaftlicher Beziehungen zwischen den Nationen zu fördern«.

Die universelle Geltung der Menschenrechte beruht auch auf dem Naturrecht, das der antike griechische Philosoph Aristoteles als unveränderbare moralische Grundsätze definierte, die von allen nationalen Gesetzen unabhängig sind. Die Prä-

Dieses Relikt der Apartheid im südafrikanischen Kapstadt ist eine eindringliche Erinnerung an die Rassentrennung, die in Südafrika in aller Offenheit praktiziert wurde.

Apartheid und internationale Menschenrechte

1948 kam die südafrikanische Nationale Partei an die Macht, mit dem Ziel, die Apartheid (»Rassentrennung«) im Land einzuführen. Im selben Jahr enthielt Südafrika sich bei der Abstimmung zur AEMR, weil deren Artikel 2 jedem ohne Ansehen der Rasse alle Grundrechte zuspricht. In der Folgezeit erließ die Regierung Gesetze wie den Population Registration Act von 1950, die Menschen ausdrücklich aufgrund ihrer ethnischen Zugehörigkeit diskriminierten.

Nach der Dekolonisierung in den 1960er-Jahren kämpften die unabhängig gewordenen Staaten an vorderster Front für die Formulierung der UN-Rassendiskriminierungskonvention von 1965. In den 1970er-Jahren kam die Frage der Apartheid regelmäßig vor die UN-Menschenrechtskommission und die Generalversammlung. Schließlich sah sich Präsident de Klerk 1990 durch eine Kombination aus Handels- und Kultursanktionen und innerem Widerstand gezwungen, den Anführer des Afrikanischen Nationalkongresses, Nelson Mandela, aus der Haft zu entlassen. Bis 1994 waren alle Apartheidsgesetze außer Kraft gesetzt.

ambel der AEMR besagt, dass die Menschenrechte notwendig sind, um »die Würde und den Wert der menschlichen Person« zu schützen. Artikel 2 konkretisiert dies und sagt: »Jeder hat Anspruch auf alle in dieser Erklärung verkündeten Rechte und Freiheiten, ohne irgendeinen Unterschied.«

1949 schrieb die deutsch-amerikanische Philosophin und politische Theoretikerin Hannah Arendt, die selber als Staatenlose aus Nazi-Deutschland fliehen musste und der AEMR sehr kritisch gegenüberstand, dass »[…] das Recht auf Rechte oder das Recht jedes Menschen, zur Menschheit zu gehören, von der Menschheit selbst garantiert werden müsste«. Auch einige Bestimmungen der AEMR zielten auf den Schutz des Rechts, Rechte zu haben, ab. So spricht Artikel 28 vom »Anspruch auf eine soziale und internationale Ordnung, in der die in dieser Erklärung verkündeten Rechte und Freiheiten voll verwirklicht werden können«, während Artikel 30 deutlich macht, dass kein Staat und kein Individuum das Recht hat, »eine Tätigkeit auszuüben, […] welche die Beseitigung der in dieser Erklärung verkündeten Rechte und Freiheiten zum Ziel hat«.

Artikel 3 spricht jedem das Recht auf Leben, Freiheit und Sicherheit der Person zu, während Artikel 4 und 5 Sklaverei beziehungsweise Folter untersagen. In den Artikeln 6–11 geht es um die Rechte einer Person gegenüber Gerichten und Strafverfolgungssystemen. Die AEMR beinhaltet auch das Recht auf Eigentum (Artikel 17), das Recht auf Bildung (Artikel 26) und das Recht auf politisches Asyl (Artikel 14).

Artikel 9 besagt, dass »niemand willkürlich festgenommen oder in Haft gehalten werden darf«, wie die Dissidenten, die z. B. in der Sowjetunion in psychiatrische Kliniken gesperrt wurden.

Unteilbarkeit

Viele Analysten unterscheiden zwischen Menschenrechten erster und zweiter Generation. Erstere beziehen sich auf freiheitliche und politische Rechte. Diese Rechte werden manchmal auch als natürliche Rechte bezeichnet und umfassen »

» Einem Menschen seine Menschenrechte zu verweigern bedeutet, ihn in seiner Menschlichkeit zu missachten. «

Nelson Mandela
Rede vor den US-Kongress, 1990

das Recht auf Leben, Freiheit, Meinungsäußerung und unabhängige Rechtsverfahren. Sie werden in den Artikeln 3–21 der AEMR beschrieben und untersagen den Eingriff des Staats in individuelle Freiheiten.

Rechte zweiter Generation beziehen sich vorwiegend auf wirtschaftliche und gesellschaftliche Komponenten, wie das Recht auf Nahrung, Obdach und Gesundheitsfürsorge. Sie werden in den Artikeln 22–28 der AEMR beschrieben. Diese Rechte erlegen Regierungen die Verpflichtung auf, sie zu fördern, aber ihre tatsächliche Umsetzung hängt von der Verfügbarkeit von Ressourcen ab.

Die Rechte dritter Generation gehen darüber hinaus und umfassen den Anspruch auf eine gesunde Umwelt und die Teilhabe am kulturellen Erbe. Sie sind ebensowenig in der AEMR zu finden wie das Recht, nicht zu kämpfen, und die Abschaffung der Todesstrafe.

Manche Kritiker bemängeln die Unterscheidung zwischen Rechten erster und zweiter Generation als akademisch: Alle Rechte müssen vom Staat umgesetzt werden und sollten als universell, unabhängig und unteilbar gelten.

Die Menschenrechtscharta

Als die UN-Menschenrechtskommission daranging, die AEMR in internationales Recht zu verwandeln, plädierten einige der Delegierten 1966 unter Führung des Vertreters der USA für die Schaffung zweier separater Menschenrechtsverträge: den Internationalen Pakt über bürgerliche und politische Rechte (UN-Zivilpakt), der bis 2020 von 173 Ländern ratifiziert wurde, und den Internationalen Pakt über wirtschaftliche, soziale und kulturelle Rechte (UN-Sozialpakt), der bis 2020 von 170 Staaten angenommen wurde.

> »Kultureller Relativismus darf nicht zur letzten Zuflucht der Repression werden.«
>
> **Warren Christopher**
> US-Außenminister (1993–1997)

Für die AEMR waren beide Pakte gleich wichtig, aber es gab auch einige signifikante Unterschiede. Artikel 2 des UN-Zivilpakts verpflichtet die Unterzeichner, »die erforderlichen Schritte zu unternehmen, um die gesetzgeberischen oder sonstigen Vorkehrungen zu treffen, […] um den in diesem Pakt anerkannten Rechten Wirksamkeit zu verleihen« und Verstöße gegen sie zu ahnden.

Im Gegensatz dazu fordert der UN-Sozialpakt nur, dass die Unterzeichner ihre Möglichkeiten ausschöpfen, um die Umsetzung der im Pakt genannten Rechte zu ermöglichen. Dies ist nach allgemeiner Auffassung die schwächere Gesetzesvorschrift und für manche Beobachter ein Beleg dafür, dass ökonomische und soziale Rechte im internationalen Menschenrecht nicht ernst genug genommen werden.

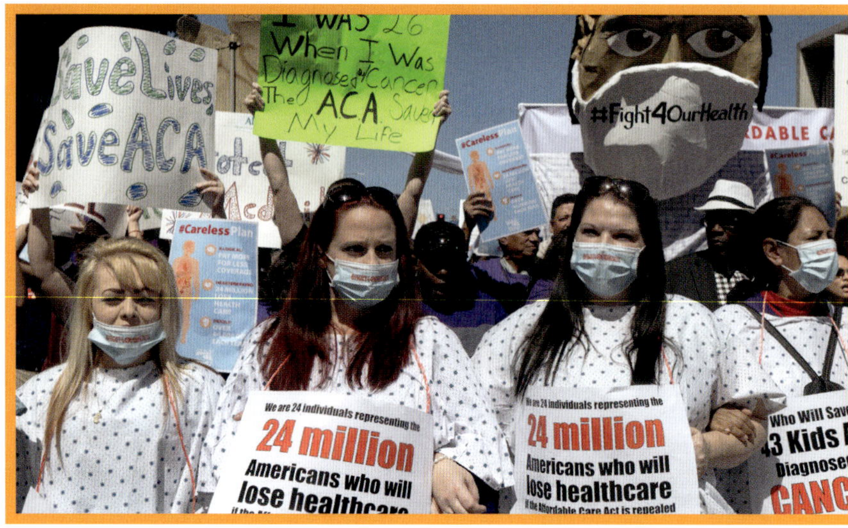

Amerikanische Medizinstudenten protestieren gegen die Aufhebung des Affordable Care Act (2010), weil Gesundheitsversorgung ein Menschenrecht sei.

Relativismus und Rechte

Die AEMR entstand zu einer Zeit, in der große Teile Afrikas und Asiens noch unter Kolonialherrschaft standen. Die Verfasser achteten sorgsam darauf, die unterschiedlichen kulturellen und politischen Rechtstraditionen zu beachten. Trotzdem warnte die American Anthropological Association 1947 vor einer mutmaßlichen »Intoleranz« gegenüber kulturellen Unterschieden und bezweifelte, dass es überhaupt möglich sei, eine wahrhaft universelle Erklärung der Menschenrechte zu verfassen.

Saudi-Arabien war eines der Länder, die sich bei der Abstimmung 1948 enthielten, weil dem Land die Bezüge auf die Religionsfreiheit missfielen, die man als nicht kompatibel mit der saudi-arabischen Gesellschaft mit ihrer strikten Bindung an Islam und Scharia hielt.

Bei der Internationalen Konferenz über Menschenrechte 1968 in Teheran fragten einige Länder, ob das Konzept der Menschenrechte in Gesellschaften in Afrika, Asien und dem Nahen Osten überhaupt anwendbar sei. Bei der Weltkonferenz über Menschenrechte 1993 in Wien mahnten Abschlusserklärung und Handlungsprogramm, bei Förderung und Schutz der Menschenrechte »die Bedeutung nationaler und regionaler Eigenheiten und die unterschiedlichen historischen und kulturellen Hintergründe« zu beachten.

Dies führte zur Besorgnis, dass Relativismus die Menschenrechte untergraben könnte, indem man Ländern erlaube, ihre Traditionen über die Geltung der Menschenrechte zu stellen. Manche Gelehrte, wie der sudanesisch-amerikanische Experte für islamisches Recht und Menschenrechte, Abdullahi Ahmed An-Na'im, haben beschrieben, dass Rechte wie das Folterverbot ihre Ursprünge in vielen kulturellen und religiösen Traditionen in aller Welt haben, und warnen davor, Menschenrechte als westliche Marotte abzutun.

Die AEMR war der Ausgangspunkt für viele weitere Menschenrechtsinstrumente, die die Prinzipien der Erklärung anwenden und ausbauen. So entwarf der UN-Menschenrechtsrat 1976 einen Vertrag über Frauenrechte, aus dem 1979 die UN-Frauenkonvention wurde, deren Präambel darauf verweist, »dass die Allgemeine Erklärung der Menschenrechte den Grundsatz der Unzulässigkeit der Diskriminierung bekräftigt«, aber warnt, »dass die Frau [...] noch immer weitgehend diskriminiert wird«. Dies war das Eingeständnis, dass die AEMR einen neuen Rechtsrahmen benötigte, der der komplexen Natur der Diskriminierung von Frauen angemessen ist.

1989 merkte die UN-Kinderrechtskonvention an, dass Kinder »Anspruch auf besondere Fürsorge und Unterstützung haben«, bevor sie einen spezifischen Rechtsrahmen für den Schutz ihrer Menschenrechte beschreibt.

Die Afrikanische Charta der Menschenrechte und der Rechte der Völker (1981) besagt in ihrer Präambel, dass die Charta »mit der historischen Tradition und den Werten afrikanischer Zivilisation« auf der AEMR aufbauen will.

> »Erinnern wir uns unserer Wurzeln als eine Menschenfamilie, für immer entschlossen, die Grundsätze der Allgemeinen Erklärung der Menschenrechte hochzuhalten.«
>
> **Barack Obama**
> 44. US-Präsident (2009–2017)

Zukünftige Herausforderungen

Seit mehr als 70 Jahren dient die AEMR einer bunten Vielfalt an Bewegungen zur Definition ihrer Forderungen nach grundlegenden Menschenrechten. Aktivisten betonen, dass sie sich weiterentwickeln muss, um mit einer sich rasend schnell verändernden Welt mitzuhalten. Zwei Beispiele sind das Recht auf eine gesunde Umwelt und auf freien Internetzugang. Die AEMR hat viel erreicht, und doch werden immer noch Millionen Menschen ihre Grundrechte vorenthalten. ■

Zum 70. Jahrestag der AEMR entwarf der chinesische Künstler und Aktivist Ai Weiwei eine neue Fahne mit einem Fußabdruck als Symbol für alle zur Flucht Gezwungenen – viele von ihnen auf bloßen Füßen.

DAS RECHT AUF FREIHEIT UND SICHERHEIT

DIE EUROPÄISCHE MENSCHENRECHTS-KONVENTION (1950)

IM KONTEXT

SCHWERPUNKT
Menschenrechte

FRÜHER
1945 Europa ist durch den 2. Weltkrieg zerstört. Es gibt weltweit kein Gericht zum Schutz der Menschenrechte.

1948 Die UN verabschieden die Allgemeine Erklärung der Menschenrechte.

SPÄTER
1960 Der Europäische Gerichtshof für Menschenrechte (EGMR) spricht sein erstes Urteil im Fall *Lawless ./. Irland* zur Festnahme eines Terrorverdächtigen.

1998 Das 11. Zusatzprotokoll gewährt allen Personen Zugang zum EGMR.

2017 Der EGMR spricht sein 20 000. Urteil.

Die Europäische Menschenrechtskonvention (EMRK) ist ein Abkommen zwischen den 47 Staaten des Europarats über die Menschenrechte. Die EMRK entsprang der Entschlossenheit Westeuropas, den Kontinent nach dem Zweiten Weltkrieg wiederaufzubauen und sich gegen den Kommunismus in Osteuropa zu schützen.

1948 diskutierten 750 Abgeordnete beim Haager Europa-Kongress Ideen zur Vereinigung und rechtlichen Integration Europas. Als der neu gebildete Europarat 1949 zusammentrat, hatte er bescheidenere Ziele, nämlich die Schaffung eines Menschenrechtsabkommens, das die Region durch den Schutz

Siehe auch: Die Glorreiche Revolution und die englische Bill of Rights 102–103 ▪ Die Verfassung und die Bill of Rights der USA 110–117 ▪ Die Allgemeine Erklärung der Menschenrechte 222–229 ▪ Der Internationale Pakt über bürgerliche und politische Rechte 256–257

Der frühere britische Premierminister Winston Churchill war 1948 Ehrenpräsident des Europa-Kongresses im niederländischen Den Haag.

der Demokratie vor Kommunismus und Totalitarismus stärken sollte.

Die zehn Gründungsmitglieder des Europarats waren Belgien, Dänemark, Frankreich, Irland, Italien, die Niederlande, Luxemburg, Norwegen, Schweden und Großbritannien. Die Delegierten diskutierten unter anderem, ob die Notstandsermächtigungen des neuen Abkommens zu Menschenrechtsverletzungen eingesetzt werden könnten. Zudem fürchteten Briten und Franzosen, dass die Unabhängigkeitsbewegungen in ihren Kolonien das Abkommen gegen sie verwenden könnten.

Man stritt, ob man ein Gericht zur Durchsetzung der neuen Menschenrechtskonvention einsetzen solle. Einige Länder verstanden nicht, wie ein solches Gericht funktionieren sollte, während anderen seine Befugnisse nicht geheuer waren.

1950 stand der endgültige Text der Konvention, und sie trat 1953 in Kraft, nachdem sie von den Gründungsmitgliedern des Europarats ratifiziert worden war. Andere Staaten kamen in den folgenden 50 Jahren hinzu. Nachdem genügend Staaten die EMRK ratifiziert hatten, wurde der Europäische Gerichtshof für Menschenrechte (EGMR) in Straßburg eingerichtet und verhandelte 1959 seinen ersten Fall.

Wenn ein Staat die Konvention unterzeichnet, muss er nach Artikel 1 jedem seiner Hoheitsgewalt Unterstehenden die in der Konvention beschriebenen Rechte gewähren. Tut er das nicht, kann eine »

Sie leben in einer **Region** eines Landes, das die **Europäische Menschenrechtskonvention unterzeichnet** hat.

↓

Sie werden Opfer einer **Menschenrechtsverletzung,** weil eine **Regierung** Ihnen ein **Konventionsrecht verweigert.**

↓

Sie haben erfolglos **versucht, Ihren Fall** in **Ihrem Land** zur Klage zu bringen.

↓

Ihre **Beschwerde** wurde noch **nicht zuvor** vom Europäischen Gerichtshof für Menschenrechte **verhandelt.**

↓

Sie haben das Recht, vor dem Europäischen Gerichtshof für Menschenrechte gehört zu werden.

in diesem Staat lebende Person, deren Rechte verletzt wurden, oder die Regierung eines anderen Unterzeichnerstaats den Staat vor dem EGMR verklagen.

Die Konventionsrechte

Die von der UN-Erklärung der Menschenrechte von 1948 inspirierten Artikel 2–13 der europäischen Konvention von 1950 führen zwölf Grundrechte auf, die jede Person hat (siehe unten). Andere Artikel befassen sich mit Verfahrensfragen.

Als der EGMR 1959 eingerichtet wurde, konnten sich die Unterzeichnerstaaten entscheiden, ob sie sich seiner Jurisdiktion unterwerfen. Über die Jahre wurde die Konvention dann durch sogenannte Protokolle erweitert. Manche dieser Zusatzprotokolle befassen sich mit Verfahrensfragen; so müssen nach Protokoll 11 alle Beschwerden direkt an den EGMR geleitet werden. Andere Protokolle fügten neue Rechte hinzu, wie das Recht auf Eigentum und Bildung von 1954.

Auslegungen

Manche Rechte sind nach der Konvention absolut. Rechte nach Artikel 3 (Folterverbot) können von Regierungen nicht eingeschränkt oder ausgesetzt werden. 2006 hinderte der EGMR die italienische Regierung daran, Nassim Saadi aufgrund vermuteter Kontakte zu Terrorgruppen zu deportieren, weil ihm in Tunesien die Folter drohte.

Andere Artikel gestalteten manche Rechte aus. In den 1950er-Jahren gab es noch in fast allen Ländern die Todesstrafe, also erlaubte Artikel 2 die gezielte Tötung eines Menschen nach einem rechtsstaatlich korrekten Gerichtsurteil. 1983 verbot ein Zusatzprotokoll dann allerdings die Todesstrafe.

Rechte nach der Konvention von 1950	
Artikel 2:	Recht auf Leben
Artikel 3:	Verbot von Folter und erniedrigender Behandlung
Artikel 4:	Verbot von Sklaverei und Zwangsarbeit
Artikel 5:	Recht auf Freiheit und Sicherheit
Artikel 6:	Recht auf ein faires Verfahren
Artikel 7:	Keine Strafe ohne Gesetz
Artikel 8:	Recht auf Achtung des Privat- und Familienlebens
Artikel 9:	Gedanken- und Religionsfreiheit
Artikel 10:	Freiheit der Meinungsäußerung
Artikel 11:	Versammlungs- und Vereinigungsfreiheit
Artikel 12:	Recht auf Eheschließung
Artikel 13:	Recht auf wirksame Beschwerde

» Der Europäische Gerichtshof für Menschenrechte […] übt einen tief greifenden Einfluss auf die Gesetze und die soziale Wirklichkeit seiner Mitgliedsstaaten aus. «

Dame Rosalyn Higgins
Präsidentin des Internationalen Gerichtshofs (2006–2009)

Das Recht auf Leben hat immer wieder zur Debatte geführt, ob es nicht auch ein Recht auf Sterben für Todkranke geben sollte. In Anerkennung unterschiedlicher Kulturen und Praktiken in Europa weist der EGMR vorsichtshalber darauf hin, dass solche Fragen am besten vor nationalen Gerichten verhandelt werden sollten.

Artikel 10 Absatz 2 (Meinungsfreiheit) beschreibt, unter welchen Umständen eine Regierung die Freiheit der Meinungsäußerung einschränken darf. Hier muss der EGMR prüfend tätig werden. 1997 veröffentlichte der Schweizer Journalist Martin Stoll vertrauliche Unterlagen aus den Verhandlungen zwischen der Schweiz und den USA über Reparationen der von Nazis im Zweiten Weltkrieg genutzten Banken für Opfer des Holocaust. Schweizer Gerichte verurteilten Stoll zu einer Geldstrafe. 2007 befand der EGMR im Fall *Stoll ./. die Schweiz* die Verurteilung für rechtmäßig, auch wenn sie Stolls Recht auf freie Meinungsäußerung beschnitt, um vertrauliche Verhandlungen zu schützen.

Die Rechte von Migranten auf Freizügigkeit und Familienleben wurden vom EGMR bekräftigt, aber nicht alle Länder wollen ihm da folgen.

Manche Rechte, wie die nach Artikel 5 und 6, betreffen die Beziehung des Einzelnen zu Gerichten und Strafverfolgungsbehörden. Artikel 2 (Recht auf Leben) wurde auch so interpretiert, dass ein Staat dafür sorgen muss, dass seine Polizei verdächtige Todesfälle untersucht. Nachdem die britische Spezialeinheit SAS 1988 drei mutmaßliche IRA-Terroristen in Gibraltar getötet hatte, kritisierte der EGMR die britische Untersuchung der Tode 1995 als fehlerhaft und intransparent.

Nach dem 2008 erweiterten Artikel 3 müssen Polizeibehörden jetzt aktiv gegen unmenschliche oder erniedrigende Behandlung vorgehen. 2018 argumentierten Opfer des Serienvergewaltigers John Worboys vor dem britischen Supreme Court erfolgreich, dass Artikel 3 der Menschenrechtskonvention die Londoner Polizei in die Pflicht nehme, Sexualverbrechen zu untersuchen und zu verhindern.

Umstrittene Entscheidungen

Das Recht auf freie Wahlen, wie es in Artikel 3 des 1. Protokolls von 1954 festgelegt ist, wurde vom EGMR so ausgelegt, dass Länder Strafgefangenen die Teilnahme an Wahlen nicht verwehren dürfen. Das war in manchen Ländern umstritten, vor allem Großbritannien und Russland erhoben Einwände.

Einige Rechte der Konvention schützen persönliche Freiheiten, wie das Recht auf Privatleben (Artikel 9) und auf Religionsfreiheit (Artikel 9). 2011 verbot Frankreich Gesichtsschleier wie die Burka und andere religiöse Symbole in der Öffentlichkeit. Im Fall *S.A.S. ./. Frankreich* urteilte der EGMR 2014, dass das Verbot nicht gegen Artikel 9 verstoße; aber das Urteil wurde kritisiert, weil es zu sehr der französischen Politik der Säkularisierung diene und zu wenig für den Schutz der Rechte der von dem Verbot betroffenen Frauen tue.

Die Menschenrechtsanwältin Amal Clooney vertrat die Republik Armenien 2015 erfolgreich vor dem EGMR gegen die Leugnung des Völkermords an den Armeniern.

Förderung der Menschenrechte

Der Europarat ist dafür verantwortlich, politischen Druck auf die Länder auszuüben, damit sie die Urteile des EGMR auch befolgen. Die meisten Staaten spielen mit, auch wenn sie mal unterliegen, aber Mitte der 2010er-Jahre rief die anhaltende Missachtung einiger Entscheidungen Besorgnis hervor. Bisher hat nur Griechenland die Konvention nach einem Militärputsch Ende der 1960er-Jahre verlassen, trat ihr aber nach der Wiederherstellung der Demokratie wieder bei. 2015 erlaubte Russland seinen Gerichten per Gesetz, Urteile des EGMR zu ignorieren.

Trotz dieser Rückschläge werden die Entscheidungen des EGMR nach wie vor in aller Welt zitiert und waren von großer Bedeutung für die Förderung der Menschenrechte, von der Abschaffung der Todesstrafe bis zum Schutz von LGBTQ-Rechten. ■

EIN GERICHT MIT UNVERGLEICHLICHER MACHT

DER EUROPÄISCHE GERICHTSHOF (1952)

IM KONTEXT

SCHWERPUNKT
Internationales Recht

FRÜHER

1693 William Penn plädiert für ein europäisches Parlament.

1806 Napoleon Bonaparte schlägt eine europäische Zollunion vor.

1927 Der französische Mathematiker Émile Borel gründet das Komitee für Europäische Integration.

SPÄTER

1957 Der EWG-Vertrag begründet die Europäische Wirtschaftsgemeinschaft.

1992 Der Vertrag von Maastricht begründet die Europäische Union.

2009 Unter dem Vertrag von Lissabon entstehen neue Verfassungssysteme in der EU.

2020 Großbritannien verlässt die EU, die nun aus 27 Mitgliedsstaaten besteht.

Parlament und **Ministerrat der Europäischen Union** stimmen für **neue EU-Gesetze.**

↓

Der Gerichtshof der Europäischen Union (EuGH) **legt die Gesetze aus** und **berät nationale Gerichte** der Mitgliedsstaaten in ihrer Anwendung.

↓

Der EuGH **setzt die Gesetze durch,** wenn nationale Gerichte sie **missachten.** Dazu stehen ihm **Bußgelder** als Druckmittel zur Verfügung.

↓

Der EuGH kann im Interesse der Mitgliedsstaaten auch gegen das EU-Parlament, den Ministerrat und die Kommission vorgehen.

Der britische Quaker und Gründer der amerikanischen Provinz Pennsylvania, William Penn, schlug 1693 ein gesamteuropäisches Parlament vor, um die unablässigen Kriege zu beenden. Aus diesem Plan wurde nichts, auch wenn viele andere ihn teilten, darunter Zar Alexander I. von Russland. Nachdem zwei Weltkriege Europa zerrissen hatten, plädierte der frühere britische Premierminister Winston Churchill 1945 für »Vereinigte Staaten von Europa«, da nur ein geeintes Europa den Frieden garantieren könne.

Aufbauend auf dieser Vision gibt es heute in Europa zwei grundlegende internationale Organisationen: den Europarat und die Europäische Union (EU). Das Ziel der EU ist, den Frieden durch Integration zwischen den Mitgliedsstaaten zu wahren und ein Wiedererstarken des Nationalismus zu verhindern. Sie basiert auf Rechtsstaatlichkeit, und dem Europäischen Gerichtshof (EuGH) fällt dabei die wichtige Rolle zu: sicherzustellen, dass die Regularien der EU befolgt und konsistent in jedem Land angewandt werden.

Der Europarat wurde 1949 in London von Frankreich, Italien, den Niederlanden, Belgien, Luxemburg, Dänemark, Norwegen, Irland und Großbritannien als ein Forum für Dialog und Zusammenarbeit gegründet. Das Ziel des Rats war damals (und heute) die Aufrechterhaltung von Menschenrechten, Demokratie und Rechtsstaatlichkeit in Europa. Heute hat der Europarat 47 Mitgliedsländer.

Der Europarat wird gelegentlich mit der EU verwechselt und hat dieselbe Fahne und Hymne. Er kann aber keine Gesetze erlassen, auch wenn er Abkommen zwischen Mitgliedsstaaten durchsetzen kann. Seine Domäne sind die Rechte der europäischen Bürger,

» Die Rechtsstaatlichkeit stellt sicher, dass die Macht das Recht nicht aussetzt oder unterdrückt oder ein Nachbar in die Unabhängigkeit und Souveränität des anderen eingreift. «

William Penn
Essay Towards the Present and Future Peace of Europe, 1693

Siehe auch: Vattels *Völkerrecht* 108 ▪ Der Code Napoléon 130–131 ▪ Die Europäische Menschenrechtskonvention 230–233 ▪ Der Vertrag von Helsinki 242–243 ▪ *Google Spain v AEPD and Mario Costeja González* 308–309

und er hat zahlreiche Unterorganisationen und Konventionen mit jeweils eigenen Fachbereichen hervorgebracht, wie das Europäische Komitee zur Verhütung von Folter und das Übereinkommen des Europarats zum Schutz von Kindern vor sexueller Ausbeutung und Missbrauch. Vor allem aber richtete der Europarat 1959 den Europäischen Gerichtshof für Menschenrechte (EGMR) ein, der die Europäische Menschenrechtskonvention durchsetzen soll.

Wirtschaftliche Integration

In seinen Anfangstagen diskutierte der Europarat unter anderem die Möglichkeit einer stärkeren wirtschaftlichen und politischen Integration. Es gab verschiedene Vorschläge, die aber alle ohne Mehrheit blieben.

Dann drängte der französische Unternehmer Jean Monnet 1945 Frankreich zur Übernahme der deutschen Kohlereviere an Ruhr und Saar, um Deutschlands Wirtschaftskraft zu schwächen und Frankreichs Nachkriegswirtschaft auf die Beine zu helfen. 1947 wurde das Saarland mit US-Unterstützung französisches Protektorat, und 1949 ermöglichte das Ruhrstatut den USA, Großbritannien, Frankreich und den Beneluxländern (Belgien, Niederlande und Luxemburg), die Kontrolle über die Kohlezechen im Ruhrgebiet zu übernehmen. Dies war eine Voraussetzung für die Gründung der Bundesrepublik Deutschland aus den Westsektoren des von den Alliierten kontrollierten Landes. Kurze Zeit später wurde der Ostsektor zur sowjetisch kontrollierten Deutschen Demokratischen Republik.

> »Wenn Nationen und Menschen dieselben Regeln anerkennen […] ändert sich ihr Verhalten dem anderen gegenüber. Dies ist der Prozess der Zivilisation.«
>
> **Jean Monnet**
> *A Ferment of Change,* 1962

Spannungen zwischen den früheren Feinden Deutschland und Frankreich über das Saarland bestärkten Monnet in seinem Streben nach einer europäischen Gemeinschaft. 1950 stellte der französische Außenminister Robert Schuman in einer zum Teil von Monnet verfassten Erklärung einen Plan zur Vereinigung der französischen und deutschen Stahl- und Kohleproduktion zu einem gemeinsamen Markt mit einer gemeinsamen Hohen Behörde (HA) vor, aus der sich mit der Zeit die Europäische Kommission entwickeln sollte. Die Mitgliedschaft in dieser Europäischen Gemeinschaft für Kohle und Stahl (EGKS) sollte allen westeuropäischen Ländern offenstehen, und die HA sollte mit Regierungsvertretern der einzelnen Mitgliedsstaaten besetzt werden.

Man hoffte für die Zukunft auf eine größere politische Integration. »Europa wird nicht auf einen Schlag entstehen«, sagte Schuman, »es »

Die Saar war in den 1950er-Jahren eine wichtige Wasserstraße, die die Kohlereviere des Saarlands mit Saarbrücken und Kanälen nach Frankreich und in die Niederlande verband.

wird durch konkrete Errungenschaften erbaut, die zunächst eine De-facto-Stabilität bringen. Das Zusammenwachsen der europäischen Nationen erfordert das Ende der alten Gegnerschaft zwischen Deutschland und Frankreich.« Eine Zusammenlegung der Stahl- und Kohleindustrien bedeute, dass »jeder Krieg zwischen Frankreich und Deutschland nicht nur undenkbar, sondern materiell unmöglich« werde. Sie sollte »das erste konkrete Fundament der europäischen Föderation und unverzichtbar für den Erhalt des Friedens« sein.

Bundeskanzler Konrad Adenauer war ebenso begeistert wie die Regierungschefs Italiens und der Beneluxländer, während die Briten Bedenken hatten. Wichtig war die Unterstützung durch US-Außenminister George C. Marshall, der mit seinem 1948 initiierten Marshallplan Milliarden von Dollar ins Nachkriegseuropa investieren ließ, um Infrastruktur und Handel wiederaufzubauen.

Der Vertrag von Paris

Im Juni 1950 kamen Delegierte aus Frankreich, Westdeutschland, Italien und den Beneluxländern zu Verhandlungen über die Gründung der EGKS zusammen. Der Vertrag von Paris wurde im April 1951 unterzeichnet und trat im Juli 1952 in Kraft. Die Gespräche gestalteten sich schwierig, weil nicht alle Monnets Vision teilten, und Hoffnungen auf eine politische Einheit waren schnell vergessen.

Für Monnet war die Hohe Behörde, an die die Länder sich in Streitfragen wenden konnten, der Schlüssel zur Integration. Das war den Beneluxländern aber nicht genug: Sie schlugen einen Besonderen Ministerrat als demokratisches Kontrollorgan vor, das eine diktatorische Macht der Hohen Behörde verhindern sollte. Er sollte aus Regierungsvertretern der beteiligten Länder bestehen und Entscheidungen der Behörde anfechten können. Einige Delegierte schlugen zudem einen Gerichtshof vor, um ein Verfassungssystem aufzubauen, das Europa für eine vollständige Integration benötigte.

Monnet sah ein solches Gericht eher als Hindernis für die Zusammenarbeit, aber beide Vorschläge, der Ministerrat und der Gerichtshof, hatten ihre Befürworter. Die Delegierten aus Benelux wollten, dass das Gericht nicht nur die Rechtmäßigkeit der Entscheidungen der Hohen Behörde, sondern auch ihre Politik überprüfen können solle. Die Franzosen fürchteten, wenn das Gericht die Befugnis hätte, die Politik zu überprüfen, könne es zu einer undemokratischen Regierung durch die Richter kommen. Man fand schließlich einen Kompromiss: Das Gericht erhielt die Befugnis, Entscheidungen der Hohen Behörde zu annullieren, die gegen den Geist

> »Die Zusammenlegung der Kohle- und Stahlproduktion wird [...] die Bestimmung jener Gebiete ändern, die lange Zeit der Herstellung von Waffen gewidmet waren, deren sicherste Opfer sie gewesen sind.«
>
> **Robert Schuman**
> Die Schuman-Erklärung, 1950

Jean Monnet

Der französische Politikberater Jean Monnet war ein Pionier der europäischen Integration und der Vater des Schuman-Plans, der die westeuropäische Schwerindustrie zur Europäischen Gemeinschaft für Kohle und Stahl (EGKS/Montanunion) verschmolz.

Der 1888 im Arrondissement Cognac geborene Monnet bereiste als Geschäftsmann viele Länder und wurde ein renommierter Financier. Im Ersten Weltkrieg zeichnete er sich als wirtschaftlicher Koordinator zwischen Frankreich und den Alliierten aus und wurde 1919 zum stellvertretenden Generalsekretär des Völkerbunds berufen. 1952 war er der erste Präsident der EGKS.

Monnet arbeitete unermüdlich an seinem Traum einer europäischen Gemeinschaft. 1955 gründete er das Aktionskomitee für die Vereinigten Staaten von Europa, das für viele Erfolge wie die Schaffung des gemeinsamen Binnenmarkts und letztlich die Europäische Union verantwortlich war. Er starb 1979.

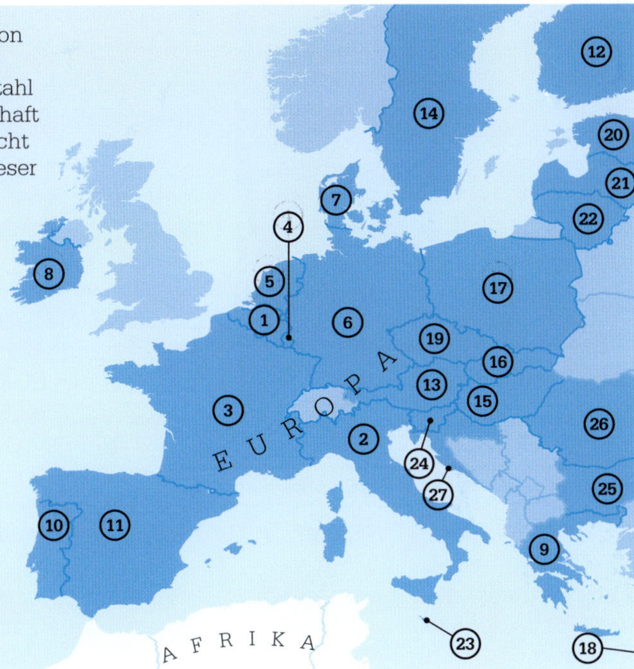

Der Europäische Gerichtshof (EuGH) hat heute Jurisdiktion über 27 Länder der Europäischen Union. Er wurde 1952 als Gerichtshof der Europäischen Gemeinschaft für Kohle und Stahl gegründet. Als die zwölf Länder der Europäischen Gemeinschaft 1993 die Europäische Union gründeten, wurde aus dem Gericht für eine Wirtschaftsgemeinschaft der Oberste Gerichtshof dieser politischen Gemeinschaft.

Liste der EU-Länder:

1. Belgien (1958)
2. Italien (1958)
3. Frankreich (1958)
4. Luxemburg (1958)
5. Niederlande (1958)
6. Deutschland (1958)
7. Dänemark (1973)
8. Irland (1973)
9. Griechenland (1981)
10. Portugal (1986)
11. Spanien (1986)
12. Finnland (1995)
13. Österreich (1995)
14. Schweden (1995)
15. Ungarn (2004)
16. Slowakei (2004)
17. Polen (2004)
18. Zypern (2004)
19. Tschechische Republik (2004)
20. Estland (2004)
21. Lettland (2004)
22. Litauen (2004)
23. Malta (2004)
24. Slowenien (2004)
25. Bulgarien (2007)
26. Rumänien (2007)
27. Kroatien (2013)

EU-Mitglied (Beitrittsjahr)

kein EU-Mitglied

und die Worte des Pariser Vertrags verstießen, während die Behörde Entscheidungen vermied, die Mitgliedsstaaten irritierten.

Grenzen der Macht

Als klar war, dass die Hohe Behörde zur Exekutive und der Gerichtshof zur Judikative der EGKS werden würden, stellten die Franzosen sicher, dass das Gericht ein reines Verwaltungsgericht blieb. Es konnte die Einhaltung der EGKS-Gesetze überwachen und den Vertrag von Paris auslegen, hatte aber keine Befugnis, politische Entscheidungen zu kontrollieren. Das Gericht sollte in Luxemburg sitzen und setzte sich aus einem Richter aus jedem der sechs Mitgliedsländer plus einem Richter aus einem der drei großen Länder Deutschland, Frankreich und Italien zusammen (heute hat der Europäische Gerichtshof 27 Richter, einen aus jedem EU-Land).

Als 1951 der Vertrag von Paris unterzeichnet wurde, war ein Teil des Enthusiasmus für länderübergreifende Verbundenheit bereits verflogen, und man ließ die Pläne für eine politische und militärische Union fallen. Nichtsdestotrotz stand nun ein starker Rahmen für das Projekt Europa.

Die EGKS wurde von vier Organen beaufsichtigt: der Hohen Behörde als neunköpfige Exekutive, der Gemeinsamen Versammlung aus 78 Abgeordneten aus allen Parlamenten der Mitgliedsstaaten, dem Besonderen Ministerrat aus Vertretern der Landesregierungen sowie dem Gerichtshof. Die nach Vorbild des Europarats aufgebaute Gemeinsame Versammlung sollte die demokratische Legitimation liefern und trat erstmals im September 1952 in Straßburg zusammen.

Drei Gemeinschaften

Nach und nach begann man, über einen gemeinsamen Markt zu reden. Die Europäische Wirtschaftsgemeinschaft (EWG) wurde von den sechs Gründungsmitgliedern der EGKS mit dem Vertrag zur Gründung der Europäischen Gemeinschaft (kurz: EWG-Vertrag) in Rom gegründet. Er wurde 1957 unterzeichnet und trat am 1. Januar 1958 in Kraft.

In Rom entstand noch eine dritte Gemeinschaft: die Europäische Atomgemeinschaft (EURATOM), die ursprünglich gegründet wurde, um die Entwicklung des europäischen Markts für Atomenergie zu beaufsichtigen, und sich heute um alle Aspekte der Kernenergie kümmert, etwa die sichere Entsorgung von Atommüll.

EWG und EURATOM hatten ihre eigenen Räte und Exekutivorgane. Allerdings waren die Befugnisse dieser Organe wegen der Vorbehalte mancher Staaten gegen die grenzübergreifenden Zuständigkeiten der Hohen Behörde im Vergleich zur EGKS begrenzt. Statt »Hoher Behörden« waren die neuen Exekutivorgane »Kommissionen«. Die Zuständigkeit des Gerichtshofs »

Die Römischen Verträge, die die EWG schufen, wurden am 25. März 1957 von Frankreich, Deutschland, Italien, Belgien, den Niederlanden und Luxemburg unterzeichnet.

der EGKS wurde auf EWG und EURATOM erweitert. Auch die Gemeinsame Versammlung war jetzt für alle drei Gemeinschaften zuständig und wurde später zum Europäischen Parlament.

Weitere Integration

Die Schaffung der EWG war ein historischer Moment: Nie zuvor hatte eine größere Gruppe von Ländern ihre Ressourcen so freimütig geteilt. Die Mitglieder standen einer politischen Integration zwar weiter skeptisch gegenüber, aber die rechtliche Integration ging mit Riesenschritten voran, während der EuGH in den 1960er-Jahren zahlreiche wichtige Urteil fällte.

1965 wurde der EG-Fusionsvertrag unterzeichnet und trat 1967 in Kraft. Er führte die Exekutivorgane und Räte von EGKS, EWG und EURATOM zusammen, und die drei wurden nun als Europäische Gemeinschaften (EG) bezeichnet. Die Organe wurden zur Europäischen Kommission.

Großbritannien hatte sich zuvor geweigert, einer der Gemeinschaften beizutreten, fürchtete aber jetzt, wirtschaftlich isoliert zu werden. Das Land bewarb sich zunächst 1963 und ein weiteres Mal 1967 um Beitritt zur EWG, aber beide Male stellte sich der französische Präsident Charles de Gaulle quer, der die Wirtschaftsunion aus nationalistischer Perspektive als Vehikel für französische Interessen sah und keine weitere Integration wollte.

Nach de Gaulles Rücktritt 1969 gab Frankreich seinen Widerstand langsam auf. Deutschland durchlief einen bemerkenswerten Wirtschaftsaufschwung, und Großbritannien, das in vergleichsweise schlechtem Zustand war, wurde 1973 zusammen mit Dänemark und Irland in die EG aufgenommen. Die Erweiterung der EG wurde allerdings unmittelbar von einer massiven Anhebung der Ölpreise durch die OPEC (Organisation der Erdöl exportierenden Länder) im Herbst 1973 gefolgt, die zu einem dramatischen Wirtschaftsabschwung in Europa führte. Für viele Europäer war ein stärker integriertes Europa die einzige Möglichkeit, den zwei Supermächten USA und Sowjetunion ein Gegengewicht entgegenzustellen.

1979 wurde das Europäische Parlament erstmals in freien Wahlen gebildet und wählte die Französin Simone Veil zu seiner Präsidentin. 1981 trat Griechenland der EG bei, Spanien und Portugal folgten 1986. 1985 vereinbarten zehn Mitgliedsstaaten im luxemburgischen Schengen, auf Grenzkontrollen zu verzichten. Weitere Länder traten dem Abkommen bei, und 1997 zählten 26 europäische Staaten zum sogenannten Schengenraum.

Die Briten blieben dem Schengenabkommen gegenüber kritisch, und Premierministerin Margaret Thatcher lehnte eine weitere wirtschaftliche Integration ab. Das änderte sich 1985, als der Brite Arthur Cockfield Vizepräsident der Europäischen Kommission unter dem Franzosen Jacques Delors wurde. Cockfield ließ sich vom Konzept des »gemeinsamen Markts« mit freiem Verkehr von Personen,

> »Eine Voraussetzung für den Erfolg [des europäischen] Experiments ist eine Institution mit der Aufgabe, für gleiche Regeln für alle zu sorgen.«
>
> **Richter David Edward**
> Europäischer Gerichtshof
> (1992–2004)

Die Van-Gend-&-Loos-Entscheidung

Ein juristischer Meilenstein war das Urteil des EuGH im Fall *Van Gend en Loos ./. Nederlandse Administratie der Belastingen* von 1963. Der niederländische Spediteur Van Gend en Loos transportierte Formaldehyd von Deutschland in die Niederlande. Diese erhoben Einfuhrzoll und verstießen damit gegen die Regeln des gemeinsamen Markts. Der EuGH urteilte, dass der Zoll zurückgezahlt werden musste. Damit entstand die Rechtsfigur der »direkten Anwendbarkeit«, nach der die Gerichte der Mitgliedsstaaten den Vorrang der Rechte der EG anerkennen müssen.

Libération

LES RESULTATS COMPLETS

Au soir du scrutin, ville par ville, département par département, région par région, on voit se dessiner la France des pro et des anti-Maastricht. Résultats complets de la page 18 à la page 24.

LE TRAITE DE MAASTRICHT EST RATIFIE A UNE COURTE MAJORITE

OU..I

Du côté du oui: la plupart des grandes villes, l'Alsace, la Bretagne, les employés et cadres; du côté du non: le midi de la France, une majorité d'agriculteurs et d'ouvriers, telles sont les grandes lignes de démarcation d'un vote référendaire qui, hier, a attiré 70% des électeurs. François Mitterrand a estimé que la victoire du oui qui autorise la ratification du traité d'union européenne était «l'un des jours les plus importants de l'histoire de notre pays». Les leaders des grandes formations politiques ont tous souligné la nécessité de la prise en compte des «inquiétudes» qu'avait exprimées le score important du non. Jacques Chirac a lancé un appel «pour que chacun retrouve sa place dans l'opposition», tandis que Charles Pasqua et ses amis réclamaient «un changement de ligne politique» au RPR. Lire page 2.

50,9%

49,1%

La revue des éditoriaux européens

«Libération», associé à «Courrier International» publie les éditoriaux que six grands quotidiens européens consacrent ce matin au référendum français. Tonalité générale: «l'euphorie n'est pas de mise». Lire page 14.

Die französische Zeitung *La Libération* druckte 1992 eine eher zögerlich wirkende Schlagzeile zum knappen Ausgang des Referendums zum Vertrag von Maastricht – das »petit oui«.

Waren, Dienstleistungen und Finanzen (die »vier Grundfreiheiten«) zwischen den Mitgliedsländern überzeugen. Sein White Paper dazu, das in der EG viel Beachtung fand, führte zur Einheitlichen Europäischen Akte von 1986, aus der 1993 ein gemeinsamer Binnenmarkt entstand und die dem Europäischen Parlament dafür größere legislative Befugnisse verlieh.

In der Zwischenzeit gewann eine Initiative zur Wiederbelebung des 1952 auf Eis gelegten Traums einer politischen europäischen Gemeinschaft neue Freunde. 1984 beschloss das Parlament nach einem maßgeblich vom italienischen Politiker Altiero Spinelli entworfenen Plan, die wirtschaftliche zu einer vollständigen politischen Union weiterzuentwickeln. Rund um die Verhandlungen kam es zu dramatischen Ereignissen: 1989 fiel die Berliner Mauer, die UdSSR brach zusammen, und Ost- und Westdeutschland wurden vereinigt. In dieser positiv gestimmten Zeit trafen sich die zwölf Mitgliedsstaaten der EG im Dezember 1991 im niederländischen Maastricht, um einen neuen Vertrag auszuarbeiten.

Die Europäische Union

Ein Ziel des Vertrags von Maastricht war eine gemeinsame Währung. Die Europäische Währungsunion (EWU) sollte eine allmähliche Angleichung der Ökonomien bewirken. Bevor der Vertrag aber unterzeichnet werden konnte, musste er in Frankreich, Dänemark und Irland ein Referendum durchlaufen. In Irland stimmte eine große Mehrheit zu, in Frankreich fiel die Zustimmung dünn aus. Dänemark lehnte den Vertrag mit knapper Mehrheit ab. Erst nachdem vier Ausstiegsklauseln verhandelt waren, stimmten die Dänen schließlich zu.

Der Maastrichter Vertrag wurde im Februar 1992 unterzeichnet, wodurch aus der EG im November 1993 die EU wurde. Diese übernahm die Institutionen ihrer Vorgängerin: Kommission, Rat und EuGH, der seit 2009 Europäischer Gerichtshof heißt und dessen früheres Gericht erster Instanz in Gericht der Europäischen Union umbenannt wurde. Zusammen bezeichnet man die Gerichte als Gerichtshof der Europäischen Union. Die Kommission verantwortet die gemeinsame Politik und Strategie und bringt neue Gesetze ein, während der Ministerrat die Politik der Union koordiniert. Zusammen verfassen und erlassen Rat und das von der Bevölkerung gewählte Parlament neue EU-Gesetze.

Maastricht war ein logischer Schritt im 40-jährigen Prozess der Konvergenz, der aber viel Arbeit erforderte. Die Spannungen, die im 21. Jahrhundert zwischen den Mitgliedern über Wirtschafts- und Migrationskrisen aufflammten, belasten die Hoffnungen föderalistisch gesinnter Politiker: Sie können nicht länger davon ausgehen, dass die Bürger ihren Traum vom zunehmenden Zusammenwachsen teilen. ■

Der Europäische Gerichtshof residiert in Luxemburg. Er hat 27 Richter, einen aus jedem EU-Land, aber die Verhandlungen werden in der Regel von drei, fünf oder 15 Richtern geführt.

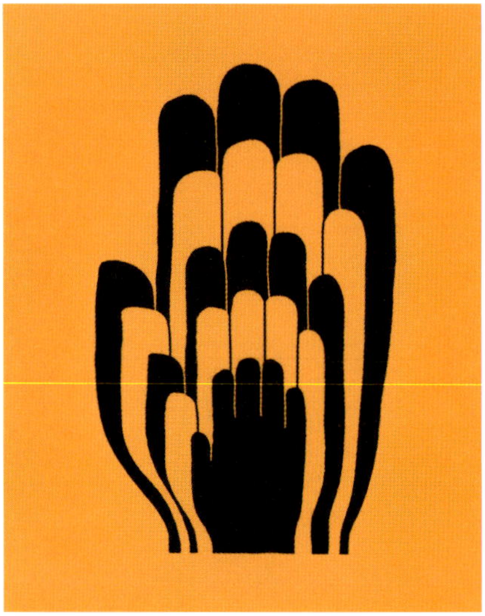

DIE SCHWESTERNATIONEN WACHSEN ZUSAMMEN

DER VERTRAG VON HELSINKI (1962)

IM KONTEXT

SCHWERPUNKT
Internationales Recht

FRÜHER
1814 Der Staat Dänemark-Norwegen trennt sich, und Norwegen bildet nun eine Union mit Schweden.

1845 Dänische und schwedische Studierende engagieren sich für den Skandinavismus.

1905 Die Union von Norwegen und Schweden endet, und Norwegen wird unabhängig.

1907 Die Nordische Interparlamentarische Union aus fünf Ländern hält alljährliche Treffen ab.

SPÄTER
1996 Als Mitglieder der Nordischen Passunion werden Norwegen und Island in den europäischen Schengenraum aufgenommen.

2000 Die Öresundbrücke zwischen Dänemark und Schweden wird eröffnet.

Die **nordischen Länder** stehen unter dem Druck mächtiger **politischer Blöcke** wie NATO und UdSSR.

Militärische Neutralität ist offenkundig die **sicherste Option.**

Kooperation ist der beste Weg für die nordischen Länder, ihre **Neutralität zu wahren.**

Durch ihre **Zusammenarbeit gestärkt,** können die nordischen Länder stabile Beziehungen zu **anderen Ländern** aufbauen.

Der 1952 gegründete Nordische Rat ist eine Versammlung von Parlamentariern der nordischen Länder Norwegen, Dänemark, Schweden, Finnland und Island. Die Beteiligung aktiver Parlamentarier statt Delegierter ist ungewöhnlich für eine internationale Versammlung und fördert eine außergewöhnlich enge Zusammenarbeit. Der Nordische Rat besteht aus insgesamt 87 Parlamentariern, jeweils 20 aus Norwegen, Schweden, Dänemark und Finnland sowie sieben aus Island. Von den dänischen Mitgliedern kommen zwei von den Färöerinseln und zwei von Grönland. Unter den finnischen Abgeordneten sind zwei von den Ålandinseln. Der Rat versammelt sich einmal im Jahr im Herbst und trifft sich im Frühjahr zu weiteren Themensitzungen. Er arbeitet mit dem Nordischen Ministerrat aus Ministern der fünf Regierungen zusammen.

Die historischen Bande zwischen den nordischen Ländern sind eng, Anstoß für die Kooperation gab aber der Zweite Weltkrieg. Dänemark und Norwegen waren von Deutschland besetzt und Finnland

Siehe auch: Vattels *Völkerrecht* 108 ▪ Skandinavische Kooperation 160–161 ▪ Die Vereinten Nationen und der Internationale Gerichtshof 212–219 ▪ INTERPOL 220–221 ▪ Der Europäische Gerichtshof 234–241

sah sich von der UdSSR bedroht. Schweden blieb neutral, war aber durch den Krieg verwundbar.

Annäherungen

Nach Kriegsende trug Schweden den Nachbarn Norwegen und Dänemark seinen Plan für ein Skandinavisches Verteidigungsbündnis vor, aber die Gespräche stockten bald aufgrund des politischen Drucks im sich anheizenden Kalten Krieg. Die Länder Europas knüpften wirtschaftliche Bande, die in die Europäische Union münden sollten. Die USA, die Militärbasen in Skandinavien wollten, beharrten, die Nordländer könnten sich nicht selbst verteidigen und sollten dem neuen Nordatlantikpakt NATO betreten. Die UdSSR wollte Finnland.

Angesichts ihrer vom Krieg stark geschwächten Wirtschaft schlossen sich Dänemark und Norwegen mit Island 1949 als Gründungsmitglieder der NATO an. Schweden blieb neutral. Im Bestreben, für stabile Beziehungen mit seinem mächtigen Nachbarn UdSSR zu sorgen, unterzeichnete Finnland 1948 den Finnisch-Sowjetischen Vertrag über Freundschaft, Zusammenarbeit und gegenseitigen Beistand.

Die Öresundbrücke zwischen Schweden und Dänemark ist 7,85 km lang. Sie überspannt das Meer zwischen Malmö und der Insel Peberholm, von der aus ein Tunnel nach Kopenhagen führt.

Der Nordische Rat

Als das Verteidigungsbündnis scheiterte, schlug der dänische Ministerpräsident Hans Hedtoft 1952 einen Nordischen Rat vor, der kein enges Bündnis, sondern einfach ein interparlamentarisches beratendes Organ sein sollte. Norwegen, Schweden und Island stimmten zu, und die erste Sitzung fand bereits ein Jahr später im Dänischen Parlament unter dem Vorsitz Hedtofts statt. Innerhalb nur weniger Jahre führte die nordische Zusammenarbeit zu einem gemeinsamen Arbeitsmarkt und einer Passunion, die den Bürgern Reisefreiheit und die freie Wahl des Arbeitsplatzes und Wohnorts innerhalb der Region ermöglichte.

Nach Stalins Tod tauten die Beziehungen zwischen Finnland und der UdSSR auf, und 1955 schloss sich Finnland dem Rat an; Vertreter Grönlands, der Färöerinseln und der Ålandinseln kamen später hinzu.

1962 schlossen sich die fünf nordischen Länder mit dem Vertrag von Helsinki noch enger zusammen. Neun Jahre später führte dies zur Schaffung des Nordischen Ministerrats, der die Zusammenarbeit auf Regierungsebene regelt. Sein Ziel ist, die ökologisch nachhaltigste und am stärksten integrierte Region der Welt zu schaffen. ■

Harmonisierung

Im hohen Norden Europas gibt es bereits seit 1872 eine Tradition der gesetzgeberischen Zusammenarbeit, als Anwälte aller Nationen sich in Kopenhagen versammelten. Später bildete der Wunsch nach einer Harmonisierung der Rechtsnormen einen wichtigen Teil des Vertrags von Helsinki, der die Kooperation in der Jurisdiktion suchte, um auf dem Gebiet des Privatrechts eine möglichst große Einheitlichkeit zu erzielen. Auch im Strafrecht sollten weitgehend einheitliche Regeln greifen. Artikel 5 des Vertrags beschreibt das Ziel so, dass ein in einem nordischen Land begangenes Verbrechen auch in einem anderen nordischen Land verfolgt werden kann.

Obwohl die nordischen Länder zusammenarbeiten, haben politische Differenzen bislang eine vollständige Harmonisierung verhindert. In der jüngsten Vergangenheit hat die Harmonisierung innerhalb der EU Vorrang vor den nordischen Zielen gehabt. Das erwies sich als schwierig, da Island und Norwegen keine EU-Mitglieder sind.

TRETEN WIR AUS DEM SCHATTEN DES KRIEGES

DAS VERBOT VON KERNWAFFEN-VERSUCHEN (1963)

IM KONTEXT

SCHWERPUNKT
Rüstungskontrolle

FRÜHER
1945 Die USA werfen Atombomben über den japanischen Städten Hiroshima und Nagasaki ab.

1946 Die UN-Atomenergiekommission soll das Risiko der Verwendung von Atomenergie kontrollierbar machen.

1952 Die USA testen erste Wasserstoffbomben.

1961 Die UdSSR testet die Zar-Bombe, die stärkste jemals getestete Wasserstoffbombe.

SPÄTER
1998 Indien und Pakistan testen im Rüstungswettlauf jeweils mehrere Atom- und Wasserstoffbomben.

2006–2017 Nordkorea führt sechs unterseeische Atomtests durch.

Am 5. August 1963 unterzeichneten USA, UdSSR und Großbritannien den Vertrag über das Verbot von Kernwaffenversuchen in der Atmosphäre, im Weltraum und unter Wasser. Er verlangsamte das Wettrüsten zwar nicht direkt, war aber ein wichtiger Schritt in Richtung Nuklearwaffenkontrolle.

Rüstungswettlauf

In den 1950er-Jahren eskalierten die Spannungen zwischen den Supermächten. USA und UdSSR betrieben ein Wettrüsten, teils auch getrieben durch die auf der Spieltheorie basierenden Doktrin der nuklearen Abschreckung: Wenn der

Siehe auch: Die Genfer Konventionen 152–155 ▪ Die Haager Konventionen 174–277 ▪ Die Chemiewaffenkonvention 276–277 ▪ Die Ottawa-Konvention 288–289

Die Zar-Bombe wurde von der Sowjetunion heimlich auf einer Arktisinsel gezündet. Die Explosion war 1500-mal so stark wie die der Bomben von Hiroshima und Nagasaki zusammen.

Einsatz von Nuklearwaffen zu einer völligen Zerstörung beider Seiten führen könnte, sollten beide Seiten genügend Waffen bauen, um dies zu garantieren. Das würde beide von einem Erstschlag abhalten.

Die Gefahr eines Atomkrieges und seiner verheerenden Zerstörung versetzte die Menschen in Angst und Schrecken. Es entstanden Protestbewegungen, allen voran die britische Campaign for Nuclear Disarmament (CND), und 1961 gingen beim Women Strike for Peace 50 000 Frauen in 60 US-Städten auf die Straße.

Die Kubakrise

1958 begannen erste Abrüstungsverhandlungen, und die Vereinten Nationen (UN) gründeten 1960 das Ten Nation Committee on Disarmament (TNCD), das 1961 zum Eighteen Nation Committee (ENCD) wurde, aber wenig Fortschritte brachte. Die Trendwende kam erst nach einigen Beinahe-Katastrophen, wie 1961, als zwei Wasserstoffbomben nahe der Stadt Goldsboro in North Carolina aus einem zerbrechenden Bomber fielen und beinahe gezündet hätten. Letztendlich war aber die 13-tägige Kubakrise im Oktober 1962 der letzte Weckruf. Die UdSSR wollte nur 145 km vor der US-Küste Atomwaffen auf Kuba stationieren. Als die US-Luftwaffe dies entdeckte, antwortete Präsident John F. Kennedy mit einer Seeblockade um Kuba. Der Atomkrieg schien unmittelbar bevorzustehen.

Kennedy und der sowjetische Ministerpräsident Nikita Chruschtschow konnten dies verhindern: Die UdSSR baute ihre Abschussrampen auf Kuba ab, und die USA hoben die Seeblockade auf. Das Entsetzen darüber, was hätte passieren können, zwang Kennedy und Chruschtschow an den Verhandlungstisch. Chruschtschow plädierte für ein vollständiges Verbot von Kernwaffentests, Kennedy konnte das US-Militär aber nicht davon überzeugen. Seine Berater verlangten als Voraussetzung für Gespräche, dass alle sowjetischen Truppen von Kuba abzogen, während die UdSSR fürchtete, die vorgeschlagenen Kontrollinspektionen seien nur ein Vorwand für westliche Spionage. »

Präsident John F. Kennedy erklärte den US-Amerikanern 1962 im Fernsehen die Bedrohung durch die Stationierung sowjetischer Raketen auf Kuba und die Notwendigkeit der Seeblockade.

» Wir werden […] keinen weltweiten Atomkrieg riskieren […] in dem selbst die Früchte des Siegs Asche in unserem Mund wären. «

John F. Kennedy
35. US-Präsident (1961–1963), Ansprache an die Nation, 1962

Ein **Atomkrieg** wäre eine **Katastrophe. Kein vernünftiger Mensch** würde einen **Atomschlag wagen.**

↓

Wenn **Atomwaffen** nie eingesetzt werden können, können sie auch **nicht zur Abschreckung** dienen und erfüllen daher **keinen Zweck.**

↓

Die Welt sollte das **Wettrüsten beenden** und **abrüsten.**

↓

Das Verbot von Kernwaffen ist der erste Schritt in Richtung nuklearer Abrüstung.

Im Juni 1963 appellierte Kennedy für einen Vertrag, der Kernwaffentests erlaubte und gleichzeitig die Rüstungsspirale stoppte.

Das erste Abkommen

Im Juli 1963 nahmen der frühere US-Botschafter in der Sowjetunion, W. Averell Harriman, und Außenministers Andrei Gromyko in Moskau Gespräche auf. Nach zehn Tagen paraphierten sie einen Vertragsentwurf und hofften, die anderen drei Atommächte (Großbritannien, Frankreich und China) würden folgen. Aber nur Großbritannien unterzeichnete letztlich.

Der Vertrag verbot Kernwaffenversuche in der Atmosphäre, im Weltraum und unter Wasser, erlaubte aber weiterhin unterirdische Tests. Er sorgte nicht dafür, dass die Zahl der angehäuften Atomwaffen verringert, ihre Produktion gestoppt oder ihre Verwendung begrenzt wurde. Dennoch war er ein wichtiger Schritt

Binnen drei Monaten waren 100 Länder dem Abkommen beigetreten, aber Frankreich und China verweigerten sich weiterhin. Seitdem sind noch 25 weitere Länder hinzugekommen. USA, Großbritannien und UdSSR haben ein Vetorecht gegen Ergänzungen, und jede Ergänzung muss von einer Mehrheit mit ihren Stimmen beschlossen werden.

Atomwaffensperrvertrag

In den 1960er-Jahren begannen parallel Bemühungen, die Verbreitung von Kernwaffen einzudämmen. 1961 nahmen die UN Irlands Resolution, den Atommächten die Weitergabe der Technologie zu verbieten, einstimmig an. Schweden schlug

> »Ein Atomkrieg ist nicht zu gewinnen und darf nie ausbrechen.«
>
> **Ronald Reagan**
> 40. US-Präsident (1981–1989), Rede zur Lage der Nation, 1984

vor, die anderen Länder sollten sich verpflichten, Kernwaffen weder zu produzieren noch zu stationieren. Der Vorschlag fand große Unterstützung, doch viele Länder, darunter die USA, enthielten sich. Die Vorschläge Irlands und Schwedens mündeten 1968 im Atomwaffensperrvertrag (NVV).

Im Vertrag sicherten die Nicht-Atommächte zu, niemals Kernwaffen zu erwerben oder zu produzieren, während die Atommächte sich verpflichteten, ihre Arsenale mit der Zeit aufzulösen und die Technologie für friedliche Nutzung zu teilen.

Umfassendes Verbot

1977 begann die Arbeit an einem Vertrag zum völligen Stopp von Atomwaffentests. Es ging zäh voran, auch weil US-Waffenhersteller meinten, Tests seien für die Wartung der Kernwaffen unerlässlich. Unter Druck von US-Präsident Ronald Reagan wurden die Verhandlungen 1982 gestoppt.

1991 verkündete der sowjetische Präsident Michail Gorbatschow ein einseitiges Ende der Atomwaffentests. Der US-Kongress drängte daraufhin auf schnelle Wiederaufnahme der Verhandlungen. Diese wurden allerdings durch Bedenken der Militärs auf beiden Seiten bis zur Auflösung der UdSSR im Dezember 1991 behindert. Dann übernahmen die UN die Führung und schufen 1994 die Genfer Abrüstungskonferenz, um einen Teststoppvertrag aufzusetzen, der alle Kernwaffenexplosionen verbietet.

Die USA waren das erste Land, das den Vertrag 1996 unterzeichnete, und die meisten Staaten sind seitdem gefolgt. Der Vertrag aber tritt erst in Kraft, wenn ihn die 44 Kernstaaten der Konferenz nicht nur unterzeichnet, sondern auch ratifiziert haben. 2019 hatten 168 Staaten den Vertrag ratifiziert, weitere 17 haben ihn bisher nur unterzeichnet, aber nicht ratifiziert, darunter fünf der 44 Kernstaaten: China, Ägypten, Iran, Israel und die USA; drei weitere (Indien, Nordkorea und Pakistan) haben ihn noch nicht einmal unterzeichnet.

Pattsituation

Obwohl der Kernwaffenteststopp-Vertrag nicht in Kraft ist, gibt es Fortschritt. Die USA und Russland haben nach dem Mittelstrecken-Nuklearstreitkräfte-Vertrag (INF-Vertrag) von 1987 die Zahl ihrer Kernsprengköpfe stark reduziert. Der NVV wurde 1995 unbegrenzt verlängert und hatte 2020 191 Unterzeichner.

Seit dem Moskauer Atomteststoppabkommen haben nur Pakistan, Indien, Nordkorea und vermutlich Israel Atomwaffen erworben, man wirft aber dem Iran vor, illegal waffenfähiges Uran anzureichern. Die Internationale Atomenergie-Organisation (IAEO) verlangte Zugang, um dies zu prüfen, und ab 2006 wurden internationale Sanktionen verhängt. Intensive diplomatische Bemühungen dauern an, um den Iran am Aufbau eines Kernwaffenarsenals zu hindern.

Auch Nordkorea hält trotz Sanktionen an seinem Atomwaffenprogramm fest. Zwischen 2006 und 2017 führte es sechs große unterirdische Atomtests durch und behauptete 2017, es habe eine Wasserstoffbombe getestet. Unterdessen scheinen die fünf großen Atomächte, allen voran die USA und China, einer Abschaffung ihrer Kernwaffenarsenale kaum näher gekommen zu sein. 2019 stiegen die USA aus dem INF-Vertrag aus.

Aus 70 Jahren intensiver Verhandlungen, um einen Krieg zu vermeiden, ist ein komplexes Gebilde internationalen Rechts hervorgegangen. Die IAEO sorgt für die Einhaltung der Verträge und überwacht die Aktivitäten in über 140 Staaten. Doch viele Länder gewähren den Inspektoren keinen freien Zugang. Der Internationale Gerichtshof entscheidet über Vertragsverletzungen, doch einige Staaten lehnen seine Urteile ab. Solange Kern- und andere Massenvernichtungswaffen existieren, bleibt die Bedrohung, und die Abrüstungsbemühungen gehen weiter. ■

> »Alle Nationen sollten erklären […] dass Kernwaffen zerstört werden müssen. Es geht darum, uns und unseren Planeten zu retten.«
>
> **Michail Gorbatschow**
> Generalsekretär der UdSSR (1985–1991), in einem *BBC*-Interview, 2019

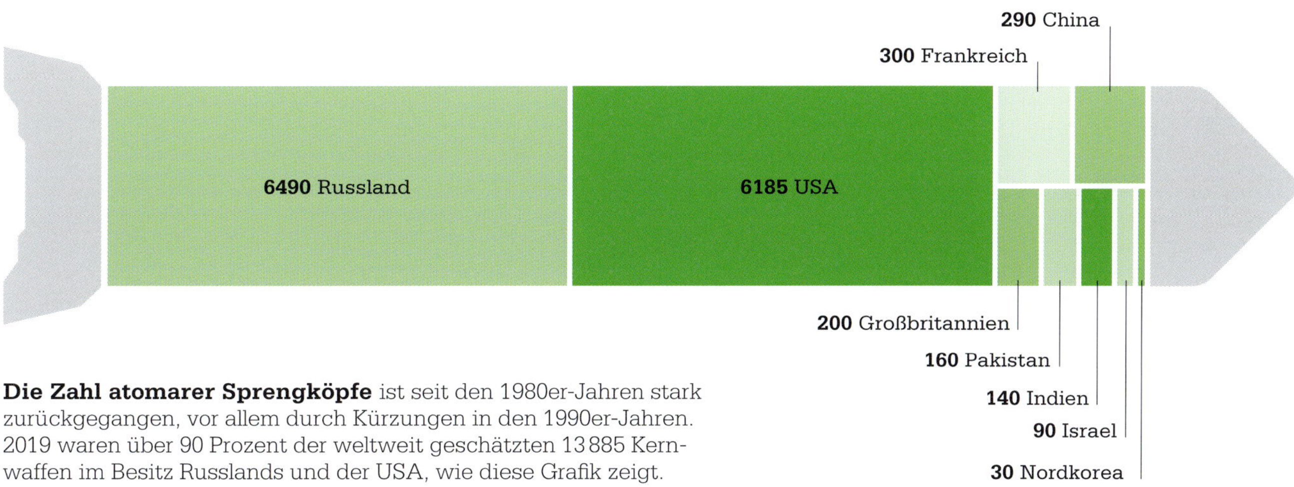

Die Zahl atomarer Sprengköpfe ist seit den 1980er-Jahren stark zurückgegangen, vor allem durch Kürzungen in den 1990er-Jahren. 2019 waren über 90 Prozent der weltweit geschätzten 13 885 Kernwaffen im Besitz Russlands und der USA, wie diese Grafik zeigt.

MENSCHEN SOLLTEN NICHT AUFGRUND DER FARBE IHRER HAUT BEURTEILT WERDEN

DER CIVIL RIGHTS ACT (1964)

IM KONTEXT

SCHWERPUNKT
Menschenrechte

FRÜHER

1866 Der erste Civil Rights Act der USA garantiert bürgerliche, aber keine politischen oder sozialen Rechte.

1880er Die Jim-Crow-Gesetze zementieren die Rassentrennung in den amerikanischen Südstaaten.

1896 Der US Supreme Court lässt die Rassentrennung zu.

SPÄTER

1965 Der Voting Rights Act verbietet Diskriminierung, die Schwarze am Wählen hindert.

1968 Der Fair Housing Act verbietet Diskriminierung am Wohnungsmarkt.

2019 Ein weißer Rassist erschießt in El Paso, Texas, 22 Menschen und verletzt 24.

Alle US-Bürger werden gleich und mit den **gleichen Rechten** geboren.

Der **13. und 14. Verfassungszusatz** wurden ursprünglich nicht als Verbot der **Rassendiskriminierung** verstanden.

Der **Civil Rights Act** verbietet Rassentrennung in der Öffentlichkeit und **Diskriminierung aufgrund der Rasse.**

Die USA erklärten 1776 in ihrer Unabhängigkeitserklärung: »Folgende Wahrheiten erachten wir als selbstverständlich: dass alle Menschen gleich geschaffen sind […]« Das verhinderte aber nicht, dass schwarze Amerikaner fast ein weiteres Jahrhundert lang als Sklaven gehalten wurden. Selbst nachdem die Sklaven nach Ende des Bürgerkrieges (1861–1865) freigelassen wurden, litten schwarze Menschen weiter. In den 1960er-Jahren herrschte in den USA immer noch Rassentrennung.

1866 sprach der erste Civil Rights Act allen Bürgern gleiche Rechte zu. Der Civil Rights Act von 1875 bestätigte darüber hinaus die Gleichheit aller Menschen vor dem Gesetz und verbot die Rassendiskriminierung an öffentlichen Orten, wie in Zügen, Restaurants und Gasthäusern. Das wurde allerdings im März 1883 durch das Oberste US-Gericht annulliert, das bekräftigte, dass weder der 13. (Verbot der Sklaverei) noch der 14. Verfassungszusatz (Garantie des gleichen Schutzes durch das Gesetz) Rassendiskriminierung durch Privatleute verhindern konnten und dass diese auch nicht per Gesetz verboten werden konnte. Im Prinzip erklärte der Supreme Court den Civil Rights Act von 1875 für verfassungswidrig.

Rassentrennung

Nach dem Ende des Bürgerkrieges hatten die republikanischen Armeen die Bürgerrechte der befreiten Sklaven im Süden geschützt, zogen sich aber nach einem politischen Kompromiss 1877 zurück, und die Südstaaten erhielten das »Recht, mit Schwarzen ohne Einmischung des Nordens zu verfahren«. Die nach einer Bühnenkarikatur eines Schwarzen »Jim Crow« genannten Gesetze traten in den Südstaaten in den 1870er- und 1880er-Jahren in Kraft und waren genauso scharf wie die südafrikanischen Apartheidsgesetze.

Theoretisch hatten schwarze Menschen dieselben verfassungsmäßigen Rechte wie Weiße, aber die Jim-Crow-Gesetze verliehen der Rassentrennung Gesetzesstatus. Bis

> »Es ist einem Neger und einem Weißen verboten, miteinander Karten oder Würfelspiele, Domino oder Dame zu spielen.«
>
> **Jim-Crow-Gesetz**
> Birmingham, Alabama, 1930

Siehe auch: Der Representation of the People Act 188–189 ▪ Die Allgemeine Erklärung der Menschenrechte 222–229 ▪ Die Europäische Menschenrechtskonvention 230–233 ▪ Der Internationale Pakt über bürgerliche und politische Rechte 256–257

Getrennte Wartesäle, Essbereiche, Wasserbrunnen und Eingänge waren allgegenwärtig, wobei manche Etablissements noch nicht einmal Schwarze in ihren Mauern duldeten.

zu den 1880er-Jahren hatten weiße und schwarze Südstaatler frei miteinander gelebt, aber nun forderten Gesetze eigene Eisenbahnwaggons für »Neger« und »Farbige«.

1892 weigerte sich Homer Plessy, in einem solchen Schwarzen vorbehaltenen Waggon zu reisen. Plessy, der sich selbst als von »zu sieben Achteln kaukasischem und zu einem Achtel afrikanischem Blut« bezeichnete, wurde festgenommen. Der Fall kam vor den Supreme Court, der 1896 urteilte, dass die Staatsregierung Menschen nach Rassen trennen durfte, solange alle Rassen die gleichen Einrichtungen hätten. Dieses Prinzip des »getrennt, aber gleich« erlaubte die Fortführung der Rassentrennung, die nahezu 60 Jahre andauern sollte.

Schwarze Bürger wurden auf eigene Schulen geschickt, hatten separate Arbeitsplätze, reisten getrennt in Bahnen und Bussen und aßen von Weißen getrennt in Restaurants. Die Einrichtungen für Schwarze und die für Weiße waren auch alles andere als gleich, so gab es für weiße Kinder Schulbusse, während schwarze Kinder zu Fuß zur Schule gehen mussten.

Anhaltende Diskriminierung

Mit dem Eintritt der USA in den Zweiten Weltkrieg dienten eine Million schwarze Männer und Frauen ihrem Land, um Freiheit und Demokratie zu verteidigen, wurden aber bei ihrer Heimkehr weiter diskriminiert. 1948 verbot Präsident Harry Truman die Diskriminierung im Militär, und die Bürgerrechtsbewegung nahm Fahrt auf.

In den 1950er-Jahren gelang den Bürgerrechtlern ein erster echter Durchbruch. Die 1909 gegründete National Association for the Advancement of Colored People (NAACP) arbeitete an Klagen gegen die Rassentrennung in öffentlichen Schulen. In Topeka, Kansas, verweigerte die Schulbehörde Linda Brown, Tochter des schwarzen Bürgers Oliver Brown, den Schulbesuch vor Ort und bestand darauf, dass sie mit dem Bus quer durch die Stadt zur schwarzen Grundschule fahren solle. Die NAACP klagte im Namen Oliver Browns gegen die Stadt.

Sie führte an, dass Schulen für schwarze Kinder nicht so gut seien wie die für weiße. Außerdem verstoße die Rassentrennung gegen die Klausel im 14. Verfassungszusatz, die besagt, dass kein Bundesstaat einer Person die Gleichbehandlung verweigern dürfe. Der Fall ging mit vier weiteren als *Brown v. Board of Education of Topeka* vor den Supreme Court. Dieser gab der NAACP recht, und Chief Justice Earl »

Vor 1945 war die Rassentrennung selbst in Schulen in vielen Staaten des Südens obligatorisch. Im Norden war sie meist verboten oder eingeschränkt.

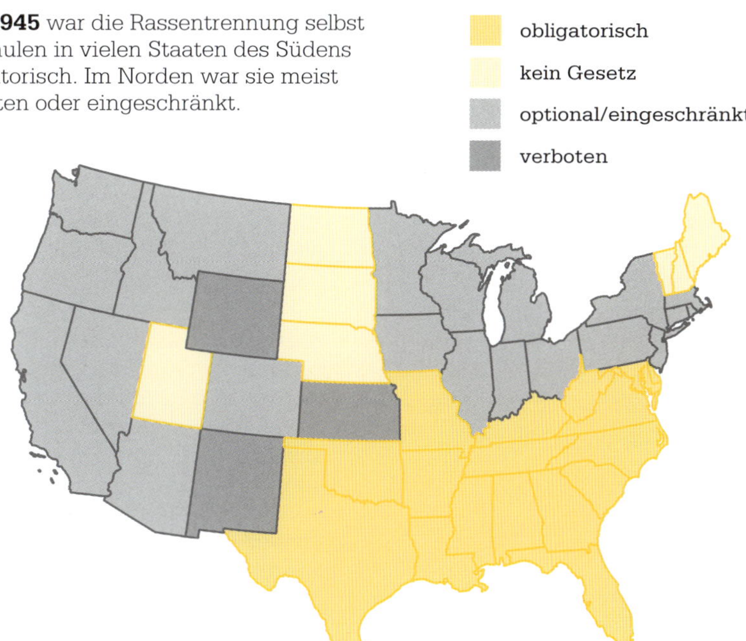

Mit ihrer mutigen Weigerung, ihren Platz im Bus aufzugeben, startete Rosa Parks 1955 eine unaufhaltsame Bewegung hin zu gleichen Rechten und einem Ende der Rassentrennung.

Warren urteilte 1954, dass die Doktrin »getrennt, aber gleich« im Schulwesen keinen Platz habe. Es sollte allerdings noch Jahrzehnte dauern, bis das Urteil voll umgesetzt wurde.

Rosa Parks

Am 1. Dezember 1955 weigerte sich Rosa Parks, eine Frau gemischter ethnischer Herkunft, ganz ruhig, ihren Sitzplatz im »gemischten« Bereich in der Mitte des Busses aufzugeben. Sie wurde wie Plessy 63 Jahre zuvor festgenommen, aber dieses Mal gab es öffentliche Proteste. Am Tag ihres Prozesses riefen Bürgerrechtsaktivisten unter Führung des Pastors Dr. Martin Luther King zum Boykott aller Busse in Montgomery auf. Dieser Boykott sollte zu einer der längsten und entschlossensten Bürgerrechtsaktionen werden, die die USA je erlebt hatten. Der Boykott zog sich über 381 Tage hin, in denen 90 Prozent der schwarzen Bürger sich weigerten, mit dem Bus zu fahren. Er war ausgesprochen wirksam und endete erst, als der Supreme Court die Rassentrennung in den Bussen für rechtswidrig erklärte.

Weiße Gegenreaktion

Das Urteil löste heftige Reaktionen aus: Martin Luther Kings Haustür wurde beschossen, es gab Bombenanschläge auf schwarze Kirchen, und der Ku-Klux-Klan ermordete den jungen Schwarzen Willie Edwards, weil er sich mit einer weißen Frau traf. Schon bald saßen Schwarze wieder getrennt im Bus.

Um die Spannungen zu mindern, erließ Präsident Dwight D. Eisenhower 1957 einen neuen Civil Rights Act, der die Verfolgung eines jeden ermöglichte, der andere am Wählen hinderte. Das änderte allerdings nichts an der andauernden Rassentrennung. 1960 hielten vier Studierende in Greensboro, North Carolina, ein Sit-in im Restaurantbereich eines Woolworth-Warenhauses ab, wo man ihnen wegen ihrer Hautfarbe die Bedienung verweigert hatte. Bald kam es im gesamten Süden zu Sit-ins. Die Demonstrierenden wurden häufig zusammengeknüppelt und eingesperrt, aber sie machten weiter, bis Woolworth nachgab und die Rassentrennung aufhob.

> »Man hat immer behauptet, ich hätte meinen Sitzplatz nicht aufgegeben, weil ich müde war, aber das stimmt nicht […] Nein, ich war es einfach müde, nachzugeben.«
>
> **Rosa Parks**
> *Rosa Parks: My Story,* 1992

Im Oktober 1960 wurde Martin Luther King bei einem dieser Sit-ins in einem Restaurant in Atlanta, Georgia, festgenommen. Der Präsidentschaftskandidat John F. Kennedy bot ihm seine Unterstützung an und half bei seiner Entlassung. Der für die Hilfe dankbare King sprach sich für die Wahl Kennedys aus, und in der Folge stimmten 70 Prozent der schwarzen Wähler bei der Wahl im November für Kennedy und trugen zu seinem Sieg bei.

Die Rechte der amerikanischen indigenen Völker

Anders als die schwarzen Amerikaner versuchten die indigenen Völker, den Schaden der Diskriminierung nicht durch Inklusion zu mindern, sondern durch den Schutz von Stammesgebieten. Der brutale Removals Act von 1830 hatte ihnen viel geraubt, aber sie besaßen immer noch kleine Teile ihres Landes. In der Bürgerrechtsbewegung der 1950er- und 1960er-Jahre gab es Spannungen zwischen Schwarzen, die für die Anerkennung unter der Verfassung kämpften, und Ureinwohnern, die das für eine naive Hoffnung hielten. Mit dem Indian Civil Rights Act (ICRA) von 1968 wollte der US-Kongress anerkennen, dass die Politik der Assimilierung gescheitert war. Aber nicht alle Ureinwohner gaben sich damit zufrieden. Mittlerweile haben mehrere US-Administrationen sich hin zu einer Anerkennung der Souveränität der »First Nations« bewegt, aber es bleibt weiterhin ein langer und mühsamer Kampf.

Im August 1963 führte Martin Luther King den Marsch auf Washington für Arbeit und Freiheit. Allein an dieser Bürgerrechtsdemonstration nahmen rund 250 000 Menschen teil.

1961 wurden sieben schwarze und sechs weiße junge Menschen als die »Freedom Riders« bekannt, die gemeinsam mit Bussen fuhren, um gegen die Rassentrennung zu protestieren. Als der Bus Anniston, Alabama, erreichte, griff ein Mob sie mit einer Brandbombe an. Die Freedom Riders konnten sich befreien, wurden aber zusammengeschlagen. Bilder des brennenden Busses verliehen der Bürgerrechtsbewegung zusätzlichen Auftrieb.

»Ich habe einen Traum«

Präsident Kennedy entschloss sich auf Druck Kings zu einem entschiedenen Schritt und hielt am 11. Juni 1963 eine Radioansprache, in der er für das Ende der Rassentrennung plädierte: »Dieses Land wurde auf der Überzeugung gegründet, dass alle Menschen gleich sind. […] Rasse hat keinen Platz im amerikanischen Leben und Recht.«

Im August führte King einen Protestmarsch mit 250 000 Teilnehmern durch Washington, D. C., auf dem er seine berühmte Rede »Ich habe einen Traum« hielt und eine »Oase der Freiheit und Gerechtigkeit« versprach. Drei Monate später wurde Kennedy ermordet, noch bevor seine Gesetzesinitiative alle Stufen durchlaufen hatte. Sein Amtsnachfolger Lyndon B. Johnson konnte aber die Welle der Emotionen nach Kennedys Tod nutzen, um den Civil Rights Act durchzudrücken, der im Juli 1964 in Kraft trat.

Das neue Gesetz garantierte gleiche Arbeitsrechte für alle, verbot die Diskriminierung in Unternehmen mit mehr als 25 Mitarbeitern und schuf eine Kommission, die sich mit Beschwerden befassen sollte. Das Gesetz schützte schwarze Bürger auch vor Diskriminierung bei der Wählerregistrierung und verbot die Rassentrennung in Hotels, Restaurants, Theatern und an sonstigen öffentlichen Orten. Darüber hinaus wurde die Aufhebung der Rassentrennung an den Schulen vorangetrieben, und man entzog allen Programmen die Finanzierung, die Diskriminierung betrieben.

Eine wichtige Schlacht im Kampf gegen Diskriminierung war gewonnen, aber der lange Krieg geht weiter. 1968 wurde Martin Luther King 39-jährig in Memphis, Tennessee, ermordet, und es folgte eine Welle von Aufständen. Die Lage schwarzer Menschen wurde nach und nach besser, und mit der Wahl Barack Obamas zum US-Präsidenten 2009 schien ein Wendepunkt erreicht. Es ist aber auch klar, dass es noch ein langer Weg bis zu wirklicher Gleichheit ist. ■

Martin Luther King hielt 1963 vor der riesigen Menschenmenge des Marschs auf Washington am Lincoln Memorial seine historische Rede »Ich habe einen Traum«.

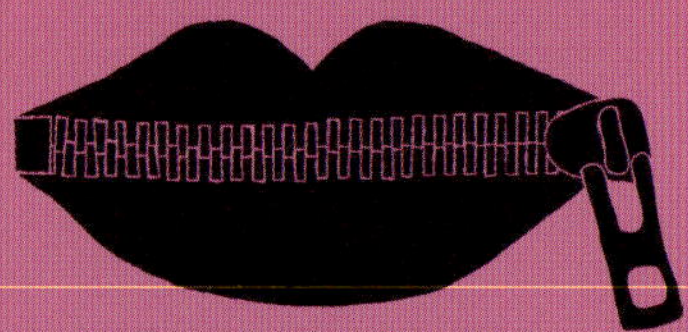

DAS RECHT ZU SCHWEIGEN

MIRANDA V. ARIZONA (1966)

IM KONTEXT

SCHWERPUNKT
Verfassungsrecht

FRÜHER
1791 Der 5. Zusatz zur US-Verfassung besagt, dass niemand »zur Aussage gegen sich selbst gezwungen« werden darf.

1911 Das US-Magazin *The Atlantic* beschwert sich, das Rechtssystem der USA begünstige Kriminelle.

1914 Die Exclusionary Rule stützt das Recht aller Bürger, vor Beweisen »sicher« zu sein, die auf illegale Weise gesammelt wurden.

SPÄTER
2000 Der US Supreme Court urteilt, dass Rechtsbelehrungen verfassungsrechtlich vorgeschrieben sind.

2010 Der US Supreme Court entscheidet, dass jeder Verdächtige sein Recht zu schweigen bei einer Vernehmung aktiv geltend machen oder darauf verzichten muss.

Es häufen sich **Beschwerden** über **Einschüchterungen** bei Vernehmungen **durch die Polizei.**

Gerichte beachten oft den **5. Verfassungszusatz** nicht, der dem Verdächtigen das Recht zuspricht, sich **nicht selbst zu belasten.**

Das Miranda-Urteil bestätigt das Recht zu schweigen und auf einen Anwalt.

Das **Miranda-Urteil** ist ein wichtiger **Schutz gegen polizeiliches Fehlverhalten.**

Die Entscheidung im Fall *Miranda v. Arizona* vom Juni 1966 war ein Grundsatzurteil des US Supreme Court, der damit einen der berühmtesten Verfassungszusätze der Bill of Rights der USA von 1791 bekräftigte. Die Entscheidung wurde einerseits als Sieg für die Persönlichkeitsrechte begrüßt, andererseits als ungerechtfertigte Einschränkung der Polizei gewertet, die ihr im Interesse der Verfassungsmäßigkeit die Hände binde.

Der fünfte Zusatzartikel

Das zentrale Urteil im Miranda-Fall ging über die Versicherung des fünften Zusatzartikels, »niemand darf in einem Strafverfahren zur Aussage gegen sich selbst gezwungen … werden«, hinaus. Es stellte klar, dass jedem Verdächtigen in Polizeigewahrsam nicht nur sein Recht zu schweigen erklärt werden müsse, sondern auch sein Recht, einzelne Fragen nicht zu beantworten. Zudem wurde das im sechsten Zusatzartikel verankerte Recht jedes

Siehe auch: Die Verfassung und die Bill of Rights der USA 110–117 ▪ Die Erklärung der Menschen- und Bürgerrechte 118–119 ▪ Die Exclusionary Rule 186–187

Als Präsidentschaftskandidat versprach Richard Nixon 1968, energisch gegen Kriminalität vorzugehen. Ein zentrales Wahlversprechen war, den Miranda-Entscheid zu kippen.

Verdächtigen auf einen Anwalt bekräftigt und dass dieser, falls nötig, vom Staat gestellt würde. Die Miranda Warning genannte Rechtsbelehrung ist seitdem Standard bei jeder polizeilichen Vernehmung.

Der Hintergrund

Der Name des Urteils geht auf den Fall Ernesto Mirandas, eines mehrfach vorbestraften Kriminellen, zurück. Er wurde 1963 in Phoenix unter dem Vorwurf der Vergewaltigung und Entführung festgenommen. Daneben betrachtete der Supreme Court drei weitere Fälle. Den Verdächtigen, die alle verurteilt wurden, wurden ihre Rechte nach dem fünften Zusatzartikel nie explizit erklärt.

Das Urteil, ein Mehrheitsentscheid von fünf zu vier Stimmen, löste sofort eine Kontroverse aus. Viele sahen darin einen Freibrief für Kriminelle, der aufgrund von Formalitäten zur Freilassung von offensichtlich Schuldigen führen würde. Richter James Harlan, der dagegen gestimmt hatte, behauptete etwa, dass dies einem riskanten Experiment gleichkäme. Sam J. Ervin, demokratischer Senator von North Carolina, beschwerte sich, geständige Kriminelle würden freigelassen, weil der festnehmende Polizist vergessen hätte, ihnen etwas zu sagen, was sie bereits wüssten. New Yorks demokratischer Senator Robert Kennedy fragte ihn daraufhin, ob er denke, dass eine zusätzliche Erinnerung effektive Polizeiarbeit behindere.

Spätere Entwicklungen

Die Frage der »zusätzlichen Erinnerung« zog sich durch alle vier Fälle. Alle Verdächtigen waren Männer von geringer Schulbildung, die ihre Rechte nach dem fünften und sechsten Zusatzartikel vermutlich nicht kannten. Zudem waren Polizeiverhöre oft aggressiv und bedrohlich. Obwohl das Urteil des Supreme Court bei *Dickerson v. United States* 2000 den Miranda-Entscheid nachdrücklich bestätigte, wurde er 2010 durch das Urteil *Berghuis v. Thompkins* geschwächt, das besagt, dass ein Verdächtiger sich explizit auf sein Recht zu schweigen berufen muss. ■

» Die Durchsetzung der Strafgesetze würde zum ernsthaften Problem werden [wenn das Recht zu Schweigen nicht gewahrt wird.] «

Gary K. Nelson
Mirandas Verteidiger (1935–2013) vor dem Supreme Court

Ernesto Miranda

Der 1941 in Mesa, Arizona, geborene Ernesto Miranda war ein typischer Herumtreiber. Schon als Jugendlicher beging er kleine Delikte, gefolgt von Haftstrafen in verschiedenen Strafanstalten. Seine Festnahme 1963 war nur eine in einer langen Reihe von Konflikten mit dem Gesetz, und er bestritt seine Schuld nicht. Aber aufgrund der Tatsache, dass er dieses Schuldgeständnis getätigt hatte, ohne auf sein Recht zu schweigen oder auf einen Rechtsbeistand belehrt worden zu sein, verwarf das Oberste Gericht der USA seine Verurteilung, obwohl das Oberste Gericht von Arizona sie zuvor bestätigt hatte.

Die Verhandlung wurde wiederholt, aber diesmal, ohne sein Geständnis als Beweis vorzulegen. Erneut wurde er zu 20–30 Jahren Haft verurteilt. Nachdem er 1972 auf Bewährung freikam, setzte er seine kriminelle Karriere fort. Weitere Verhaftungen und Haftstrafen folgten. Er starb 1976 bei einer Messerstecherei in Phoenix.

DAS FUNDAMENT VON FREIHEIT, GERECHTIGKEIT UND FRIEDEN

DER INTERNATIONALE PAKT ÜBER BÜRGERLICHE UND POLITISCHE RECHTE (1966)

IM KONTEXT

SCHWERPUNKT
Menschenrechte

FRÜHER
1948 Die UN verabschieden die Allgemeine Erklärung der Menschenrechte.

1965 Die UN verabschieden das Internationale Übereinkommen zur Beseitigung jeder Form von Rassendiskriminierung.

SPÄTER
1979 Die UN verabschieden die Konvention zur Beseitigung jeder Form von Diskriminierung der Frau.

1989 Das UN-Übereinkommen über die Rechte des Kindes befasst sich eingehend mit den Rechten von Kindern und Jugendlichen.

1989 Das Zweite Fakultativprotokoll des UN-Zivilpakts soll die Todesstrafe abschaffen.

1992 Die Vereinigten Staaten ratifizieren den UN-Zivilpakt.

Jeder Unterzeichnerstaat des Internationalen Pakts über bürgerliche und politische Rechte muss **die vereinbarten Rechte implementieren …**

indem er **neue Gesetze** zum Schutz der Rechte erlässt,

existierende Gesetze zum Schutz der Rechte umsetzt

und **vor Ort Abhilfe bei Menschenrechtsverletzungen** schafft.

Eine Nichtumsetzung der Rechte stellt einen Verstoß gegen den Pakt dar.

Ein Opfer einer **Schutzrechtsverletzung** nach dem Zivilpakt darf den **UN-Menschenrechtsausschuss** anrufen.

Der Internationale Pakt über bürgerliche und politische Rechte (UN-Zivilpakt) ist einer der beiden großen Verträge der Vereinten Nationen (UN) von 1966 – der andere ist der Internationale Pakt über wirtschaftliche, soziale und kulturelle Rechte (UN-Sozialpakt) –, die die Allgemeine Erklärung der Menschenrechte von 1948 zu bindendem nationalen Recht machten. Zusammen bilden sie die Internationale Menschenrechtscharta.

Nachdem die UN-Menschenrechtskommission den UN-Zivilpakt 1966 zur Unterschrift freigegeben hatte, trat er 1976 in Kraft.

Siehe auch: Die Erklärung der Menschen- und Bürgerrechte 118–119 ▪ Die Vereinten Nationen und der Internationale Gerichtshof 212–219 ▪ Die Allgemeine Erklärung der Menschenrechte 222–229 ▪ Der Internationale Strafgerichtshof 298–303

» Die Freiheit der Meinung und des Ausdrucks sind unverzichtbare Bedingungen für die volle Persönlichkeitsentwicklung. «

UN-Menschenrechtsausschuss
Allgemeine Bemerkung Nr. 34

Die Unterzeichnerstaaten müssen zudem Gesetze einführen, die die im Pakt genannten Rechte schützen, und dazu Regierungsmittel zur Verfügung stellen.

Die durch den UN-Zivilpakt geschützten Rechte sind Gedanken-, Religions-, Rede- und Versammlungsfreiheit, das Recht auf ein faires Gerichtsverfahren, Schutz vor Folter und die Gleichheit vor dem Gesetz. Diskriminierung aufgrund von ethnischer Herkunft, Geschlecht, Sprache, Religion oder sozialer Klasse ist verboten. Artikel 25 garantiert das Recht auf freie Wahlen, was zur gelegentlichen Kritik führte, der Zivilpakt stehe nur für westliche Traditionen und Demokratie. Manche Unterzeichner haben Teile des Pakts ignoriert, wenn es ihnen gerade passte, wie Indonesien, dessen Blasphemiegesetze gegen Nicht-Muslime eingesetzt werden.

Unter Beobachtung

Aktuell haben 173 Länder den UN-Zivilpakt ratifiziert. Sie müssen alle vier oder fünf Jahre einen Bericht über Fortschritte bei der Umsetzung der im Pakt genannten Rechte an die UN-Menschenrechtskommission schicken. Die 18 Experten der Kommission dürfen die Mitgliedsländer beobachten und Empfehlung zu deren Umsetzung der Menschenrechte aussprechen. Die Kommission ist zwar kein Gericht, hat aber das Menschenrecht entscheidend mitgeprägt.

Die chilenische Politikerin Michelle Bachelet ist seit 2018 Hohe Kommissarin für Menschenrechte. Ihre Aufgabe besteht darin, die Umsetzung des UN-Zivilpakts und anderer Menschenrechtsverträge sicherzustellen.

Maßnahmen

Das erste Fakultativprotokoll zum UN-Zivilpakt von 1966 erlaubt Bürgern der 116 Unterzeichnerländer (darunter Frankreich, Deutschland, Russland und Brasilien), ihr Land der Menschenrechtskommission zu melden, wenn sie ihre Rechte verletzt glauben. 1994 nutzte Nicholas Toonen dieses Protokoll, um die australische Regierung vor die Kommission zu bringen, weil tasmanische Gesetze sexuelle Beziehungen zwischen Männern kriminalisierten. Er argumentierte erfolgreich, dass dies gegen Artikel 17 (Recht auf Privatleben) verstoße.

» [...] das Ideal vom freien Menschen, der bürgerliche und politische Freiheit genießt [...], kann nur verwirklicht werden, wenn Verhältnisse geschaffen werden, in denen jeder seine bürgerlichen und politischen Rechte genießen kann [...]« «

Präambel des UN-Zivilpakts

Die Menschenrechtskommission hat auch in Fällen geholfen, in denen einem Opfer kein anderer Ausweg mehr blieb. So haben die Zeugen Jehovas mehrere Beschwerden gegen die Regierung Südkoreas vor die Kommission gebracht, weil diese die Kriegsdienstverweigerung bestraft hatte. Sie argumentierten mit Erfolg, dass dies gegen Artikel 18 des Zivilpakts verstieß, der Gewissens- und Religionsfreiheit garantiert.

Trotz ihrer vielen Erfolge hat die Kommission keine Möglichkeit, Staaten zur Einhaltung des Pakts zu zwingen. Darüber hinaus hat sie nur begrenzte Ressourcen und Mühe, der vielen Beschwerden und Berichte Herr zu werden. Das macht es leicht, den UN-Zivilpakt zu ignorieren. ■

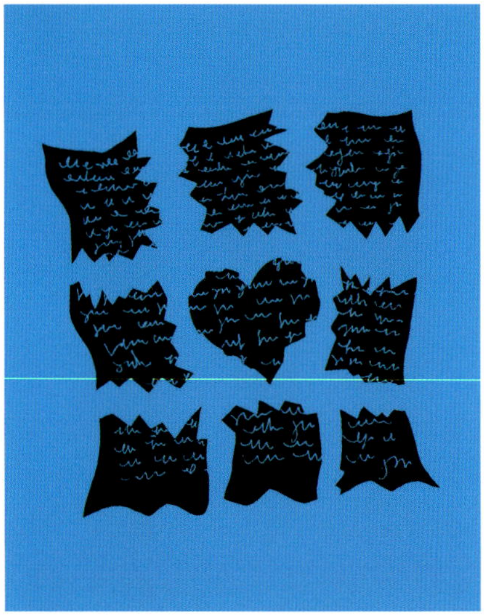

DAS ENDE DER VORWÜRFE

DIE VERSCHULDENSUNABHÄNGIGE SCHEIDUNG (1969)

IM KONTEXT

SCHWERPUNKT
Bürgerliches Recht

FRÜHER
1794 Das preußische Allgemeine Landrecht erlaubt Paaren mit Kindern die Scheidung.

1917 Russland lockert das Scheidungsrecht, weil die Heirat ein »bourgeoises Konstrukt« ist.

SPÄTER
1975 Australien erlaubt eine verschuldensunabhängige Scheidung nur bei »unrettbar zerrütteten« Ehen.

2010 New York führt als letzter US-Bundesstaat die verschuldensunabhängige Scheidung ein.

2019 Großbritannien will die verschuldensunabhängige Scheidung 2021 einführen.

In fast allen westlichen Gesellschaften galt die Ehescheidung einst als eine schamvolle Verzweiflungslösung. Da die Ehe das Fundament des christlichen Glaubens an das Primat der Familie ist, war Scheidung praktisch undenkbar. Dazu kamen die Komplexität des Vorgangs und die Notwendigkeit, eine Schuld wie Ehebruch oder Vernachlässigung nachzuweisen, und die Wirkung auf die Opfer, vor allem die Kinder.

» Es verwundert mich, dass Ehegatten gezwungen werden sollten, mit jemandem verheiratet zu bleiben, der nicht loslassen will. «

L.M. Fenton
Amerikanischer Scheidungsanwalt, *Salon-Magazin*, 2010

In den späten 1960er-Jahren änderte sich die Einstellung zur Scheidung, und in Kalifornien reichte ab 1969 der Umstand, dass ein Paar »unüberwindbare Differenzen« hatte, als Scheidungsgrund aus; es ging also nicht mehr um »Schuld«. Seit 2010 ist die verschuldensunabhängige Scheidung in allen US-Staaten geltendes Recht.

Der Streit um das Für und Wider wurde erbittert geführt. Die verschuldensunabhängige Scheidung wurde als Befreiung und rationaler Weg gefeiert, eine gescheiterte Ehe ohne schmerzhafte Auseinandersetzungen zu beenden. Sie wurde aber auch als Herabwürdigung einer fürs Leben eingegangenen Bindung kritisiert, die zwangsläufig zu weiteren Scheidungen führen musste. Ob Kinder von der einfacheren Trennung ihrer Eltern profitieren oder nicht, ist nicht letztgültig zu klären.

In den westlichen Kulturen ist die verschuldensunabhängige Scheidung jedenfalls mittlerweile als die schonendste Möglichkeit zur Auflösung einer Ehe anerkannt. ■

Siehe auch: Die Allgemeine Erklärung der Menschenrechte 222–229 ▪ Die Europäische Menschenrechtskonvention 230–233 ▪ Die gleichgeschlechtliche Ehe 292–295

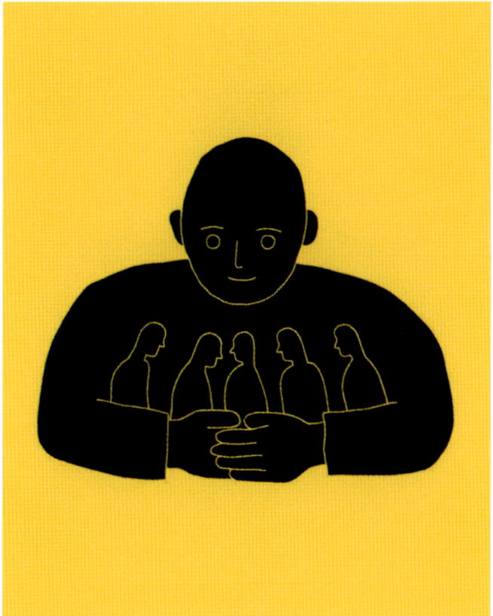

DIE SICHERHEIT DER ZEUGEN

DAS US-ZEUGENSCHUTZPROGRAMM (1970)

IM KONTEXT

SCHWERPUNKT
Strafrecht

FRÜHER
1871 Der US-Kongress erlässt den Ku-Klux-Klan Act zum Schutz von Zeugen vor der rassistischen Organisation.

SPÄTER
1984 Der Comprehensive Crime Control Act stärkt den Zeugenschutz.

1986/87 Der zum Informanten gewordene sizilianische Gangster Tommaso Buscetta ist in den Maxi-Prozessen gegen die Mafia ein wichtiger Zeuge. Er stirbt 2000 im Zeugenschutz in den USA.

1994 Australien erlässt ein Zeugenschutzgesetz.

1996 Kanada führt den Zeugenschutz ein.

2013 Großbritannien führt den Protected Persons Service ein.

Das US-amerikanische Zeugenschutzprogramm WITSEC (Witness Security Program) nahm 1970 unter den Vorgaben des Organized Crime Control Act seinen Anfang. Es wird gemeinsam vom US-Justizministerium und dem US Marshals Service durchgeführt. Ersonnen wurde es von Gerald Shur von der Organized Crime and Racketeering Section des US-Justizministeriums.

Auslöser war der Fall des zu lebenslanger Haft verurteilten Mörders Joe Valachi, der 1963 als erstes hochrangiges Mitglied der Mafia Details zur Struktur der Verbrecherorganisation lieferte. Im Gegenzug erhielt er im Gefängnis besonderen Schutz. Valachis Fall zeigt einen bedeutenden Umstand: Das Programm soll statt unschuldiger Verbrechensopfer Kriminelle schützen, die zu Informanten werden.

Wer an dem Programm teilnimmt, bricht nicht nur einfach mit seiner Vergangenheit, sondern mit allem, außer der eigenen unmittelbaren Familie. Mit neuer Identität ausgestattet und in fremder Umgebung, wird sein Leben komplett auf den Kopf gestellt. Bis heute haben etwa 18 000 Menschen Zeugenschutz erhalten. Die US Marshals betonen, dass kein einziger Teilnehmer, der sich an die strengen Regeln gehalten hat, umgebracht wurde. Mit einer Verurteilungsquote von 89 Prozent mithilfe von Informanten hat sich das Programm als wirkungsvolle Waffe gegen die organisierte Kriminalität erwiesen. ■

Joe Valachi, der als Erster die *Omertà,* das Schweigegelübde der Mafia, brach. Dem Vernehmen nach konnte er emotionslos im gleichen Atemzug über Spaghettisauce und einen Mord sprechen.

Siehe auch: INTERPOL 220–221 ▪ Die Allgemeine Erklärung der Menschenrechte 222–229 ▪ DNA-Tests 272–273

DAS RECHT DER FRAU, SELBST ZU ENTSCHEIDEN

ROE V. WADE (1973)

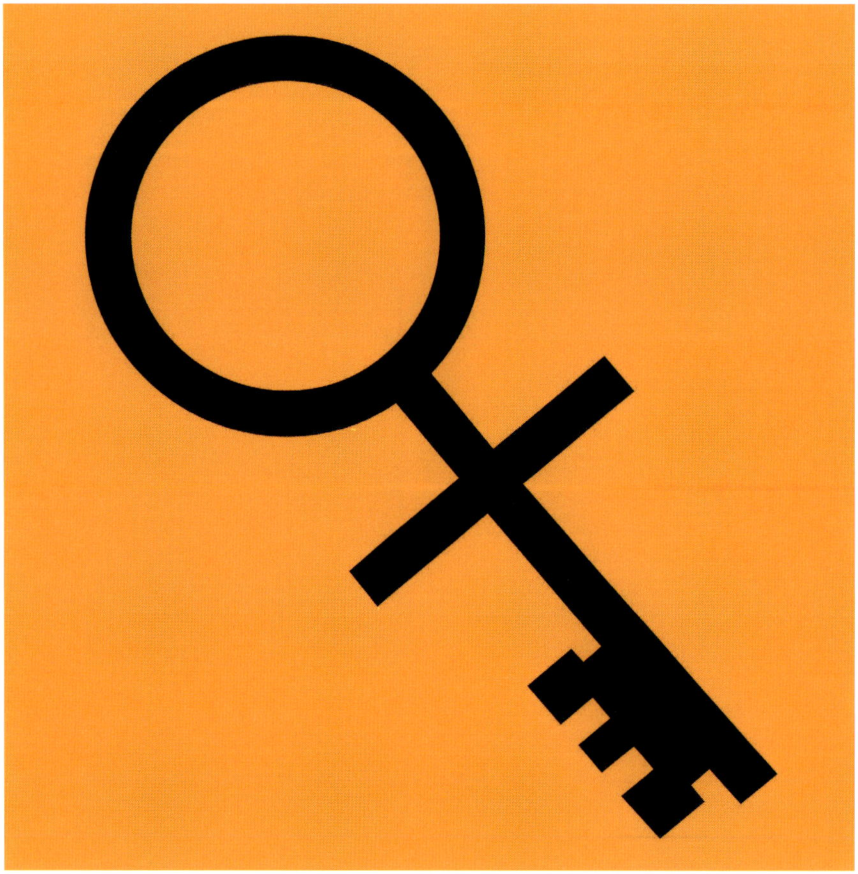

IM KONTEXT

SCHWERPUNKT
Bürgerrechte

FRÜHER
1821 Connecticut verbietet die Abtreibung.

1900 Abtreibung ist in allen US-Bundesstaaten verboten.

1967 Colorado legalisiert die Abtreibung.

SPÄTER
1976 Das Hyde Amendment stoppt staatliche Finanzhilfen für Abtreibungen in den USA.

1990 In den USA kommt es jährlich zu 1,6 Mio. Abtreibungen.

2019 Ein Bundesrichter stoppt Präsident Trumps »Gewissensklausel«, die es medizinischem Personal erlaubt hätte, Abtreibungen abzulehnen.

Abgesehen vom Wahlrecht hat kein anderes Thema den Kampf um Frauenrechte in der modernen Welt stärker geprägt als die Abtreibung. Während aber der Kampf für das Frauenwahlrecht zu Beginn des 20. Jahrhunderts gefochten (und in vielen Ländern gewonnen) wurde, rückte das Recht auf Abtreibung erst in den 1960er-Jahren in den Vordergrund. Es sollte zum wichtigsten Prüfstein der Frauenbewegung und des Feminismus werden. Bis heute ist Schwangerschaftsabbruch eines der wichtigsten Themen, wenn es um die Gleichberechtigung der Frau geht.

Im Lauf der Geschichte bedeutete eine ungewollte oder unerwartete Schwangerschaft für Frauen, besonders ohne finanzielle Mittel,

Siehe auch: Der Representation of the People Act 188–189 ▪ Die Allgemeine Erklärung der Menschenrechte 222–229 ▪ Die Europäische Menschenrechtskonvention 230–233 ▪ Das Dickey-Wicker Amendment 284 ▪ Lohngleichheit 314–315

Margaret Sanger

Die amerikanische Aktivistin Margaret Sanger kämpfte zu Beginn des 20. Jahrhunderts für Familienplanung und Verhütung. 1879 geboren, eröffnete sie 1916 die erste Geburtenkontrollklinik der USA. Sie gründete mehrere Organisationen für Geburtenkontrolle und war die erste Präsidentin der International Planned Parenthood Federation, die zur weltweit größten NGO im Bereich Frauengesundheit, Familienplanung und Geburtenkontrolle heranwuchs. Anfang der 1950er-Jahre warb Sanger dafür, den Biologen Gregory Pincus bei der Entwicklung der Antibabypille finanziell zu unterstützen.

Der Erfolg der Aktivistinnen Margaret Sanger in den USA und Marie Stopes in Großbritannien im Kampf gegen das größte soziale Tabu ihrer Zeit und für Abtreibung als Grundrecht bleibt unerreicht. Dennoch zog Sanger Geburtenkontrolle als effektivere Methode grundsätzlich einer Abtreibung vor. Sie starb 1966. In jüngerer Zeit wurde sie wegen ihrer Berührungspunkte mit der Eugenik-Bewegung kritisiert.

eine ungewisse Zukunft. Verleugnete der Vater, wie so häufig, das Kind, drohte den Frauen bittere Armut, gaben sie das Kind nicht zur Adoption frei, denn sie konnten nicht gleichzeitig für es sorgen und arbeiten. »Nicht eheliche« Kinder hatten nicht dieselben Erbansprüche wie »eheliche« Kinder, und ihre Mütter wurden oft gesellschaftlich geächtet.

Nach dem Ersten Weltkrieg sorgten Margaret Sanger in den USA und Marie Stopes in Großbritannien für Aufsehen und öffentliche Diskussionen über die Tabuthemen Verhütung und Familienplanung. Dies hatte jedoch wenig Auswirkung auf das Schicksal der Frauen, die ungewollt schwanger wurden, da Verhütung und Schwangerschaftsabbruch weiter illegal waren. Sanger wurde mehrfach festgenommen, weil sie Verhütung propagierte.

1920 legalisierte die UdSSR als erstes europäisches Land die Abtreibung, Stalin hob dies aber 1936 wieder auf, um das Bevölkerungswachstum anzukurbeln, nachdem Hungersnöte die Bevölkerung dezimiert hatten. In den meisten Ländern galt der Schwangerschaftsabbruch als letzter verzweifelter Ausweg, der Scham und Abscheu auslöste. Frauen, die sich dennoch für eine Abtreibung entschieden, sahen sich nicht nur dem Trauma ausgesetzt, stigmatisiert zu sein, sondern riskierten zudem Leib und Leben, wenn sie auf medizinisch ungeschulte »Engelmacher« angewiesen waren.

> »Erzwungene Mutterschaft ist die absoluteste Form der Verleugnung der Rechte der Frau auf Leben und Freiheit.«
>
> **Margaret Sanger**
> in *The Woman Rebel*, 1914

Zur Zeit der ersten Legalisierungen empfanden immer mehr Menschen das Abtreibungsverbot als veraltet. Als die Antibabypille erstmals legalisiert wurde (1961 in Großbritannien, 1972 in Nordamerika), schien es unlogisch und diskriminierend, Frauen das Recht auf Abtreibung zu verwehren. In den USA wurde das Recht auf Abtreibung dann schließlich mit dem Urteil im Fall *Roe v. Wade* verankert.

Roe v. Wade

1969 wurde die 21-jährige Texanerin Norma McCorvey zum dritten Mal schwanger und wollte die Schwangerschaft abbrechen; das war in Texas aber verboten. Die Frauenrechtsanwältinnen Sarah Weddington und Linda Coffee übernahmen McCorveys Fall und reichten Verfassungsklage gegen die Abtreibungsgesetze von Texas ein. Für die Anhörung gaben sie McCorvey den Namen Jane Roe, um ihre Identität zu schützen. Angeklagter in diesem Fall war der Bezirksstaatsanwalt von Dallas County, Henry Wade, der den »

Dank des **Einsatzes von Aktivistinnen** glauben immer mehr Menschen, dass **Abtreibung ein grundlegendes Recht der Frau** ist.

Richter urteilen, der **9. und 14. Zusatzartikel** der US-Verfassung deckten auch das **Recht** der Frau **auf Abtreibung** ab.

Der **US-Supreme Court** entscheidet, dass Frauen laut **Verfassung** das **Recht** haben, sich für **Abtreibung** zu entscheiden.

***Roe v. Wade* legalisiert die Abtreibung in den USA.**

Trotz **moralischer Bedenken** ist Abtreibung in den meisten Ländern legal, wodurch Frauen das **Recht haben, sich zu entscheiden.**

Staat Texas vertrat. Der erste Prozess ging zu McCorveys Gunsten aus, aber Texas legte Berufung ein, und der Fall ging 1970 vor den Supreme Court. 1973 entschied dieser mit einem Mehrheitsentscheid von sieben zu zwei Stimmen ebenfalls zugunsten McCorveys.

Als Rechtsgrundlage für das Urteil dienten der 9. und der 14. Verfassungszusatz, die die Persönlichkeitsrechte und das Recht auf Privatsphäre festschreiben. Der Supreme Court entschied, dass diese auch das Recht der Frau umfassen, selbst zu entscheiden, ob sie eine Abtreibung wünscht. Das Gericht stellte aber klar, dass es sich hier nicht um ein »absolutes« Recht handele, denn man müsse auch gegen den Schutz des Lebens der Mutter und das des Fötus abwägen. Die Richter richteten ihr Urteil daher an drei Phasen der Schwangerschaft aus. Die Entscheidung für eine Abtreibung sollte, so keine zwingenden medizinischen Gründe vorlägen, in der ersten Phase (bis zur zwölften Woche) allein bei der Mutter liegen. Eine Abtreibung in dieser Phase beeinträchtigt die Gesundheit der Mutter generell weniger als eine Geburt. In der zweiten Phase könne eine Abtreibung unter Umständen zum Schutz der Gesundheit der Frau untersagt werden. Die Entscheidung umging zwar die strittige Frage, ab wann ein Fötus schützenswertes Leben ist, nahm dies aber ab Beginn der dritten Phase als gegeben an, weshalb der Staat ab dann Abtreibungen verbieten sollte.

Auch formaljuristisch wurde dieses Urteil von vielen Kommentatoren angezweifelt. Bryon White, einer der Richter, die dagegen stimmten, sagte, er fände im Wortlaut und der Geschichte der Verfassung nichts, was diese Entscheidung stütze, und nannte sie eine unbedachte und extravagante Übung zur Macht der Normenkontrolle. Selbst Edward Lazarus, damals Gerichtsschreiber des Supreme Court und überzeugter Befürworter des Rechts auf Abtreibung, hielt das Urteil aufgrund der Auslegung der Verfassung und der Formulierung der Begründung für praktisch unhaltbar.

Pro Choice

Das Urteil hatte unmittelbare Folgen. Es hob automatisch alle Gesetze der Einzelstaaten auf, die zu ihm in Widerspruch standen. Aber bis heute bleibt Abtreibung ein Thema, an dem sich die Geister scheiden. Nach feminis-

Norma Mc Corvey war die Hauptperson im Fall *Roe v. Wade*. Sie konvertierte später zum Katholizismus, sprach sich gegen Abtreibung aus und bedauerte ihre Rolle bei der Legalisierung.

Demonstranten protestieren 2019 in Alabama gegen den Human Life Protection Act, der ein Abtreibungsverbot bedeutet hätte. Schlussendlich wurde entschieden, dass er gegen das höchstrichterliche Urteil von 1973 verstoße.

tischem Standpunkt ist sie eine grundlegende Frage der Frauenrechte und ein entscheidender Schritt im Kampf der Frauen um Gleichberechtigung.

Feministinnen stellen die Frage, warum nur die Frau die Konsequenzen einer ungewollten Schwangerschaft tragen sollte, die ihre Zukunftschancen und potenziell auch die ihres Kindes zerstört. Sie betonen, dass es immer ungewollte Schwangerschaften und damit immer auch Abtreibungen geben wird, ob diese nun legal sind oder nicht. Die Chancen, dass bei einer illegalen Abtreibung etwas schiefgeht, sind aber ungleich höher, und daher bilden sie ein wesentlich höheres Risiko für das Leben der betroffenen Frau.

Pro Life

Das klassische Argument gegen Abtreibung ist, es sei Mord, da der Fötus ab dem Moment der Befruchtung lebe. Der konservative US-Kommentator Ben Shapiro brachte das Argument 2017 auf die einfache Formel, es verstoße »gegen die Moral, einen anderen Menschen zu töten. Deshalb gibt es ein Gesetz dagegen.« Beide Seiten der Debatte sehen die Wissenschaft auf ihrer Seite. Abtreibungsgegner sagen, die DNA-Signatur eines Fötus stehe ab der Befruchtung fest, und Ultraschalluntersuchungen zeigten, dass ein Fötus ein menschliches Wesen sei, das Schmerz empfinden kann. Anderen Ärzten zufolge haben Föten erst ab der 24. Schwangerschaftswoche Schmerzempfinden. 2018 sagte die US-Journalistin Jennifer Wright, das Recht eines Fötus auf Leben sei diskutabel, das einer Frau nicht.

Der politische Graben

Das Urteil im Fall *Roe v. Wade* unterstrich den politischen Graben zwischen demokratischen Abtreibungsbefürwortern und republikanischen Gegnern. Das Urteil hat weiter Bestand, doch 2017 gab es laute Proteste der Demokraten, als Präsident Trump den konservativen Brett Kavanaugh für den Supreme Court nominierte. Sie vermuteten, Kavanaughs Ernennung solle helfen, Trumps Wahlversprechen umzusetzen, das Urteil zu revidieren.

Die Versuche mehrerer Staaten, Abtreibung wieder zu verbieten, wie etwa in Alabama 2019, sind bisher gescheitert. Der Supreme Court hat das Urteil seit 1973 immer wieder bestätigt. Auch wenn das Hyde Amendment, das der Kongress 1976 verabschiedete, staatliche Finanzhilfen für Abtreibungen untersagt, haben zwei wichtige Urteile des Supreme Court, *Planned Parenthood v. Casey* 1992 und *Whole Woman's Health v. Hellerstedt* 2016, das Urteil im Fall *Roe v. Wade* nochmals deutlich untermauert.

Seit 2020 leben rund 60 Prozent der Frauen im gebärfähigen Alter in Ländern, in denen Abtreibung legal ist. In den restlichen ist sie entweder völlig verboten oder nur erlaubt, wenn Leben oder Gesundheit der Frau gefährdet ist. Die Kluft zwischen Abtreibungsbefürwortern und -gegnern scheint weiterhin unüberbrückbar. ■

» Alabamas Abtreibungsverbot […] schränkt die Handlungsfreiheit der Frau und die Freiheit ein, über ihre Fortpflanzung zu entscheiden. «

Richterin Myron Thompson
zum Human Life Protection Act, 2019

NICHTS IST WERTVOLLER ALS EIN TIERLEBEN

DER ENDANGERED SPECIES ACT (1973)

IM KONTEXT

SCHWERPUNKT
Umweltrecht

FRÜHER
1900 Der amerikanische Lacey Act verbietet die kommerzielle Jagd und den Handel bestimmter Tiere und Pflanzen.

1966 Der Endangered Species Preservation Act führt zur ersten Liste gefährdeter Tierarten.

1972 Die USA verbieten den Fang von Meeressäugern in ihren Gewässern.

SPÄTER
1988 Wissenschaftler warnen vor einem sechsten Massenaussterben.

2004 Wilde Kalifornische Kondore brüten erstmals seit 17 Jahren wieder.

2007 Der Weißkopfseeadlerbestand erholt sich wieder.

2008 Durch seinen Lebensraumverlust in der Arktis gilt der Eisbär als gefährdet.

Der ESA will sowohl das **Aussterben** gefährdeter Arten **verhindern** als auch ihre **Bestände** wieder **erhöhen.**

Abschnitt 4 erfordert eine Einstufung als **gefährdet** oder **bedroht.**

Eine der größten **Bedrohungen** gefährdeter Arten ist die **Zerstörung ihres Lebensraums.**

Gilt eine **Art** als **gefährdet,** erhält ihr Lebensraum nach dem ESA **besonderen Schutz.**

In der Geschichte haben wir Menschen immer wieder das Aussterben ganzer Tierarten verschuldet, darunter Dodo, Riesenalk, Wandertaube und Beutelwolf. Aktuell scheint die Bedrohung, die wir für andere Tierarten darstellen, zuzunehmen. 50 Prozent sind konkret vom Aussterben bedroht, und viele Biologen sprechen von gigantischen Aussterbeereignissen. Ein Grund ist die Bejagung, mehr noch aber der Verlust von Lebensräumen durch Landwirtschaft, Entwaldung und Bebauung.

Die Amerikaner wurden sich im späten 19. Jahrhundert der Bedrohung der heimischen Tierwelt bewusst und erließen 1900 den Lacey Act, der die Jagd auf und den Handel mit bestimmten Tier- und Pflanzenarten verbot. Er sollte ursprünglich die Jagd auf Wildvögel unterbinden, dient heute aber vor allem dazu, den Import invasiver Tier- und Pflanzenarten zu verhindern.

Das starke weltweite Bevölkerungswachstum ab dem 20. Jahrhundert gefährdete zunehmend die Tierpopulationen, und so übten ab den 1960er-Jahren Tierschutzorganisationen Druck auf die USA und andere Länder aus, zu handeln. 1966 entstand mit dem Endangered Species Preservation Act die erste Liste gefährdeter Arten; 1969 erweiterte der US-Kongress das

Siehe auch: Der Cruelty to Animals Act 146–147 ▪ Der »Vivisection Act« 163 ▪ Das Weltnetz der Biosphärenreservate 270–271 ▪ Das Kyoto-Protokoll 305

CITES und internationaler Artenschutz

Mitte des 20. Jahrhunderts wurde deutlich, dass der internationale Handel mit Wildtieren und Pflanzen für Nahrung, Medizin usw. einige Arten an den Rand der Ausrottung brachte. 1963 nahm die Weltnaturschutzunion IUCN, die die globale Artenvielfalt beobachtet, die Arbeit an einem internationalen Abkommen zur Beschränkung des Handels auf. Das Resultat dieser Bemühungen war das Washingtoner Artenschutzübereinkommen CITES (Convention on International Trade in Endangered Species of Wild Fauna and Flora) von 1973, das den weltweiten Handel mit bedrohten Arten reguliert und heute einer der Eckpfeiler des internationalen Umweltschutzes ist. CITES hat aktuell 183 Unterzeichnerländer und regelt den Handel mit mehr als 5000 Tier- und 30 000 Pflanzenarten. Die beteiligten Länder treffen sich regelmäßig und entwickeln Pläne zum Schutz bedrohter Arten vor kommerzieller Ausbeutung.

» Der ESA ist unser stärkstes und wirksamstes Werkzeug zur Reparatur der Umweltschäden, die zum Artenschwund beitragen. «

Norm Dicks
US-Abgeordneter (1977–2013)

Gesetz um den zusätzlichen Schutz weltweit gefährdeter Tierarten, indem es ihren Import und Verkauf in den USA verbot. Inspiriert vom Washingtoner Artenschutzabkommen CITES von 1973, geht der Endangered Species Act (ESA) noch weiter und schützt das Naturerbe der USA.

Koordinierte Bemühungen

Nach dem ESA können Einzelpersonen und Organisationen beantragen, eine Art als gefährdet oder bedroht einzustufen. Es folgt eine akribische wissenschaftliche Bewertung, bevor die Art dann in die Liste aufgenommen wird. Wenn sie aufgenommen wird, erhalten wichtige Lebensräume besonderen Schutz, und es wird ein Plan entwickelt, wie die Populationszahlen der gefährdeten Art wieder erhöht werden können.

Die Populationen werden fortlaufend beobachtet, um zu sehen, ob die Art sich so weit erholt hat, dass sie von der Liste gestrichen werden kann. Die meisten Experten bewerten den ESA als großen Erfolg im Kampf gegen das Artensterben und sprechen ihm einen Anteil an der Erholung mehrerer Arten, wie Weißkopfseeadler, Kalifornischer Kondor und Grizzlybär, zu. Das Gesetz soll zukünftig den Standard für den Schutz bedrohter Arten liefern.

2019 nahm die Trump-Administration im Interesse der Industrie Revisionen am Endangered Species Act vor, die das Gesetz deutlich abschwächten. Eine der beabsichtigten Novellierungen soll geschützte Habitate auf das Gebiet begrenzen, in denen die gefährdete Art aktuell lebt, statt auf die Fläche, die sie mit einer gesunden Population bewohnen würde. Klimakrise und andere Umweltgefahren beschleunigen den globalen Artenschwund in alarmierendem Tempo, und so laufen Änderungen am ESA den Rufen nach einem stärkeren Schutz zuwider. ▪

Nach ESA bedrohte Vogelarten

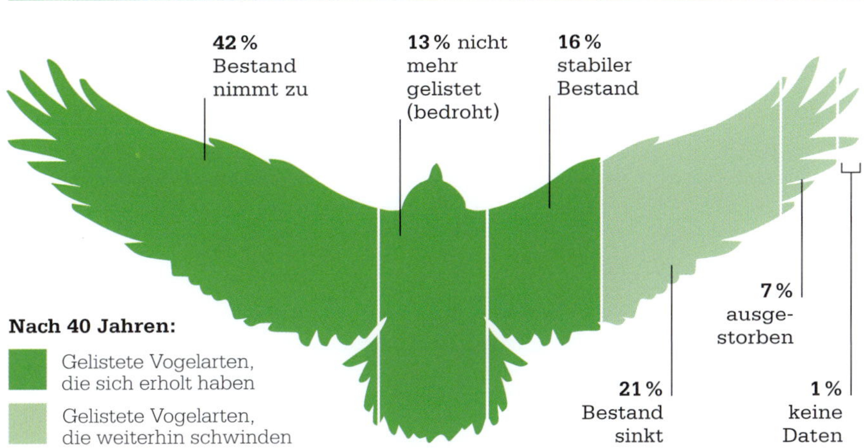

RECHT IN HEUTIGEN

1980–HEUTE

DER
ZEIT

1986
In Großbritannien wird erstmals ein **DNA-Test** in der Strafverfolgung eingesetzt.

1990
Der **Americans with Disabilities Act** soll die Diskriminierung gegen Behinderte strafbar machen.

1993
Die **Chemiewaffenkonvention** untersagt den Einsatz und die Produktion von Chemiewaffen.

1995
Die **Welthandelsorganisation** entsteht mit dem Ziel, freien und fairen Handel zu garantieren.

1996
Das Dickey-Wicker Amendment untersagt in den USA Bundesmittel für die **Forschung an menschlichen Embryos.**

1996
Ein von der **Weltorganisation für geistiges Eigentum** vorgeschlagener Vertrag stellt Regeln zum digitalen Urheberrechtsschutz auf.

1997
In Ottawa wird das **Übereinkommen für das Verbot von Antipersonenminen** beschlossen.

2000
Portugal **entkriminalisiert** den reinen Besitz von Drogen.

In den letzten Jahrzehnten des 20. Jahrhunderts war die Gefahr eines Weltkrieges dank internationaler Zusammenarbeit und der UN deutlich geringer geworden. Trotzdem kam es immer wieder zum Verlust von Menschenleben in regionalen Konflikten, vom Kosovo bis nach Syrien. Die Auswirkungen chemischer Waffen und die tödliche Hinterlassenschaft der Landminen führten zu Abkommen, die beides verbieten sollten: die Chemiewaffenkonvention von 1993 und das Übereinkommen über das Verbot von Landminen von 1997.

Die internationalen Beziehungen wurden enger, und der zunehmende weltweite Handel sowie die wachsende Macht multinationaler Konzerne führten 1995 zur Gründung der Welthandelsorganisation, die einen globalen Rahmen für den freien Handel schaffen sollte. Aber nicht nur die Welt der Wirtschaft veränderte sich – nie da gewesene technologische Fortschritte schufen auch neue rechtliche Probleme. 1996 richtete die Weltorganisation für geistiges Eigentum, die Markenzeichen, Patente und Urheberrechte schützen soll, ihr Augenmerk auf die Herausforderungen der digitalen Revolution. Es ist klar, dass die Rechte an geistigem Eigentum und die Sicherheit der Daten geschützt werden müssen, aber immer neue technologische Möglichkeiten eröffnen Hackern auch Wege, diesen Schutz zu umgehen. Das Recht kann hier kaum Schritt halten.

Der freie Zugang zu digitalen Informationen hat auch Probleme in Hinsicht auf Privatsphäre und das Recht auf die eigenen Daten offengelegt. 2014 urteilte der Europäische Gerichtshof, das »Recht auf Vergessenwerden« stehe über dem Recht auf Redefreiheit, aber auch das ist umstritten.

Menschenrechte

Die Einstellung zu Menschenrechten und Diskriminierung hat sich in einigen Teilen der Welt fundamental gewandelt. Aktivisten machten Druck auf Regierungen, Gesetze zum Schutz der Rechte von Behinderten zu erlassen und gleichgeschlechtliche Ehen zu legalisieren. Im ersten Punkt gingen die USA 1990 in Führung, im zweiten die Niederlande 2000, und andere Länder folgten ihrem Beispiel. In Island verpflichtet die Gesetzgebung zur Lohngleichheit, gleichen Lohn für gleiche Arbeit zu zahlen. Auch neue Fragen, wie die Forschung an menschlichen Embryos und

2000
Die Niederlande legalisieren als erstes Land die **gleichgeschlechtliche Ehe.**

2001
Die Niederlande legalisieren die **Sterbehilfe** unter strengen Regeln und unter medizinischer Überwachung.

2002
In Den Haag nimmt der **Internationale Strafgerichtshof** seine Arbeit auf.

2005
Die UNESCO überwacht das **Internationale Übereinkommen gegen Doping im Sport.**

2005
Das **Kyoto-Protokoll,** durch das Treibhausgase reduziert und der Klimawandel verlangsamt werden sollen, tritt in Kraft.

2011
INTERPOL richtet die **Match-Fixing Task Force** ein, um die organisierte Kriminalität im Sport zu bekämpfen.

2014
Der Europäische Gerichtshof erkennt ein **»Recht auf Vergessenwerden«** an, wonach elektronisch gespeicherte Informationen mit einem Verfallsdatum ausgestattet sein müssen.

2017
Das isländische **Lohngleichheitszertifikat** stellt sicher, dass Unternehmen Männer und Frauen für gleiche Arbeit auch gleich entlohnen.

die Leiden todkranker Menschen, stellen das Recht vor immer neue Herausforderungen.

Verbrechensbekämpfung

Wissenschaftliche Fortschritte könne oft ethische Fragen aufwerfen, aber die Wissenschaft ist auch extrem hilfreich bei der Verbrechensaufklärung. DNA-Tests, mit denen Verbrecher identifiziert werden, sind ebenso wichtig wie Fingerspuranalysen, während die digitale Technologie in allen Aspekten der Strafverfolgung unverzichtbare Dienste leistet.

Auch die Welt des Sports hat sich dank globalen Sponsorings und Online-Wetten dramatisch verändert. Mit der Industrie wuchs auch die Korruption – die zu erwartenden Gewinne aus Betrug locken Einzelpersonen, Verbrecherbanden und skrupellose Staaten gleichermaßen an. Die UNESCO versuchte, sich dem mit dem Internationalen Übereinkommen gegen Doping im Sport 2005 entgegenzustemmen, und INTERPOL stellte 2011 eine Task Force zu Bekämpfung von Spielmanipulationen auf.

2000 setzte die portugiesische Regierung, alarmiert durch die vor allem auf Drogenspritzen zurückzuführende Zunahme von HIV-Infektionen, auf eine neue Drogenstrategie, indem sie den Besitz von Drogen als Teil einer umfassenden Gesundheits- und Sozialreform entkriminalisierte. Andere Länder schauen interessiert zu.

Umweltschutz

In den 1980er-Jahren wurden die Auswirkungen menschlichen Handelns auf die Natur unübersehbar, das Problem erhielt internationale Aufmerksamkeit. 1983 übernahm die UNESCO die Führung im Umweltschutz und schuf ein Netzwerk von Biosphärenreservaten, um eine nachhaltige Entwicklung zu fördern.

Ein noch größeres Problem sind die potenziell katastrophalen Auswirkungen des Klimawandels. 1992 legte der Weltgipfel Rio de Janeiro internationale Ziele zur Reduzierung von Treibhausgasen fest, aber der Unwille zur Veränderung und Förderung nachhaltiger Energien verhinderte bis ins 21. Jahrhundert hinein rechtlich bindende Verträge. 1997 definierte das Kyoto-Protokoll Ziele für die Emissionsreduzierung, die 2005 in Kraft traten. Da eine Umsetzung aber bisher scheitert, muss das Recht neue Wege finden, alle zur Mitarbeit zu bringen. ■

UNERMESSLICH, UNERSETZLICH UND BEDROHT

DAS WELTNETZ DER BIOSPHÄRENRESERVATE (1983)

IM KONTEXT

SCHWERPUNKT
Umweltschutzrecht

FRÜHER
1821 Charles Waterton schafft im britischen Walton Hall das erste Naturschutzgebiet der Welt.

1872 US-Präsident Ulysses S. Grant erklärt Yellowstone zum ersten Nationalpark der Welt.

1916 Russland eröffnet das erste strikte Naturschutzgebiet für Forschungszwecke.

1916 US-Präsident Woodrow Wilson gründet den National Park Service.

SPÄTER
1992 Das Übereinkommen über die biologische Vielfalt wird verabschiedet.

2016 Die First Nation der indigenen Dene gründet Kanadas Biosphärenreservat Tsá Túé.

2016 Im Rossmeer vor Antarktika entsteht das weltweit größte Meeresschutzgebiet.

Die Biosphäre ist die »Hülle« der Erde, in der der Mensch und alle anderen Lebewesen existieren können. 1971 startete die UNESCO das Programm »Der Mensch und die Biosphäre« (MAB), um eine umweltverträgliche wirtschaftliche Entwicklung zu fördern. 1972 war die Weltumweltkonferenz (UNCHE) das erste Forum, das sich mit globalen Umweltproblemen befasste. Zu ihren Empfehlungen zählte die Einrichtung »biologischer Reservate«, um bedrohte Flora und Fauna zu schützen.

Damals wuchs die Besorgnis aufgrund von Entwaldung, Luft- und Wasserverschmutzung. Auch die Populationen vieler Wildtierarten gingen zurück. Die ersten 57 Biosphärenreservate entstanden 1976. Im Jahr darauf folgten weitere, und 1983 entstand auf einer durch die UNESCO geförderten Konferenz in Minsk der Plan für ein Weltnetz aus Biosphärenreservaten (WNBR).

Gegenseitiger Nutzen

Laut der verbindlichen UN-Biodiversitätskonvention (2020 von 193 Nationen ratifiziert) sollen Ökosysteme, Arten und genetische Ressourcen zum Nutzen des Menschen verwendet werden, ohne zum Rückgang der biologischen Vielfalt zu führen. Durch die Erkenntnis, dass biologische Vielfalt für den Erhalt des Lebensgeflechts unseres Planeten essenziell ist, versucht das WNBR nun zu zeigen, wie natürli-

Die drei Zonen eines Biosphärenreservats

- **Die Kernzone** ist ein streng geschützter Bereich, in dem menschliche Aktivitäten eingeschränkt und Lebensformen und Ökosysteme (Gemeinschaften interagierender Arten der Umwelt) geschützt sind.
- **Die Pflegezone** wird zur Überwachung, Forschungs- und Bildungszwecken genutzt.
- **Die Entwicklungszone** ist besiedelt, wird bewirtschaftet; hier sind nachhaltige kulturelle und wirtschaftliche Aktivitäten erlaubt.

Siehe auch: Die Vereinten Nationen und der Internationale Gerichtshof 212–219 ▪ Der Endangered Species Act 264–265 ▪ Das Kyoto-Protokoll 305

Der Yellowstone National Park in den US-Staaten Wyoming, Montana und Idaho wurde 1976 als Biosphärenreservat ausgewiesen.

che Vielfalt und menschliche kulturelle Vielfalt voneinander profitieren.

Umweltverträglichkeit stützt sich auf die Prämisse, dass Menschen eher geneigt sind, ihre Umwelt zu schützen, wenn sie wirtschaftlich oder kulturell von ihr profitieren, wenn beispielsweise der Fischfang ihre Ernährung sichert oder Holz den Bau ihrer Häuser garantiert. So wird sichergestellt, dass die Bestände nicht erschöpft werden.

Neue Netzwerke

Ein globales Netzwerk ist wichtig, um die natürliche Vielfalt der Erde abzubilden. Regierungen können neue Biosphärenreservate (BR) ausweisen. Entspricht ein Reservat den Kriterien des MAB, wird es ins WNBR aufgenommen. Jedes BR ist durch die Umweltschutzgesetze des Landes geschützt, in dem es liegt.

In den 50 Jahren seit Start des MAB-Programms haben sich die Gefahren für die Biosphäre vervielfacht. Eine Million Arten sind in den nächsten Jahrzehnten vom Aussterben bedroht, darunter 40 Prozent Amphibien und 30 Prozent Meeressäuger. Der vom Menschen verursachte Klimawandel wird den Artenrückgang verschärfen, den einige Forscher als das sechste Massenaussterben auf der Erde bezeichnen.

2020 gab es 701 BR in 124 Ländern, vom riesigen BR Zentral-Amazonas in Brasilien bis zum kleinen Biosffer Dyfi in Südwales. Global bindende und einklagbare Maßnahmen wie das WNBR-Programm zählen zu den besten Möglichkeiten, den ökologischen Herausforderungen, die unseren Planeten bedrohen, zu begegnen. ■

Die *Sapowedniki*

Russland war einst Weltführer in der Einrichtung von Naturschutzgebieten. Sein erster staatlicher *Sapowednik* (Naturschutzgebiet) entstand 1916 in Barguzinsky in der Nähe des Baikalsees zum Schutz der Zobel, kleiner Säugetiere, die wegen ihres Fells geschätzt wurden. 2020 existierten über 100 *Sapowedniki,* die eine Fläche von 1,4 Prozent des Landes abdecken. Einige sind riesig, wie das Große Arktische Schutzgebiet mit über 4 Millionen Hektar Tundra, in dem Eisbären, Schneeeulen, Robben, Wale und viele Spezies mehr leben.

Der russische Geologe Wassili Dokutschajew stellte die Idee der *Sapowedniki,* zu denen nur Wissenschaftler Zutritt haben sollten, in den 1890er-Jahren vor. Der Botaniker Ivan Borodin sagte später, man solle sie nicht vereinzelt schaffen, sondern geplant, sodass jedes Ökosystem vertreten sei. Diese Schutzgebiete geben Forschern die Gelegenheit, eine vom Menschen weitgehend ungestörte Natur zu beobachten.

» Wir sollten jedes bisschen natürliche Vielfalt als unbezahlbar schätzen […] während wir lernen, was es für die Menschheit bedeutet. «

E. O. Wilson
Amerikanischer Biologe, 1992

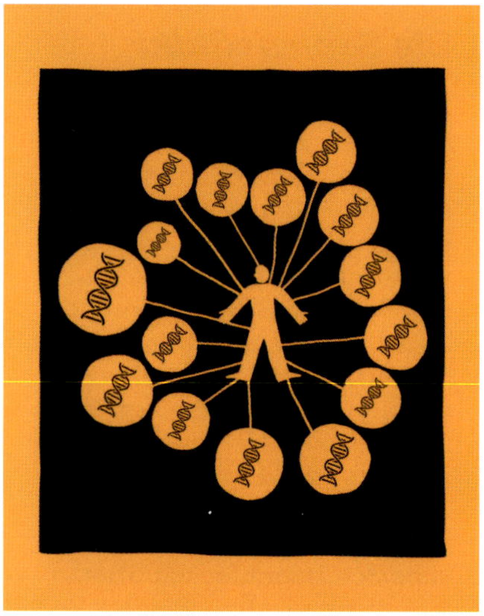

ES IST FÜR DAS RECHT, WAS DAS TELESKOP FÜR DIE STERNE IST

DNA-TESTS (1986)

IM KONTEXT

SCHWERPUNKT
Strafrecht

FRÜHER
um 1900 Fingerspuren werden erstmals zur Identifikation von Verbrechern verwendet.

1953 Die Wissenschaftler James Watson, Francis Crick, Rosalind Franklin und Maurice Wilkins entschlüsseln in Großbritannien die Struktur der DNA, den genetischen Code.

SPÄTER
1994 Das FBI koordiniert die Erstellung von DNA-Profilen.

2002 Die INTERPOL DNA-Datenbank wird gegründet: 84 Länder nehmen teil.

ab 2010 Immer leistungsfähigere Software zur Analyse von DNA-Proben wird entwickelt.

2017 Der Rapid DNA Act kurbelt in den USA die Forschung zur DNA als Ermittlungswerkzeug weiter an.

Wissenschaftler belegen, dass **jeder Mensch** anhand seiner **DNA eindeutig identifizierbar** ist.

↓

Strafverfolgungsbehörden weltweit nutzen routinemäßig DNA-Analysen.

↓

DNA-Datenbanken sind ein schnell wachsendes Hilfsmittel: Sie speichern Millionen von Proben, deren Anwendungsmöglichkeiten stetig zunehmen.

↓

Es bleiben **Bedenken,** dass die DNA-Analyse nicht immer korrekt durchgeführt wird: Das **Potenzial für Missbrauch** ist offensichtlich.

Die Erstellung von DNA-Profilen war der größte Durchbruch in der Forensik seit der Identifizierung von Fingerabdrücken zu Beginn des 20. Jahrhunderts. Der Wert des DNA-Moleküls für die Forensik beruht auf der Tatsache, dass zwar 99,9 Prozent der DNA aller Menschen identisch sind, die 0,1 Prozent, die abweichen, aber einen einzigartigen genetischen Fingerabdruck liefern (außer bei eineiigen Zwillingen). DNA-Proben können aus Spucke, Haut, Blut, Haaren und einzelnen Zellen gewonnen werden. Dazu müssen aber Probenahme und Analyse sehr strikten Standards entsprechen.

Erstmals wurde DNA juristisch aber zum Beweis der Unschuld eingesetzt. 1986 wurde der lernbehinderte Jugendliche Richard

Siehe auch: INTERPOL 220–221 ▪ Die Allgemeine Erklärung der Menschenrechte 222–229 ▪ Die Europäische Menschenrechtskonvention 230–233 ▪ Das Internationale Übereinkommen gegen Doping im Sport 304

Der Genetiker Alec Jeffreys forschte von 1977 bis 2012 an der britischen Leicester University. Seine Arbeit wurde u. a. bei Vaterschaftsstreitigkeiten und der Strafverfolgung genutzt.

Buckland in Großbritannien wegen Vergewaltigung und Mord an der 15-jährigen Dawn Ashworth festgenommen. Der britische Genforscher Alec Jeffreys wurde auf den Fall aufmerksam. Er untersuchte die DNA aus der Samenflüssigkeit, die an Ashworths Körper gefunden wurde, und bewies, dass es nicht Bucklands war. Jeffreys zeigte zudem, dass der Mörder von Ashworth bereits drei Jahre zuvor ein weiteres Mädchen namens Lynda Mann ermordet hatte. Buckland wurde entlassen, und nach langen Ermittlungen konnte die DNA dem Serientäter Colin Pitchfork zugeschrieben werden, der daraufhin wegen zweifachen Mords zu lebenslanger Haft verurteilt wurde.

Fortschritte

Um die Vorteile der DNA-Analyse zu nutzen, bauten Strafverfolgungsbehörden weltweit Datenbanken auf, um Informationen zu speichern und zu teilen. In den USA startete das FBI 1998 sein Combined DNA Index System, das 2020 bereits an Tatorten gesammelte DNA-Profile von über 14 Millionen Tätern enthielt. Auch die britische National DNA Database enthielt 2020 bereits 6,5 Millionen DNA-Profile.

Bei der Analyse des genetischen Fingerabdrucks hat es enorme Fortschritte gegeben: Inzwischen können kleinste Proben schnell analysiert werden. Durch ihren Erfolg galt die DNA-Analyse zunächst als unfehlbar, aber menschliche Fehler führten zu diversen Justizirrtümern. So wurde 1998 der 16-jährige Josiah Sutton aus Houston, Texas, aufgrund einer DNA-Probe wegen Vergewaltigung zu 25 Jahren verurteilt. Später stellte sich heraus, dass die Probe im Labor verunreinigt wurde, und Sutton wurde rehabilitiert.

Schwächen

Je größer die Zahl der gespeicherten DNA-Proben ist, desto größer wird auch die Gefahr von Fehlern wie Datenfehler oder Untersuchungspannen. Ein Problem ist der »Sekundäre Transfer«, bei dem DNA indirekt auf eine Person oder ein Objekt übertragen wird. Zudem tragen die meisten Alltagsgegenstände winzige Spuren mehrerer Personen, was die Unterscheidung bei Personen im engen Kontakt fast unmöglich macht. Und so konstatierte ein britischer Regierungsbericht, dass unsere Fähigkeit zur DNA-Analyse unsere Fähigkeit zur Interpretation wohl übersteigt. ▪

» Menschen haben unrealistische Vorstellungen von der Bedeutung wissenschaftlicher Beweise, besonders wenn es um DNA geht. «

EUROFORGEN
(European Forensic Genetics Network of Excellence), 2017

Der Green River Killer

Der Fall des Serienmörders Gary Ridgway gilt als einer der schlimmsten in der Geschichte der USA und unterstrich die Bedeutung von DNA-Analysen. Ridgway vergewaltigte und ermordete im US-Staat Washington zwischen 1982 und seiner Festnahme 2001 mindestens 49 Frauen und legte seine Opfer im oder nahe des Green River ab. Die Polizei war ratlos.

2001 führten neue DNA-Analysetechniken zu einem entscheidenden Durchbruch bei den Ermittlungen. Man verglich DNA-Spuren, die man an einigen Opfern gefunden hatte, mit einer DNA-Probe, die man 1987 von Ridgway genommen hatte, als er als Verdächtiger vernommen, aber nicht beschuldigt worden war. Die DNA erwies sich als identisch. Ridgeway wurde für schuldig befunden und in 48 Fällen zu lebenslanger Haft verurteilt. Später behauptete er, sogar 80 Frauen ermordet zu haben. Die genaue Zahl wird vermutlich nie bekannt werden.

SCHUTZ FÜR DIE WACHSAMEN

DER WHISTLEBLOWER PROTECTION ACT (1989)

IM KONTEXT

SCHWERPUNKT
Arbeitsrecht

FRÜHER
1863 Der False Claims Act gegen Betrug durch Waffenhersteller im Bürgerkrieg ist vermutlich das erste Gesetz zum Schutz von Informanten.

1966 Der Freedom of Information Act macht Regierungshandeln der öffentlichen Kontrolle zugänglich.

SPÄTER
1998 Der britische Public Interest Disclosure Act schützt Informanten, wenn sie Informationen von öffentlichem Interesse offenlegen.

2010 Der Dodd Frank Act schließt den Schutz von Informanten in seine Regeln für Finanzinstitute ein.

2015 Bedenken nehmen zu, der Dodd Frank Act benachteilige kleinere Banken und Kreditgeber.

Angestellte, die in US-Behörden auf Fehlverhalten hinweisen, stehen seit 1989 unter dem Schutz des Whistleblower Protection Act. Das Gesetz schützt diese Informanten vor Vergeltungsmaßnahmen in Form von Herabstufung oder Suspendierung.

Obwohl die USA mit dieser Gesetzgebung führend in der Welt sind und das Gesetz 2012 durch den Whistleblower Protection Enhancement Act nochmals gestärkt wurde, hat sie bisher selten den erwünschten Erfolg gezeitigt. Der Schutz umfasst nicht die Immunität gegen Privatklagen, was viele Angestellte abschreckt.

> »Der Schutz von Angestellten, die illegales Handeln, Verschwendung und Korruption innerhalb der Regierung offenlegen, ist ein wichtiger Schritt in Richtung effektiverer Behörden.«
>
> **US Whistleblower Protection Act**

Das Urteil des US Supreme Court im Fall *Garcetti v. Ceballos* war entmutigend, da es selbst die verfassungsrechtlich garantierte Redefreiheit für Angestellte im öffentlichen Dienst, wie den stellvertretenden Bezirksstaatsanwalt aus Los Angeles Richard Caballos, für nicht anwendbar befand.

Das Gesetz von 1989 schloss ebenfalls Angestellte der Geheimdienste aus. Der Intelligence Community Whistleblower Protection Act (ICWPA) gab ihnen 1998 nur begrenzte Rechte. 2014 wurde das Gesetz ergänzt und bietet ihnen nun Immunität.

Der nach der Finanzkrise 2007 verabschiedete Dodd Frank Act sollte verhindern, dass Finanzinstitute überhöhte Risiken eingehen, und Kunden schützen. Es erwies sich als erfolgreich, da der Informant an den Entschädigungszahlungen beteiligt wird. ■

Siehe auch: Die Allgemeine Erklärung der Menschenrechte 222–229 ▪ Der Internationale Pakt über bürgerliche und politische Rechte 256–257 ▪ Megan's Law 285

WIR HABEN ZUSAMMEN GESIEGT, WIR WERDEN ZUSAMMEN SIEGEN

DER AMERICANS WITH DISABILITIES ACT (1990)

IM KONTEXT

SCHWERPUNKT
Gleichberechtigung

FRÜHER

1964 Der Civil Rights Act zielt auf ein Ende der Rassentrennung in den USA ab.

1965 Der Voting Rights Act verbietet Diskriminierung, die verhindert, dass manche amerikanische Bürger ihr Wahlrecht wahrnehmen.

1973 Der Rehabilitation Act verbietet die Diskriminierung von Menschen mit Behinderungen in allen staatlich geförderten Programmen der USA.

SPÄTER

1992 Die Equal Employment Opportunity Commission der USA beginnt mit der Durchsetzung des Arbeitsschutzes nach dem ADA.

2000 Die Gleichbehandlungsrahmenrichtlinie der EU umfasst auch den Schutz von behinderten Beschäftigten.

Der Americans with Disabilities Act (ADA) soll Menschen mit Behinderungen volle Bürger- und Menschenrechte garantieren. Die Regierung wollte erreichen, dass die Gesellschaft Menschen mit Behinderung ermutigt und befähigt, ihren Beitrag zur Gesellschaft ungehindert leisten zu können. Jeder Arbeitgeber mit mehr als 15 Angestellten hat die Bedürfnisse solcher Angestellter in angemessenem Umfang zu beachten, solange das für ihn keine unzumutbare Härte bedeutet.

Das Gesetz fordert auch, dass alle öffentlichen Gebäude und öffentlich zugänglichen Unternehmen wie Schulen, Hotels, Fitnessklubs und Geschäfte barrierefrei zugänglich sein müssen und Menschen mit Behinderungen nicht diskriminieren. Telekommunikation und öffentliche Verkehrsmittel müssen ähnliche Auflagen erfüllen. 2008 erweiterte der ADA Amendments Act das Gesetz auf eine größere Personengruppe.

Obwohl die Legislative der USA in Sachen Behindertenrechte ein Vorreiter ist, lässt die Praxis bisher sehr zu wünschen übrig. Viele kleine Unternehmen beschweren sich über die hohen Kosten der Umsetzung der Gesetze. 1990 waren 70 Prozent der schwerbehinderten US-Amerikaner arbeitslos. Bis 2010 hat sich der Anteil nicht geändert. Unternehmen, die den Vorschriften des ADA nicht Folge leisten, müssen über eine Verhaltensänderung hinaus keine weiteren Sanktionen fürchten. ■

Präsident George H. W. Bush unterzeichnete am 26. Juli 1990 den Americans with Disabilities Act, das erste umfassende Gesetz zum Schutz von Menschen mit Behinderungen.

Siehe auch: Die Allgemeine Erklärung der Menschenrechte 222–229 ▪ Die Europäische Menschenrechtskonvention 230–233 ▪ Der Civil Rights Act 248–253

EINE WELT OHNE CHEMIEWAFFEN

DIE CHEMIEWAFFENKONVENTION (1993)

IM KONTEXT

SCHWERPUNKT
Rüstungskontrolle

FRÜHER
1899, 1907 Die Haager Konventionen schlagen ein internationales Verbot von Chemiewaffen vor.

1925 Das Genfer Protokoll sieht weitreichendere Verbote vor, doch seine Wirkung bleibt begrenzt.

1975 Die Biowaffenkonvention tritt in Kraft.

1990 In einem Abkommen verpflichten sich USA und UdSSR, die Produktion neuer Chemiewaffen zu stoppen und ihre Chemiewaffenbestände zu vernichten.

SPÄTER
2013 In Syrien bricht Bürgerkrieg aus. Es kommt zu vielfachen Chemiewaffenangriffen. Bei einem Saringas-Angriff auf einen Vorort von Damaskus sterben 1400 Zivilisten.

Das Ziel der Chemiewaffenkonvention (CWK) ist das weltweite Verbot von Chemiewaffen. Sie wurde von der UN-Generalversammlung gebilligt und 1993 zur Unterzeichnung zur Verfügung gestellt. Bis 2020 wurde sie von 193 Ländern ratifiziert. Nur Ägypten, Südsudan und Nordkorea haben sie nicht unterzeichnet.

Verträge über das Verbot von Chemiewaffen haben eine lange Geschichte. Der erste wurde 1675 in Straßburg unterzeichnet, wo Frankreich und das Heilige Römische Reich sich auf das Verbot vergifteter Geschosse einigten. Nach der Konferenz von 1874 verbot die Brüsseler Deklaration über die Gesetze und Gebräuche des Krieges den Einsatz giftiger Waffen. Weitere Beschränkungen chemischer Waffen erfolgten bei den Haager Friedenskonferenzen 1899 und 1907.

Nach dem extensiven Einsatz chemischer Waffen im Ersten Weltkrieg wurde Deutschland im Friedensvertrag von Versailles der Gebrauch von Chemiewaffen verboten. Dann verbot das Genfer Protokoll 1925 allgemein den Gebrauch von Chemiewaffen, nicht aber ihre

Die **Chemiewaffenkonvention** (CWK) hat das Ziel, den **Einsatz von Chemiewaffen zu verbieten.**

Die CWK **verbietet jegliche Herstellung** und den **Einsatz** von Chemiewaffen.

Sie ordnet die **Zerstörung** bestehender Chemiewaffen und die **Stilllegung aller Produktionsstätten** an.

Die Unterzeichnerländer müssen **unabhängigen Prüfern** Zutritt gewähren, um die Zerstörung und Stilllegung **sicherzustellen.**

Siehe auch: Die Genfer Konventionen 152–155 ▪ Die Haager Konventionen 174–177 ▪ Die Vereinten Nationen und der Internationale Gerichtshof 212–219 ▪ Das Verbot von Kernwaffenversuchen 244–247 ▪ Die Ottawa-Konvention 288–289

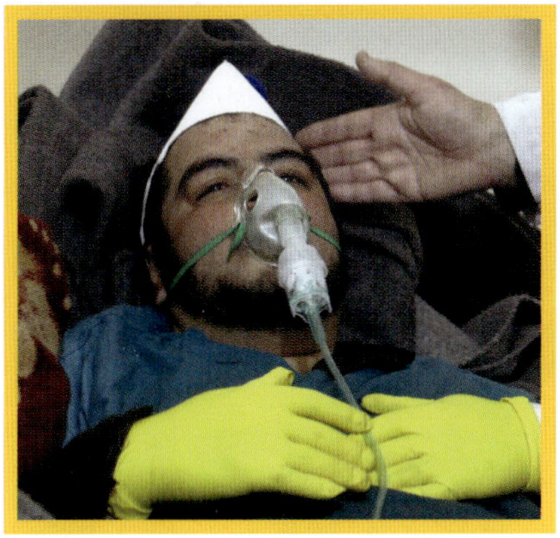

Ein Opfer eines Chemiewaffenangriffs in Syrien im April 2017. Syriens Präsident Bashar al-Assad beschuldigte Terroristen des Anschlags, doch vieles wies auf die syrische Armee hin.

Produktion. Japan setzte sie im Zweiten Japanisch-Chinesischen Krieg 1937–1945 häufig ein. Zu Beginn des Zweiten Weltkrieges hatten sowohl Deutschland als auch die Alliierten große Mengen Chemiewaffen angehäuft, nutzten sie aber, vor allem aus Angst vor Vergeltung, nur selten.

Internationale Abkommen

1975 trat nach mehrjähriger Vorbereitung die Biowaffenkonvention in Kraft. Sie war der erste multilaterale Abrüstungsvertrag zum Verbot der Herstellung einer ganzen Waffenkategorie, doch ohne Möglichkeiten, ihre Einhaltung zu überprüfen, blieb ihr Wirkungsgrad begrenzt.

Echter Fortschritt kam erst 1985 durch das Auftauen des Verhältnisses zwischen den USA und der Sowjetunion. Bis 1990 hatten sie sich verständigt, die Produktion einzustellen und Bestände zu vernichten. Das ebnete 1993 den Weg für ein internationales Abkommen.

Bestimmungen

Die Bestimmungen der CWK waren eindeutig: Jeder Unterzeichner stimmte zu, keine neuen Chemiewaffen zu produzieren, Bestände zu vernichten und verbindliche Inspektionen durch die Organisation für das Verbot chemischer Waffen (OPCW) zuzulassen, falls nötig auch mit nur zwölf Stunden Vorankündigung. 2007 setzte Albanien die Konvention als erstes Land vollständig um. 2018 waren 97 Prozent des deklarierten Waffenbestands der Unterzeichnerstaaten nachweislich zerstört. Die Umsetzung des Verbots ist allerdings schwer überprüfbar. Syrien etwa unterzeichnete die CWK 2013 und behauptete, all seine Chemiewaffen zerstört zu haben. Im Syrienkrieg wird aber immer wieder von Chemiewaffenangriffen durch die syrische Armee berichtet, auch wenn der Staat diese abstreitet. ▪

> » Der Gebrauch von erstickenden, giftigen oder ähnlichen Gasen sowie von allen derartigen Flüssigkeiten, Stoffen oder Verfahrensarten im Kriege [ist] mit Recht verurteilt worden. «
>
> **Genfer Protokoll, 1925**

Iraks Chemiewaffen

Der 1941 geborene Ali Hasan al-Madschid, in den Medien auch »Chemie-Ali« genannt, war der Cousin des irakischen Diktators Saddam Hussein. In den 1980er- und 1990er-Jahren hatte er einige der wichtigsten Regierungsposten inne. In den späteren Phasen des Ersten Golfkrieges (1980–1988) war er Gouverneur der von Kurden bewohnten Nordprovinzen.

Der Irak hatte bereits seit 1980 Chemiewaffen gegen iranische Truppen eingesetzt, aber 1987–1988 autorisierte al-Madschid ihren Einsatz gegen kurdische Zivilisten. Die Anfal-Operation, der Völkermord an den Kurden, hat vermutlich bis zu 180000 Opfer gefordert. Am 16. März 1988 warfen irakische Flugzeuge Kanister mit Senfgas und Sarin auf die Stadt Halabdscha, wodurch mindestens 5000 Menschen getötet und Tausende verletzt wurden. Al-Madschid wurde 2003 vom US-Militär festgenommen und nach langer Verhandlung 2010 hingerichtet.

Ali Hasan al-Madschid gab 1987/88 den Befehl, tödliche Chemiewaffen gegen die kurdische Bevölkerung im Nordirak einzusetzen.

FREIER HANDEL ZUM NUTZEN ALLER

DIE WELTHANDELSORGANISATION (1995)

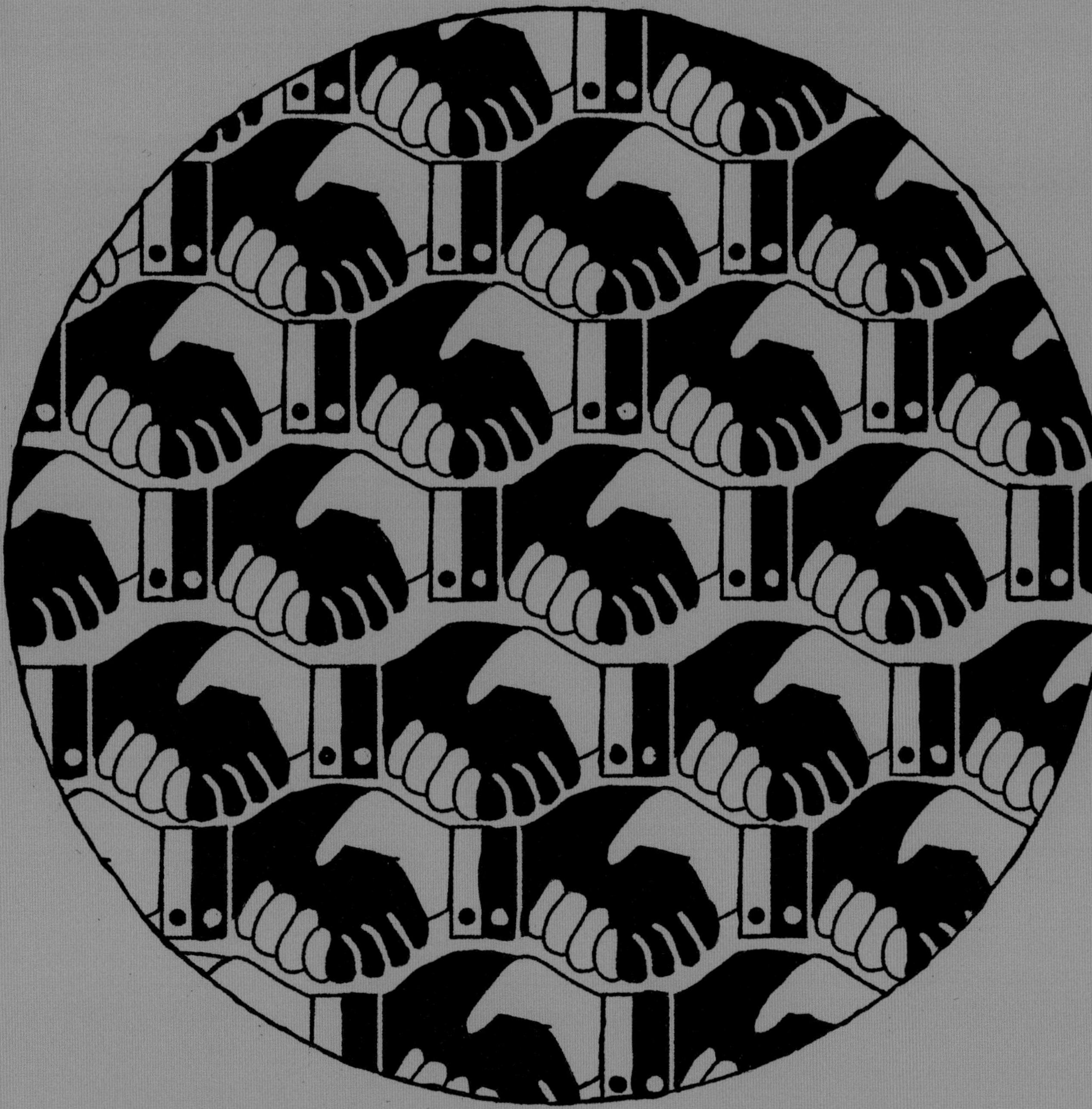

IM KONTEXT

SCHWERPUNKT
Internationaler Freihandel

FRÜHER
1929–1939 Die Weltwirtschaftskrise bringt globale Massenarbeitslosigkeit.

1947 Das Allgemeine Zoll- und Handelsabkommen (GATT) wird mit 23 Ländern als Gründungsmitgliedern gegründet.

1986 Die extrem schwierige Uruguay-Runde des GATT-Abkommens beginnt.

SPÄTER
1999 Bei der WTO-Konferenz in Seattle kommt es zu gewaltsamen Protesten.

2001 Die Doha Development Agenda versucht, weitere Handelserleichterungen einzuführen, macht aber wenig Fortschritt.

2015 Die WTO bricht die Doha-Verhandlungen ab.

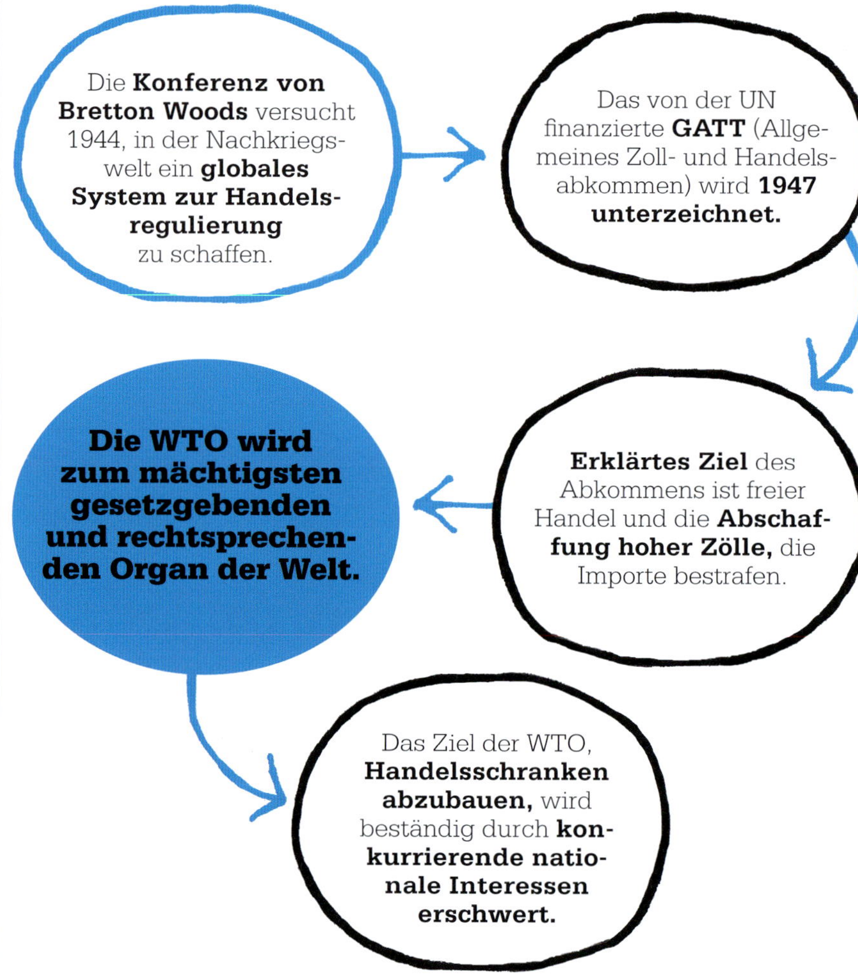

Die Gründung der Welthandelsorganisation (WTO) 1995 ist vermutlich das zukunftsweisendste internationale Abkommen. Es entstand aus dem Allgemeinen Zoll- und Handelsabkommen (GATT), das von den Vereinten Nationen 1947 eingerichtet wurde. Das gemeinsame Ethos von GATT wie WTO war und ist: freier, auf gleichberechtigten und transparenten Bedingungen basierender Handel zwischen Nationen. Dies war im Grunde eine Fortschreibung der Gedanken des schottischen Ökonomen Adam Smith, der im 18. Jahrhundert schrieb, dass aufgeklärtes Eigeninteresse und individueller Handel der sicherste Weg zu mehr Wohlstand seien.

Nach Ende des Zweiten Weltkrieges schien die Zeit reif zur Verwirklichung dieses Traums. Für US-Präsident Franklin D. Roosevelt, den britischen Ökonomen John Maynard Keynes und andere bestand die größte Lehre der 1930er-Jahre darin, dass hohe Importzölle die internationalen Beziehungen destabilisieren, ohne die Weltwirtschaft zu verbessern. Für sie förderte freier Handel Wohlstand und Frieden, und zu diesem Zweck gründete die Konferenz in Bretton Woods 1944 den Internationalen Währungsfonds (IWF) und die Weltbank, um die globale Finanzstabilität zu sichern und Regierungen und Nationen mit Krediten unter die Arme zu greifen. Man einigte sich auch auf ein System zur Regulierung der Handelsregeln. GATT folgte drei Jahre später, gesponsert von der neu geschaffenen UN.

Interessensausgleich

Der auf den Zweiten Weltkrieg folgende Kalte Krieg öffnete eine scheinbar unüberbrückbare Kluft zwischen den beiden Supermächten USA und Sowjetunion, verschärft

Siehe auch: Der Sherman Antitrust Act 170–173 ▪ Die Federal Trade Commission 184–185 ▪ Der WIPO-Urheberrechtsvertrag 286–287

Afrikas Handel erlebte 2019 durch die Gründung der African Continental Free Trade Area (AfCFTA) einen Schub, die zollfreien Handel zwischen fast allen Nationen des Kontinents ermöglichte.

durch das anscheinend ausweglose Wettrüsten. Gleichzeitig machte der wachsende Graben zwischen den sogenannten Erst- und Drittweltstaaten, den ökonomisch »entwickelten« und den »Entwicklungsländern«, die Hoffnung, eine Art gemeinsamer Handelsbasis zu etablieren, noch unwahrscheinlicher. Das Problem waren nicht nur die vielen verschiedenen, unvereinbar scheinenden Interessen, sondern auch die weit auseinandergehenden nationalen Interessen und hochtrabenden Ansprüche. Dieser Widerspruch wurde nie wirklich aufgelöst.

Die multilateralen Verhandlungen, die zur Gründung der WTO führten, wurden als Uruguay-Runde bekannt, da sie in Punta del Este in Uruguay begannen. Sie fanden 1986–1993 im Rahmen des GATT statt, an dem 123 Nationen teilnahmen. Die Handelsgespräche gestalteten sich komplex und zäh. China etwa trat der WTO erst 2001 nach 15 Jahren der Verhandlungen bei. Dennoch zählte die WTO 2020 164 Mitgliedsstaaten, die für insgesamt 98 Prozent des Welthandels verantwortlich zeichnen.

WTO-Mechanismen

Das erklärte Ziel der WTO ist ein möglichst reibungsloser, stabiler und freier Handel. Sie strebt danach, protektionistische Importzölle abzuschaffen, um stabile Handelsbedingungen zu schaffen, die »

> »Die WTO hat eine der beeindruckendsten Geschichten globaler wirtschaftspolitischer Steuerung.«
>
> **Anna Lindh**
> Schwedische Politikerin
> (1957–2003)

Seattle 1999

Interne Auseinandersetzungen sind in der WTO nicht selten und drehen sich oft um komplexe wirtschaftspolitische Fragen. Ende der 1990er-Jahre formierte sich Protest gegen Organisationen, die ausbeuterische, kapitalistische Interessen und die Globalisierung förderten, wie den IMF, die Weltbank und die WTO. Bei der Ministerkonferenz der WTO in Seattle 1999 erreichte der Protest eine neue Intensität. Über 50 000 Demonstranten kamen in die Stadt und protestierten gegen Umweltzerstörung, billige Importe, fehlende demokratische Legitimation, schlechten Arbeitsschutz und grundsätzlich gegen den Kapitalismus. Die friedlichen Proteste schlugen in Gewalt um, die durch das plumpe Einschreiten der Polizei noch befördert wurde. Eine neue Form des disruptiven Bürgerprotests war geboren, aus dem unter anderem die Occupy-Bewegung und Extinction Rebellion hervorgingen.

Der »Battle of Seattle« am 30. November und 1. Dezember 1999 lenkte die Aufmerksamkeit auf die Folgen der Globalisierung.

Der Aufbau der Welthandelsorganisation (WTO)

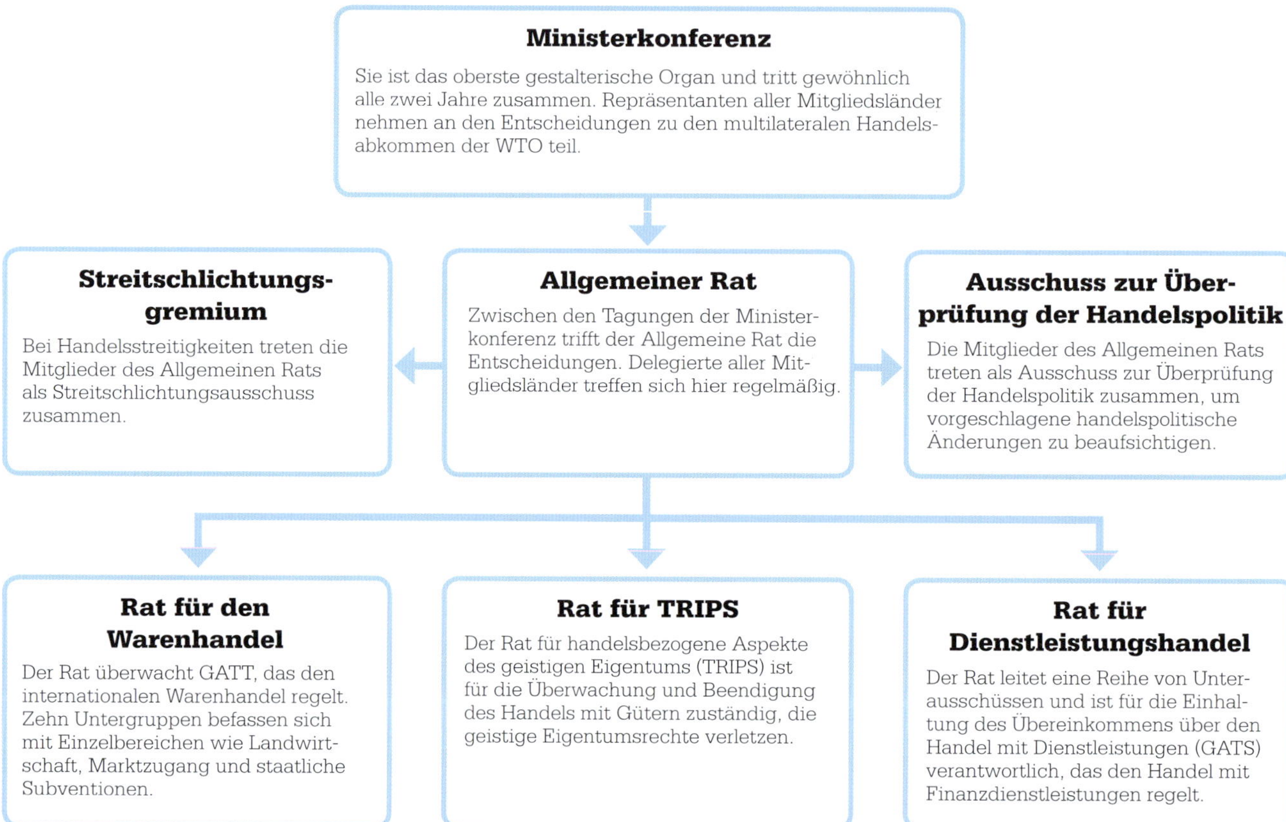

Investitionen und die Schaffung von Arbeitsplätzen begünstigen. Dies soll die Wirtschaft der Entwicklungsländer stützen und sie aus der Armut führen, sodass sie mit den entwickelten Ländern in den Wettbewerb treten können.

Die WTO koordiniert ihre Bemühungen mit dem IWF und der Weltbank und verhängt Sanktionen gegen Länder, die gegen ihre Regeln verstoßen. Grundsätzlich alle zwei Jahre trifft sich die Ministerkonferenz, um Entscheidungen von großer Tragweite zu treffen. Die Ausschüsse zur Überwachung des Handels mit Gütern und Dienstleistungen und des strittigen Themas des Urheberrechts treffen sich häufiger. Details der Handelspolitik werden in Unterausschüssen ausgehandelt. 1995 wurde das WTO-Berufungsgremium, ein unabhängiger Ausschuss aus sieben Handelsrechtsexperten, eingerichtet. Er überprüft Entscheide des Streitschlichtungsgremiums und kann sie auch aufheben.

Vielfältige Kritik

Die WTO ist schwerfällig, da sie viele, oft gegensätzliche Interessen abwägen muss. Kritiker werfen ihr vor, nur die Interessen ihrer mächtigsten Mitglieder zu vertreten. Sie stellen die Transparenz der WTO-Entscheidungen infrage und sagen, sie unterdrücke die Entwicklungsländer. Ständiger Kritikpunkt ist, dass die WTO durch den Schutz geistigen Eigentums vor allem die ärmeren Länder von wirksamen, aber teuren Medikamenten abschneidet. So haben große Pharmakonzerne, die etwa »patentierte« Original-HIV-Medikamente entwickelt haben, gleich wirksame Generika von vielen Märkten der Entwicklungsländer verdrängt. In diesen Fällen scheinen Profite und Aktionärsgewinne wichtiger zu sein als das Wohl von Kranken.

Ein weiterer Kritikpunkt beanstandet, dass große Handelsblöcke ihre ökonomische Macht genutzt haben, um höhere Zölle durchzusetzen, als sie anderen

» Um der WTO beizutreten, müssen Länder [...] die Rechtsstaatlichkeit akzeptieren, Korruption bekämpfen und offen, verantwortlich und demokratisch werden. «

Richard Haass
US-Diplomat, Juli 2018

Ländern genehmigt werden. Beispielsweise werden Agrarimporte in die EU mit durchschnittlich 11,5 Prozent Zoll belegt. Nach exakt denselben Regeln konnte aber Russland nie höhere Zölle als 6,5 Prozent durchsetzen. Landwirte in der EU genießen also von der WTO sanktionierten Schutz in einem Maß, das ihren Berufsgenossen in Russland verwehrt bleibt.

Jede internationale Organisation ist anfällig für Manipulation durch ihre mächtigsten Mitglieder. Alle WTO-Mitglieder bzw. Mitgliedsblöcke, wie EU, ASEAN (Verband Südostasiatischer Nationen) oder Mercosur (der gemeinsame Markt Südamerikas), müssen vereinbarte Pläne mit der WTO einhalten, die ihre Zölle, Quoten und Fördermittel deutlich aufführen. Diese werden dann von der WTO bewilligt. Es ist aber auch möglich, ohne diese Art der Zertifizierung Handel zu treiben. So sind die Pläne der EU beispielsweise seit 2004 nicht zertifiziert.

Obwohl die WTO bei Zoll- und Subventionsstreitigkeiten die Schiedsgewalt hat, bedarf die Konfliktlösung eines einstimmigen Entscheids aller 164 WTO-Mitgliedsstaaten, und es gibt keine Möglichkeit zu überprüfen, wie diese Entscheide zustande kommen. So kann die WTO kaum beanspruchen, demokratisch zu sein. Dennoch ist die Zahl der Handelsstreitigkeiten in der WTO seit den 1990er-Jahren stetig zurückgegangen. Waren es 1997 noch 50, zählte man 2017 nur noch 18. Das lässt vermuten, dass sich die meisten Probleme mit der Zeit unter WTO-Gerichtsbarkeit lösen lassen. Dies lässt hoffen, dass sich auch unter der WTO fairer Handel durchsetzen kann.

Aufgezwungenes Ideal?

Der Wunsch nach multilateralen Handelsabkommen wird immer hinter nationalen Interessen zurückstehen. Alle Nationen versuchen, WTO-Regeln zu ihrem Vorteil zu beugen. Die USA verübeln es anderen Ländern oder Blöcken seit Langem, wenn sie der WTO günstige Handelsbedingungen abtrotzen, obwohl sie genau dasselbe tun. Kritiker der WTO sagen daher, sie sei nur ein weiteres Mittel der Wirtschaftsmächte, ihre Vorstellungen durchzusetzen. Als Donald Trump die WTO 2018 ein Desaster nannte und mit dem Ausstieg drohte, war dies der erste Schritt zu hochriskanten Verhandlungen. Seine Regierung hatte gerade erst Importe aus China mit Zöllen belegt, worauf China ebenfalls Zölle verhängte.

GATT wurde aus dem Wunsch nach einer anderen, neuen Welt geboren. Die WTO ist sein direkter Nachfolger. Sie mag problematisch sein, hat aber auch größeren Wohlstand in der Welt und fairen und freien Handel gefördert. Wenn sie auch schwerfällig ist, so bleibt ihre Vision doch optimistisch. ■

» Wenn uns die letzten 25 Jahre eines über die WTO gelehrt haben, dann dass diese Organisation robust und tatkräftig ist. «

Roberto Azevêdo
Generaldirektor der WTO, 2020

Ex-US-Präsident Donald Trump und sein chinesischer Amtskollege Xi Jinping reichen sich nach Gesprächen 2017 die Hände. Im Jahr darauf kam es zum Handelsstreit.

WANN BEGINNT DAS LEBEN?

DAS DICKEY-WICKER AMENDMENT (1996)

IM KONTEXT

SCHWERPUNKT
Familienrecht

FRÜHER
1976 Das Hyde Amendment verbietet in den USA Bundesmittel für Abtreibungen, außer in medizinischen Notfällen.

1978 In Großbritannien wird Louise Brown, das erste »Retortenbaby«, geboren.

1979 Ein amerikanischer Ethikausschuss empfiehlt die Embryonenforschung als Lösung bei Unfruchtbarkeit, wird aber ignoriert.

SPÄTER
2009 US-Präsident Obama streicht per Verfügung das Verbot von Bundesmitteln für die Stammzellenforschung.

2011 Das Berufungsgericht für den District of Columbia Circuit bestätigt Obamas Verfügung unter Vorbehalt. Die maßgeblichen Regeln des Dickey-Wicker Amendments bleiben in Kraft.

Das Dickey-Wicker Amendment untersagt seit 1996 die Verwendung von Bundesmitteln zur Erzeugung menschlicher Embryos zu Forschungszwecken sowie für Forschung, in der Embryos zerstört oder verletzt werden. Das Gesetz wurde bereits 1995 vom Bewilligungsausschuss des Kongresses angenommen, noch bevor es 1996 im Kongress zur Abstimmung vorgestellt wurde.

Das Gesetz untersagte lediglich die Finanzierung der Embryonenforschung mit Bundesmitteln, nicht aber die Forschung selbst, und berührt den Kern der ethischen Fragen, die auch die Abtreibungsdebatte befeuern. An welchem Punkt beginnt das menschliche Leben, und wie soll man es schützen? Die Arbeit mit menschlichen Föten eröffnete der Forschung in den 1970er-Jahren ganz neue Horizonte. Sie erlaubte unfruchtbaren Paaren die Fortpflanzung und ermöglichte die Entwicklung von Stammzellentherapien für schwere Krankheiten. Sie war aber auch immer umstritten.

> » Der Kongress erlässt häufig Gesetze, ohne die Folgen seiner Erlasse in Gänze zu erfassen. «
>
> **Cathryn Smeyers**
> Oncofertility Consortium, 2013

2009 wurden die Bestimmungen des Dickey-Wicker Amendments teilweise von Präsident Barack Obama aufgeweicht, und 2011 gestand der Court of Appeals ein, dass es »zweideutig« sei und nicht die Finanzierung der Forschung an embryonalen Stammzellen untersagte. Die Wissenschaft steht in Opposition zum Amendment und argumentiert, dass lebenswichtige Forschung durch ein obsoletes Gesetz fachlich unqualifizierter Politiker behindert werde. ■

Siehe auch: Die Allgemeine Erklärung der Menschenrechte 222–229 ▪ Die Europäische Menschenrechtskonvention 230–233 ▪ *Roe v. Wade* 260–263

ELTERN SOLLTEN DAS RECHT ZU WISSEN HABEN

MEGAN'S LAW (1996)

IM KONTEXT

SCHWERPUNKT
Strafrecht

FRÜHER
1947 Kalifornien erfasst als erster Bundesstaat Sexualstraftäter in einem Register.

1994 Der Jacob Wetterling Crimes Against Children and Sexually Violent Offender Registration Act wird erlassen.

SPÄTER
1996 Mit dem Pam Lychner Sexual Offender Tracking and Identification Act wird eine Bundesdatenbank der Sexualstraftäter eingerichtet.

2006 Der Adam Walsh Child Protection and Safety Act nennt neue Bedingungen für die Meldepflicht von Straftätern gegenüber den Behörden.

2016 Das US-amerikanische International Megan's Law verfügt eine Kennzeichnung registrierter Sexualstraftäter im Reisepass.

Megan's Law ist ein amerikanisches Bundesgesetz, nach dem Behörden Informationen über registrierte Sexualstraftäter veröffentlichen müssen. Es ist ein Zusatz zum Jacob Wetterling Act von 1994, der die Einrichtung öffentlicher Register von verurteilten Sexualstraftätern und Kinderschändern verfügte. Die Bundesstaaten können entscheiden, wie viele Informationen sie über welches Medium veröffentlichen.

Das neue Gesetz entstand in der Folge der Vergewaltigung und Ermordung der siebenjährigen Megan Kanka 1994 in New Jersey. Der Täter, der 33-jährige Jesse Timmendequas, der bereits zweifach wegen Sexualverbrechen an Kindern zu sechs Jahren Haft verurteilt worden war, war ein Nachbar des Opfers. Megans Eltern starteten eine Kampagne für die routinemäßige Information von Gemeinden über Sexualstraftäter; denn hätten sie von Timmendequas Vorgeschichte gewusst, hätten sie ihre Tochter vor ihm beschützt. Monate nach dem Mord erließ New Jersey Megan's Law, das zwei Jahre später zur Vorlage für das gleichnamige Bundesgesetz wurde.

Niemand hat je die gute Absicht hinter Megan's Law bezweifelt, aber es hat nicht zu weniger Straftaten beigetragen und wurde als Verletzung des im 4. Verfassungszusatz verankerten Rechts auf Privatsphäre betrachtet. Zudem hat es verschiedentlich zur Selbstjustiz gegen verurteilte Sexualstraftäter durch Privatpersonen geführt. ■

US-Präsident Bill Clinton unterzeichnet in Anwesenheit von Megans Mutter und Bruder Megan's Law. Daneben der Abgeordnete aus New Jersey, Dick Zimmer, und der TV-Moderator John Walsh.

Siehe auch: Die Verfassung und die Bill of Rights der USA 110–117 ▪ Die Allgemeine Erklärung der Menschenrechte 222–229 ▪ Die Europäische Menschenrechtskonvention 230–233

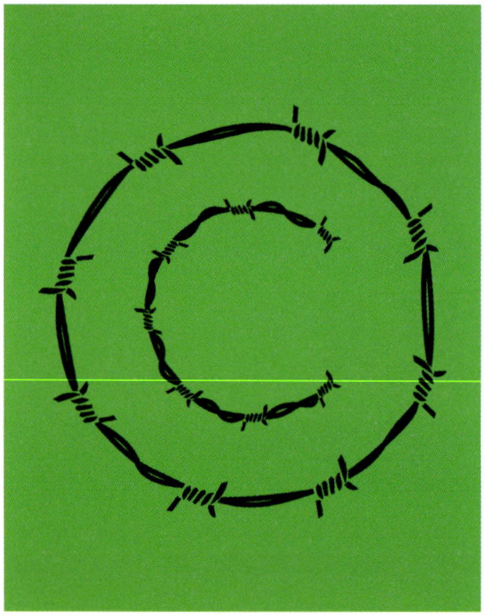

KREATIVITÄT IST DAS FELD, URHEBERRECHT DER ZAUN

DER WIPO-URHEBERRECHTSVERTRAG (1996)

IM KONTEXT

SCHWERPUNKT
Urheberrecht

FRÜHER
1886 Die Unterzeichner der Berner Übereinkunft wollen internationales Urheberrecht respektieren.

1909 Der Copyright Act krempelt in den USA den Urheberschutz für Autoren um.

1988 Der britische Copyright, Designs, and Patent Act tritt in Kraft.

SPÄTER
2016 Google alleine erhält jährlich mehr als 900 Mio. Löschungsanträge.

2018 Der amerikanische Music Modernization Act erweitert Urheberschutz und Tantiemenanspruch auf das Streaming von Musikstücken.

2019 Die EU-Richtlinie über das Urheberrecht verpflichtet ISPs zum Kampf gegen Urheberrechtsverletzungen.

Die Berner Übereinkunft von 1886 war der erste Versuch, das Urheberrecht international zu regeln. Anfangs traten ihm nur zehn Länder bei, aber heute hat es unter der Ägide der Weltorganisation für geistiges Eigentum (WIPO) 178 Unterzeichnerstaaten.

Das erste Urheberrechtsgesetz war das Statute of Anne des britischen Parlaments von 1710, das aber nur im Land selber galt. Die Berner Übereinkunft erweiterte den Urheberrechtsschutz auf Autoren und Künstler in einer stetig wachsenden Zahl von Ländern und erkannte nicht nur ihr Eigentum an ihren Werken an, sondern gestand ihnen auch den Hauptanteil an den Früchten ihrer Arbeit zu. Die Übereinkunft bestätigte auch, dass das Urheberrecht nicht angemeldet werden

Internetprovider (ISPs) stellen Kunst, Musik, Filme, Fotos, Artikel und Bücher online zur Verfügung.

Diese Online-Inhalte verstoßen oft gegen das Urheberrecht, sodass die **Urheber** finanziell **leer ausgehen.**

Der **WCT** weitet die Berner Übereinkunft auf digitale Inhalte aus, und der **Music Modernization Act** deckt **Musik-Streams** ab.

Auch mit Gesetzen bleibt die **Durchsetzung der Urheberrechte** im Internet **problematisch.**

Siehe auch: Das Statute of Anne 106–107 ▪ Die Allgemeine Erklärung der Menschenrechte 222–229 ▪ Die Europäische Erklärung der Menschenrechte 230–233 ▪ *Google Spain v. AEPD and Mario Costeja González* 308–309 ▪ Die Open Internet Order 310–313

Dieser Cartoon des amerikanischen *Puck*-Magazins von 1886, dem Jahr der Berner Übereinkunft zum Schutz des Urheberrechts, karikiert den »Piraten-Verleger«, der das Recht mit Füßen tritt.

müsse, sondern automatisch gelte. Sie wurde mehrfach aktualisiert, so kam man 1908 überein, dass der Urheberschutz noch 50 Jahre (später 70 Jahre) nach dem Tod des Urhebers wirksam sein solle.

Eine digitale Welt

Seit den 1990er-Jahren gibt es ein exponentielles Wachstum digitaler Medien, die Musik, Bücher, Zeitschriften, Fotografien, Filme und Kunst online verfügbar machen. Je leichter es war, Inhalte zu kopieren, desto schwerer war ihre Herkunft nachweisbar. Künstler, Autoren und andere fanden ihre Werke immer häufiger ohne Urhebernennung und ohne Hoffnung auf Tantiemen im Internet wieder. Die große Herausforderung für die Gesetzgeber war die Umsetzung der Berner Übereinkunft in der digitalen Welt.

1996 entwarf daher eine Konferenz der Weltorganisation für geistiges Eigentum den WIPO-Urheberrechtsvertrag (WCT), der sechs Jahre später in Kraft trat. Der WCT betonte die Bedeutung des Urheberrechtsschutzes für die Förderung kreativer Arbeit. Warum sollte jemand etwas erschaffen wollen, wenn andere es dann kopieren und als das Werk eines anderen ausgeben können?

Es bedurfte dringend eines Schutzes kreativer Inhalte. Der amerikanischen Chamber of Commerce zufolge kosteten alleine die Raubkopien von Videos die US-Wirtschaft 2018 fast 30 Millionen Dollar, zusätzlich zum Verlust von 560 000 Arbeitsplätzen in der Film- und Fernsehbranche. Das Gesetz schützt auch Industriedesign und war neben Patent- und Markengesetzen eine Waffe im Kampf gegen Produktfälschungen. Der globale Handel mit gefälschten Waren hatte 2016 laut der Organisation für wirtschaftliche Zusammenarbeit und Entwicklung OECD ein Volumen von 509 Milliarden Dollar.

Es folgten noch weitere Urheberrechtsgesetze, wie der Digital Millennium Copyright Act von 1998, der die Strafen für Urheberrechtsverstöße im Internet erhöhte, und der Music Modernization Act von 2018 (beide USA), der Urheberrecht und Tantiemen von Künstlern im Onlinestreaming schützt.

Doch auch gut gemeinte legale Werkzeuge können den Schutz des digitalen Urheberrechts nur unzureichend gewährleisten. ■

Kim Dotcom

Kim Dotcom, 1974 als Kim Schmitz geboren, ist ein Internetunternehmer, der sich die nahezu grenzenlosen Möglichkeiten des Internets zunutze machte. Nach einigen lukrativen Gaunereien in Deutschland zog er nach Hongkong, wo er 2005 die File Sharing Website Megaupload gründete. Zu ihrer Hochzeit war die Website für vier Prozent des Datenverkehrs im Internet verantwortlich. Jeder konnte sich registrieren und Inhalt heraufladen. So entstand ein riesiges Reservoir an illegalen Inhalten, und Dotcom profitierte von den Werbeeinnahmen, von denen er Autos, Häuser, Flugzeuge und Jachten kaufte.

Seine Glückssträhne endete 2012 mit seiner Festnahme in Neuseeland, nachdem die USA ihn unter anderem wegen Urheberrechtsverstößen und Geldwäsche angeklagt hatten. Er bestreitet alle Vorwürfe. Im November 2020 versuchte er immer noch, seine Auslieferung in die USA zu verhindern.

DIE LANDMINE WEISS NICHTS VOM FRIEDEN

DIE OTTAWA-KONVENTION (1997)

IM KONTEXT

SCHWERPUNKT
Rüstungskontrolle

FRÜHER
1992 Die Internationale Kampagne für das Verbot von Landminen (ICBL) wird gegründet.

1995 Belgien verbietet weltweit als erstes Land Landminen.

1996 Bei einer Konferenz im kanadischen Ottawa stimmen 75 Länder provisorisch einem Verbot von Landminen zu.

SPÄTER
1998 Die ICBL veröffentlicht erstmals den Landminen-Monitor.

2010 Die Streubomben-Konvention (CCM) tritt in Kraft. Seit 2020 haben sich 121 Staaten ihren Zielen verpflichtet.

2016 Die Anzahl der Opfer von Landminen steigt aufgrund anhaltender Konflikte um 150 Prozent.

Zu Beginn der 1990er-Jahre waren weltweit geschätzte 110 Millionen Antipersonenminen (APL) im Boden vergraben. Die meisten waren das Erbe früherer Konflikte in Afrika, dem Nahen Osten und Südostasien. Wenn Menschen versehentlich auf sie traten, verursachten sie fürchterliche Verletzungen oder töteten direkt. Die genaue Zahl der Opfer ist unbekannt, aber bis zu 25 000 Menschen wurden alljährlich von Landminen verletzt oder getötet, während sie ihre Tiere hüteten oder Feuerholz sammelten. Aber die direkt Betroffenen waren nicht die einzigen Opfer, denn auch die Familien, die ihren Hauptverdiener verloren, litten unter den Folgen. In Kriegsgebieten in aller Welt wurden Unmengen dieser Waffen eingesetzt, da sie einfach zu verteilen und billig waren. Andererseits ist ihre Räumung gefährlich und teuer. Die Räumung einer 3-Dollar-APL (2,50 Euro) kann bis zu 1000 Dollar (830 Euro) kosten. Dies war eine drängende und wachsende humanitäre Krise.

Die Ottawa-Konvention

Die Lösung kam mit dem Vertrag zum Verbot von Antipersonenminen (der Ottawa-Konvention), auf den sich im Dezember 1997 in Ottawa, Kanada, 122 Länder einigten und der im März 1999 in Kraft trat. Bis 2020 war die Zahl der Unterzeichnerländer auf 164 gestiegen. Alle verpflichten sich, APLs nicht länger zu produzieren oder einzusetzen, ihre Bestände innerhalb von vier Jahren nach Unterzeichnung zu vernichten und alle Minenfelder unter ihrer Jurisdiktion und Kontrolle innerhalb von zehn Jahren zu räumen. Die Konvention fördert internationale Zusammenarbeit bei der Minenräumung und

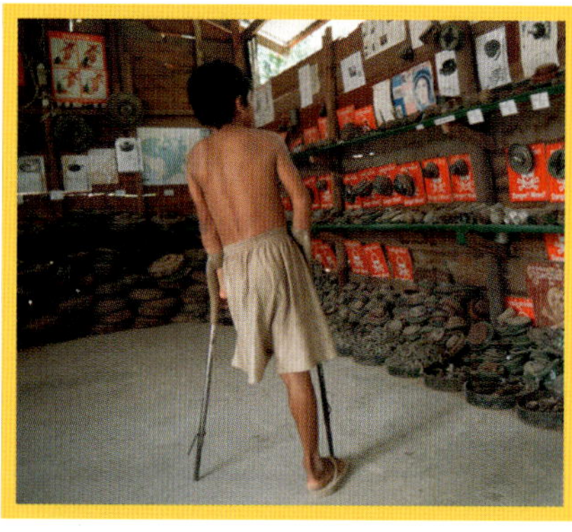

Die meisten Opfer (71 Prozent) von Minen sind Zivilisten, davon sind etwa die Hälfte Kinder. Die Verletzungen können für Erwachsene verheerend sein und sind für Kinder meist tödlich.

Siehe auch: Die Genfer Konventionen 152–155 ▪ Die Allgemeine Erklärung der Menschenrechte 222–229 ▪ Die Chemiewaffenkonvention 276–277

Nicht detonierte Waffen jeglicher Art sind bis heute ein **Erbe des Zweiten Weltkrieges.**

In späteren Kriegen, vor allem in Afrika und Asien, wurden verbreitet **billige Landminen** eingesetzt.

Mit **steigenden Opferzahlen** nehmen auch die Rufe nach **Verbot und Vernichtung der Landminen** zu.

Russland, China und die USA unterstützen das Verbot, ohne aber die **Ottawa-Konvention zu unterzeichnen.**

Es zeichnet sich ein Konsens ab, dass die Zerstörung von Landminen ein humanitäres Gut ist.

medizinischen Versorgung. Die Ergebnisse sind durchaus ermutigend: Bis 2014 wurden 70 Millionen APLs geräumt und über 4000 km² von Minen befreit. Die Zahl der von Minen Getöteten oder Verletzten fiel geschätzt um zwei Drittel, dennoch gab es zwischen 1999 und 2018 weiter über 130 000 Opfer. Und weiterhin wurden 2018 täglich mehr als 20 Zivilisten von Landminen oder ähnlichen Waffen getötet oder verletzt.

Nicht-Unterzeichner

Zwei Drittel aller Nationen verweigern bisher die Unterschrift, darunter auch die USA, China und Russland, die alle ständige Mitglieder im UN-Sicherheitsrat sind. Weitere namhafte Nicht-Unterzeichner sind Indien, Iran, Syrien und Libyen. Die Gründe hierfür sind vielfältig. Die USA haben beispielsweise seit 1997 keine APLs mehr produziert und fast 2 Milliarden Dollar für Minenräumprogramme gespendet, bestehen aber darauf, APLs seien zum Schutz Südkoreas gegenüber Nordkorea erforderlich. 2014 verpflichteten sie sich, solche Waffen außer zum Schutz Südkoreas nicht mehr einzusetzen. 2020 hob Präsident Trump allerdings die Beschränkungen zum Einsatz von ALPs mit dem Argument auf, das Verbot würde US-Truppen »schwer benachteiligen«. ▪

» Zivilisten sollten nicht durch Waffen getötet oder verstümmelt werden, die blind und sinnlos zuschlagen. «

Arms Control Association

Der Diana-Effekt

Einige berühmte Persönlichkeiten setzen sich für den Kampf gegen APLs ein, darunter auch der britische Schauspieler Daniel Craig als UN-Sonderbotschafter gegen Landminen. Aber keiner hat je die öffentliche Meinung stärker beeinflusst als Prinzessin Diana. Im Januar 1997, noch bevor die Ottawa-Konvention beschlossen wurde, besuchte sie als Schirmherrin des HALO Trust (der größten Hilfsorganisation für Minenräumung) und als Gast des Internationalen Roten Kreuzes ein Minenfeld in Angola, nur eines von Hunderten, die während des Bürgerkrieges gelegt worden waren. Medien weltweit berichteten von Dianas Mitleid und Einsatz für die Opfer von Angolas Landminen und lösten einen Sturm der Entrüstung aus, was das Verbot der Waffen förderte. Anfang August 1997, drei Wochen vor ihrem Tod, traf Diana Landminenopfer in Bosnien-Herzegowina, das ebenfalls von Minenfeldern übersät war.

Prinzessin Diana beim Besuch eines Minenfelds in Angola. Ihr Sohn Prinz Harry ist heute Schirmherr des HALO Trust.

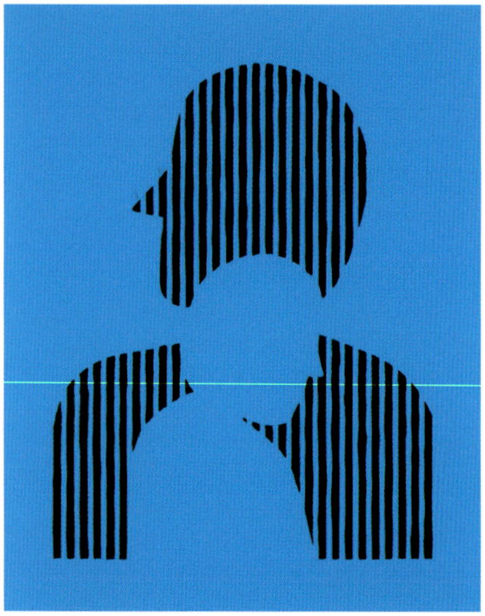

KRANK, NICHT KRIMINELL

DIE PORTUGIESISCHE ANTI-DROGEN-STRATEGIE (2000)

IM KONTEXT

SCHWERPUNKT
Drogenpolitik

FRÜHER
1868 Nach dem britischen Pharmacy Act dürfen nur qualifizierte Apotheker mit gefährlichen Medikamenten und Giften handeln.

1912 Das Internationale Opium-Abkommen wird verabschiedet und tritt 1919 weltweit in Kraft.

1971 US-Präsident Richard Nixon ruft einen »Krieg gegen Drogen« aus.

SPÄTER
2012 Washington und Colorado entkriminalisieren als erste US-Bundesstaaten den Privatgebrauch von Cannabis.

2014 Die WTO ruft zur Entkriminalisierung des Drogenkonsums auf.

2019 31 UN-Behörden unterstützen die Entkriminalisierung des Drogenkonsums.

Im Jahr 2000 entkriminalisierte Portugal den Konsum bislang illegaler Drogen wie Heroin und Kokain. Die Regierung wollte damit das außer Kontrolle geratene Drogenproblem mit Behandlung statt Bestrafung bekämpfen.

Im 19. Jahrhundert veränderte sich angesichts wachsenden Opiummissbrauchs die Einstellung zum Drogenkonsum im Westen drastisch. Großbritannien hatte zwar zwei Kriege ums Opium geführt, erließ aber 1868 als erstes Land ein Gesetz, das den Handel mit Drogen und Giften einschränkte. Im 20. Jahrhundert konnten auch eine Reihe von globalen Anti-Drogen-Abkommen und noch härtere nationale Gesetze Drogenhandel und -konsum nicht bremsen.

> »Es gibt keinen Zusammenhang zwischen der Härte der Drogengesetze und der Häufigkeit von Drogenkonsum.«
>
> ***The Economist***
> Leitartikel, 5. Mai 2009

Problemlösung

Portugal entging unter der Salazar-Diktatur 1932–1968 der Drogenexplosion der 1960er-Jahre. 1974, drei Jahre nach António Salazars Tod, brach das Regime dann in einer gewaltlosen Revolution zusammen, die Portugal für den internationalen Handel öffnete, und Cannabis und Heroin strömten ins Land.

Portugal verfolgte zunächst Drogenkonsumenten und -händler hart, aber erfolglos. 1983 eröffnete dann eine neue Gesetzgebung Drogenabhängigen die Möglichkeit, eine Therapie zu machen und so einer Strafe zu entgehen. 1987 eröffnete in Lissabon das vom Gesundheitsministerium finanzierte und vom Arzt Dr. João Castel-Branco Goulão geleitete Taipas-Zentrum, das als Blaupause für weitere Behandlungszentren in ganz Portugal diente. Als der Drogenkonsum zunahm, befürwortete ein Regierungsbericht eine von Goulão formulierte umfassende Drogenstrategie, die auf Hilfe statt auf Strafe setzte. 2000 wurde das Gesetz 30, das den rechtlichen Rahmen für die Behandlung von

Siehe auch: Die englischen Armengesetze 88–91 ▪ INTERPOL 220–221 ▪ Sterbehilfe 296–297 ▪ Das Internationale Übereinkommen gegen Doping im Sport 304

Konsumenten und Sozialhilfe zur Verfügung formulierte, erlassen und trat im Juli 2001 in Kraft.

Das Gesetz entkriminalisierte den Drogenkonsum, ohne ihn zu legalisieren. Der Konsum ist weiterhin ein Gesetzesbruch, und der Drogenhandel ist auch immer noch ein Schwerverbrechen, aber Besitz und Konsum gelten heute als gesundheitliches Problem und nicht als Straftat. Jeder, der mit weniger als einem 10-Tages-Vorrat Drogen angetroffen wird, kommt vor eine Kommission und wird an Psychiater, Gesundheitspersonal und Berater weitergeleitet.

Während zwischen 1999 und 2003 immer mehr Drogenbehandlungszentren in Portugal eröffneten, halbierten sich die Todesfälle im Zusammenhang mit Drogen um mehr als die Hälfte, die Infektionen mit HIV/Aids durch kontaminierte Spritzen gingen drastisch zurück, und weniger Jugendliche nahmen harte Drogen. Dieser Trend hat sich weitgehend fortgesetzt. Trotz einer kleinen Spitze bei den Todesfällen 2015 liegt der portugiesische Durchschnitt unter dem anderer europäischer Länder.

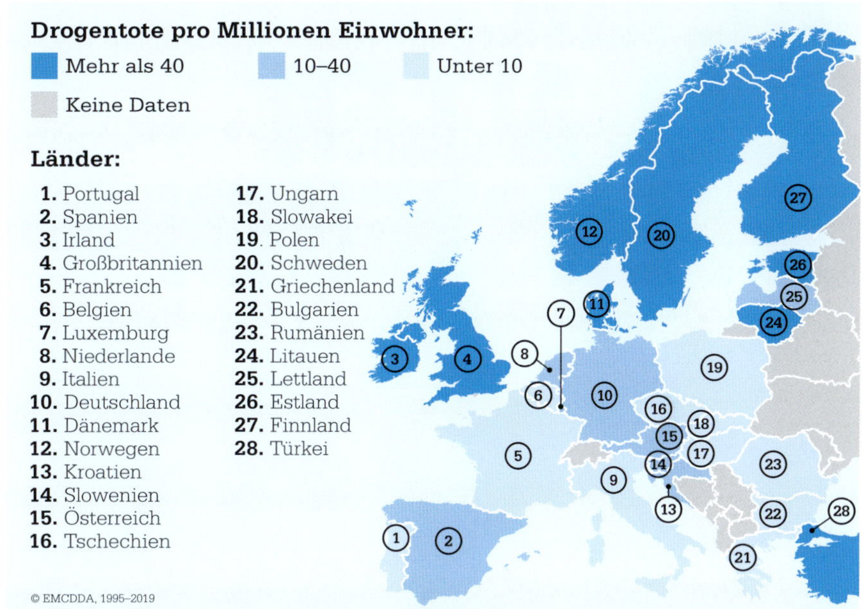

In Europa und der Türkei gab es 2017 im Durchschnitt 22,6 Mio. drogenbedingte Todesfälle durch Überdosen und Vergiftungen mit illegalen Drogen. In Portugal gab es nur vier Todesfälle pro 1 Mio. Einwohner. 34 Prozent der 8238 dokumentierten Todesfälle traten in Großbritannien auf.

Ein gutes Vorbild

Bis zum Jahr 2000 hatten die Niederlande, Deutschland, Italien, Tschechien und Spanien ihre Drogengesetze formal oder praktisch leicht gelocker; Estland, Kroatien, Polen und die Schweiz sind ihrem Beispiel gefolgt. Portugal bleibt aber das erste europäische Land, das den Drogenkonsum vollständig entkriminalisiert hat und Drogentode mehr als deutlich reduzieren konnte.

Der Erfolg der portugiesischen Strategie scheint in der Kombination der vollständigen Entkriminalisierung des Drogenkonsums mit einer umfangreichen Finanzierung von Anlaufstellen, Spritzentauschangeboten und Substitutionstherapien begründet. Die Aussetzung der Strafverfolgung hat Ressourcen für die Behandlung von Süchtigen und die Verfolgung von Händlern frei gemacht.

Weltweit setzen heute mehr als 20 Länder auf eine Entkriminalisierung des Drogenkonsums, darunter die Jungferninseln, 18 US- und drei australische Bundesstaaten. 2019 sprachen sich Vertreter von 31 UN-Organisationen für die Strafbefreiung von Drogenbesitz und -konsum aus. Der Konsum gilt zwar immer noch in den meisten Ländern als Straftat, aber immer mehr erkennen an, dass sie wie Portugal einen besseren Weg finden müssen. ■

Portugiesische Drogensüchtige warten in Lissabon auf ihre tägliche Methadondosis. Zwei dieser mobilen Ausgabestellen versorgen rund 1200 Patienten im Jahr.

DIE EHE SOLL ALLEN OFFENSTEHEN

DIE GLEICHGESCHLECHTLICHE EHE (2000)

IM KONTEXT

SCHWERPUNKT
Bürgerrechte

FRÜHER
1791 Frankreich legalisiert Homosexualität.

1969 Der Stonewall-Aufstand in New York zeigt die Misere Homosexueller in den USA.

1996 Der Defense of Marriage Act erlaubt US-Staaten, gleichgeschlechtliche Ehen nicht anzuerkennen.

SPÄTER
2004 Großbritannien verabschiedet den Civil Partnership Act.

2015 Der US Supreme Court schützt das Recht auf gleichgeschlechtliche Ehe in allen US-Staaten.

2017 In Russland und Tschetschenien kommt es zu »Säuberungsaktionen« gegen Homosexuelle.

Am 1. April 2001 wurde in den Niederlanden medienwirksam die weltweit erste gleichgeschlechtliche Ehe geschlossen, nachdem sie 2000 legalisiert wurde. Die Eheschließungen dreier männlicher und eines weiblichen Paars markierten diesen historischen Tag.

Als Dänemark 1989 als erstes Land die eingetragene Partnerschaft einführte, war dies ein Meilenstein im Kampf für die rechtliche Anerkennung gleichgeschlechtlicher Partnerschaften. Die Partnerschaft bedeutet eine völlige oder teilweise Gleichstellung zur Ehe in Sachen Steuer, Sozialrecht, Rente und Erbrecht, obwohl die

Siehe auch: Der Representation of the People Act 188–189 ▪ Die Allgemeine Erklärung der Menschenrechte 222–229 ▪ Der Civil Rights Act 248–253 ▪ Der Internationale Pakt über bürgerliche und politische Rechte 256–257 ▪ *Roe v. Wade* 260–263

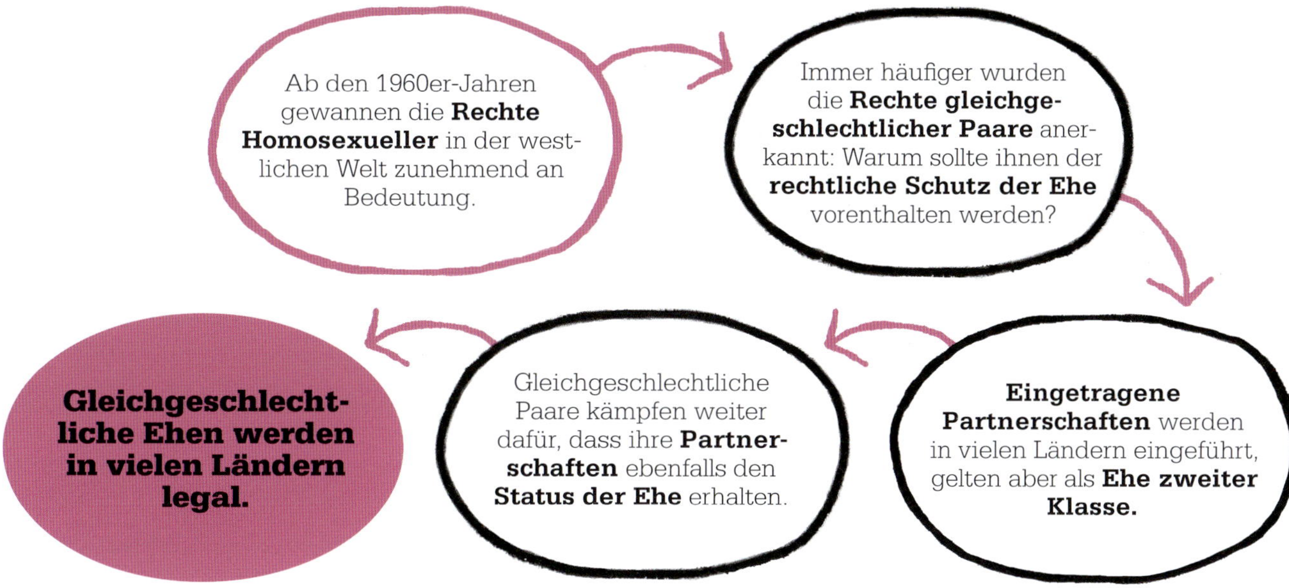

Rechtsprechung von Land zu Land besonders in der Frage der Adoption stark variiert. Ihr fehlt aber weiterhin die spirituelle Dimension, denn die Zeremonie darf keine religiösen Elemente enthalten, und es werden keine Ehegelübde ausgetauscht. Aktivisten wiesen auf formale, rechtliche und verfassungstechnische Unterschiede zwischen Partnerschaft und Ehe hin und dass die separate Regelung weiterhin für eine Ungleichbehandlung Homosexueller sorge. Sie wurde als »getrennt, aber gleich« angeprangert, was auf die juristische Doktrin anspielte, die in den USA im 19. Jahrhundert dazu diente, die Rassentrennung zu rechtfertigen.

Kultureller Wandel

Der Kampf für die Rechte Homosexueller nahm seit den 1960er-Jahren Fahrt auf. Vorurteile galten immer häufiger als unsinnige Form der Herabsetzung. Das Argument, die eingetragene Partnerschaft genieße nicht denselben Status wie die Ehe, gewann Boden, und die gleichgeschlechtliche Ehe wurde zum Indikator kultureller Toleranz und Fortschrittlichkeit. Immer mehr Nationen folgten den Niederlanden – 2020 war die gleichgeschlechtliche Ehe in 29 Ländern legal.

Inzwischen spricht man von LGBTQ-Personen (engl. für lesbisch, schwul, bisexuell, transgender, queer). Ihre Akzeptanz ist aber hauptsächlich ein westliches Phänomen. 16 der 29 Länder, die die gleichgeschlechtliche Ehe ermöglichen, liegen in Europa, sieben in Lateinamerika, zwei in Nordamerika, zwei in Australasien und nur je eins in Afrika bzw. Asien. Im Großteil der Welt bleiben gleichgeschlechtliche Ehe und Homosexualität illegal.

> »Ehe sollte eine Sache zwischen Ehepartner und Ehepartner sein, nicht zwischen Gender und Gender.«
>
> **Hendrik Hertzberg**
> Amerikanischer Journalist (*1943)

Selbst in Europa gibt es eine deutliche Ost-West-Trennung bei der Einstellung. Bei Umfragen sprach sich die Bevölkerung 2019 in Frankreich, Deutschland, Belgien, den Niederlanden, Großbritannien, Italien, Spanien, Portugal und Skandinavien deutlich für die gleichgeschlechtliche Ehe aus, in Griechenland, Ungarn, Rumänien, Bulgarien, Polen, Lettland, Litauen und der Slowakei deutlich dagegen, und das trotz eines EU-Entscheids, dass in der EU geschlossene gleichgeschlechtliche Ehen von allen EU-Ländern anerkannt werden » müssen, auch dort, wo sie noch nicht legal ist. Besonders stark stemmt sich Russland gegen LGBTQ-Rechte.

Nordamerika

Auch in den USA polarisieren die Gesetze zur Homosexualität. In Kanada wurde Homosexualität 1969 entkriminalisiert und die gleichgeschlechtliche Ehe 2005 legal. In den USA offenbarte das Thema einen Riss durch die Gesellschaft. Das Land wurde zu einem Zentrum homosexuellen Aktivismus, aber auch zur Bastion konservativer Kräfte, die Homosexualität am liebsten als Verbrechen gegen Gott und Amerika verbieten würden. 1962 war Homosexualität noch in allen US-Staaten außer Illinois illegal. Selbst 2003 war sie noch in 13 Staaten verboten, und in Idaho wurde sie sogar mit lebenslänglicher Haft bestraft. US-Aktivisten für LGBTQ-Rechte, ob aus Kalifornien oder New York, stehen einer unerbittlichen Front der mittleren Staaten gegenüber.

Präzedenzfälle

In den USA erwies sich die gleichgeschlechtliche Ehe als rechtliches Minenfeld. Bereits 1971 hatte der US Supreme Court eine Entscheidung zum Thema abgelehnt. Auch eine Reihe späterer Fälle blieb wenig erhellend. Mit dem Defense of Marriage Act (DOMA) schien 1996 aber ein Wendepunkt erreicht. Er war das Ergebnis mehrerer Klagen einzelner Staaten, die gemeinsam klarstellten, dass ein US-Staat das Recht habe, gleichgeschlechtliche Ehen nicht anzuerkennen. Selbst als er das Gesetz unterschrieb, bezeichnete US-Präsident Bill Clinton es als spaltend und überflüssig. Zwei Urteile des Supreme Court brachten Klarheit. 2013 erklärte das Gericht einen Großteil des DOMA für verfassungswidrig. Nun entschloss sich eine Vielzahl von Staaten zur Legalisierung der gleichgeschlechtlichen Ehe. 2015 bezog sich der Supreme Court auf den 14. Zusatzartikel und verpflich-

Das erste legale gleichgeschlechtliche Ehepaar der USA. Marcia Kadish (links) und Tanya McCloskey tauschten am 17. Mai 2004 im Rathaus von Cambridge, Massachusetts, die Ringe.

Roy Jenkins, 1967 britischer Innenminister, setzte sich im Rahmen einer Reformbewegung für den Sexual Offences Act ein.

Der britische Sexual Offences Act

Das britische Parlament verabschiedete 1885 ein Gesetz, das homosexuelle Handlungen zwischen Männern verbot. Trotz anhaltender Vorurteile gegenüber Homosexuellen wurde Mitte der 1950er-Jahre immer deutlicher, dass das Gesetz ein Anachronismus war. Der von der Regierung beauftragte Wolfenden Report befand 1957, dass es das Gesetz nichts anginge, was Erwachsene einvernehmlich miteinander täten. Aus Angst vor öffentlicher Empörung überging die Regierung den Bericht aber. Erst Mitte der 1960er-Jahre gab es eine parteiübergreifende Initiative, Homosexualität zu entkriminalisieren.

1967 wurde die Reform durch den Sexual Offences Act Gesetz. Das Schutzalter für Homosexuelle wurde aber auf 21 festgesetzt und erst 2000 entsprechend dem heterosexuellen Schutzalter auf 16 Jahre gesenkt. Das Gesetz galt nur für England und Wales. In Schottland wurde Homosexualität erst 1981 legal, in Nordirland 1982.

tete alle Staaten, gleichgeschlechtliche Ehen zu schließen und anzuerkennen. Mit einem Schlag war die gleichgeschlechtliche Ehe mit allen Rechten und Pflichten alltäglicher Fakt in den USA. Dies war ein grundlegender Wandel. Noch 1996 hatten sich nur 27 Prozent der US-Bürger für die gleichgeschlechtliche Ehe ausgesprochen, 2019 waren es 61 Prozent.

Religiöse Vorbehalte

Die progressive Haltung gegenüber LGBTQ-Rechten und gleichgeschlechtlicher Ehe schien der neue Maßstab im Westen zu sein, war aber eigentlich nur ein Ausreißer. 2005 nannte der ansonsten als Verfechter menschlicher Freiheit geltende Papst Johannes Paul II. die gleichgeschlechtliche Ehe »eine neue Ideologie des Bösen«, die die Gesellschaft heimtückisch bedrohe. 2000 sagte er, homosexuelle Akte seien »wider die Natur«.

Noch entschiedener stellt sich die muslimische Welt gegen die Homosexualität. Der Iran erklärte 2019, sie sei weiterhin mit dem Tod zu bestrafen, und sie bleibt in den meisten muslimischen Ländern verboten. Wie stark Homosexuelle verfolgt werden, variiert von Land zu Land, aber die Grundeinstellung ist überall dieselbe: Homosexualität ist ein Verstoß gegen die Gesetze der Scharia. Es ist nicht untypisch, dass Homosexualität, wie 2017 in Tschetschenien, als Perversion verfolgt wird.

In weiten Teilen Afrikas und Asiens bleibt Homosexualität mehr oder weniger ein Tabuthema. Während sie in China bereits 1997 entkriminalisiert wurde, erfolgte dies in Indien erst 2018. In beiden Fällen sprach man Homosexuellen aber so gut wie keine weiteren Bürgerrechte zu. Südafrika ist das einzige afrikanische Land, das die gleichgeschlechtliche Ehe legalisiert hat (2006), und Taiwan das einzige Land Asiens (2019).

> »Die Ehe als Verbindung ausschließlich zwischen Mann und Frau, die Fortpflanzung und die Erziehung von Kindern im Rahmen einer Familie umfasst, ist so alt wie die Bibel.«
>
> **Der Oberste Gerichtshof von Minnesota, 1971**

Rechte von Trans*personen

Spätestens seit 2000 erkennen viele westliche Länder die Rechte von Trans*personen an und dass das biologische Geschlecht weniger wichtig ist als die Geschlechtsidentität eines Menschen. So kann sich ein biologisch weiblicher Mensch als männlich empfinden oder umgekehrt. Bisher zwingt die Gesellschaft Mädchen und Jungen in vorgefertigte, Gender-basierte Rollen, was bei Trans*personen zu Entfremdung und Verzweiflung führt. Einige Menschen verwirrt diese liberale Einstellung weiterhin, und sie geht ihnen zu weit. Selbst einige Frauenrechtlerinnen haben Probleme damit. So behauptete die australische Intellektuelle und Autorin des Buchs *Der weibliche Eunuch,* Germaine Greer, 2015, Trans*frauen seien »keine Frauen«.

Menschliche Werte

Aber obwohl das Eintreten für die Rechte Nicht-Heterosexueller bisher eine vorwiegend westliche Angelegenheit zu sein scheint, so zeigt sich im Kern doch, dass es hier um die Verteidigung zutiefst menschlicher Werte geht. Jeder Mensch hat das Recht, als Individuum betrachtet zu werden. Sexualität spielt dabei eine wichtige Rolle, die die Existenz eines jeden Menschen prägt. Sie sagt aber nichts über seine Moralität aus. ■

Aktivisten feiern am 26. Juni 2015 vor dem US Supreme Court die Entscheidung des Gerichts, dass gleichgeschlechtliche Ehen nun überall in den USA gesetzlich verankert seien.

MITGEFÜHL IST KEIN VERBRECHEN

STERBEHILFE (2001)

IM KONTEXT

SCHWERPUNKT
Strafrecht

FRÜHER
1997 Oregon legalisiert als erster US-Staat die Sterbehilfe.

1998 Der weltweit erste Verein für Sterbehilfe wird in der Schweiz gegründet.

SPÄTER
2002 Belgien erlaubt Sterbehilfe und assistierten Suizid.

2005 Frankreich erlaubt, lebenserhaltende Maßnahmen am Ende des Lebens abzubrechen.

2017 Belgien meldet 2309 Fälle von Sterbehilfe, zwei davon sind Minderjährige.

2019 Italiens oberstes Gericht entscheidet, dass assistierter Suizid nicht grundsätzlich ein Verbrechen ist.

2019 Frankreichs Gerichte entscheiden, dass lebenserhaltende Maßnahmen beendet werden dürfen.

Sterbehilfe bleibt eines der kontroversesten Themen des 21. Jahrhunderts. Viele fragen, ob das beabsichtigte Nehmen eines Lebens je gerechtfertigt sein kann. In der Medizin geht es darum, Menschenleben zu retten, nicht es zu beenden, und fast alle Religionen sprechen sich gegen einen Gnadentod aus. Zudem gibt es Bedenken, die Legalisierung der Sterbehilfe könnte zum sanktionierten Töten von Älteren, Behinderten und Gefährdeten führen. Auf der anderen Seite gibt es Umstände, wie unheilbare Leiden, bei denen ein Weiterleben zur Qual wird.

Im Kern der Debatte steht die Medizin, die ein Leben erhalten, aber oftmals Leiden nicht lindern kann. Warum sollte der Wunsch eines Patienten, der nur von seinen Leiden erlöst werden will, weniger wiegen als die Skrupel eines Arztes? Die Frage wird umso drängender, da Substanzen zur Herbeiführung eines schmerzfreien Tods durchaus zur Verfügung stehen.

> »Widersteht der Versuchung, die Medizin zu nutzen, um den möglichen Todeswunsch des Kranken auszuführen.«
>
> **Papst Franziskus, 2019**

Definitionen

Um die Debatte zu verstehen, sind Definitionen unerlässlich. Vereinfacht gesagt versteht man unter Sterbehilfe, dass ein Arzt den Tod eines unheilbar kranken Patienten auf erlaubte Weise herbeiführt. Dies erfolgt auf ausdrückliches Verlangen des Patienten oder, wenn der Patient sich nicht mehr äußern kann, durch Zustimmung eines Dritten, meist eines engen Verwandten, der den Willen des Patienten kennt.

Dann unterscheidet man zwischen aktiver Sterbehilfe, also der durch den Arzt geleisteten Hilfe zum Sterben, und passiver Sterbehilfe, der Beendigung lebensverlängernder Maßnahmen. Letzteres darf nicht mit palliativer Sedierung verwechselt werden, bei der Schwerkranke bis zu ihrem Tod sedierende Mittel erhalten. Im Gegensatz

Siehe auch: Die Allgemeine Erklärung der Menschenrechte 222–229 ▪ Die Europäische Menschenrechtskonvention 230–233 ▪ *Roe v. Wade* 260–263 ▪ Das Dickey–Wicker Amendment 284

zur Sterbehilfe ist die Beihilfe zur Selbsttötung die Hilfestellung bei einer selbstständigen Handlung. Sie erfolgt meist dadurch, dass ein Arzt einem unheilbar erkrankten Patienten mit Todeswunsch ein Mittel bzw. Medikament zur Selbsttötung bereitstellt. Die Sterbebegleitung greift nicht in den Sterbeprozess ein, sondern erleichtert dem Patienten der Weg zum Tod durch medizinische und pflegerische Maßnahmen, die Palliativpflege genannt werden.

Wege zur Legalisierung

In westlichen Ländern nehmen die Befürworter der Sterbehilfe zu. Die Niederlande waren 2001 das erste Land, das sie ab 2002 erlaubte, gefolgt von Belgien 2002 sowie Luxemburg und Kolumbien 2020. Assistierter Suizid wurde 2016 in Kanada legal, in neun US-Staaten sowie Washington, D.C. zwischen 1997 und 2020 und in den australischen Staaten Victoria und Western Australia 2019. Die Niederlande, Belgien und Luxemburg legalisierten assistierten Suizid zur gleichen Zeit wie die Sterbehilfe. Auch

Der britische Autor Terry Pratchett, vor allem für seine Scheibenweltromane bekannt, wurde nach einer Alzheimerdiagnose zu einem Fürsprecher der Sterbehilfe.

wenn Sterbehilfe in der Schweiz verboten ist, erlaubt das Land seit 1942 die Beihilfe zur Selbsttötung. Besonders ist, dass die Schweiz dies auch Nichtschweizern erlaubt. Die gesetzlichen Bestimmungen zur Sterbehilfe variieren zwischen den einzelnen Staaten, in denen sie erlaubt ist, stark. So hob Belgien 2014 beispielsweise alle Altersbeschränkungen auf.

Strikte Richtlinien

In allen Ländern existieren strikte rechtliche Richtlinien. In Belgien, das sowohl Sterbehilfe wie auch Beihilfe zur Selbsttötung erlaubt, muss der Patient an einer unheilbaren Krankheit leiden, eindeutig urteilsfähig sein und seinen Sterbewunsch schriftlich äußern. Steht der Tod nicht unmittelbar bevor, muss eine zweite medizinische Meinung eingeholt werden, um die Entscheidung zu stützen. Zudem muss zwischen dem formalen Ersuchen und dem eigentlichen Akt mindestens ein Monat liegen. Ganz ähnliche Richtlinien gelten auch in den Niederlanden.

Öffentliche Meinung

Sterbehilfe bleibt in den meisten westlichen Nationen verboten. In Großbritannien, wo sie ebenfalls weiterhin verboten ist, zeigten Umfragen 2019, dass 84 Prozent der Bevölkerung sie befürworten. Die Meinung der Medizin zu rechtlichen Wegen, Leiden final zu beenden, bleibt aber geteilt. ■

» Wenn ein leidender oder sterbender Erwachsener um Sterbehilfe bittet, warum sollten andere das Recht haben, sie ihm zu verweigern? «

Carmenza Ochoa
Right to a Dignified Death Foundation, 2015

Fabiano Antoniani

Kaum ein anderer Fall unterstreicht die Argumente um den assistierten Suizid so wie der des italienischen DJs und Produzenten Fabiano Antoniani. 2014 war er nach einem Autounfall vollständig gelähmt und blind, körperlich hilflos, aber geistig hellwach. Sein Fall wurde von Italiens führendem Befürworter des assistierten Suizids, Marco Cappato, aufgegriffen. 2017 half er bei Antonianis Transport in die Schweiz, wo dieser am 27. Februar 40-jährig assistiert sein Leben beendete. Cappato wurde daraufhin in Italien angeklagt. Ihm drohten zwölf Jahre Haft. Im September 2019 sprach Italiens oberstes Gericht ihn frei und urteilte, unter bestimmten Umständen sollte jemand, der den Selbsttötungswunsch eines Patienten unterstützt, der bei irreversibler Pathologie nur durch lebensverlängernde Maßnahmen am Leben erhalten werde, nicht bestraft werden.

DAS ANLIEGEN DER GANZEN MENSCHHEIT

DER INTERNATIONALE STRAFGERICHTSHOF (2002)

IM KONTEXT

SCHWERPUNKT
Internationales Recht

FRÜHER
1950 Die 4. Genfer Konvention wird zur Grundlage der globalen Menschenrechte.

1998 Das Römische Statut schafft den Internationalen Strafgerichtshof (IStGH).

SPÄTER
2005 Der IStGH verhandelt seine erste Anklage gegen drei ugandische Rebellenführer wegen Kriegsverbrechen und Verbrechen gegen die Menschlichkeit.

2009 Der Prozess gegen den kongolesischen Rebellenführer Thomas Lubanga beginnt. Er wird als Erster vom IStGH wegen Kriegsverbrechen verurteilt.

2019 Der IStGH autorisiert eine Ermittlung wegen Verbrechen gegen die Menschlichkeit in Myanmar.

Das Logo des IStGH ist deutlich sichtbar an einer Glaswand vor seinem Hauptquartier in Den Haag angebracht. Der ständige Sitz des Gerichtshofs wurde 2015 eröffnet.

Das Konzept eines internationalen Gerichts zur Verfolgung von Kriegsverbrechen geht auf die Zeit nach dem Ersten Weltkrieg und den Wunsch zurück, Kaiser Wilhelm II. als Aggressor des Krieges anzuklagen. Es sollte aber erst nach dem Zweiten Weltkrieg zu den ersten Tribunalen in Nürnberg und Tokio kommen, in denen die politische und militärische Führung Deutschlands und Japans für Verbrechen ihrer Truppen, den Holocaust und den Kriegsausbruch angeklagt wurde. Dies waren aber keine permanenten Gerichte, sondern stellten nach den jeweiligen Urteilsverkündigungen ihre Tätigkeit ein.

Im Kalten Krieg sorgten Spannungen zwischen den USA und der Sowjetunion (UdSSR) dafür, dass es in den Vereinten Nationen (UN) keine Einigung auf eine Verfolgung internationaler Verbrechen gab. Erst nach Ende des Kalten Krieges 1991 näherte man sich der Idee eines internationalen Strafgerichtshofs. Der Ausbruch von Bürgerkriegen mit schrecklichen Gräueltaten im früheren Jugoslawien und in Ruanda führte zur Einrichtung zweier Kriegsverbrechertribunale (1993–2017 für Jugoslawien; 1994–2016 für Ruanda). In den ausgehenden 1990er-Jahren setzte die UN-Generalversammlung mehrere Konferenzen an, um einen neuen internationalen Gerichtshof zu schaffen. Bei der letzten Konferenz in Rom 1998 verabschiedete man das sogenannte Römische Statut des Internationalen Strafgerichtshofs, das bis 2019 von 123 Länder unterzeichnet wurde. 2002 eröffnete der Internationale Strafgerichtshof (IStGH) in Den Haag und verhandelte 2005 seinen ersten Fall.

Der IStGH befasst sich mit vier Arten von Verbrechen, die im Römischen Statut genannt sind: Kriegsverbrechen, Verbrechen gegen die Menschlichkeit, Völkermord und Verbrechen der Aggression. Das Statut legt u. a. auch fest, wie die Verfahren zu führen sind und welche Rechte die Angeklagten haben.

Internationale Verbrechen

Kriegsverbrechen beziehen sich auf das Verhalten in bewaffneten Konflikten zwischen Ländern oder in Fällen, in denen bewaffnete und organisierte Rebellengruppen gegen eine Regierung kämpfen. Der Begriff entstand mit den Haager Konventionen von 1899 und 1907 im Zusammenhang mit zulässigen Methoden der Kriegsführung und wurde später in den Genfer Konventionen weiter

Siehe auch: Die Genfer Konventionen 152–155 ▪ Die Haager Konventionen 174–177 ▪ Die Nürnberger Prozesse 202–209 ▪ Die UN-Völkermordkonvention 210–211 ▪ Die Vereinten Nationen und der Internationale Gerichtshof 212–219

ausformuliert, die Kämpfe zwischen Armeen und andere Fragen in einem Konflikt, wie den Umgang mit Kriegsgefangenen, behandeln. Das Töten gehört zum Kriegshandwerk, aber das Erschießen von fliehenden oder kapitulierenden feindlichen Soldaten, wie es der ruandische Kommandeur Bosco Ntaganda im Kongo befahl, ist ein Kriegsverbrechen.

2016 verurteilte der IStGH Ahmad al-Mahdi für das Kriegsverbrechen, während des Konflikts zwischen Aufständischen und der Regierung in Mali gezielt religiöse und Kulturstätten in Timbuktu angegriffen zu haben.

Verbrechen gegen die Menschlichkeit unterscheiden sich insofern von Kriegsverbrechen, als sie sich gegen Zivilisten richten. Mord, Versklavung, Deportation und andere Handlungen gelten als Verbrechen gegen die Menschlichkeit, wenn sie in einem organisierten bewaffneten Angriff auf die Zivilbevölkerung erfolgen und der kommandierende Offizier der Angreifer Kenntnis von dem Angriff hatte oder hätte haben können. Sexualisierte Gewalt und

> »Der Gerichtshof […] ist befugt, seine Gerichtsbarkeit […] wegen der […] schwersten Verbrechen von internationalem Belang auszuüben.«
>
> **Artikel 1 des Römischen Statuts über den IStGH, 1998**

Seit 2016 wurden mehr als eine Million Rohingya aus dem Westen Myanmars gezwungen, ihr Land zu verlassen. Die UN sprechen von einer ethnischen Säuberung.

Bestrafung von Zivilisten gelten ebenfalls als Verbrechen gegen die Menschlichkeit.

Sowohl in Kenia (2007–2008) als auch im Staat Elfenbeinküste (2010–2011) wurde die organisierte Gewaltanwendung im Wahlkampf, einschließlich des Mords an politischen Rivalen und Gewalt gegen Oppositionelle, als Verbrechen gegen die Menschlichkeit gewertet. Vor dessen Tod 2011 ermittelte der IStGH gegen Muammar al-Gaddafi wegen bewaffneter Angriffe auf Demonstranten. 2019 eröffnete der IStGH eine Ermittlung wegen der gewaltsamen Deportation der Rohingya aus dem Norden Myanmars als Verbrechen gegen die Menschlichkeit.

Völkermord ist der Versuch, eine ethnische oder religiöse Gruppe vollständig oder teilweise zu vernichten. Er wurde ursprünglich in der Genfer Konvention von 1948 kodifiziert. In Ruanda und dem ehemaligen Jugoslawien gab es spezielle Tribunale wegen Völkermords. Der IStGH hat bislang nur einen Menschen wegen Völkermords angeklagt: den früheren sudanesischen Präsidenten Omar al-Baschir.

Ein Verbrechen der Aggression ist der Angriff der Armee eines Staats gegen die »Souveränität, die territoriale Unversehrtheit oder die politische Unabhängigkeit« eines anderen. Hier geht es um den Beginn von Kriegshandlungen. Dieses Verbrechen fand sich nicht im ursprünglichen Vertragsentwurf, wurde aber 2010 hinzugefügt und gilt seit 2017, als genügend Länder der Definition zugestimmt hatten.

Wen kann der IStGH anklagen?

Da der IStGH nicht jedes einzelne Verbrechen verfolgen kann, konzentriert er sich auf die schwersten Vergehen und Individuen mit der höchsten Verantwortung. Artikel 28 des Römischen Statuts macht militärische Befehlshaber für die Verbrechen ihrer Untergebenen und politische Führer für die Kontrolle von Militär und Polizei ihres Landes verantwortlich. Tritt ein Land dem Statut bei, muss es alle »

> »Wir können immer noch mehr tun. Wir können es immer noch besser machen. Und wir dürfen nicht ruhen, solange noch ein Verbrecher nicht zur Verantwortung gezogen ist.«
>
> **Richter Sang-Hyun Song**
> Ehemaliger Präsident des IStGH (*1941)

Wird ein vom IStGH verfolgtes Verbrechen begangen, gibt es drei Wege zur Anklage.

Die Regierung des Landes, in dem das Verbrechen verübt wurde, **verweist den Fall an den IStGH.**

Der **Ankläger des IStGH** kann eine Ermittlung in einem **Mitgliedsland des IStGH** veranlassen.

Der **UN-Sicherheitsrat** weist den IStGH an, **den Fall zu untersuchen.**

Definitionen internationaler Verbrechen des Statuts in seine nationale Gesetzgebung integrieren. Auf diese Weise können Menschen, die solche Verbrechen begehen, in ihrem eigenen Land verfolgt werden. Der IStGH verfolgt Menschen nur, wenn ein Land dazu nicht in der Lage oder willens ist. Dieser Grundsatz der Komplementarität wurde als verzerrend kritisiert, weil es reichen Ländern mit einem entwickelten und stabilen Rechtssystem leichter fällt, Strafverfahren durchzuführen, als Ländern, in denen beispielsweise das Rechtssystem zusammengebrochen ist.

Der kenianische Präsident Uhuru Kenyatta wurde wegen der Gewalt infolge der Wahlen 2007 für Verbrechen gegen die Menschlichkeit angeklagt und kam drei Jahre später vor den IStGH. Er war einer von drei mutmaßlich Verantwortlichen für die Gewaltausbrüche, aber die Klage wurde mangels Beweisen fallen gelassen. 2009 erließ der IStGH Haftbefehl gegen den damaligen Präsidenten des Sudan, Omar al-Baschir, wegen Verbrechen gegen die Menschlichkeit, Kriegsverbrechen und Völkermord in der Region Dafur. Er war das erste Staatsoberhaupt, das der IStGH anklagte. Dies folgte dem Grundsatz, dass selbst Staatsführer im Zusammenhang mit solchen Verbrechen keine Immunität erwarten dürfen.

Der sudanesische Präsident Omar al-Baschir (Mitte, mit Stock) wurde als Erster im 21. Jh. wegen des Völkermords in Dafur angeklagt, bei dem bis zu 400 000 Menschen ums Leben kamen.

Kritik am IStGH

Bis heute sind die USA, Russland und China dem IStGH nicht beigetreten. Sie sind Mitglieder im UN-Sicherheitsrat, deshalb gibt es keine Möglichkeit, von ihnen auf eigenem Territorium begangene Verbrechen zu verfolgen, da sie gegen jeden Beschluss des Sicherheitsrats im Zusammenhang mit dem IStGH Veto einlegen können. Das gilt allerdings nicht für etwaige Verbrechen auf dem Territorium eines IStGH-Mitglieds. Großbritannien ist ebenfalls ständiges Mitglied des UN-Sicherheitsrats und des IStGH. Der IStGH untersuchte das Verhalten britischer Truppen im Irakkrieg

»Sei nicht vag', geh nach Den Haag.«

Kenianische Politiker
Über die Gewalt bei den Wahlen, 2007

Mitte der 2000er-Jahre, aber es gab keine Anklagen. Der IStGH hat in letzter Zeit versucht, seine Zuständigkeit zu erweitern, indem er entschied, dass er auch Fälle in Bezug auf Nichtmitgliedsländer anhören kann, wenn es um Geflüchtete aus einem Nichtmitgliedsland in ein Mitgliedsland geht. 2019 strengten Anwälte eine Klage im Namen syrischer Geflüchteter an (Syrien hat das Römische Statut nicht unterzeichnet), die nach Jordanien (das unterzeichnet hat) geflohen waren.

2016 verurteilte der IStGH den früheren Vizepräsidenten des Kongo, Jean-Pierre Bemba, wegen Mordes, Vergewaltigung und Plünderung. Das Urteil wurde aber 2018 aufgehoben.

Der Großteil der vom IStGH verhandelten Fälle stammt aus Afrika, weshalb das Gericht auch von manchen Ländern als neokoloniale Institution kritisiert wurde. Andere Länder haben versucht, sich aus Protest gegen Ermittlungen zurückzuziehen. Als der IStGH 2018 Ermittlungen gegen die Regierung der Philippinen wegen Verbrechen gegen die Menschlichkeit im Rahmen ihres »Krieges gegen die Drogen« aufnahm, zog sie sich offiziell vom Gerichtshof zurück.

Nur eine Handvoll der vom IStGH Verurteilten sitzt auch eine Haftstrafe ab. Der kanadische Professor für internationales Recht William Schabas verglich den Fortschritt des IStGH in seinen Anfangsjahren mit einem Gletscher. Selbst wenn es zu einer Verurteilung kam, gab es immer wieder Berufungsverfahren. 2016 wurde der frühere kongolesische Vizepräsident Jean-Pierre Bemba wegen Kriegsverbrechen und Verbrechen gegen die Menschlichkeit verurteilt, weil die von ihm kommandierte Miliz 2003 in dem zentralafrikanischen Land Massaker verübt hatte. Die Verurteilung wurde später wegen Verfahrensfehlern aufgehoben.

Trotz dieser Rückschläge bleibt der IStGH ein wichtiges Forum für die Untersuchung einiger der größten Gräuel rund um den Globus. ■

»Es muss Gerechtigkeit geben. Es muss Fairness herrschen.«

Fatou Bensouda
Chefanklägerin des IStGH

Fatou Bensouda

Die 1961 geborene frühere Anwältin und gambische Justizministerin Fatou Bom Bensouda ist seit 2012 Anklägerin des IStGH. In dieser Funktion entscheidet sie, welche Verdächtigen untersucht und welche anschließend wegen internationaler Verbrechen angeklagt werden. Das Büro der Anklägerin ist vom Gericht unabhängig, deshalb muss eine Ermittlung von einem Richtergremium des IStGH genehmigt werden.

Während ihrer Amtszeit bis 2021 hat Bensouda den Fokus des IStGH erweitert und Untersuchungen möglicher Kriegsverbrechen in Afghanistan, Israel, Myanmar und Bangladesch veranlasst. Sie hat auch dafür gekämpft, mehr Klagen wegen Vergewaltigung und Ausbeutung von Frauen in bewaffneten Konflikten zu führen.

DOPING ZERSTÖRT FAIR PLAY

DAS INTERNATIONALE ÜBEREINKOMMEN GEGEN DOPING IM SPORT (2005)

IM KONTEXT

SCHWERPUNKT
Sportrecht

FRÜHER

1960 Der dänische Radrennfahrer Knud Jensen stirbt bei Olympia in Rom, nachdem er Amphetamine genommen hat.

1966 Radsport und Fußball führen bei Weltmeisterschaften Dopingtests ein.

1972 Bei den Sommerspielen wird auf Doping getestet.

1988 Bei der Tour de France wird Doping nachgewiesen.

SPÄTER

2009 Der Biologische Pass für Athleten wird eingeführt, in dem Dopingtests elektronisch gespeichert werden.

2016 Laut McLaren Report waren zwischen 2011 und 2015 über 1000 russische Sportler des staatlich geförderten Dopings verdächtig.

2018 Russland wird von den Winterspielen ausgeschlossen.

Der Einsatz leistungssteigernder Mittel war im Sport schon lange verbreitet, bevor die UNESCO im Oktober 2005 ein Anti-Doping-Übereinkommen verabschiedete. 1967 hatte das Internationale Olympische Komitee (IOC) eine Liste verbotener Substanzen veröffentlicht, 1988 wurde dem kanadischen Sprinter Ben Johnson seine Goldmedaille aberkannt, weil er positiv auf anabole Steroide getestet wurde.

Das Problem war zu Beginn des 21. Jahrhunderts so groß, dass man die Vereinten Nationen einschaltete. Da die UNESCO Sport zu den Bildungsmitteln zählt, übernahm sie die Aufgabe. Ihre Konvention wurde 2007 ratifiziert, und die Unterzeichnerstaaten sind an die Regeln gebunden. Die praktische Arbeit erledigen diverse Organe, wie etwa die 1999 vom IOC gegründete Welt-Anti-Doping-Agentur (WADA). Sie arbeitet eng mit den nationalen Organisationen zusammen und ist am Welt-Anti-Doping-Code (WADC) beteiligt, der erstmals 2004 erschien und regelmäßig weiterentwickelt wird.

Marion Jones (Mitte) gewann bei Olympia 2000 drei Gold- und zwei Bronzemedaillen für die USA. Zuerst bestritt sie Dopingvorwürfe, doch sieben Jahre später gestand sie, gedopt zu haben.

Oft ist das Motiv für Doping im Sport einfach der individuelle Ehrgeiz. Es kommt aber auch zu Doping im Rahmen von gezielten staatlichen Initiativen. Die DDR war der erste Staat, der in den 1970er-Jahren systematisches Doping einführte. Die WADA listete 2016/17 Italien, Frankreich und die USA als Nationen mit den meisten gegen den Code verstoßenden Sportlern, und Bodybuilding, Leichtathletik und Radrennsport als die Sportarten mit den meisten Verstößen. ■

Siehe auch: DNA-Tests 272–273 ▪ Die portugiesische Anti-Drogen-Strategie 290–291 ▪ Die Match-Fixing Task Force 306–307

DER KAMPF GEGEN DEN KLIMAWANDEL

DAS KYOTO-PROTOKOLL (2005)

IM KONTEXT

SCHWERPUNKT
Umweltrecht

FRÜHER
1988 Der Zwischenstaatliche Ausschuss für Klimaänderungen (IPCC) wird gegründet.

1992 Beim Erdgipfel in Rio de Janeiro, Brasilien, werden erstmals weltweite Ziele zur Emissionsreduzierung beschlossen.

1997 Der US-Senat weigert sich, das Kyoto-Protokoll zu ratifizieren.

SPÄTER
2009 Die UN-Klimakonferenz in Kopenhagen endet in der Sackgasse: Es gibt keine bindenden Verpflichtungen.

2015 Das Übereinkommen von Paris setzt nicht bindende Ziele zur Begrenzung der globalen Erwärmung um maximal 2 °C bis 2100.

2017 Präsident Trump zieht die USA aus dem Pariser Klimaabkommen zurück.

Das Kyoto-Protokoll trat 2005 in Kraft und war das erste Abkommen zwischen Industrienationen über eine Reduzierung der Treibhausgasemissionen. Es baut auf dem Rahmenübereinkommen der Vereinten Nationen über Klimaänderungen (UNFCCC) auf, das 1992 beim Erdgipfel in Rio beschlossen wurde. Seit 1995 treffen sich die UNFCCC-Unterzeichner jährlich zu sogenannten Conferences of the Parties (COP). Die Ziele sind nach internationalem Recht bindend.

Mit ihrer Unterschrift erkennen die Parteien an, dass die Emissionen aus der Verbrennung fossiler Brennstoffe zu einer potenziell katastrophalen Erderwärmung führen, zu deren Folgen steigende Meeresspiegel, Artensterben und Verlust der Biodiversität sowie extreme Wetterereignisse wie Fluten, Dürren und Flächenbrände zählen. Das Ziel, die globale Erwärmung bis 2100 auf weniger als 2 °C zu begrenzen, wie vom Pariser Klimaabkommen bei der COP 2015 beschlossen, würde beispiellose Anstrengungen bedeuten. Aufgrund der Kosten der benötigten Reformen, ganz zu schweigen von den Änderungen des Lebensstils, sind die Ergebnisse durchwachsen. Während einige Länder ihre Ziele erfüllen, ist es zwischen führenden Politikern zum Streit über die unterschiedliche Verantwortlichkeit der Industrienationen und der Entwicklungsländer gekommen. Währenddessen nehmen Emissionen und Erderwärmung weiter zu. ■

» […] Stabilisierung der Treibhausgaskonzentrationen in der Atmosphäre, [damit] eine gefährliche anthropogene Störung des Klimasystems verhindert wird. «

Ziel (Artikel 2) des UNFCCC

Siehe auch: Die Vereinten Nationen und der Internationale Gerichtshof 212–219 ▪ Der Endangered Species Act 264–265 ▪ Das Weltnetz der Biosphärenreservate 270–271

GEGEN DEN BETRUG IM SPORT

DIE MATCH-FIXING TASK FORCE (2011)

IM KONTEXT

SCHWERPUNKT
Sportrecht

FRÜHER
1919 Das Baseball-Team White Sox lässt sich bestechen, die World Series zu verlieren, und schockiert die USA.

2010 Ein vertraulicher FIFA-Bericht weist darauf hin, dass im Vorfeld der WM einige Freundschaftsspiele verschoben wurden.

2011 Die Istanbuler Polizei nimmt 60 Personen wegen Spielbetrugs in Haft.

SPÄTER
2013 Der mutmaßliche Syndikatsboss Dan Tan wird in Singapur festgenommen.

2014 Das Übereinkommen des Europarats über die Manipulation von Sportwettbewerben wird unterzeichnet und tritt 2019 in Kraft.

2016 Tennisstar Novak Djokovic will 2007 zum Spielbetrug aufgefordert worden sein.

Zu allen Zeiten wurde auf Sportereignisse gewettet, und damit ging auch schon immer die Gefahr einher, dass kriminelle Aktivitäten die Integrität des Sports schädigen.

Allerdings kam 2011 eine neue Waffe im Arsenal gegen diese Bedrohung hinzu, als INTERPOL (die Internationale kriminalpolizeiliche Organisation) ihre Match-Fixing Task Force (IMFTF) gründete. Sport war zu einem globalen Geschäft geworden, das zunehmend unter systematischem Betrug litt. Eine historisch beliebte Methode ist, Sportler oder Vereine dazu zu bringen, einen Wettbewerb absichtlich zu verlieren, um so den Ausgang eines Sportereignisses im Voraus zu bestimmen. Auf diese Weise können Verbrecherbanden riesige Gewinne erzielen, indem sie auf den bereits feststehenden Gewinner wetten. Laut INTERPOL ist diese Betrugsmasche ein Milliardengeschäft. Wenn der Sport sauber bleiben soll, müssen diese Praktiken bekämpft werden.

> »Die Beteiligung der Organisierten Kriminalität an der Manipulation von Sportereignissen macht dieses Phänomen zu einer globalen Gefahr für die Integrität und Ethik des Sports.«
>
> **Europarat,** 2019

Globale Netzwerke

Das Epizentrum illegaler Wettsyndikate ist Südostasien, wo Teambesitzer, Schiedsrichter und Sportler vieler Sportarten unter Korruptionsverdacht stehen.

Seit 2010 richten die asiatischen Syndikate ihr Augenmerk auf den Sport in aller Welt. Wettbewerbe in Einzelsportarten sind zwar leichter zu verschieben als Mannschaftsspiele, aber Letztere sind die beliebteren Ziele, weil viele Menschen auf sie wetten. Ein Beispiel ist das pakistanische Cricket-Team, bei dem zwei Spieler bei einem Testspiel 2010 absichtlich regelwidriger Würfe schuldig befunden wurden. Dieses »Spot Fixing«, bei dem man einen bestimmten Aspekt eines

Siehe auch: INTERPOL 220–221 ▪ Der Internationale Strafgerichtshof 298–303 ▪ Das Internationale Übereinkommen gegen Doping im Sport 304

Sport wird zum Ziel von **Wettsyndikaten,** und die Möglichkeiten des **Spielbetrugs** sind deutlich sichtbar.

Wenn Sport zur **globalen Industrie** wird, wachsen die Gewinne bei **illegalen Wetten.**

In **Südostasien** nimmt die Zahl der **Verbrechersyndikate** im Spielbetrug rasant zu.

Strafverfolgungsbehörden in aller Welt **teilen Informationen,** um die Verbrecherorganisationen zu bekämpfen.

Grenzüberschreitende Ermittlungen haben einigen Erfolg im Kampf gegen Spielbetrug gebracht.

Spiels ohne Bezug auf den Spielausgang manipuliert, kann gewaltige Gewinne einbringen.

Die IMFTF teilt Informationen mit einem globalen Netzwerk von Strafverfolgungsbehörden und bietet eine Plattform für grenzüberschreitende Ermittlungen. Eine Erfolgsgeschichte war die Verhaftung Dan Tans (siehe rechts) in Singapur. 2011 stellte der Fußballweltverband FIFA INTERPOL Millionen Euro für ein Antikorruptionstraining zur Verfügung. Dabei wurde die FIFA selbst von Korruptionsvorwürfen gegen mehrere Spitzenfunktionäre erschüttert, darunter auch FIFA-Präsident Sepp Blatter. Dazu kamen Bestechungsvorwürfe rund um den Bewerbungsprozess, in dessen Rahmen die FIFA die Weltmeisterschaft 2022 an Katar vergab.

Der Umfang, in dem eine einzelne Organisation Korruption von diesem Ausmaß erfolgreich bekämpfen kann, ist naturgemäß begrenzt, zumal lukrative Onlinewetten noch mehr Kriminelle anlocken. Aber zumindest konnte INTERPOL in internationaler Kooperation bereits einige Erfolge erzielen. ■

Der »Kelong King«

INTERPOL bezeichnete den 1964 in Singapur geborenen Tan Seet Eng, auch bekannt als Dan Tang, als den »Anführer des berüchtigtsten Spielbetrugssyndikats der Welt«. Der weithin als »Kelong King« (»König des Betrugs«) bekannte Tan soll Anfang der 1990er-Jahre zusammen mit seinem Komplizen Wilson Raj Perumal in Singapur damit begonnen haben, Spiele zu verschieben, und saß wegen illegaler Buchmacherei kurz im Gefängnis. 2010 soll er sich dem italienischen Fußball zugewendet und gemeinsam mit Verbrecherringen in Osteuropa Spiele verschoben haben.

Tan und Perumal werden auch des Betrugs in Ungarn, Nigeria und Finnland verdächtigt. 2011 wurde Perumal in Finnland verhaftet und beschuldigte Tan als den führenden Kopf eines weltweiten Betrügernetzwerks. Tan wurde in Singapur verhaftet und ohne formale Anklage von der Polizei inhaftiert. Nach seiner Freilassung 2019 warten noch Anklagen in Italien und Ungarn auf ihn. Er streitet jedes Fehlverhalten ab.

Der südafrikanische Cricket Captain »Hansie« Cronje (vorne) wurde 2000 lebenslang wegen eingestandenen Spielbetrugs gesperrt. Er starb 2002 bei einem Flugzeugabsturz.

DAS RECHT, VERGESSEN ZU WERDEN

GOOGLE SPAIN V. AEPD UND MARIO COSTEJA GONZÁLEZ (2014)

IM KONTEXT

SCHWERPUNKT
Persönlichkeitsrechte

FRÜHER
1995 Die EU schafft die Datenschutzrichtlinie zum Schutz personenbezogener Daten.

SPÄTER
2003 Die amerikanische Sängerin Barbara Streisand versucht, Internetbilder von ihrem Haus zu unterdrücken, und erreicht damit genau das Gegenteil.

2015 Die französische CNIL (Kommission für Informatik und Freiheiten) versucht, Google zur weltweiten Einhaltung der EU-Regeln zur Privatsphäre zu zwingen.

2016 Das EU-Parlament stimmt der Datenschutz-Grundverordnung (DSGVO) zu.

2019 Der EuGH gibt zu, dass sein Versuch, ein globales Recht aufs Vergessenwerden einzuführen, auf Europa beschränkt bleiben wird.

Der spanische Geschäftsmann Mario Costeja González suchte 2009 mit der Google-Suche seinen Namen und stieß auf zwei öffentliche Bekanntmachungen zur Zwangsversteigerung seines Hauses, die elf Jahre zuvor in einer spanischen Zeitung erschienen waren. Als die Zeitung ihre alten Ausgaben digitalisierte, hatte Google die Meldungen verlinkt. Es waren öffentliche Behördendaten, die aber nun dazu führten, dass González' frühere finanzielle Probleme für jeden online sichtbar und für ihn als Finanzberater potenziell geschäftsschädigend waren. Die Zeitung weigerte sich, die Meldungen zu löschen, weil sie gesetzlich verpflichtet war, sie abzudrucken, und Google zeigte sich ähnlich unkooperativ. Also zog González vor Gericht.

Die spanische Datenschutzbehörde befand, dass Google die Links zu González' früheren finanziellen Problemen löschen sollte, konnte das Unternehmen aber nicht zwingen. Ein spanisches Gericht sah sich nicht zuständig, also wurde der Fall an den Europäischen Gerichtshof (EuGH) verwiesen. Es galt, zwei Fragen zu klären: Gibt es ein »Recht auf Vergessenwerden«, wobei die Vergangenheit rechtlich irrelevant ist, und wie kann ein solches Recht, so es denn existiert, auf das Internet angewendet werden?

Mario Costeja González wollte nie sagen, wie viel Geld ihn seine juristische Schlacht gegen Google gekostet hatte. Er habe für Ideale gestritten, und diese Ideale hätten gesiegt.

Öffentliches Interesse

Google argumentierte, man unterliege als amerikanisches Unternehmen ausschließlich amerikanischem Recht. Man sei kein »Datensammler« und biete lediglich eine Suchmaschine zum Auffinden andernorts gespeicherter Daten. Da die Informationen über González unzweifelhaft korrekt seien, gleiche jeder Versuch, sie zu unterdrücken, einem Angriff auf die Freiheit des Worts – mit anderen Worten: Der Zwangsverkauf des Hauses sei ein

Siehe auch: Die Verfassung und die Bill of Rights der USA 110–117 ▪ Die Europäische Menschenrechtskonvention 230–233 ▪ Der Europäische Gerichtshof 234–241 ▪ Der WIPO-Urheberrechtsvertrag 286–287 ▪ Die Open Internet Order 310–313

» Die für die Durchsetzung eines ›Rechts auf Vergessenwerden‹ verwendeten Kriterien waren aus juristischer Sicht unmöglich zu definieren. «

Enrique Dans
Spanischer Professor für Informationssysteme und Innovation, 2019

legitimer Gegenstand des öffentlichen Interesses und sollte nicht verschwiegen werden.

Das Urteil des EuGH

Alle Urteile des EuGH beruhen auf dem Vorschlag eines Generalanwalts, der 2013 das Argument Googles verwarf, weil Google Spanien ein spanisches Unternehmen sei, das europäischem Recht unterliege. Er unterstützte die übrigen Einwände Googles, und man nahm an, das Gericht werde ihm folgen.

2014 entschied der EuGH aber in einem für viele überraschenden Urteil, dass Google sehr wohl ein »Datenverarbeiter« und damit für alle Informationen verantwortlich sei, die sein Suchalgorithmus liefere. Es entschied, dass Onlinedaten zu löschen seien, wenn sie »im Licht der verstrichenen Zeit unzureichend, nicht mehr relevant oder unverhältnismäßig seien«.

Das EuGH-Urteil von 2014 zeigte einige der entscheidenden kulturellen und rechtlichen Unterschiede zwischen Ländern auf. Auf der einen Seite steht in den USA die Redefreiheit (und damit die Pressefreiheit) über allem; auf der anderen kennt das französische Recht seit 2010 das »Recht auf Vergessenwerden«, das Privatsphäre als grundlegendes Menschenrecht anerkennt, das über dem Recht auf ungehinderte Meinungsäußerung steht. Ein weiteres Problem ist, dass Onlineinhalte praktisch keinem spezifischen nationalen oder internationalen Recht unterliegen. Ein Kritiker des EuGH-Urteils fragte, warum man nicht gleichzeitig ein Recht verabschiedet hätte, das die Schwerkraft illegal mache, das in ungefähr die gleiche Wirkung zeitigen würde.

Rückzieher

2019 gestand der EuGH ein, dass seine Einschränkungen nur in Europa Geltung hätten. Ein wichtiger Einwand gegen sein Urteil war immer, dass jeder Inhalt, den Google hätte »löschen« müssen, immer noch für jeden mit Internetzugang verfügbar war: Man konnte den Link entfernen, aber nicht den Inhalt. Jedes Urteil, das das »Recht auf Vergessenwerden« verteidige, müsse in einer digitalen Welt, die nach unmittelbar verfügbarer Information strebe, wirkungslos bleiben. Was als ernsthafte Neubewertung des Rechts auf Privatsphäre gedacht gewesen sei, habe als Farce geendet. González klagte gegen Google, um seine Privatsphäre zu schützen, hatte aber nur erreicht, dass nun alle Welt die unangenehme Information kannte. ▪

» Europäische Datenschützer sollten nicht bestimmen dürfen, welche Suchergebnisse Internetnutzer in aller Welt zu sehen bekommen. «

Thomas Hughes
Geschäftsführer der britischen NGO Article 19, 2019

Die Rolle des Generalanwalts

Als der EuGH im September 2019 widerwillig einräumte, dass das Recht auf Vergessenwerden nur innerhalb der EU gelte, tat er dies auf Anraten des polnischen Generalanwalts Maciej Szpunar. Als es fünf Jahre zuvor entschied, das Google für die von ihm angezeigten Daten verantwortlich sei, tat es dies gegen den Rat des Generalanwalts Niilo Jääskinen.

Die Generalanwälte arbeiten unabhängig von den Richtern des EuGH und begutachten die Fälle, in denen das Gericht eine neue Rechtslage erkennt. Jedem solchen Fall wird ein Generalanwalt zugewiesen, der das Recht hat, die Parteien des Rechtsstreits zu befragen. Sie haben zwar eine rein beratende Funktion, aber die Richter des EuGH folgen ihren Urteilsvorschlägen bei ihren Beratungen in den meisten Fällen. Es gibt elf Generalanwälte, die von den EU-Mitgliedsländern für eine Amtszeit von sechs Jahren vorgeschlagen werden.

EIN FREIES UND OFFENES INTERNET

DIE OPEN INTERNET ORDER (2015)

IM KONTEXT

SCHWERPUNKT
Internetrecht

FRÜHER
1996 Der US-Telecommunications Act reguliert nur bestehende ISPs für Kabelmodemrouter.

2010 Chile schreibt die Netzneutralität gesetzlich fest.

2014 In einer Umfrage der FCC sprechen sich 99 Prozent für Netzneutralität aus.

SPÄTER
2015 Die EU-Verordnung 2015/2120 strebt den Schutz eines offenen Zugangs zum Internet in Europa an.

2017 Die FCC revidiert ihre Entscheidung von 2015.

2019 Das Berufungsgericht des District of Columbia stützt die Entscheidung der FCC zur Beendigung der Netzneutralität.

Praktisch keine Frage zum Internet und seiner Zukunft in den USA ist strittiger als die der Netzneutralität (der Begriff wurde 2003 von Tim Wu, Juraprofessor an der Columbia University, geprägt). Netzneutralität besagt, dass Daten und Dienste im Internet nicht durch Internetanbieter (ISPs) beeinflusst werden sollten. Dabei geht es nur um die Übertragung von Datenpaketen und nicht um die Inhalte selbst.

Netzneutralität bestimmt aber nicht nur, wie Informationen zugänglich sind, sondern auch, *welche* Informationen zugänglich sind. Da das Internet praktisch allgegenwärtig und die Welt damit

Siehe auch: Die Verfassung und die Bill of Rights der USA 110–117 ▪ Die Allgemeine Erklärung der Menschenrechte 222–229 ▪ Der WIPO-Urheberrechtsvertrag 286–287 ▪ *Google Spain v. AEPD and Mario Costeja González* 308–309

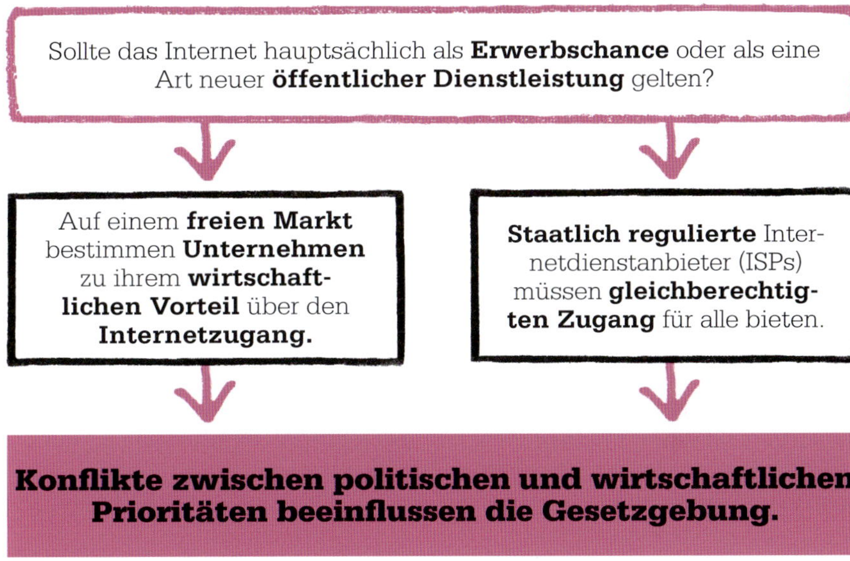

fast vollständig von ihm abhängig ist, ist dies von entscheidender Bedeutung.

ISPs und Content-Anbieter

Das Internet ist eine digitale Interaktion zwischen Content-Anbietern und Nutzern, die mehr oder weniger grenzenlosen Transfer digitaler Daten (Datenverkehr) zwischen Anbietern und Nutzern erlaubt und alles von Kurznachrichten, E-Mails und Online-Speichersystemen bis hin zu Streamingdiensten, sozialen Medien und Suchmaschinen umfasst. Physikalisch verbunden sind all diese Bestandteile über ein riesiges, unendlich komplexes Netzwerk, das die ISPs zur Verfügung stellen. Neben dem Ausbau und Unterhalt der kostspieligen Infrastruktur hat jeder ISP ein Abrechnungsmodell, über das er seine Dienste seinen Nutzern in Rechnung stellt.

Jeder Internetnutzer muss einen ISP für die Nutzung des Netzes bezahlen. Hielte sich der ISP an die Netzneutralität, könnten alle Nutzer sicher sein, dass ihr Zugang zum Internet gleichberechtigt ist. Der ISP würde keinen Inhalt bei der Übertragung bevorzugen. Selbst die größten Content-Anbieter mit zahllosen Kunden, wie Google, YouTube, Facebook und Twitter, würden gleich behandelt wie die Website eines kleinen lokalen Händlers.

Auf einem unregulierten Markt könnten ISPs entscheiden, bestimmte Inhalte zu blockieren bzw. die Übertragungsgeschwindigkeit zu drosseln, sodass der Download langsam ist und schlechte Qualität hat. Sie könnten einige Nutzer benachteiligen, indem sie zwischen bezahlten »Fast Lanes« (bezahlte Priorität) und kostenlosem, aber limitiertem Zugang unterscheiden, was zur Bevorzugung einiger Content-Anbieter führen würde.

1996, als das Internet noch in den Kinderschuhen steckte, unternahmen die USA mit dem Telecommunications Act einen ersten Versuch der Regulierung. Es stufte Anbieter mit bestehenden Telefonnetzwerken (Kabel-Modem oder Modem-Einwahl) als Telekommunikationsdienstleister ein, die nach dem Telecommunications Act von 1934 als öffentliche Versorgungsdienste reguliert wurden. Breitbandanbieter wurden als Informationsdienste klassifiziert und von der Regulierung ausgenommen. Diese Unterscheidung war wichtig, da sie festlegte, ob ISPs rechtlich verpflichtet waren, gleichberechtigten Zugang für alle zu bieten.

Die FCC

Die Federal Communications Commission (FCC) ist die Regulierungsbehörde für alle Kommunikationssysteme der USA. Über die Jahre hat sie ihre Politik mehrfach geändert. 2002 stufte sie auch die Netzbetreiber als Informationsdienste ein. 2008 scheiterte ihr Versuch, ISPs zu regulieren (siehe Kasten S. 312). Von den Vorteilen der Netzneutralität überzeugt und mit starker öffentlicher Unterstützung erließ die FCC im April 2015 eine Open »

» Wir hegen und schützen unsere Informationsnetzwerke, da sie im Mittelpunkt unserer Wirtschaft, unserer Demokratie, unserer Kultur und unseres persönlichen Lebens stehen. «

Tim Berners-Lee
Begründer des World Wide Web, 2006

Internet Order. Sie bekräftigte, dass ISPs im Grunde nichts anders waren als Telefongesellschaften, und stufte sie erneut als Telekommunikationsdienste ein. Damit waren sie verpflichtet, gleichen Zugang für alle zu gewährleisten. Die Anordnung legte klare Richtlinien fest: kein Blockieren, keine Drosselung, vermehrte Transparenz und keine Priorisierung gegen Bezahlung.

Für und Wider

Vor und nach der Open Internet Order 2015 wurde heiß diskutiert, ob Netzneutralität vom Gesetz geschützt werden sollte. Sollte die Regierung das Internet als öffentliches Gut betrachten, das wie andere öffentliche Versorgungsdienste reguliert werden kann? Oder sollte es den Gesetzen des freien Markts überlassen werden?

Die Befürworter gesetzlicher Regelung sagen, dass vernünftige staatliche Regulierung eine wesentliche Grundlage zur Verbesserung des Internets sei, die den größten Vorteil für möglichst alle bedeute. Das Internet sei zu wichtig, als dass man es der ungezügelten Marktwirtschaft überlassen sollte. Praktisch jeder ISP hat ein wirtschaftliches Interesse, bestimmte Daten bevorzugt zu behandeln. Bevorzugt ein ISP Kunden, die mehr zahlen, würden die, die wenig zahlen, in ein Internet zweiter Klasse verbannt. Zudem besteht in ländlichen Gegenden, in denen es nur eine begrenzte Auswahl an ISPs gibt, die Gefahr, dass diese ihre faktische Monopolstellung ausnutzen.

Ein weiterer Einwand gegen die Selbstregulierung ist, dass jedes Zwei-Klassen-Internet auch Zensur bedeutet, wenn ISPs nur aufgrund ihres kurzfristigen finanziellen Vorteils beschließen, was zu sehen ist und was nicht. So könnten ISPs, etwa durch das Blockieren von Websites, politisch Einfluss nehmen.

Regulierungsgegner argumentieren, dass das Internet seit seiner Entstehung Anfang der 1990er-Jahre bewiesen habe, dass es sich selbst regulieren könne. ISPs befürworten ein durch den freien Markt bestimmtes zweigleisiges Internet. Warum etwa sollten Video-Streamingdienste, die in den USA mehr als 30 Prozent Bandbreite belegen und damit andere Anbieter verdrängen, die dieselben ISPs nutzen, nicht für diese überproportionale Nutzung der begrenzten Bandbreite zahlen? Zudem könnten so alle Nutzer, ob privat oder kommerziell, frei entscheiden, ob sie für mehr Leistung und Qualität mehr bezahlen möchten. Größere Einnahmen der ISPs würden zu mehr Investitionen in neue Infrastruktur führen, was langfristig von Vorteil sei.

Einige Großkonzerne, alle mit enormen Ressourcen und ihren eigenen Wirtschaftsinteressen, sind über das Thema Netzneutralität in Konflikt geraten. Google ist selbst Content-Anbieter, besitzt aber auch ein ISP-Unternehmen

> »Dies ist genauso wenig ein Plan, das Internet zu regulieren, wie der erste Verfassungszusatz ein Plan wäre, die Redefreiheit zu regulieren.«
>
> **Tom Wheeler**
> Vorsitzender der FCC, 2015

Tom Wheeler, Vorsitzender der FCC unter Präsident Obama, ist ein Befürworter der Netzneutralität und hält Regulierung für notwendig.

Comcast und BitTorrent

Ein starkes Argument gegen Netzneutralität ist, dass sie schwer durchzusetzen ist. Lange bevor die FCC ihre Entscheidung 2017 revidierte, hatten ISPs oft legal den Datentransfer verlangsamt, der ihrer Meinung nach zu viel Bandbreite belegte.

Der berühmteste Streit um Netzneutralität in den USA fand 2008 statt. Jahrelang hatte der Anbieter Comcast den Datentransfer über BitTorrent (ein Filesharing-Dienst für große Dateien, wie etwa Filme) behindert bzw. praktisch unmöglich gemacht. Comcast behauptete, es habe die Transfers von BitTorrent nur zu Zeiten hoher Netzauslastung gedrosselt, tat dies aber mehr oder weniger permanent. Aktivisten zufolge war dies eine Blockade des freien Internetzugangs.

Die FCC tadelte Comcast daraufhin wegen Verstoßes gegen die Netzneutralität und erließ 2008 eine Unterlassungsanordnung. Comcast klagte daraufhin gegen die FCC, und das Berufungsgericht des District of Columbia entschied 2012 gegen die Behörde.

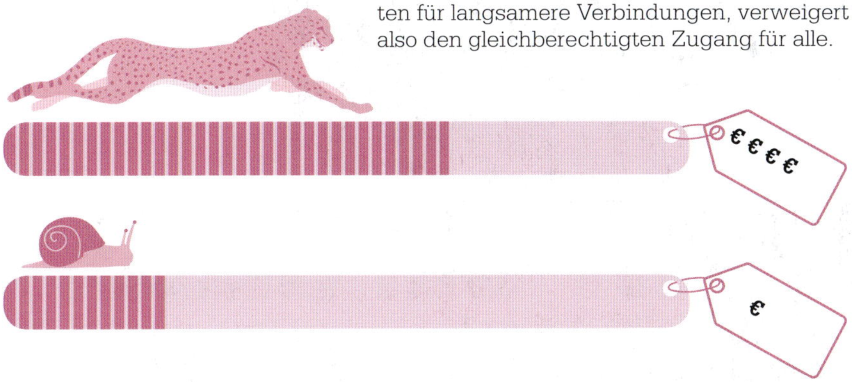

Jedes Zwei-Klassen-Internet, so die Kritiker, bevorzugt unweigerlich die Reichen und sorgt bei den meisten Nutzern und Lieferanten für langsamere Verbindungen, verweigert also den gleichberechtigten Zugang für alle.

und hat sich anderen ISP-Großkonzernen wie Comcast, Verizon und AT&T entgegengestellt, die sich gegen Netzneutralität aussprechen. Als Suchmaschine, die riesige Daten transportiert und dadurch eine immense Bandbreite belegt, stellt Google die Frage, warum es mehr für seinen Zugang zahlen und damit praktisch seine Konkurrenz bezuschussen sollte.

Einseitige Politik

Die oftmals bittere Auseinandersetzung zwischen den Befürwortern des staatlich regulierten Internets für alle und denen des freien Markts ist deutlich auch politisch gefärbt. Die fünf Mitglieder der FCC, die 2015 für die Open Internet Order verantwortlich zeichneten, wurden alle von Präsident Obama eingesetzt. 2017 hatte Präsident Trump fast alle Mitglieder ausgetauscht. Ihre Sympathie für Unternehmerinteressen war eindeutig, und im Dezember 2017 hob die FCC ihre Entscheidung von 2015 mit der Restoring Internet Freedom Order auf, die staatliche und lokale Regulierung der ISPs verbietet.

Der Erlass sorgte unweigerlich zu Klagen einzelner US-Staaten, die die Netzneutralität beibehalten wollten. Anfang 2018 hatten mehr als 20 Staaten gegen den Erlass geklagt. Die Befürworter der Netzneutralität erlitten im Oktober 2019 aber einen schweren Rückschlag, als das Berufungsgericht des District of Columbia entschied, der Erlass der FCC sei rechtmäßig. Dieses umstrittene Urteil ist ein Schlag ins Gesicht der öffentlichen Meinung, denn Umfragen zeigen, dass 80 Prozent der Amerikaner sie eindeutig befürworten. Möglicherweise hat das oberste Gericht der USA das letzte Wort in dieser erbittert geführten Debatte. Sein Urteil könnte sich unmittelbar auf die Stellung der USA als dominanter Einfluss im weltweiten Internet auswirken.

> »Was ist für die phänomenale Entwicklung des Internets verantwortlich? Bestimmt nicht schwerfällige staatliche Regulierung.«
>
> **Ajit Pai**
> Vorsitzender der FCC, 2017

Unterschiedliche Ansätze

Die Kontroverse um die Netzneutralität in den USA zeigt aber auch die Probleme von Gesetzgebung in einer Welt sich ständig weiterentwickelnder Technologie. Auch die Europäische Union sucht nach Lösungen und plädiert für Netzneutralität, eine Position, die sogar das Post-Brexit-Großbritannien befürwortet.

Die europäische Haltung wurde nicht zuletzt durch Finnland vorangetrieben, das 2009 eine Universal Service Obligation (USO) erließ, die die Netzneutralität stärkte und die Bereitstellung von Breitbandzugängen verpflichtend machte. In vielen Ländern bleibt der Breitbandzugang in ländlichen Gegenden ein ebenso brennendes Problem wie die Netzneutralität. ■

Ajit Pai, von Präsident Trump 2017 zum FCC-Vorsitzenden ernannt, ist beliebtes Ziel der Aktivisten für Netzneutralität. Er wurde bereits 2012 von Präsident Obama in die Behörde berufen.

ES GEHT UM GLEICHHEIT, NICHT UM GELD

LOHNGLEICHHEIT (2017)

IM KONTEXT

SCHWERPUNKT
Arbeitsrecht

FRÜHER
1919 Michigan und Montana erlassen Lohngleichheitsgesetze.

1951 Das IAO-Übereinkommen über die Gleichheit des Entgelts legt den Grundsatz gleicher Bezahlung für gleiche Arbeit fest.

1957 Die Römischen Verträge nennen Lohngleichheit als Kerngrundsatz der EWG.

1963 Die USA erlassen den Equal Pay Act.

1975 Isländerinnen streiken einen Tag lang bei Arbeit, Haushalt und Kinderbetreuung.

SPÄTER
2019 New Yorks Gouverneur Andrew Cuomo untersagt Arbeitgebern, Arbeitsuchende nach früheren Gehältern zu befragen.

Im Juni 2017 erließ Island ein Gesetz, das die Verdienstlücke zwischen Männern und Frauen schließen sollte. Lohngleichheitsgesetze gab es wie andernorts auch schon lange, aber trotzdem verdienten Frauen weniger als Männer.

Dem neuen Gesetz zufolge musste jedes Unternehmen in Island mit mehr als 25 Angestellten ein Zertifikat erwerben, das garantiert, dass es sich an die Lohngleichheitsgesetze hält. Größere Firmen hatten dafür bis 2019 Zeit, kleinere bis 2020 und 2022.

Das Gesetz wurde als Durchbruch für Frauen begrüßt und führte in anderen Ländern zu Rufen nach ähnlichen Regelungen. Kritiker hingegen hielten es für unnötig, da es ja bereits Gesetze gebe, die gleiche Bezahlung für gleiche Arbeit garantierten. Ihnen zufolge war die Forschung zur Verdienstlücke fehlerbehaftet, und das neue Gesetz würde Unterneh-

Frauen werden in fast jedem Land **schlechter bezahlt** als Männer.

Es gibt in den meisten Ländern **Gesetze zur Lohngleichheit,** aber sie sind **schwer durchzusetzen** und konnten die Lücke nur unzureichend schließen.

2017 erließ **Island ein Gesetz,** das die meisten Arbeitgeber zum Nachweis zwingt, dass ihre Gehaltsstruktur dem **Lohngleichheitsstandard** entspricht.

Arbeitgeber können die **Gesetzgebung** aber **umgehen,** indem sie Männer und Frauen in **unterschiedlichen Jobs** beschäftigen.

Siehe auch: Der Trade Union Act 156–159 ▪ Eine Unfallversicherung für Arbeiter 164–167 ▪ Der Representation of the People Act 188–189 ▪ Der Civil Rights Act 248–253 ▪ *Roe v. Wade* 260–263 ▪ Die gleichgeschlechtliche Ehe 292–295

Der Näherinnenstreik bei Ford

Am 7. Juni 1968 traten die Näherinnen des Ford-Automobilwerks im britischen Dagenham in den Streik. Sie nähten Überzüge für die Autositze und brachten die Produktion mit ihrem Ausstand schnell zum Stehen. Die Arbeiterinnen protestierten gegen die Einstufung ihrer Arbeit als »Grade B« (gering qualifiziert), wodurch sie weniger Lohn bekamen als die meisten Männer, die nach »Grade C« (besser qualifiziert) entlohnt wurden. Schließlich verlange das Nähen eine sehr hohe Kunstfertigkeit, also sollte es auch besser entlohnt werden.

Der Streik erhielt viel Aufmerksamkeit, weil das Werk für die britische Wirtschaft von großer Bedeutung war, und bald kämpften auch Frauen in anderen Branchen für Gleichheit. Am Ende handelte die Arbeitsministerin Barbara Castle eine Lohnerhöhung für die Näherinnen aus, die 8 Prozent unter dem Lohn der Männer lag. Zwei Jahre später trat der Equal Pay Act in Kraft.

Die Wortführerinnen des Streiks protestieren vor dem Büro von Barbara Castle. Drei Wochen später war Castle zu Gesprächen bereit.

men nur davon abhalten, Frauen einzustellen.

Das Konzept, dass Männer und Frauen gleich entlohnt werden sollten, ist nicht neu. 1839 beschrieb die französische Schriftstellerin George Sand in *Gabriel* »ein undurchdringliches Kristallgewölbe«. Später sprachen Feministinnen von der »Glasdecke«, einer unsichtbaren Barriere, die Frauen den Zugang zu den gleichen Karrieren verwehrt, die Männern offenstehen.

Erst nach zwei Weltkriegen, in und nach denen Frauen Männerjobs erledigen mussten, hörte man auf die Rufe nach gleicher Entlohnung. 1944 bestimmte der Staat New York, dass Frauen für gleiche Arbeit auch gleich entlohnt werden müssten, ein Grundsatz, den auch die 1957 neu gegründete Europäische Wirtschaftsgemeinschaft EWG übernahm.

Die USA führten mit dem Equal Pay Act von 1963 das erste landesweite Gesetz ein; Großbritannien folgte 1970 mit seinem Equal Pay Act.

Trotz aller Gesetzgebung existiert die Einkommenslücke – der Unterschied zwischen der nach Stunde gerechneten Entlohnung zwischen Männern und Frauen – ungebrochen weiter. Frauen verdienen im Schnitt ein Drittel weniger als Männer. Die Gründe dafür sind vielschichtig. So arbeiten mehr Frauen in schlechter bezahlten Jobs wie Pflege und Kinderbetreuung, verdienen also insgesamt weniger. Im Gegensatz dazu sind typisch männliche Berufe, wie Ingenieure, deutlich besser bezahlt. Frauen haben auch weniger Zeit für bezahlte Arbeit, da sie 76,4 Prozent der unbezahlten Haus- und Pflegearbeit leisten. Auch innerhalb von Unternehmen verdienen Frauen weniger, und nur wenige Frauen steigen in die Spitzengehaltsklassen auf. Island ist eines der gerechtesten Länder der Welt, und selbst dort sind weniger als 20 Prozent der Vorstandsvorsitzenden Frauen.

> » In 99,6 Prozent aller Berufe werden Männer besser bezahlt als Frauen. Das ist kein Zufall, das ist Diskriminierung. «
>
> **Elizabeth Warren**
> Amerikanische Politikerin und Anwältin (*1949)

Ein langer Weg

Islands Gesetze mögen die Unterschiede zwischen den Karriere- und Verdienstchancen für Männer und Frauen nicht aufheben, aber sie sind ein deutlicher Schritt hin zu mehr Gleichheit. Dennoch ist Bezahlung (neben Bildung, Gesundheit und politischer Vertretung) nur ein Aspekt der Kluft zwischen den Geschlechtern von weltweit 68,6 Prozent, die laut Voraussage des Weltwirtschaftsforums noch 99,5 Jahre fortdauern wird. ■

ANHANG

WEITERE GESETZE

Die Meilensteine des Rechts, die dieses Buch beschreibt, bilden das Rückgrat des modernen Rechts. Diese wegweisenden Entwicklungen verdanken wir nicht nur den großen Rechtsgelehrten, sondern auch Monarchen, Theologen, Politikern und Aktivisten, die zu anderen Gesetzen beitrugen. Herrscher wie Chlodwig oder Dschingis Khan führten Gesetzeswerke ein, die spätere Regierungen beeinflussten. Islamische Gelehrte schufen die Fatawa-i-Alamgiri, die ganz Südasien beeinflusst hat, und Südafrikas Präsident F. W. de Klerk machte einen großen Schritt Richtung Gleichstellung, als er die Aufhebung der Apartheidsgesetze ermöglichte. Jeder der hier aufgeführten Meilensteine der Rechtsgeschichte hat zur Entwicklung des modernen Rechts beigetragen.

DRAKONISCHE GESETZE

621 v. Chr.

Um willkürliche Strafen und Blutrache einzudämmen, beauftragte man den Athener Aristokraten Drakon mit dem ersten geschriebenen Gesetzeswerk des Stadtstaats Athen. Drakons Gesetze begünstigten die mächtigen Aristokraten und verhängten selbst für kleine Vergehen harte Strafen. Die Athener begehrten bald gegen diese extremen Strafen auf. Um 594 v. Chr. hob der Athener Magistrat Solon den Großteil der Gesetze auf und behielt nur die Strafe für Mord bei. Bis heute nennen wir als hart empfundene Strafen »drakonisch«.
Siehe auch: Platons *Gesetze* 31 ▪ Aristoteles und das Naturrecht 32–33

BUCH DER STRAFEN

536 v. Chr.

Die frühesten bekannten chinesischen Gesetze sind das Buch der Strafen (*Xingshu*), welches Zi Chan, Staatsminister des Staates Zheng, auf Bronzefässer gravieren ließ. Die Fässer sind nicht erhalten, sollen aber 22 strenge Strafen wie Zwangsarbeit, Verstümmelung, Kastration oder Tod nennen. Der Beschwerdebrief eines Offiziellen aus einem Nachbarstaat belegt ihre Existenz und die Kritik an ihnen.
Siehe auch: Zhou-Dynastie in China 24 ▪ Konfuzianismus, Daoismus und Legalismus 26–29

SOKRATES' PROZESS

399 v. Chr.

Der Philosoph Sokrates machte sich Feinde, als er sich gegen die Athener Demokratie und die Mehrheitsentscheidung stellte und nur gebildeten und weisen Menschen Macht an die Hand geben wollte. Seine Lehren brachten viele junge Athener dazu, den Status quo infrage zu stellen, und 399 v. Chr. wurde ihm von drei Anklägern vorgeworfen, er sei gottlos und verderbe die Jugend. Als ein Gericht aus 500 per Los bestimmten Männern Sokrates für schuldig befand, wurde er zum Tode durch Trinken eines Bechers mit Schierlingssaft verurteilt.
Siehe auch: Platons *Gesetze* 31 ▪ Aristoteles und das Naturrecht 32–33 ▪ Der Prozess gegen Galileo Galilei 93

KAPU

um 500 n. Chr.

Das traditionelle *Kapu*-System bot Regeln für fast alle Bereiche des täglichen Lebens, von Religion über Geschlechterrollen und Lebensführung bis zur Politik. Ähnlich der polynesischen Tradition des *Tapu* bedeutet *Kapu* ein Verbot, kann aber auch »heilig« bedeuten. Übertreten eines *Kapus,* selbst unabsichtlich, zog harte Strafen nach sich. 1819 schaffte König Kamehameha II. *Kapu* ab und brach es öffentlich, indem er Männer und Frauen zusammen speisen ließ.
Siehe auch: Konfuzianismus, Daoismus und Legalismus 26–29

ÆTHELBERHTS GESETZE

600 n. Chr.

Das früheste englische Gesetzbuch ist das König Æthelberhts von

Kent. Es ist in einer Handschrift aus dem 12. Jh., dem *Textus Roffensis,* erhalten. In Altenglisch statt wie bis dahin üblich in Latein verfasst, ist es auch die älteste Rechtssammlung in einer germanischen Sprache. Es basiert auf germanischem Recht und behandelt Themen wie Gewaltverbrechen, Rechte und Pflichten, Schadensersatz und den Status des Königs.
Siehe auch: Das Domesday Book 58–59 ▪ Die Magna Charta 66–71

TANG-GESETZBUCH
624 N. CHR.

Chinas lange Tradition geschriebener Gesetze reicht bis in die Westliche Zhou-Dynastie (um 1046–771 v. Chr.) zurück. Das Tang-Gesetzbuch ist der älteste vollständig erhaltene Kodex. Er verbindet konfuzianische Philosophie und legalistische Tradition, Gesetze niederzuschreiben, und besteht aus allgemeinen Regeln und besonderen Vergehen. Der Tang-Kodex beeinflusste spätere Gesetzeswerke in China und ganz Ostasien.
Siehe auch: Die Zhou-Dynastie in China 24 ▪ Konfuzianismus, Daoismus und Legalismus 26–29

BREHON LAWS
7.–17 Jh.

Die altirischen Brehon Laws oder Fénechas (Gesetze der Féne, der freien Bürger Irlands) wurden von Brehon, wandernden Richtern, ausgelegt und weitergegeben. Die Gesetze aus der Bronzezeit, die erstmals im 7. Jh. niedergeschrieben wurden, waren streng hierarchisch und belegten niedriger Stehende mit härteren Strafen. Die Strafgesetze setzen aber eher auf Strafzahlungen und Wiedergutmachung als auf gewaltsame Strafen. Nachdem Irland im 17. Jh. unter englische Herrschaft kam, wurden die Brehon Laws verboten und durch das Common Law ersetzt.
Siehe auch: Frühes Recht 18–19 ▪ Das *Decretum Gratiani* 60–63

LEGES VISIGOTHORUM
um 643 N. CHR.

Chindaswinth, König des Westgotenreichs, führte einen Rechtskodex ein, den sein Sohn Rekkeswinth 654 ergänzte. Der Kodex markiert den Übergang von römischem zu germanischem Recht und war erstmals für die gesamte Bevölkerung gültig. Zuvor fielen Römer, die im Königreich lebten, unter das römische Recht (*leges romanae*) und die Westgoten unter germanisches Recht (*leges barbarorum*).
Siehe auch: Das Zwölftafelgesetz 30 ▪ Das *Decretum Gratiani* 60–63

MITTELALTERLICHE RECHTSSCHULEN
11.–13 Jh.

Die Wiederentdeckung von Justinians Digesten um 1070, die über 500 Jahre verschollen waren, führte 1088 dazu, dass man an der ältesten Universität Europas in Bologna Recht studieren konnte. Im 11. Jh. verfasste Gratian, ein Bologneser Rechtsgelehrter, sein *Decretum,* ein Lehrbuch zum Kirchenrecht. Daraus erwuchs die erste Rechtsschule seit der Antike, und andere Universitäten in Europa folgten diesem Beispiel. Bis zum Ende des 12. Jh. lehrten Universitäten in Oxford, Paris und Montpellier ebenfalls Recht.
Siehe auch: Ulpian 36–37 ▪ Das *Decretum Gratiani* 60–63

GREAT LAW OF PEACE
12. Jh.

Um das 12. Jh. entstand die Irokesen-Konföderation, ein Zusammenschluss der fünf indigenen Nationen der Haudenosaunee. Gemeinsam mit einem zweiten Oberhaupt formulierte ihr Anführer, der große Friedensstifter, das *Great Law of Peace,* eine mündliche Verfassung, die auf Muschelperlen weitergereicht wurde und einen bindenden Kodex für die Nationen darstellte. Die Einheit, die diese Verfassung erzielte, beeindruckte Gründungsvater Benjamin Franklin. Ihre Artikel beeinflussten die Verfassung der USA, die er mitschuf, wie der Senat 1988 bestätigte.
Siehe auch: Der Westfälische Friede 94–95 ▪ Die Verfassung und die Bill of Rights der USA 110–117

ASSIZE OF BREAD AND ALE ACT
1202

Das erste englische Gesetz, das den Verkauf von Lebensmitteln regulierte, sollte die Bürger vor skrupellosen Händlern schützen, gab faire Preise für Bier und Brot vor und legte fest, wie schwer ein Laib Brot zu einem *Farthing* zu sein hatte.
Siehe auch: Die Lex Mercatoria 74–77 ▪ Der Sherman Antitrust Act 170–173

DSCHINGIS KHANS *JASSA*
1206

Dschingis Khan einte das Mongolenreich im Nordosten Asiens und führte Gewohnheitsrechte ein, die nur die Herrscherfamilie einsehen und umsetzen konnte. Der *Jassa*

ist nicht im Original erhalten, doch Sekundärquellen deuten an, dass er Gehorsam gegenüber dem Khan und die Einigung der Klans forderte und Strafen für Vergehen festlegte.
Siehe auch: Die Zhou-Dynastie in China 24 ▪ Platons Gesetze 31

SIETE PARTIDAS
1256

Verfasst unter Alfonso X. von Kastilien, enthielt die *Siete Partidas* (Sieben-Teile-Code) rechtliche, moralische und philosophische Regeln für ganz Kastilien. Auf römischem Recht basierend, galt sie als allgemeine Rechtsgrundlage für das ganze Reich. Durch die Expansion des spanischen Reichs im 16. Jh. gelangte die *Siete Partidas* nach Lateinamerika, wo sie teils bis ins 19. Jh. gültig blieb.
Siehe auch: Der Vertrag von Tordesillas 86–87

PROZESS GEGEN JEANNE D'ARC
1431

Der Prozess gegen Jeanne d'Arc vor einem Kirchengericht in Rouen ist einer der bestdokumentierten des Mittelalters. Nach Visionen war Jeanne überzeugt, sie müsse Frankreich von den Engländern befreien und dem Dauphin zur Krönung als Karl VII. verhelfen. Sie führte erfolgreiche Schlachten gegen England, wurde aber von den pro-englischen Burgundern gefangen. Ihr wurden 70 Vergehen vorgeworfen, vor allem im Zusammenhang mit ihren Visionen, die als gotteslästerlich angesehen wurden. Sie wurde als Ketzerin auf dem Scheiterhaufen verbrannt.
Siehe auch: Der Prozess gegen Galileo Galilei 93 ▪ Die Hexenprozesse von Salem 104–105

PROZESS GEGEN MARTIN LUTHER
1521

1517 nagelte Martin Luther laut Überlieferung 95 Thesen gegen den Ablasshandel der römisch-katholischen Kirche an die Türen der Schlosskirche von Wittenberg. Das gilt als der Beginn der protestantischen Reformation, die die Doktrinen und Praktiken der Kirche infrage stellte. 1521 exkommunizierte der Papst Luther, der wegen Ketzerei angeklagt wurde und von Kaiser Karl V. in Worms verhört wurde. Luther nutzte den Prozess, um sich zu verteidigen und seine Ideen weiterzuverbreiten. Der Kaiser verhängte über ihn die Reichsacht. Sie kam aber nicht zum Tragen, denn Friedrich III. von Sachsen schützte Luther, der seine Arbeit fortführte und so zur Entstehung des Protestantismus beitrug.
Siehe auch: Der Prozess gegen Galileo Galilei 93

SOBORNOJE ULOSCHENIJE
1649

Bevor in Russland 1649 das *Sobornoje Uloschenije* (Reichsgesetzbuch) galt, war Korruption in der »Zeit der Wirren« sehr verbreitet. Von der stabilisierenden Wirkung neuer Gesetzeswerke in den Nachbarländern beeindruckt, forderte eine Gruppe von Moskowitern, Russland solle dem Beispiel folgen. Fürst Nikita Odojewsky wurde beauftragt, aus russischen Gesetzen und byzantinischem Recht (die auf römischem Recht und dem Kirchenrecht basierende Rechtsordnung, die vom 6. Jh. bis zum Fall Konstantinopels 1453 galt) einen neuen Kodex zu schaffen. Die 25 Kapitel seines Gesetzes deckten Bereiche wie Religion, Besitz, Landbesitz, Erbschaft, Handel, Reiseerlaubnis, Militärdienst und Strafrecht ab. Zudem stufte das Reichsgesetzbuch Bauern als Leibeigene ein und beschnitt die Macht der orthodoxen Kirche.
Siehe auch: Die Slave Codes 98–101 ▪ Die russische Verfassung 190–191

HABEAS CORPUS ACT
1679

Die englische Magna Charta von 1215 beinhaltete das Konzept des *habeas corpus:* Niemand darf unberechtigt inhaftiert werden. Nach der Restauration von 1660 schrieb das Parlament es dann im Gesetz fest. *Habeas corpus* heißt wörtlich übersetzt »Du sollst den Körper bringen« und bedeutet, dass jemand vor Gericht zu stellen ist, um die Rechtmäßigkeit seiner Festnahme zu prüfen. Heute wichtiger Grundsatz des britischen Common Law, wurde *habeas corpus* in der Geschichte mehrfach ausgesetzt, etwa während des Zweiten Weltkrieges, als Ausländer ohne Anklage inhaftiert wurden.
Siehe auch: Die Magna Charta 66–71 ▪ Die Glorreiche Revolution und die englische Bill of Rights 102–103

FATAWA-I-ALAMGIRI
Spätes 17. Jh.

Die im Mogulreich gültige Rechtssammlung Fatawa-i-Alamgiri war nach Alamgier (»Welteroberer«) benannt, dem Beinamen des Mogulherrschers Aurangzeb. Erstellt von Hanafiten, einer der vier Rechtsschulen des sunnitischen Islams, war er die Rechtsgrundlage des indischen Mogulreichs und deckte alle Aspekte des Lebens ab, wie Familie, Sklaven, Steuern, Krieg und Besitz. Die Schrift beeinflusste später Rechtssysteme in ganz Südasien. **Siehe auch:** Das Arthashastra und die Manusmriti 35 ▪ Der Koran 54–57

TRANSPORTATION ACT
1717

Um das Gefängnissystem zu entlasten, beschloss das englische Parlament 1717 die Verschiffung von Kriminellen nach Nordamerika. Sträflinge mussten schon bei geringeren Vergehen sieben Jahre und bei schweren Vergehen 14 Jahre Zwangsarbeit leisten. Nach der amerikanischen Unabhängigkeit 1776 verschiffte das Königreich Sträflinge dann nach Australien. **Siehe auch:** Die englischen Armengesetze 88–91

LUFTRECHT
1784

1783 starteten die Brüder Mongolfier ihren ersten bemannten Heißluftballon über Paris, was die Frage nach der Hoheit im Luftbereich aufkommen ließ. Eine Polizeiordnung verbot Ballonfahrten über Paris ohne Genehmigung. Belgien und Deutschland erließen bald ähnliche Gesetze und ebneten damit einem eigenen Luftfahrtrecht den Weg. **Siehe auch:** Die Haager Konventionen 174–177

STRAFKOLONIE AUSTRALIEN
1788

Im Januar 1788 landeten 736 britische Sträflinge in Botany Bay, Australien. So entstand die erste Strafkolonie des Kontinents. Der Transport war billiger als die Haft im Königreich, die oft schon für kleinere Vergehen verhängt wurde. In den folgenden 80 Jahren wurden über 160 000 Sträflinge nach Australien verschifft, was Großbritannien half, seine neue Kolonie zu besiedeln, aber die indigene Bevölkerung Australiens durch Krankheiten, Kriege und Landnahme stark dezimierte. Eine wachsende Zahl von Siedlern der florierenden Kolonie protestierte gegen die Gefangenentransporte, die 1868 eingestellt wurden. **Siehe auch:** Der Vertrag von Tordesillas 86-87 ▪ Die englischen Armengesetze 88–91

VERTRAG VON WAITANGI
1840

Als in den 1830er-Jahren mehr britische Auswanderer in Neuseeland eintrafen, schloss die britische Regierung einen Vertrag mit den Maori, um britische Interessen zu schützen. Er wurde in Maori übersetzt (aber mit Diskrepanzen, die das Ausmaß verschleierten, in dem die Maori ihre Rechte abgaben). Der Vertrag verlieh den Briten Hoheitsgewalt über Neuseeland und das exklusive Kaufrecht für Maori-Land. Im Gegenzug garantierte man den Maori das Eigentumsrecht an ihrem Land und alle Rechte und Privilegien der britischen Staatsbürgerschaft. **Siehe auch:** Der Vertrag von Tordesillas 86–87 ▪ Der St Catherine's Milling Case 169

WELTPOSTVERTRAG
1874

Der Postverkehr expandierte in 18. und 19. Jh. enorm, aber fehlende Standards zur Kontrolle des internationalen Versands behinderten das Geschäft. 1874 berief daher die Schweizer Regierung eine Konferenz mit Teilnehmern aus 22 Ländern ein, die den Vertrag von Bern beschloss, der 1875 in Kraft trat. Er enthielt die Gründung des Weltpostvereins und eines einheitlichen Postbezirks, der 19 europäische Länder sowie die USA und Ägypten umfasste, was den Versand unter einem einheitlichen Regelwerk erlaubte. Innerhalb der ersten zehn Jahre wuchs der Verein auf 55 Mitglieder heran. 1878 wurde aus dem Weltpostvereinsvertrag der Weltpostvertrag. Er ebnete den Weg für weitere internationale Abkommen, die ebenfalls auf dem Prinzip der Gegenseitigkeit basierten, wie die Pariser Verbandsübereinkunft zum Schutz des gewerblichen Eigentums von 1883, die auch den Schutz von Patenten und Handelsmarken umfasste. **Siehe auch:** Die Welthandelsorganisation 278–283 ▪ Die Open Internet Order 310–113

TRADE MARKS REGISTRATION ACT
1875

Der Trade Mark Registration Act ermöglichte britischen Firmen erstmals, ihre Produkte formal zu registrieren und ihre Handelsmarken zu schützen, um zu verhindern, dass andere ihre Produkte kopierten. Das Gesetz definierte Handelsmarken als Vorrichtung, Marken oder Namen von Individuen oder Firmen, die auf bestimmte und charakteristische Weise gedruckt sind. Die erste registrierte Handelsmarke war am 1. Januar 1876 das rote Dreieck der Bass Breweries. **Siehe auch:** Das Venezianische Patentgesetz 82–85 ▪ Das Statute of

Anne 106–107 ▪ Der WIPO-Urheberrechtsvertrag 286–287

DREYFUS-AFFÄRE
1894

Alfred Dreyfus, ein französischer Hauptmann jüdischen Glaubens, wurde 1894 fälschlich angeklagt, Geheimnisse ans Deutsche Kaiserreich verkauft zu haben. Ein Militärgericht verbannte ihn auf die Teufelsinsel in Französisch-Guayana. 1896 deuteten neue Beweise auf Major Ferdinand Walsin-Esterházy als tatsächlichen Täter hin, wurden aber nicht wirklich verfolgt, und er wurde freigesprochen. Nachdem Autor Émil Zola seinen offenen Brief *J'accuse …!* in Unterstützung Dreyfus' veröffentlichte, wuchs in der Bevölkerung das Unbehagen über den Justizirrtum. Ein Dreyfus belastendes Dokument stellte sich als Fälschung heraus, dennoch befand ihn ein zweiter Prozess 1899 erneut für schuldig. Die Strafe wurde umgewandelt und Dreyfus begnadigt. 1906 wurde er schließlich vollständig rehabilitiert.
Siehe auch: Der Prozess gegen Galileo Galilei 93 ▪ Die Hexenprozesse von Salem 104–105

BÜRGERLICHES GESETZBUCH
1900

Nach der Reichsgründung 1871 behielten die Länder zunächst ihre eigenen Gesetze, doch man wusste um die Notwendigkeit eines im gesamten Staat geltenden Gesetzbuchs. 1881 entstand der auf dem römischen Recht basierende erste Entwurf des Bürgerlichen Gesetzbuchs (BGB). Er trat 1900 in Kraft und etablierte im gesamten Deutschen Reich ein einheitliches Privatrecht. Das BGB von 1900 bildete die Grundlage für modernes deutsches Recht und diente auch als Vorlage für das Zivilrecht anderer Nationen, darunter China, Italien, Japan, Südkorea und die Schweiz.
Siehe auch: Das Zwölftafelgesetz 30 ▪ Der Code Napoléon 130–131

SCOPES-PROZESS
1925

Als 1925 in Tennessee der Butler Act verabschiedet wurde, der die Evolutionstheorie an Schulen verbot, formierte sich Widerstand. Der Physiklehrer John Scopes ließ sich freiwillig anklagen. Der Prozess schlug hohe Wellen, und schließlich standen sich der Evolutionsgegner William Jennings Bryan für die Anklage und der renommierte Anwalt Clarence Darrow als Verteidiger gegenüber. Scopes wurde zu 100 Dollar Bußgeld verurteilt, hatte aber sein Ziel erreicht, die Kontroverse Wissenschaft gegen Religion in die Öffentlichkeit zu bringen.
Siehe auch: Der Prozess gegen Galileo Galilei 93

MONDVERTRAG
1979

Um der internationalen Gemeinschaft eine Rechtsgrundlage im Weltraum zu geben, nahm die UN-Generalversammlung 1979 den Mondvertrag an, der den Mond und die Himmelskörper umfasste. Er besagte, dass diese Gebiete des Weltalls allgemeines Erbe der Menschheit sind und ihre Umwelt daher geschützt werden sollte. Mit der Ratifizierung durch Australien trat der Vertrag 1984 in Kraft und fordert die Gründung einer internationalen Gruppe zur Regulierung zukünftiger Erschließungen der natürlichen Ressourcen des Monds und der Himmelskörper. Zwar sind 18 Nationen Vertragsparteien, aber bisher hat noch keine der Weltraumnationen den Vertrag ratifiziert.
Siehe auch: Das Weltnetz der Biosphärenreservate 270–271 ▪ Das Kyoto-Protokoll 305

AUFHEBUNG DER APARTHEIDSGESETZE
1991

1948 traten die Gesetze der Apartheid, der Rassentrennung in Südafrika, die die schwarze Bevölkerung diskriminierten, in Kraft. Unter immer stärkerem Druck südafrikanischer Aktivisten und der internationalen Gemeinschaft ließ Präsident F. W. de Klerk diese Gesetze 1991 aufheben. Zu ihnen zählten u. a. die Land Acts von 1913 und 1936, die Weißen das beste Land zusprachen, sowie der Population Registration Act von 1950, der alle Babys ab der Geburt nach Rasse kategorisierte. Die Abschaffung der Apartheidsgesetze und die Wahl der ersten, mehrheitlich nicht weißen Regierung 1994 beendete offiziell das Apartheidsystem.
Siehe auch: Die Nürnberger Gesetze 197 ▪ Der Civil Rights Act 248–253

OSLOER ABKOMMEN
1993, 1995

Im Versuch, einen dauerhaften Frieden zwischen Israel und den Palästinensern zu sichern, unterzeichneten die israelische Regierung und die Palästinensische Befreiungsorganisation (PLO) 1993 und 1995 zwei Abkommen, die ursprünglich in

Norwegen verhandelt wurden. Zu früheren Initiativen zählten auch die Resolution 242 des UN-Sicherheitsrats von 1967. Die Osloer Abkommen erreichten ein Ziel der Resolution 242: Die PLO erkannte Israels Existenzrecht an und wurde im Gegenzug als Repräsentant der Palästinenser anerkannt. Zudem gestand man den Palästinensern in gewissem Umfang die Selbstverwaltung in den besetzen Gebieten Gaza und Westjordanland zu. Beide Seiten verpflichteten sich, nicht gewaltsam gegeneinander vorzugehen. Die im Vertrag vereinbarte fünfjährige Übergangszeit endete 1999 ohne Abkommen, der Krieg flammte wieder auf, und die Regelungen der Abkommen wurden weitgehend aufgegeben.
Siehe auch: Der Westfälische Friede 94–95 ▪ Der Friedensvertrag von Versailles 192–193

UNDERLYING LAW ACT
2000

Bis zur Unabhängigkeit 1975 beruhte das Rechtssystem Papua-Neuguineas auf dem englischen Common Law. Die neue Verfassung wollte sicherstellen, dass das Gewohnheitsrecht eine wichtige Quelle des Underlying Law (zugrunde liegenden Rechts) des Landes ist und angewendet wird, solange es nicht dem geschriebenen Gesetz widerspricht oder nationalen Interessen und Zielen zuwiderläuft.
Siehe auch: Der St Catherine's Milling Case 169

USA PATRIOT ACT
2001

Einen Monat nach den von El-Kaida-Terroristen verübten Anschlägen vom 11. September 2001 unterzeichnete Präsident George W. Bush den USA Patriot Act. Das Gesetz weitete die Überwachungsbefugnisse der Geheimdienste und Strafverfolgungsbehörden aus. So erleichterte es etwa die Durchsuchung von Privatwohnungen und Geschäftsräumen Verdächtiger, ihrer E-Mails, Telefonate und Finanzunterlagen, wogegen Bürgerrechtler immer wieder Bedenken äußern. Ab 2005 sollten 16 Paragrafen auslaufen, doch durch eine 2006 verabschiedete Anpassung des Gesetzes wurden 14 dieser Auslaufklauseln permanent aufgenommen und die beiden restlichen verlängert. 2011 wurden die Überwachungsbefugnisse bis 2015 verlängert. Der USA Freedom Act von 2015 schränkte die Datenspeicherungsrechte des Staats ein, aber die zentralen Überwachungsbefugnisse wurden erneut betätigt und verlängert.
Siehe auch: Der Internationale Pakt über bürgerliche und politische Rechte 256–257

RANGLISTE DER PRESSEFREIHEIT
2002

Um die Informationsfreiheit zu stützen, gibt die Organisation Reporter ohne Grenzen (ROG) seit 2002 jährlich die Rangliste der Pressefreiheit heraus, die 180 Länder danach bewertet, wie frei Journalisten in ihnen arbeiten können. ROG wertet die Antworten von Experten aus und analysiert Behinderungen und Gewalt gegen Journalisten. 2020 lag Norwegen im vierten Jahr in Folge an erster Stelle, während Nordkorea und Turkmenistan den letzten Platz belegen.
Siehe auch: Die Allgemeine Erklärung der Menschenrechte 222–229

KOREANISCHES INFEKTIONSSCHUTZ-GESETZ
2009

Als 2020 die Corona-Pandemie ausbrach, konnte Südkorea aufgrund seines Infektionsschutzgesetzes schnell Schritte zum Kampf gegen das Virus unternehmen. Neben umfangreichen Tests griff die Regierung auf Maßnahmen zurück, die 2015 bei einem Ausbruch des ähnlichen Virus MERS–CoV ins Gesetz aufgenommen wurden. Die Gesetzesänderung erlaubte es Behörden, mithilfe u. a. der Daten von Mobiltelefonen und E-Mails Bewegungsprofile infektiöser Patienten für die Zeit vor der positiven Diagnose zu erstellen. Die von Datenschützern kritisierte Maßnahme half Südkorea, die Infektion einzudämmen.
Siehe auch: Der Internationale Pakt über bürgerliche und politische Rechte 256–257

MODERN SLAVERY ACT
2015

Nach diesem Gesetz muss jede Organisation mit einem Jahresumsatz über 36 Millionen br. Pfund, die in Großbritannien Güter oder Dienstleistungen anbietet, in ihrem Jahresbericht veröffentlichen, welche Maßnahmen sie gegen Menschenhandel, Sklaverei und Zwangsarbeit unternimmt. Ein Bericht des britischen Innenministeriums von 2019 empfiehlt, das Gesetz weiter zu stärken und auszuweiten, um auch den öffentlichen Sektor abzudecken.
Siehe auch: Der Slave Trade Act 132–139

GLOSSAR

Querverweise in diesem Glossar sind *kursiv* gesetzt.

Abkommen Ein formaler *Vertrag* über Handel, Zusammenarbeit oder die Beendigung von Feindseligkeiten zwischen *Staaten*.

absolute Monarchie Eine Monarchie, deren König oder Königin uneingeschränkt herrscht. Siehe auch *konstitutionelle Monarchie*.

Act Englischer Begriff für ein *Gesetz,* das formal erlassen wurde.

Aktiengesellschaft Eigenständige juristische Person im Besitz von Anteilseignern, die Geschäfte tätigt.

Angeklagte Vor *Gericht* beschuldigte Personen oder Körperschaften.

Anhörung Ein Verfahren vor einem *Gericht* oder anderen Beschlussorgan. Meist kürzer und informeller als ein *Gerichtsprozess*.

Anklage Die Vorlage von *Beweisen* in einem Strafprozess, um die Schuld einer angeklagten Person zu belegen.

Anklageschrift Formale *Anklage* einer Straftat.

Assize Ein regelmäßig tagendes *Gericht* im England des Mittelalters.

Aufklärung Die Zeit zwischen 1685 und 1815, in der europäische Denker die etablierten Vorstellungen von Religion und Autorität infrage stellten und Ideale wie Freiheit, Fortschritt und Toleranz vertraten.

Auslieferung Überführung einer eines *Verbrechens* angeklagten Person aus dem Ausland in das Land, in dem die Tat begangen wurde.

Barrister Ein Anwalt in Großbritannien und manchen anderen Ländern mit Common-Law-Systemen, der als *Rechtsbeistand* vor Gericht auftreten kann.

Berufung Die Bitte an eine übergeordnete Instanz, ein Gerichtsurteil zu revidieren.

Betrug Kriminelle Täuschung, um finanzielle oder persönliche Vorteile zu erlangen.

Beweise Vor *Gericht* oder in einer Ermittlung vorgebrachte Umstände, die bei der Urteilsfindung helfen sollen.

Bill of Rights Eine formale Erklärung der wichtigsten *Rechte* und Freiheiten der *Bürger* eines Landes oder Bundesstaats.

Bürger Eine einer Stadt oder größeren Gemeinde wie einem *Staat* oder Land zugehörige Person.

Bürgerrechte Das *Recht* der Menschen in einer Gesellschaft auf gleiche Behandlung und gleiche Chancen, unabhängig von Geschlecht, Ethnie oder Religion. Beispiele sind das Wahlrecht und das Recht auf einen fairen Prozess.

Common Law Das Landrecht, das weder aus *Gesetzbüchern* noch aus einer geschriebenen Verfassung, sondern aus früheren Gerichtsurteilen herrührt. Die Basis der Rechtssysteme in den meisten englischsprachigen Ländern. Siehe auch *Zivilrecht*.

Computerkriminalität Mithilfe von Computern ausgeführte Straftaten.

Deliktsrecht Der Teil des *Zivilrechts,* der sich mit rechtswidrigen Handlungen einer Partei befasst, die einer anderen Partei Schaden zufügt.

Demokratie Regierungsform, bei der die Macht vom Volk oder von ihm gewählten Vertretern ausgeht.

direkte Demokratie Faktische Machtausübung des Volkes – die *Bürger* stimmen über alle sie betreffenden Fragen ab.

Diskriminierung Die ungerechte Behandlung einer Person oder Gruppe aufgrund von Ethnie, Geschlecht, Religion, Befähigung, Schicht oder Sexualität.

DNA (DNS) Desoxyribonukleinsäure. Ein großes Molekül, das einzigartige genetische Informationen trägt und dadurch zur Identifizierung von Personen genutzt werden kann.

Edikt Eine öffentliche Bekanntmachung oder eine Anweisung einer Autoritätsperson.

Embargo Eine Staatsanweisung, nach der jede kommerzielle Interaktion mit einem bestimmten Land einzustellen ist.

Entkriminalisierung Die Aufhebung von Strafandrohungen für eine Handlung.

Exekutive Die Regierungsgewalt, die für die Durchsetzung der Gesetze und politischen Entscheidungen verantwortlich ist.

Fallrecht Rechtssystem, das auf früheren Entscheidungen von *Richtern* fußt. *Siehe auch Präzedenz.*

Feudal Ein politisches, gesellschaftliches, ökonomisches und militärisches System, in dem ein Monarch an der Spitze einer Hierarchiepyramide herrscht. Jede Gesellschaftsschicht ist der über ihr stehenden zu Gehorsam und Dienstleistung verpflichtet.

Föderal Politisches System, in dem eine Zentralregierung (Bundesregierung) diverse Entscheidungsbefugnisse an Regionalregierungen z. B. von Provinzen oder Bundesländern übergibt. Diese gesetzliche Aufgabenverteilung ist meist in einer Landesverfassung festgeschrieben.

Freispruch Ein *Urteil,* nach dem der *Angeklagte* unschuldig ist.

Geistiges Eigentum Werke und Erfindungen, die gesetzlich z. B. durch *Patente, Urheberrecht* und *Markenzeichen* geschützt sind, sodass der Urheber anerkannt ist und wirtschaftlich von seinen Schöpfungen profitieren kann.

Gericht Eine Institution mit der Autorität, Rechtsstreitigkeiten zu verhandeln und zu entscheiden.

Gesetzbuch Eine umfassende, systematische Sammlung der Gesetze eines *Staats.*

Gesetzesvorlage Ein Entwurf für ein neues Gesetz oder eine Gesetzesänderung.

Gesetzgebung Gesetz(e), die vorgelegt und erlassen werden.

Gewaltentrennung Die Aufteilung einer Regierung in drei separate und unabhängige Gewalten – *Exekutive, Judikative* und *Legislative* –, die sicherstellt, dass keine von ihnen zu viel Macht erlangt.

Gewerkschaft Ein organisierter Teil einer Arbeitsbelegschaft, der mit Arbeitgebern und der Regierung über bessere Bezahlung und Arbeitsumstände verhandelt.

Gottesgnadentum Doktrin, nach der ein Monarch in seiner Herrschaft von einer Gottheit und nicht von irdischen Autoritäten legitimiert ist.

Habeas Corpus (Lat. »Du sollst den Körper bringen«) Das Recht eines Inhaftierten, vor einem *Gericht* zu stehen, das über die Rechtmäßigkeit der Inhaftierung entscheidet. Ein *writ of habeas corpus* fordert den Wächter auf, den Inhaftierten vor den *Richter* zu bringen.

Internationales Recht Gesetze, die sich auf die Rechte und Pflichten *souveräner Staaten* beziehen.

Judikative Die Staatsgewalt, vertreten durch *Richter* und *Gerichte,* die für die Rechtsprechung verantwortlich ist.

Jurisdiktion Die Macht eines *Staats, Gerichts* oder *Richters,* Rechtsentscheidungen zu treffen und Gesetze durchzusetzen. So kann ein Staat Jurisdiktion über Menschen, Dinge oder Umstände innerhalb seiner Grenzen haben.

Jury Eine Gruppe von Geschworenen, die aufgrund der ihnen vorgelegten *Beweise* in einem Gerichtsverfahren entscheiden.

kanonisches Recht Auch Kirchenrecht. Die Gesetze, die die Organisation der christlichen Kirche regeln.

Klage Die formelle Aufforderung an ein *Gericht,* in einer Streitigkeit zwischen mehreren Parteien zu entscheiden.

Klage Im *Zivilrecht* ein Gerichtsverfahren, in dem ein *Kläger* einen Schaden durch das rechtswidrige Verhalten des *Beklagten* behauptet.

Kläger Person, Organisation oder Land, das jemanden vor einem Gericht anklagt.

Kodifizierung Die Fassung von Gesetzen in eine systematische Form wie eine *Verfassung* oder ein *Gesetzbuch.*

konstitutionelle Monarchie Eine Monarchie, bei der der König oder die Königin die Macht mit einem gewählten *Parlament* teilt. Siehe auch *absolute Monarchie.*

Kriegsrecht Militärische Kontrolle, die z. B. in Krisenzeiten die reguläre Zivilregierung eines Landes ersetzt.

Kriegsverbrechen Eine im Verlauf eines Krieges begangene Handlung, die gegen internationale Gesetze und Gebräuche des Krieges verstößt. Beispiele sind Geiselnahme, der Einsatz von Kindersoldaten und die vorsätzliche Tötung von *Zivilisten* und Gefangenen.

Legislative Die Regierungsgewalt, die für die Formulierung und den Erlass von Gesetzen verantwortlich ist.

Magistrate Ein Justizbeamter oder Friedensrichter in England oder Wales, der bei geringfügigen Vergehen Recht spricht.

Magna Charta Eine 1215 verfasste Charta, die die Macht der englischen Monarchie beschneiden sollte.

Mandat Der Auftrag der Wähler an einen Regierungsvertreter zu einem bestimmten Verhalten.

Markenzeichen Wortmarke, Phrase, Zeichen oder Symbol, das die Waren oder Dienste des einen Unternehmens von denen anderer abhebt. Ein Markenzeichen kann registriert sein, was dem Inhaber das exklusive Nutzungsrecht gibt.

Menschenrechte Freiheiten und Rechte, die allen Menschen zustehen und gesetzlich definiert und geschützt sind. Beispiele sind das Recht auf Leben, auf Freiheit und auf Schutz.

Nationalstaat Ein souveräner *Staat,* in dem die Mehrheit der *Bürger* eine gemeinsame Sprache und Kultur teilt und sich als Nation begreift. Der *Staat* regiert im Namen dieser Einwohner.

Naturrecht Ein für alle gültiges Rechtssystem, das sich aus den unveränderlichen Regeln der Natur herleitet statt aus den wandelbaren Regeln der Gesellschaft.

Normenkontrolle Die Überprüfung der Rechtmäßigkeit einer Entscheidung der *Legislative* oder *Exekutive* durch die *Judikative,* sodass der Grundsatz der Gewaltenteilung gewahrt bleibt. Ein gutes Beispiel für die Normenkontrolle ist die Macht des US Supreme Court, zu entscheiden, ob ein Gesetz gegen die Verfassung verstößt.

Oberstes Gericht Die höchste Gerichtsinstanz in einem Land oder Bundesstaat mit Weisungsbefugnis über niedrigere Instanzen. So ist der US Supreme Court das höchste Bundesgericht und darf die Verfassung auslegen.

Pakt 1) Bindendes schriftliches Übereinkommen, das vor Gericht durchsetzbar ist. 2) (biblisch) glaubensbasierter Bund zwischen einem Gott und seinen Gläubigen.

päpstliche Bulle Eine Anweisung des Papstes in einer Frage religiöser, rechtlicher oder politischer Bedeutung.

Parlament Eine gesetzgebende Versammlung eines Landes, die sich oft aus gewählten Politikern zusammensetzt.

Patent Urkunde, die die Eignerschaft eines Schöpfers über seine Schöpfung bestätigt und sicherstellt, dass niemand diese Erfindung ohne Erlaubnis des Schöpfers kopieren darf. Ein Patent schützt eine Erfindung, wie das *Urheberrecht* eine Idee schützt.

Präzedenz Ein durch ein *Urteil* in einem früheren Verfahren geschaffener Grundsatz oder Regel. Eine Präzedenz kann herbeigezogen werden, um ein *Urteil* in einem späteren Prozess mit ähnlichen Umständen zu rechtfertigen.

Ratifizierung Die Unterzeichnung und formale Anerkennung eines Gesetzes, *Vertrags, Zusatzartikels* oder anderen Übereinkommens, das dadurch rechtskräftig wird.

Rechte Das, was einer Person entweder gesetzlich oder moralisch zusteht.

Rechtsbeistand Ein Anwalt, der eine Partei vor *Gericht* bei *Klagen* oder als Verteidiger unterstützt.

Rechtsbeistand Ein Rechtsanwalt, der einen Klienten berät und ihn vor Gericht vertritt.

Rechtsstaatlichkeit Die Durchführung rechtlicher Prozeduren nach feststehenden Regeln und Grundsätzen, sodass alle Menschen gleichbehandelt und ihre *Rechte* beachtet werden.

Rechtsstreit Die rechtliche Auseinandersetzung zwischen zwei oder mehr Parteien vor *Gericht.*

Rechtsvergleichung Das Studium unterschiedlicher Rechtssysteme durch Gegenüberstellung.

Referendum Eine Volksabstimmung über eine spezifische Frage oder einen Gesetzesvorschlag.

Republik Ein *Staat,* in dem die Macht beim Volk und seinen gewählten Vertretern liegt statt bei einem Monarchen.

Revolution Ein jäher und oft gewalttätiger Umsturz der herrschenden Verhältnisse durch das Volk.

Richter Ein Beamter mit der Befugnis, Gerichtsprozesse zu leiten und rechtlich bindende *Urteile* zu sprechen.

Richterliche Anordnung Ein Dokument, das eine Erlaubnis erteilt, insbesondere der Polizei, Verhaftungen, Konfiszierungen oder Durchsuchungen durchzuführen.

römisches Recht Das Rechtssystem im alten Rom, das immer noch die Grundlagen für viele moderne Rechtssysteme liefert.

Schadensersatz Vom *Gericht* festgesetzte Wiedergutmachung für Verluste und/oder Verletzungen durch einen Gesetzesverstoß.

Scharia Das gottgegebene Gesetz des Islam, das das religiöse und weltliche Leben der Muslime regelt.

Schlichtung Ein Prozess, bei dem eine unabhängige dritte Partei außergerichtlich eine bindende Entscheidung in einem Rechtsstreit trifft.

Souveränität Die Autorität eines *Staats,* Herrschers, Regierungschefs, *Parlaments* oder einer Regierung ohne äußerlichen Einfluss.

Staat 1) Eine souveräne politische Region. 2) Ein Teil eines föderalen Systems. 3) Eine Regierung und ihre Institutionen.

Stadtstaat Eine Stadt, die zusammen mit ihrem Umland einen unabhängigen *Staat* bildet.

Statut Ein durch eine *Legislative* erlassenes und niedergeschriebenes Gesetz. Statute können durch *Zusatzartikel* erweitert werden.

Strafrecht Rechtsgebiet, das sich mit der Bestrafung derer befasst, die gegen Gesetze verstoßen haben.

Strafverfolgung Die Sicherstellung, dass Gesetze eingehalten werden, durch Festnahmen, Strafen, Rehabilitation und Abschreckung.

Urheberrecht Das exklusive, zeitlich begrenzte Recht, ein kreatives Werk zu reproduzieren, zu verkaufen oder zu vertreiben.

Urteil Die Entscheidung eines *Richters* oder einer *Jury* auf Grundlage der im Prozess vorgelegten *Beweise.*

Verbrechen Eine Straftat, die in vielen Rechtssystemen schwerer wiegt als ein Vergehen.

Verbrechen gegen die Menschlichkeit Ein vorsätzlicher, systematischer und großflächiger Angriff auf eine Zivilbevölkerung, wie Mord, Vergewaltigung und Folter.

Verfahren Eine formale Würdigung von *Beweisen* durch einen *Richter* in einem *Gericht,* um ein *Urteil* in einem Straf- oder Zivilverfahren zu finden.

Verfassung Die Grundsätze und Gesetze, nach denen ein Land regiert werden soll.

Verfügung Ein formales Dokument, das eine Person auffordert, eine bestimmte Handlung vorzunehmen oder zu unterlassen.

Verteidigung Die Vorbringung von *Beweisen,* um die Unschuld eines Angeklagten zu belegen.

Vertrag Eine rechtlich bindende Vereinbarung zwischen zwei oder mehr Parteien.

Verurteilung Eine dem für schuldig befundenen *Angeklagten* von einem *Richter* auferlegte Strafe.

Völkermord Die vorsätzliche, gezielte Tötung oder schwere Schädigung einer größeren Personengruppe, vor allem mit religiösem, ethnischem oder nationalem Hintergrund.

Wahl Ein formaler Prozess, in dessen Rahmen die Bevölkerung (die Wähler) eines *Staats,* einer Region oder einer Gemeinde das Regierungspersonal bestimmt.

Wahlrecht Das Recht, bei einer *Wahl* oder einem *Referendum* abzustimmen. Das allgemeine Wahlrecht ist das Recht der *Bürger,* ungeachtet von Geschlecht, Ethnie, Status oder Besitz wählen zu dürfen. Frauenwahlrecht bedeutet das Recht der Frauen, genauso wie die Männer wählen zu dürfen.

Zivilrecht 1) Ein Rechtssystem, das auf dem *römischen Recht* und *Kodifizierung* statt auf *Präzedenzen* beruht, vor allem in Europa und Südamerika verbreitet. 2) Der Teil des Rechts, der sich mit Streitigkeiten zwischen privaten Organisationen und Individuen befasst.

Zusatzartikel Eine offizielle Ergänzung oder Änderung eines *Gesetzes* oder einer *Verfassung.* Die US Bill of Rights umfasst die ersten zehn *Zusatzartikel* zur Verfassung der Vereinigten Staaten.

REGISTER

Fett gesetzte Seitenzahlen weisen auf Haupteinträge hin.

S

T

U

ZITATNACHWEIS

Wenn nicht anders angegeben, wurden die Zitate frei übersetzt.

12 John Locke, *Zwei Abhandlungen über die Regierung*, 1689 **13** Calvin Coolidge, Rede 1914 **18, 19** *Codex Hammurabi* **20** *Die Bibel, Die Heilige Schrift des Alten und Neuen Bundes.* Vollständige deutsche Ausgabe, © Verlag Herder, Freiburg im Breisgau 2005, Das Buch Levitikus 16,34 **23** ebd., Das Buch Levitikus 19,2 **24** *Shijing*, Loblied auf König Wen **28** Laozi, *Daodejing* **29** Shang Yang, *Schriften des Fürsten von Shang* **30 Überschrift** Zwölftafelgesetz **30u** Cicero **31** Platon, *Gesetze*, nach Cicero, *De Re Publica* **33o** Aristoteles, *Rhetorik* (I.13), Reclam 2019 **33u** Domitius Ulpianus, *Ad Sabinum (XLIII)* **34** Ulpian, Justinians *Digesten* **36** Ulpian, zitiert nach Justinians *Digesten* **37** Domitius Ulpianus **38, 40l** *Pirqe Avot, Sprüche der Väter,* übersetzt von Paul Rießler **40r** Jüdischer Bericht **42** Konstantin I. **46** Konstantin I. **47** Stephan Kuttner, *Natural law and canon law,* 1949–1950 **52 Überschrift** William II, zitiert nach Eadmer, *Historia Novorum in Anglia,* um 1122 **52u** Æthelreds *Woodstock code* **54** *Der Koran,* 5:48, übersetzt von Max Henning, 1901 **56** Ibn Madscha **57** *Der Koran,* 4:135, übersetzt von Max Henning, 1901 **58** Henry of Huntingdon **60** Gratian, *Decretum X 5.1.6* **61** Justinian I. *Codex Iuris Civilis* **63o** Gratian, *Decretum* **63u** 4. Laterankonzil, Dekret *Quoniam omne* **64** Assize of Clarendon **66** nach *Magna Charta* **69** *Magna Charta,* zitiert nach Bromme, *Die Verfassungen der Vereinigten Staaten von Nordamerika, ... und die Englische Staatsverfassung,* Hoffmannsche Verlags-Buchhandlung, Stuttgart 1849 **71l** Heinrich III., Neufassung der *Magna Charta* (1225) **71r** Franklin D. Roosevelt **72** Thomas von Aquin, *Summa Theologica* **73** Thomas von Aquin, *Summa Theologica* **76** Gerard de Malynes, *Consuetudo vel Lex Mercatoria: or, The Law Merchant*, 1622 **82** Patentgesetz von Venedig **83** Sir Thomas Smyth, *Discourse* **85** Sir Edward Coke **86** *Vertrag von Tordesillas* **87** *Vertrag von Tordesillas* **88** *Poor Law*, 1535 **91** Benjamin Disraeli, 1868 **92** Hugo Grotius, *Drei Bücher über das Recht des Krieges und Friedens*, 1869 **93 Überschrift** Urteil gegen Galileo Galilei, 1633 **93u** Urteil gegen Galileo Galilei, 1633 **94** Johann Jacob Schmauß, *Academische Reden und Vorlesungen über das teutsche Staatsrecht*, Lemgo 1766, S. 24, **95:** Friedrich Schiller: *Man liebt nur, was einen in Freiheit setzt!,* hrsg. von Hans-Joachim, Simm, marixverlag 2013 **96** Urteil gegen Karl I., 1649 **97** Karl I., 1649 **98** *Act of the Virginia Commonwealth,* 1705, Abschnitt II **100** Frederick Douglass **102** Englische Bill of Rights **103** Englische Bill of Rights **104** *Die Bibel, Die Heilige Schrift des Alten und Neuen Bundes.* Vollständige deutsche Ausgabe, © Verlag Herder, Freiburg im Breisgau 2005, Das Buch Exodus 22,17 **106** Statute of Anne, Abschnitt II **107** Albrecht Dürer, in: Chelidonius Benedictus, *Epitome in Divae Parthenices Mariae Historiam* 1511 **108** Emer de Vattel, *Des Herrn von Vattels Völkerrecht*, 1760 **109** Daniel Boorstin, Vorwort zu *The Mysterious Science of the Law,* 1941 **110** Verfassung der Vereinigten Staaten von Amerika, 1787 **112** Verfassung der Vereinigten Staaten von Amerika, 1787 **113** George Washington, 1788 **115** John Dickinson, 1787 **116** Unabhängigkeitserklärung der USA, 1776 **117o** Abraham Lincoln, 1856 **117u** Calvin Coolidge, 1924 **118** Erklärung der Menschen- und Bürgerrechte, Artikel 1. **119 Text** Olympe de Gouges, *Die Erklärung der Rechte der Frau und Bürgerin*, 1791 **119r** Olympe de Gouges, *Die Erklärung der Rechte der Frau und Bürgerin*, 1791 **127o** Artikel 3, Abschnitt 1, Verfassung der USA **127u** John Marshall, *zitiert nach Winfried Brugger,* »Kampf um die Verfassungsgerichtsbarkeit: 200 Jahre Marbury v. Madison«, in: *JuS* 2003, S. 320 ff. **128** Andrew Jackson, *Worcester v. Georgia*, 1832 **129** Andrew Jackson, *Veto Message Regarding the Bank of the United States*, 1832 **130** Code Napoléon (heute Code Civil), 1804 **131** Napoleon Bonaparte, Ausspruch auf St. Helena, 1816 **134o** Thomas Clarkson, *An Essay on the Slavery and Commerce of the Human Species*, 1786, zitiert nach Winfried Brugger, »Kampf um die Verfassungsgerichtsbarkeit: 200 Jahre Marbury v. Madison«, in: *JuS* 2003, S. 320 ff. **134u** William Murray, Urteil im Fall *Somerset v. Stewart,* 1772 **136** Mary Wollstonecraft, *Die Verteidigung der Frauenrechte,* 1792 **137** William Wilberforce, Parlamentsrede, 1789 **138** *US-Verfassung,* 13. Zusatzartikel **140** Metropolitan Police Act, 1829 **141** John Fielding, *An Account of the Origin and Effects of a Police Set on Foot etc*, 1758 **143o** Richard Mayne, 1829 **143u** 7. Prinzip der Polizeiarbeit in den Allgemeinen Anweisungen für die Metropolitan Police, 1829 **144, 145** Gaming Act von 1845 **146** Jean-Jacques Rousseau, *Abhandlung über den Ursprung und die Grundlagen der Ungleichheit unter den Menschen*, 1755 **147** Elizabeth Heyrick, 1823 **149o** Grant Gilmore, *The Death of Contract*, 1974 **149u** Baron Alderson, Urteil im Fall *Hadley v. Baxendale*, 1854 **150** M. Ernest Pinard, 1982 **151u** Cesare Beccaria, *Über Verbrechen und Strafen*, 1841, übersetzt von Hermann Gareis **155** Max Petitpierre, Rede v. 21. April 1949 **156** Trades Union Congress **157** George Loveless, 1833 **159** Trade Union Act, 1871 **160** Johan Levart, *Skansen och Arhur Hazelius. En skis-och minnesbok*, 1901 **161** Olof Palme **162** *Der Eid in fünf Artikeln*, 1868 **163 Überschrift** Charles Darwin, Brief an E.R. Lancaster, 22. März 1871 **163u** Frances Power Cobbe, *Vivisection in America*, 1890 **166** Wilhelm I., Brief ans deutsche Parlament, 1881 **167** Benjamin Harrison, Rede vor dem US-Kongress, 1889 **168** *The Queen v. Dudley and Stephens*, 1884 **169** Oliver Mowat, vor dem Judicial Committee of the Privy Council, 1888 **170** *Sherman Antitrust Act,* 1890 **171** John Sherman, Rede vor dem US-Kongress, 1890 **172** Sherman Antitrust Act, Abschnitt 2 **173** Henry Ford II, Rede in Deutschland, 1954 **174** *Die Haager Konventionen, 1899, 1907* **176** Fredrik Bajer, Nobel-Vorlesung, 1909 **177** Internationales Komitee vom Roten Kreuz, *Erklärung zur Haager Konvention zum Schutz von Kulturgut bei bewaffneten Konflikten*, 1954 **179** Sir Hardinge Giffard, Lord Halsbury, *Solomon v. Solomon*, 1896 **180** *New York Daily Tribune*, 1911 **182l** Louis Waldman **182r** Rose Schneiderman, 1911 **184** Cullom Davis, *The Transformation of the Federal Trade Commission 1914–1929* **185** Theodore Roosevelt, *Message Communicated to the Two Houses of Congress at the Beginning of the First Session of the Fifty-Seventh Congress*, 1901 **186** Felix Frankfurter, *Nardone v. USA*, 1939 **187** Tom C. Clark, *Mapp v. Ohio*, 1961 **188** Susan B. Anthony, »Women want bread, not the ballot!« *Life and Work of Susan B. Anthony, 1898* **189** Emmeline Pankhurst *Suffragette. My Own Story*, 1914 **190** Artikel 18 der russischen Verfassung von 1918 **191** Wladimir Iljitsch Lenin, *Staat und Revolution,* 1917, https://www.marxists.org/deutsch/archiv/lenin/1917/staatrev/kapitel5.htm **192** David Lloyd George, Parlamentsrede kurz vor der Pariser Friedenskonferenz 1919 **193** Marschall Ferdinand Foche, 1919 **194** Atkin Donoghue vs. Stevenson, 1932 **195l** Lord Atkin, 1932 **195r** Lord Buckmaster, *Donoghue v Stevenson*, 1932 **196** Homer Cummings, 1934 **197 Überschrift** United States Holocaust Memorial Museum – Holocaust Encyclopedia **197u** Reichsbürgergesetz, 1935 **202** John und Ann Tusa, *The Nuremberg Trials*, 1983 **205** Robert H. Jackson, Nürnberger Prozesse, 1946 **207 Text** Fritz Sauckel, 1946 **208** Unbekannter Nazi-Kriegsverbrecher, 1946 **209** Eleanore Roosevelt, Rede vor der UN-Generalversammlung, 1946 **210** Raphael Lemkin, *Axis Rule in Occupied Europe*, 1944 **211** Navanethem Pillay, *The Prosecutor v. Jean Paul Akayesu*, 1998 **212** Harry S. Truman, Rede zur Gründung der Vereinten Nationen, 1945 **214 Text** Charta der Vereinten Nationen, Präambel **214r** Ulysses S. Grant, Rede, 1877 **215** Albert Einstein, *Toward World Government*, 1948 **218** Kofi Annan, Rede, 2005 **220** INTERPOL-Motto **221** Jürgen Stock, 2016 **222** Die allgemeine Erklärung der Menschenrechte, Artikel 7 **227 Text** Hannah Arendt, *Elemente und Ursprünge totaler Herrschaft*, 1955 **227u** Nelson Mandela, Rede vor dem US-Kongress, 1990 **228** Warren Christopher, Rede vor der Weltkonferenz über Menschenrechte in Wien, 1993 **229** Barack Obama, Rede zum Tag der Menschenrechte, 2015 **230** Artikel 5 der Europäischen Menschenrechtskonvention **232** Dame Rosalyn Higgins, Rede zum 50. Jubiläum des Internationalen Gerichtshofs 2009 **234** Lord Jonathan Mance, *The Composition of the European Court of Justice* (Rede, 2011) **236** William Penn, *Essay Towards the Present and Future Peace of Europe*, 1693 **237** Jean Monnet, *A Ferment of Change*, 1962 **238** Robert Schuman, Schuman-Erklärung v. 9. Mai 1950 **240** David Edward **242** Hans Christian Anderson **244** John F. Kennedy, Rede 1963 **245** John F. Kennedy, Rede an die Nation, 1962 **246** Ronald Reagan, Rede zur Lage der Nation, 1984 **247** Michail Gorbatschow, BBC-Interview, 2019 **250 Text** US-Unabhängigkeitserklärung **250u** Jim-Crow-Gesetz **252** Rosa Parks, *Rosa Parks: My Story*, 1992 **254 Überschrift** US Supreme Court, Miranda vs. Arizona, 1966 **254u** Verfassung der USA, 5. Zusatzartikel **255** Gary K. Nelson, Strafverteidiger *Miranda v. Arizona* **256** *Der internationale Pakt über bürgerliche und politische Rechte,* Präambel, 1966 **257o** Allgemeine Bemerkung Nr. 34 des UN-Menschenrechtskomittees **257u** Präambel des UN-Zivilpakts **258u** L.M. Fenton, *Salon*-Magazin, 2010 **259** Das US-Zeugenschutzprogramm **260** Potter Stewart, *Roe v. Wade*, 1973 **261** Margaret Sanger, *The Woman Rebel*, 1914 **263** Myron Thompson, Einstweilige Verfügung, 2019 **264** Richard M. Nixon, Vorstellung des Endangered Species Act, 1973 **265** Norm Dicks **270** *Biodiversity: Boundless, priceless – and threatened*, The Guardian 2011 **271** Edward O. Wilson, *The Diversity of Life*, 1992 **272** Barry Scheck et al., *Actual Innocence*, 2000 **273** Denise Sydercombe-Court (EUROFORGEN), 2017 **274 Überschrift** Barack Obama, 2008 **274u** US-Whistleblower Protection Act, 1989 **275** Justin Dart, ADA *Worklife*, 1990 **276** Auszug aus dem Motto der OPCW **277** Genfer Protokoll, 1925 **278** Roberto Azevêdo, 2020 **281** Anna Lindt **283l** Richard Haass, 2018 **283r** Roberto Azevêdo, 2020 **284 Überschrift** Julia Neuberger, *The Lancet*, 2005 **284o** Cathryn Smeyers, *Science, Policy, and the Dickey-Wicker Amendment (Pt. 1)*, Oncofertility Consortium, 2013 **285** Website der Megan Nicole Kanka Foundation **286** John Oswald, *Keyboard Magazine*, 1988 **288** Jody Williams, Nobelpreisrede, 1997 **289** Arms Control Association, *How Does It Stack Up? The Anti-Personnel Mine Ban Convention at 10*, 2007 **290 Überschrift** João Castel-Branca Goulão, im Gespräch mit Gonçalo Fonseca,1998 **290u** *The Economist*, Leitartikel, 5. Mai 2009 **292** Peter Hart-Brinson, *The Gay Marriage Generation*, 2018 **293** Hendrik Hertzberg, »Obama and Gay Marriage: A Runaway Bride?«, *The New Yorker*, 2011 **295 Text** Johannes Paul II., *Erinnerung und Identität – Gespräche an der Schwelle zwischen den Jahrtausenden*, 2005 **295o** Oberster Gerichtshof von Minnesota, 1971 **296 Überschrift** Slogan der britischen Organisation *Dignity in Dying* **296u** Papst Franziskus, *Vatican News*, 2019 **297** Carmenza Ochoa, *Right to a Dignified Death Foundation* **298** Kofi Annan, IStGH-Website **301l** Artikel 1 des Römischen Statuts über den IStGH, 1998 **301r** Sang-Hyun Song, *Remarks at Ceremony on the Occasion of the Signature of the Agreement on the Enforcement of Sentences between the Republic of Colombia and the ICC*, 2011 **303o** Kenianische Politiker, 2007 **303u** Fatou Bensouda, »Fatou Bensouda, the woman who hunts tyrants«, in: *The Guardian*, 2016 **304** Paul Marriott-Loyd, *International Convention against Doping in Sport*, 2010 **305 Überschrift** Alison Purdy, »The Kyoto Protocol«, *The Guardian*, 2005 **305u** Artikel 2 (Ziel), *Rahmenübereinkommen der Vereinten Nationen über Klimaänderungen*, 1997 **306u** *Übereinkommen des Europarats über die Manipulation von Sportwettbewerben, Präambel*, 2014 **308** Artikel 17, Datenschutz-Grundverordnung **309l** Enrique Dans, »It's Time To Forget The Right To Be Forgotten«, in: *Forbes Magazine*, 2019 **309r** Thomas Hughes, *Google win in right to be forgotten case is victory for global freedom of expression*, Article 19, 2019 **310** Website battleforthenet.com **311** Tim Berners-Lee, Hearing des US House Committee on Energy and Commerce, 2007 **312** Tom Wheeler, *Raw Story*, 2015 **313** Ajit Pai, über die Abschaffung der Netzneutralität, *The Verge*, 2017 **314** The Fawcett Society, anonymer Blog-Eintrag, 2020 **315** Elizabeth Warren, *Why Equal Pay Is Worth Fighting For*, ABC News, 2014

DANK

Dorling Kindersley dankt Ira Sharma, Vikas Sachdeva, Shipra Jain und Sampda Mago für die Designassistenz, Chauney Dunford, Maisie Peppitt, Janashree Singha und Tanya Singhal für die Lektoratsassistenz, Miriam Kingston für die Beratung beim Inhaltsverzeichnis, Alexandra Beeden fürs Korrektorat, Helen Peters fürs Register, Rakesh Kumar fürs DTP-Design, Priyanka Sharma und Saloni Singh für die Umschlaggestaltung und Geetika Bhandari für die Unterstützung bei der Bildrecherche.

BILDNACHWEIS

Der Verlag dankt folgenden Personen und Institutionen für Genehmigung zum Abdruck von Fotos:

(Abkürzungen: o = oben, u = unten, m = Mitte, l = links, r = rechts, g = ganz, Hg = Hintergrund)

18 Alamy Stock Photo: Ivy Close Images (ur). **19 Alamy Stock Photo:** Science History Images (mur). **Getty Images:** DEA PICTURE LIBRARY / De Agostini (mol). **21 Alamy Stock Photo:** Art Collection 2 (mol). **23 Alamy Stock Photo:** Ira Berger. **25 Getty Images:** API / Gamma-Rapho (mu). **27 Alamy Stock Photo:** China Span / Keren Su. **29 Dreamstime.com:** Mariusz Prusaczyk. **31 Dreamstime.com:** Whirlitzer (mr). **33 Alamy Stock Photo:** Janetta Scanlan (or). **35 Alamy Stock Photo:** Mark Markau (ur). **37 Alamy Stock Photo:** Chronicle (mol). **iStockphoto.com:** Nastasic (ur). **40 Alamy Stock Photo:** Lebrecht Music & Arts / Lebrecht Authors. **41 Alamy Stock Photo:** Lebrecht Music & Arts / Lebrecht (ul); Historic Images (or). **44 Alamy Stock Photo:** Niday Picture Library. **46 Alamy Stock Photo:** Classic Image. **47 Alamy Stock Photo:** imageBROKER / hwo. **53 Alamy Stock Photo:** Granger Historical Picture Archive / Granger, NYC. **55 Dreamstime.com:** Yulia Babkina. **56 Bridgeman Images. 57 SuperStock:** Universal Images. **59 Alamy Stock Photo:** IanDagnall Computing. **61 Alamy Stock Photo:** Aurelian Images. **62 Alamy Stock Photo:** Glasshouse Images / JT Vintage. **63 SuperStock:** Universal Images. **65 Alamy Stock Photo:** Art Collection 2. **69 Alamy Stock Photo:** Pictorial Press Ltd. **70 Alamy Stock Photo:** World History Archive. **71 Alamy Stock Photo:** Ian Dagnall. **73 Alamy Stock Photo:** Granger Historical Picture Archive / Granger, NYC (or). Getty Images: UIG / Prisma (mu). **75 Alamy Stock Photo:** INTERFOTO / History. **76 Alamy Stock Photo:** Timewatch Images. **77 Getty Images:** UniversalImagesGroup / Prisma. **83 Alamy Stock Photo:** Sergey Borisov. **84 Getty Images:** Dea / A. Dagli Orti / De Agostini Editorial. **85 Alamy Stock Photo:** Art Collection. **87 Alamy Stock Photo:** Pictorial Press Ltd. **89 Alamy Stock Photo:** Granger Historical Picture Archive / Granger, NYC. **90 Getty Images:** Stringer / Fotosearch (ur). **91 Alamy Stock Photo:** The Print Collector / Heritage Images. **92 Alamy Stock Photo:** Pictorial Press Ltd (mr). **94 Alamy Stock Photo:** INTERFOTO / History (ur). **97 Alamy Stock Photo:** incamerastock. **100 Alamy Stock Photo:** Virginia Museum of History & Culture. **101 Alamy Stock Photo:** North Wind Picture Archives (gol, mur). **102 Alamy Stock Photo:** GL Archive (mu). **103 Alamy Stock Photo:** GL Archive. **105 Alamy Stock Photo:** Pictorial Press Ltd. **106 Alamy Stock Photo:** Chronicle (mu). **109 Alamy Stock Photo:** Archive Images (mr). **112 Alamy Stock Photo:** IanDagnall Computing. **115 The New York Public Library**. **116 Alamy Stock Photo:** Granger Historical Picture Archive / Granger, NYC. **117 Alamy Stock Photo:** IanDagnall Computing. **119 Alamy Stock Photo:** World History Archive. **127 Alamy Stock Photo:** Granger Historical Picture Archive / Granger, NYC. **128 Alamy Stock Photo:** © Aldo Liverani / Andia. **129 Dreamstime.com:** Luckyphotographer. **130 Getty Images:** Universal Images Group / Christophel Fine Art (ur). **131 Alamy Stock Photo:** Classic Image. **135 Alamy Stock Photo:** incamerastock (go); Nic Hamilton Photographic (ul). **136 Alamy Stock Photo:** Everett Collection / Everett Collection Historical (mu); World History Archive (gol). **137 Alamy Stock Photo:** The History Collection. **141 Alamy Stock Photo:** Chronicle. **142 Alamy Stock Photo:** GL Archive. **143 Alamy Stock Photo:** The Picture Art Collection. **145 Alamy Stock Photo:** The Granger Collection. **147 Getty Images:** Stringer / Hulton Archive. **149 Alamy Stock Photo:** Archivah. **150 Alamy Stock Photo:** Lebrecht Music & Arts / Lebrecht Authors. **153 Alamy Stock Photo:** Pictorial Press Ltd (ul); The History Collection (mor). **154 Alamy Stock Photo:** Shawshots. **158 Alamy Stock Photo:** North Wind Picture Archives (gol); Prisma Archivo (ur). **159 Getty Images:** Stringer / Hulton Archive. **160 Alamy Stock Photo:** Artokoloro (mr). **162 Alamy Stock Photo:** Chronicle. **165 Alamy Stock Photo:** GL Archive (or); INTERFOTO / History (mo). **166 Alamy Stock Photo:** Falkensteinfoto. **168 Alamy Stock Photo:** 19th era 2 (mu). **171 Alamy Stock Photo:** Glasshouse Images / JT Vintage (mol); Universal Images Group North America LLC / Encyclopaedia Britannica, Inc. / Library of Congress (or). **173 Alamy Stock Photo:** Craig Joiner Photography (mur). **Dreamstime.com:** Demerzel21 (or). **175 Library of Congress, Washington, D.C.:** Kurz & Allison LC-DIG-pga-01949 (digital file from original print) LC-USZC4-507 (color film copy transparency) LC-USZ62-1288 (b&w film copy neg.) LC-USZC2-1889 (color film copy slide). **176 Alamy Stock Photo:** Historical image collection by Bildagentur-online. **177 Getty Images:** Foto Frost / Ullstein Bild Dtl.. **179 Alamy Stock Photo:** Painters. **181 Getty Images:** Hulton Archive / Archive Photos. **182 Alamy Stock Photo:** Granger Historical Picture Archive / Granger, NYC. **183 Alamy Stock Photo:** Everett Collection Historical / Everett Collection (or); WS Collection (ul). **185 Alamy Stock Photo:** Granger Historical Picture Archive / Granger, NYC (mol). **Getty Images:** Bettmann (or). **187 Alamy Stock Photo:** Imago History Collection (mul). **Missouri Valley Special Collections, Kansas City Public Library, Kansas City, Missouri:** (mor). **188 Getty Images:** Hulton Archive / Heritage Images (mu). **189 Getty Images:** Bettmann. **191 Getty Images:** Corbis Historical / Michael Nicholson. **192 Alamy Stock Photo:** Süddeutsche Zeitung Photo / Scherl (mu). **195 Dreamstime.com:** Aliaksei Haiduchyk. **196 Getty Images:** NurPhoto (mur). **204 Getty Images:** Bettmann. **205 Getty Images:** The LIFE Picture Collection / Thomas D. Mcavoy. **206 Getty Images:** Bettmann (ul); Library of Congress / Corbis Historical (or). **208 Getty Images:** Bettmann. **209 Alamy Stock Photo:** The Picture Art Collection. **211 Getty Images:** Bettmann (mol); Hulton Archive / Malcolm Linton (mul). **214 Alamy Stock Photo:** Granger Historical Picture Archive / Granger, NYC. **215 Alamy Stock Photo:** Pictorial Press Ltd. **218 Getty Images:** AFP / Walter Astrada. **219 Alamy Stock Photo:** UPI / Jemal Countess (mo). **Rex by Shutterstock:** Sipa / Dommergues (mul). **220 Alamy Stock Photo:** Pictorial Press Ltd. **225 Alamy Stock Photo:** Everett Collection Historical / Everett Collection (mor). **Getty Images:** GPO / Hulton Archive / Zoltan Kluger (ul). **227 Alamy Stock Photo:** Shaun Higson / South Africa (gol). **iStockphoto.com:** E+ / Bill Oxford (ul). **228 Getty Images:** NurPhoto / Ronen Tivony. **229 Getty Images:** John Phillips. **231 Getty Images:** Picture Post / Kurt Hutton. **233 Getty Images:** Anadolu Agency / Anadolu (ur); Christopher Furlong (gol). **237 Alamy Stock Photo:** INTERFOTO / History. **238 Getty Images:** Roger Viollet / Harlingue. **240 Getty Images:** Keystone / Hulton Archive. **241 Alamy Stock Photo:** Agencja Fotograficzna Caro / Eckelt (ur); World History Archive (gol). **243 Alamy Stock Photo:** mauritius images GmbH / Johannes Heuckeroth (mo). **iStockphoto.com:** E+ / KristianSeptimiusKrogh (ul). **245 Alamy Stock Photo:** mccool (ul). **SuperStock:** Fine Art Images / A. Burkatovski (mor). **247 Federation of American Scientists:** https://fas.org/issues/nuclear-weapons/status-world-nuclear-forces (u). **251 Alamy Stock Photo:** IanDagnall Computing (mol). **252 Alamy Stock Photo:** World History Archive. **253 Getty Images:** Bettmann (gol); Rolls Press / Popperfoto (ur). **255 Alamy Stock Photo:** PictureLux / The Hollywood Archive (mol). **Rex by Shutterstock:** AP / Matt York (or). **257 Getty Images:** IP3 / Nicolas Kovarik. **259 Getty Images:** Washington Bureau / Archive Photos (mur). **261 Getty Images:** Bettmann. **262 Getty Images:** The LIFE Picture Collection / Cynthia Johnson. **263 Getty Images:** Julie Bennett. **265 American Bird Conservancy:** Endangered Species Act: A Record of Success (ur/Daten). **Dreamstime.com:** Artof Sha (ur/Vogel). **271 Getty Images:** Moment / James Forsyth. **273 Alamy Stock Photo:** Science History Images. **275 Getty Images:** Fotosearch / Archive Photos (mr). **277 Getty Images:** AFP / Mohamed Al-Bakour (mol); AFP (mul). **281 Getty Images:** AFP / Khaled Desouki (mol); Sygma / Sion Touhig (mur). **283 Getty Images:** Bloomberg. **285 Rex by Shutterstock:** AP / Denis Paquin (mur). **287 Alamy Stock Photo:** History and Art Collection. **288 Getty Images:** LightRocket / Peter Charlesworth (mu). **289 Getty Images:** Tim Graham Photo Library / Tim Graham. **291 European Monitoring Centre for Drugs and Drug Addiction:** © EMCDDA, 1995–2019 (or). **Getty Images:** Corbis News / Horacio Villalobos (ul). **294 Getty Images:** Keystone-France / Gamma-Keystone (mul). **Rex by Shutterstock:** AP / Elise Amendola (or). **295 Getty Images:** Alex Wong. **297 Getty Images:** Corbis Entertainment / Colin McPherson. **300 Dreamstime.com:** Mikechapazzo. **301 Getty Images:** AFP / Fred Dufour. **302 Getty Images:** AFP. **303 Getty Images:** AFP / Michael Kooren (mul). **Rex by Shutterstock:** Alan Gignoux (or). **304 Getty Images:** AFP / Jeff Haynes (mu). **307 Getty Images:** ALLSPORT / Graham Chadwick. **308 Reuters:** Vincent West (mu). **312 Getty Images:** Mark Wilson. **313 Dreamstime.com:** Simi32 (gol). **Getty Images:** Alex Edelman (ur). **315 Alamy Stock Photo:** Trinity Mirror / Mirrorpix

Cover: vorn, hinten, Rücken: Dreamstime.com: Molotok007 (Hintergrund)